弥生時代集落址の研究

田中義昭【著】

新泉社

三殿台遺跡（神奈川県）全景（下が北）

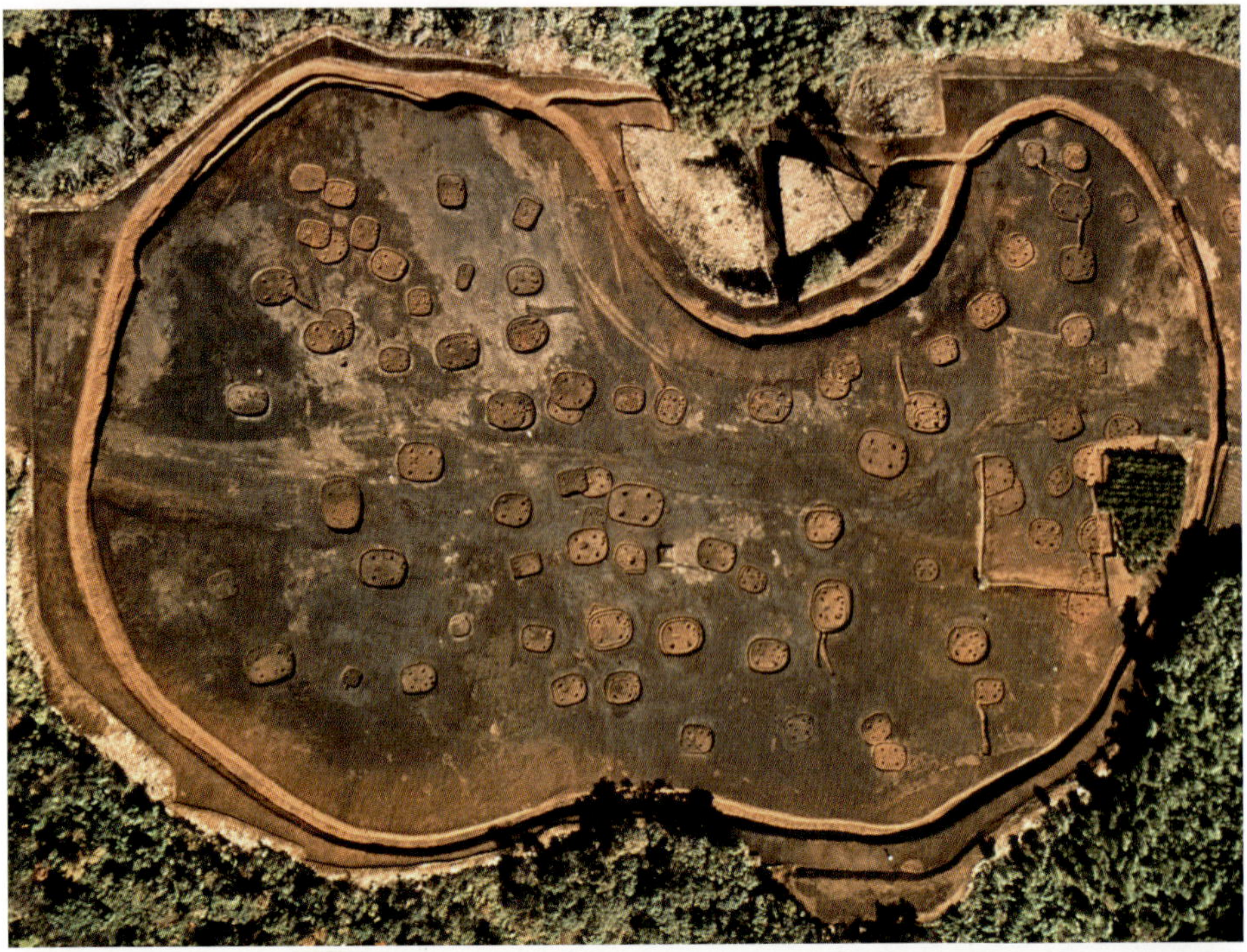

上：大塚遺跡（神奈川県）の環壕集落全景、下：歳勝土遺跡（同左）の方形周溝墓からなる共同墓地

西川津遺跡（島根県）の木製品が出土した土坑

田和山遺跡（島根県）の全景（上）と山頂部（下）

荒神谷遺跡（島根県）の出土状況（左：銅剣、右：銅矛・銅鐸／合成写真）

加茂岩倉遺跡（島根県）出土の銅鐸

弥生時代集落址の研究

序文

今年は弥生時代集落研究の原点であるとともに、破壊の危機にさらされた大規模な遺跡の全面保存に突破口を開いた横浜市三殿台遺跡発掘の五〇周年にあたる。この記念すべき年にあたって、調査の指導者、故和島誠一先生の弥生時代研究の継承者である田中義昭さんのライフワーク『弥生時代集落址の研究』が刊行されることは喜ばしいかぎりである。本書の出版にあたっては、田中さんの武蔵工業大学附属中学・高等学校時代の教え子武井則道さん（横浜市歴史博物館）の尽力があった。その武井さんが三殿台の発掘に通い詰めた中学生であったのも奇しき縁と言うべきであろう。

田中さんは研究生活のスタートにあたって、国民的考古学者として絶頂期にあった和島先生のもとで市ヶ尾遺跡群、三殿台遺跡の発掘に参加する幸運に恵まれたが、続いて和島先生のもと武蔵地方史研究会（武研）の仲間とともに壮大な国民的保存運動に発展した第一次平城宮跡保存運動に参加した。この体験は文化財を守る国民の力を信じるわれわれに共通の原体験となったのである。私は続々と集まる署名を集約し、国会に届ける役をしたが、田中さんの父上が益田駅の駅頭で署名を集めて下さったと聞き、田中さんの本気度の並々でないことを知り感心したことを覚えている。

一九六〇年半ばになると、『横浜市史』以来武蔵地方史研究会が地域研究の場として親しんできた〝遺跡の宝庫〟横浜市北部の丘陵地帯が、民間ディベロッパーによる大規模な宅地造成のターゲットとなり、おびただしい遺跡群が破壊の危機にさらされることになった。和島先生は一九六六年に岡山大学に転出していたので指示を得るわけにはいかず、私も田中さんも自らを当事者として自分の頭で考えて戦略戦術を組み立てなければならなくなった。

最初の山場は一九六九年の稲荷前古墳群の保存運動であった。稲荷前古墳群は武研のメンバーの分布調査で宅造中の尾根上に発見された、全長四六メートルの端正な前期型式の前方後円墳を主墳とする古墳群である。それまで鶴見川水系の旧都筑郡には前方後円墳が無いとされていただけに、地域史を書き換える重大な発見であった。ここでわれわれは勢力を二分して、私は考古学専攻の学生諸君を結集して遺跡を発掘して重要性を広くアピールし、田中さんは高校生諸君とともに地域に入り保存運動を盛り上げることにした。

田中さんと、中学生の頃、和島先生の市ヶ尾遺跡群の発掘を手伝ったことのある地元の大学OBの男性・現役女子大生の二人と連絡がとれたのをきっかけに、地域の青年・婦人層を中心に保存運動は急速に発展した。田中さんは共著『大地に埋れた歴史　日本の原始・古代社会と民衆』（甘粕健・田中義昭・佐藤善一、かもしか文庫8、新日本出版社、一九七四年）の序章で、青年たちが自ら故郷の大地から甦った歴史を学び地域の文化財の守り手に成長する姿を感動的に描いている。田中さんの文章に接した私はその素晴らしい筆力に舌を巻いたものである。発掘の結果、前方後円墳二、前方後方墳一、円墳四、方墳三、横穴三群九基が集合した〝古墳の博物館〟とも言うべき迫力に富んだ古墳群の全貌が明らかにされた。さらに主墳の一号墳の下層から弥生時代後期の高地性集落が発見されたのである。

こうして見事に甦った都筑の王墓をめぐる古墳群を目のあたりにして保存の世論は大いに高まり、二万を超える署名が集められた。紆余曲折を経て、一部を県指定史跡として残すだけで、主要部分が失われる結果に終わったのは残念至極だが、田中さんと私にとって、自らのフィールドの遺跡を守るために自ら考え、全力で戦った初めての体験であり、その後の研究者としての生き方を決定づける出来事となった。

一九七〇年になって横浜市は北部丘陵地帯に港北ニュータウンの建設に着手、遺跡の大量破壊に拍車がかかることになった。横浜市は「港北ニュータウン埋蔵文化財調査団」を組織し、専門スタッフによる通年の発掘体制でのぞむことになる。岡本勇さんを団長とする調査団は遺跡群研究の旗を高く掲げ、綿密な分布調査にもとづいて、計画的、悉皆的に発掘に取り組み、約二〇年を費やして二六八遺跡を発掘し、ほぼ所期の目的を達成した。

その間、一九七二年から七六年にわたって、弥生時代中期後半の大規模な環壕集落とそれにともなう方形周溝墓の墓地、大塚・歳勝土遺跡がほぼ完全な形で姿を現わした。調査団は全面保存を要求し、広汎な市民がこれに応え七〇年代の全国の保存運動のピークをなすような大きな保存運動が発展した。田中さんは稲荷前古墳群以来の住民運動のリーダーとして活躍するとともに、調査団のメンバーと学問的内容の検討を重ね、その成果を考古学研究会大会で報告し、いち早く全国の研究者にその重要性を訴えた。残念ながら全面保存はならず、歳勝土遺跡と大塚遺跡の四割が保存され国史跡に指定されるという決着となった。悔しいことだが、稲荷前、大塚・歳勝土の保存運動に示された横浜市民の強い意志と調査団のメンバーの粘り強い努力があってこそきわめて厳しい条件の中で部分保存が実現し、二〇年にわたる遺跡群の悉皆的な調査がなしとげられたのである。

田中さんは一九八一年に、島根大学に赴任することになった。島根県に引っ越すにあたり、長年横浜で取り組んできた弥生時代の集落址研究と保存運動をつれて移動したのはいかにも律儀な田中さんらしい。田中さんが島根に帰って全力投球した保存運動は、一九八六年の松江市古曽志大谷一号墳、一九八九年の益田市三宅御土居遺跡、一九九八年の松江市田和山遺跡である。私はその都度現地を訪ねているが、いずれも市民の創意にあふれた全国の模範になるような質と広がりを持った凄い運動だった。これは田中さんがどこに住んでも地域を愛し、地域に根ざした考古学研究者であることを示すものである。

弥生時代の集落址研究とともに田中さんが重視しているのは、水田農業や漁撈も含めた食料生産、鉄および鉄器生産等、古代社会の基幹的生産の基礎的研究である。これらは和島先生の問題意識を継承したものであるが、田中さんは「俺は農民出身だから」という強い自負を持っていた。たしかに田の水の掛け引きの問題など都会育ちの私などの追随を許さぬものがある。あるいは農地造成の技術にしても、農耕具の機能の研究にしても、使う者の身になって考えるのが田中流だ。

また個別の遺物を研究するにあたって、出土した遺跡の性格、そこでの出土状況にこだわり類例を博捜することは、南武蔵の集落址研究の方法と共通している。馬杷の出土状況の大量観察から馬杷の用途が官の主導する農耕儀礼にあるという結論を導き出したことなどは田中考古学の真骨頂と言えよう。

ライフワークである弥生時代集落址研究もフィールドを出雲に移して新たな展開をとげている。丘陵・台地に立地して遺構の保存が良い南関東の集落址に対して、主に沖積微高地にあって遺構の保存が良くない出雲地方の集落址においても、南武蔵でおびただしい遺跡群の資料の検討から導き出された拠点集落と周辺集落という類型、またそれらの結合形態としての世帯共同体―農業共同体―政治的地域集団という地域社会の重層構造が適応できることを示したことは、出雲地方の弥生時代集落址研究に新たな地平を開くものと考えられる。さらに手工業生産、鉄器流通のセンター、青銅器祭祀の祭祀権の掌握、大型首長墓の造営等の諸属性が考えられる出雲の臨海性の拠点集落と、中国雲南・東南アジアの漢帝国周辺の「駅商国家」との比較を提言しているのも注目される。

田中さんが故郷へ帰るのを待っていたかのように荒神谷遺跡、加茂岩倉遺跡と大量の青銅祭器の埋納遺跡が次々と発見された。それに先立ち渡辺貞幸さんと組んで最大の四隅突出形墳丘墓の集中する出雲市西谷墳墓群の調査研究も行われた。拠点集落を軸に青銅祭器、四隅突出形墳丘墓を統一的にとらえ、弥生時代中・後期の列島において、北部九州・吉備・畿内と並んで第四の極をなす出雲の地域的歴史的特質を明らかにする条件は着々と整えられていると言えるだろう。ここにおいて田中さんの活躍に期待するところはきわめて大きい。体には十分に気をつけながら益々の研鑽を重ねられることを切に願うものである。

二〇一一年四月一一日

新潟大学名誉教授
甘粕　健

第II部　南関東における弥生時代集落址研究

第Ⅲ部　出雲における弥生時代集落址研究

第Ⅳ部　弥生時代集落址研究の成果と課題

第6章　弥生時代拠点集落の再検討　247

第V部　生産・葬制・祭祀をめぐる問題

付章2　加茂岩倉遺跡の発見とその意義――441

装幀　勝木雄二

第Ⅰ部

弥生時代集落址研究の目的と方法

第1章

弥生時代集落研究の道程
——共生・協同の場とその動態を求めて

一　和島誠一に学ぶ

1　師和島誠一との出会い

一九五六年、春浅い日のことである。突然、わが貧乏下宿に畏友中村嘉男が現われた。そして、手短にいった。「君、考古学をやるのなら、いい人を紹介するから出かけないか」と。学部三年目を間近に控え、何を研究テーマにするか少々迷っていた時だった。高校三年生のころ考古学クラブに属し、顧問の発掘調査を手伝った経験から考古学を学ぶことが選択肢の一つにあったが、近世の百姓一揆にも魅力を感じていた。

ともあれ折角の誘い、あえて断る理由もない。ここは一つ中村に同道して「いい人」を訪ねることにした。早稲田鶴巻町から高田馬場駅脇を通り、歩くこと小一時間、鬱蒼とした木立の中に平屋の建物が見えてきた。ところは、東京都新宿区百人町の一角、建物は元帝国陸軍の毒ガス研究所と知らされる。訪れた時には「資源科学研究所」という財団法人の研究所がおかれていた。わが師和島誠一はこの研究所の所員として建物の中程に研究室を構え、旺盛な調査研究活動を進めていた。

中村に従っておそるおそる入室。初対面の挨拶を一通り終えると、いきなり聞かれた。「君、何を勉強したいのかね」。筆者が、考古学に少々興味をもっていることは中村からすでに聞いていたらしく、「何を」は考古学のどんな分野を学びたいのかを訊ねられたのである。脈絡なしの質問に戸惑うことしばし、思わず口から出た。「古墳などを……」。高校時代に見て歩いた故郷の古墳がまずは脳裏に浮かんできたからである。すると「そこの本棚に古墳関係のものがあるから……」と。

これが和島誠一との出会いであった。かくて、学問としての考古学の門をくぐることとなったわけである。以後、逝去（一九七一年）にいたるまでの約一五年間にわたって指導を受ける。その間、考古学研究者として何をどう追い求めるべきか等に関して手厚く教え導かれたことはいうまでもないが、人としての生きざまについても少なからず影響を受けた。

和島は日ごろから「概念のみで物事を判断してはならない」と、周囲の者にことあるごとに説いていた。思い返しても、「かく考えるべし」等と教条的な言い方で、ある種のテーゼを押し付けるような指導は一度も受けていない。だが、遺跡・遺構・遺物の観察では相当喧しくいわれ、「よく見て」を繰り返された。一〜二例をあげる。埼玉県五領遺跡の調査の際に出土土器を実測した。簡単に点を落として後はマーコ（真弧）でさっさと輪郭を描く。すると、「駄目だな」とやり直しを数度させられた。筆者が、土器をしっかり観察していないことを脇で見ていたのである。神奈川県三殿台遺跡では、「かまど」をもつ住居址の検出作業中にひどく叱られた。つくり付けのしっかりした「かまど」で、見た目にも構造がよくわかった。それを、ちょっと目を離した隙に手伝いの学生さんが掘ってしまったのである。写真や図面による記録を随時とれと常日ごろいわれていたのに、「さぼっていた」。「しまった」と思ったが後の祭り。思い出すたびに冷や汗が出るのを覚える。発掘現場にあっても、その作業の進め方には「和島ノルマ」の異名が冠せられるほど、問題をとことん追究することで一貫している。「発掘は、目的を定め、筋道を立て、計画的に、徹底的に行うことだ」と語り、教え、みずからも実践に努めたのであった。

こうした事物の正確な把握と、それを客観化することへの厳正な対応ぶりもさることながら、研究者としての姿勢にも学ぶべきことが多々ある。和島は学問研究の究極的目的は「ヒューマニズムだ」と語り、研究生活のうえでもその精神を貫いた。そうした人間性と斬新な考古学研究に魅せられて、古ぼけてむさ苦しい研究室には人の出入りが絶えなかった。著名な学者、研究者、考古学を志す若者、歴史好きの市民が入れ替わり立ち替わりし、ある若者は土器を持ち込み、某学者は著書の進呈に、研究者の数人が写真と実測図を囲んでのにわか論議といった具合で、まるで考古学の梁山泊とでもいえるような雰囲気であった。

2　和島の考古学と集落研究

こうして和島研究室への出入りが始まった。以後、横浜市市ヶ尾遺跡群、東京都九段上貝塚、同中里貝塚、埼玉県五領遺跡などの発掘調査に参加して、和島ノルマの実体験を積み上げることとなる。畏れ入ったのは、わが郷里島根県益田市にある古墳時代後期の須恵器窯跡の芝遺跡を発掘した折、突如、和島が現われ、調査の状況を尋ねられたことである。たぶん、経験不足の後進を心配してのことであったと思うが、特別何事かを指示された記憶はない。

時進んで一九六〇年には横浜市三殿台遺跡の調査に関わる。独立丘上に立地する集落址を短期間に全掘するという難事業である。筆者自身にとっては決意と覚悟が求められる発掘であったが、それ以上に、和島考古学、わけてもその集落論を、汗と砂ぼこりに塗れて一から学ぶ絶好の機会となった。その意味で、以下に和島考古学とその中核をなす集落研究について概観し、その魅力と筆者が弥生時代集落を主たる研究テーマに選んだ理由のありようについて述べておこう。

そもそも「物を離れて考古学はない」。しかし、「無方法的な資料追随主義」であってはならない。考古学は歴史学であって、人類史を貫く歴史法則の解明がこの学の基底であらねばならず、諸事実・現象の追究目的もそこにおかれるべきである、とするのが和島考古学である。具体的には「人類は道具を使って労働し、生産することによって、自分をも含めて自然を作りかえていく。……この特長こそ、あらゆる時代の歴史をおし進めた動力であるが、考古学の対象はまさにそれらの作りかえられた自然である」(和島 一九五三)として、遺跡・遺物の研究において何を問題にすべきかを述べる。また、とくに「考古学が物をとらえて歴史とその法則をつかもうとするとき、社会生活の本拠である集落の研究が太い柱となる」ことを説いて集落址研究の意義を示した。ここでは主題に従って、いうところの「太い柱」研究をたどってみよう。

和島の原始・古代集落の構成と変遷に関する基本的な見解は、「考古学と歴史学」の叙述に先立つこと五年前の一九四八年に発表された「原始聚落の構成」(和島 一九四八)に示されている。そこでは、「『原始聚落の構成』一般を論ずるのではなく……その実相と変遷が問題となる」として、縄文時代から古代にいたる限られた集落遺跡の様態を踏まえて、日本列島における氏族共同体のありようと変遷、その解体から古代家族が自立し、家父長制的大家族へと成長する過程を具体的に追究している。究明に当たっての方法論としてつぎのように述べるが、この指摘はきわめて示唆に富む。

曰く、「同じ棟の下に一つの炉を囲んで住む一団の人々を一世帯として認めることは妥当である場合が多いであろう。ただし、それを直ちに一単位の家族と考えることは如何であろうか。またかかる問題は、単に住居址の収容可能人員を推算することによって解決するであろうか。外観上相似た二つの住居址も、全く異った性格を持つ集団を容れ得る場合がある。したがってここに提起された問題に対しては、先ず住居址とその成員が如何なる性格の聚落に属し、またその聚落の構成部分として如何なる機能を果たすかを、具体的に従ってまた歴史的に追求する必要があろう」と。すなわち、集落研究にあって留意すべきは、「聚落の性格」であり、その「構成部分」である「住居址成員」が果たす役割を「具体的に」「歴史的に追求」すべしと説いている。

写真1　和島誠一

さらに、一九四四年、和島が企画し、刊行を推進した『日本考古学講座』の一巻に、考古学の研究方法と学史に関する巻を立て、第一巻の『研究方法』の編集を担当した。この巻では、みずから「集落址」の項を執筆している。これら一連の執筆・編纂の仕事には、敗戦後の日本考古学が歩むべき方向と、踏まえるべき学史を示そうとする和島の意図と熱意を随所にうかがうことができる。

とりわけ、「集落址」においては自身が調査した遺跡を例に引きながら、集落址研究の目的・方法を具体的、実践的に紹介し、あわせて考古学的集落研究の意義について明快に説き及んでいる。このことをつぎのように述べる。「集落遺跡の研究のねらいは、ある時代の社会の一つの単位として、その生活内容を追及することが一つと、それら一切の生活内容の在り方を規定する社会関係を最も直接に示すものとしての集落構成を明らかにすることである」（和島 一九五五）と。つまり、当該時代の社会構成単位とそれらの集合体の構成を明らかにし、この二者の相関を歴史的・統一的に描き出すことが集落研究の基本的な課題であることを示した、といえる。こうした遺跡・遺物の分析を土台とする集落研究の課題設定と解明方法は、今日においても十分な妥当性をもつといえるであろう。和島の場合は、史的唯物論の命題に従って、原始社会＝氏族共同体的構成から人類史最初の階級社会における古代社会＝古代集落を俯瞰することで所期の課題に迫ろうとしたのであった。

3 市ヶ尾遺跡群から三殿台遺跡へ

筆者が研究室を訪ねた当時、和島は『横浜市史』（以下、『市史』）の編纂委員を務め、直接的には原始・古代編の執筆担当者として資料の調査研究に没頭していた。この仕事を助けながら南関東地方における考古学的地域研究を進めていたのが岡本勇・甘粕健・岡田清子らを中心とする「武蔵地方史研究会」（通称「武研」）であった。一九五五年夏には、和島を先頭に武研メンバー・学生・市民が一体となり、原始集落の構成を解き明かすために縄文遺跡の南堀貝塚を発掘した。その成果は、横浜市域における原始社会形成の画期と縄文時代の集落構造の解明に大きく寄与している。

一地方史としての『市史』の「原始・古代」編纂には、今日なお学ぶべきことが少なくない。その一は、徹底した分布調査による地域動向の把握に立ち、特徴的な遺跡を選定、発掘して地域史叙述の諸画期を明らかにすることである。その二は、地域史の調査研究を「市民と共に」進めるという、ある種の学習運動と一体での取り組み方である。南堀貝塚の発掘調査はその模範となる一つの試みであった。

そして、一九五六年夏には古代律令制国家形成期における東国農村の村落構成を明らかにするために市ヶ尾遺跡群の発掘調査が実施される。調査団の構成は南堀貝塚にならった形だが、神奈川県・横浜市も市ヶ尾遺跡群中の複数遺跡を連携して調査したり、調査団へ人材を派遣するなど側面から支援する体制をとった。新参者の筆者も調査団に加わり、考古学研究の道に確かな一歩を踏み出すことになる。そして、みずからの知力と体力で遺跡と向き合う緊張感、参加者の協力・共同作業によって解明されていく古代東国農村の魅力に憑かれ、いつしか考古学の虜になってしまった。

市ヶ尾遺跡群の調査に当たって、和島は年来の課題とする家父長制的古代家族の実相究明を狙いにしていた。その追究にあっては、生産の場・集落・墓地の統一的な把握を目指すこととしている。このことは、日ごろから説いていた遺跡を「群」として捉えることの意義と、その実践の仕方を具体的に示すことでもあった。六世紀後半から七世紀後半にかけて造営された市ヶ尾横穴群の調査を軸に、隣接する横穴群・墳墓・集落址などが発掘されたが、生産址については未発見に終わり、課題が残った。調査報告の作成は、和島の逝去によって中断したが、その時点では、市ヶ尾横穴群の分析、周辺横穴群との対比、集落址調査の結果を総合的に検討し終えていた。ここで特筆されることは、各横穴の前面に「前庭部」と称される区域があり、そこで「墓前祭」が行われたこと、その「前庭部祭祀」は横穴群全体を構成する小単位ごとに行われたことが判明したことである。前庭部の調査は、和島が地元青年団に協力を呼びかけ、雨中の突貫作業によって成功を収めている。そこには和島の考古学に注ぐ情熱と卓越したリーダー性、そして、まことに真摯な学究姿勢が如実に表われていて大きな感銘を受けた。

市ヶ尾横穴群の調査は、群集墳の一形態である横穴群が一般集落員とは区別される有力な古代家族の奥津城であること、その中でも市ヶ尾横穴群は穴数が多いこと、個々の墓穴の規模が大きいこと、副葬品が優れていることなどから、地域内でもとくに優勢な古代家族の墓地として造営されたことを想定している。あわせて、家父長制の伸展を予測しつつ、横浜市北部地域において古代家族が広汎に台頭してきていることにも言及した。

ところで、和島は「原始聚落の構成」を発表後、各時代集落遺跡の実相をより詳細に、そして何よりも一単位の集落址の全容をつかみたいと願っていた。『市史』の執筆が一段落した一九六一年、この年来の宿願を果たすチャンスがたまたま訪れた。横浜市三殿台遺跡の発掘である。この遺跡は独立丘陵上にあり、頂部平坦面には縄文土器、弥生土器、土師器などの土器片が濃密に散布し、丘陵周囲の斜面に縄文貝塚が現存していた。和島は、この事実に『市史』編纂時以来注目しており、すでに大胆な調査計画を立ててもいた。それは、「この遺跡を完掘すれば、縄文・弥生・古墳の三時代の一集落の構造を連続的・統一的に捉えることができる」とするところにあり、その実現を期して、すでに一九五九年から遺跡の一角を発掘しつつあった。そこへ遺跡全体が小学校建設用地として開発されるという事態が起こり、急遽、全面的な調査を実施する必要が生じた。横浜市教育委員会は、和島を通じて日本考古学協会に調査事業への側面的援助を要請、これを受けた協会内に「三殿台遺跡調査特別委員会」が設置され、和島は委員長に就任した。そして発掘調査団の団長を引き受け、情熱と全精力を注ぎ、積極・果敢、よくその任を全うして三殿台遺跡の全掘・保存という未踏の事業を成し遂げたのである。

調査の結果、総数二五五棟の竪穴住居址が掘り出されたが、大部分は弥生時代に属することが判明し、この遺跡の中心は弥生時代にあることが知られた。また、丘陵周囲の調査では、斜面貝塚の一部も弥生時代に形成されたことが判明している。こうした事情から、和島が当初目論んだ縄文・弥生・古墳の各時代の集落相を統一的、連続的に捉えるということはできなかったのであるが、弥生時代の一集落の様相を具体的に把握しえたことからすれば期待以上の成果がえられた、といえるであろう。

その後、諸般の事情から和島が三殿台遺跡の集落構造について、まとまった見解を公にする機会は到来しなかったのであるが、唯一、「竪穴の火事」（和島 一九六一）という短文に弥生時代集落相の一端を語っている。そこでは弥生時代中期（宮ノ台式土器の時期、以下、宮ノ台期）の火災で焼失した竪穴住居址八棟が、楕円状に一定の間隔をもって並ぶという事実に着目、これが類焼の結果とみて、八棟の火災住居址群に一個の単位としてまとまる集落（世帯共同体）の実相を読み取ろうとしている。そして、調査の当面の総括において、あらためて集落址全掘の意義を強調している（和島 一九六二b）。

4　家族・世帯・共同体像の解明を目指して

一九六六年、三殿台遺跡は世論の力と横浜市の英断によって、ほぼ全域が国指定史跡として保存されることになった。筆者は遺跡の南部地区の発掘を担当し、出土品の整理、報告書の作成に参加した。この実体験が筆者を弥生時代の集落研究に駆り立てることになる。一九六六年に和島と連名で発表した「住居と集落」（和島・田中 一九六六）は、弥生時代集落研究者としての自立への第一歩であった。そこでは広く弥生時代集落遺跡のありようを概観した後、登呂遺跡や三殿台遺跡の調査成果などを軸にして、この時代の集落構造とその歴史的性格へのアプローチを試みている。

論及の焦点は、一単位の集落と認定された集落址を氏族共同体内の世帯共同体と認定したこと、そして、世帯共同体が農業生産の進展に応じ、氏族共同体内の一経営体として自立化傾向を強めつつあることを示したところにある。当然ながら、個々の集落址の立地状況、埋葬址や祭祀の問題も十分考慮しての結論づけではあるが、そうした問題を全体的に取り上げて弥生時代の社会構造を総括する課題については、和島がこの著書の総論部分に当たる「弥生時代社会の構造」（和島 一九六六）において、解明に迫っている。

所論の集約点は、右に示した氏族共同体の解体期に複数の世帯共同体によって構成される農業共同体が形成され、その「族長」のもとに収斂される公権力の拡大強化が階級的社会構成移行への引き金となる、としたことにあろう。このような主張の主要な論拠になったのは登呂遺跡における水田址と集落址調査の結果である。和島は、この遺跡が水田稲作農業の実相と、その経営に当たったとみられる集落の構造を統一的に把握しうる稀有の例として、ことのほか重要視している。もっとも登呂遺跡については、一九六四年に新たに水田址が発見され、続いて一九七〇年代以降に各地で弥生時代の水田遺構が検出されたことにより、従来の様相については再検討を余儀なくされている。しかし、列島における水田稲作経営の特質に関わる基本的な見方は、なお説得力を失っていないと考える。

和島の弥生時代観は、「弥生時代社会の構造」（以下「社会の構造」）で一応の帰結をえたと判断できる。くわえて、右の労作と一対をなす論文として、一九六二年に発表された「東アジア農耕社会における二つの型」（和島 一九六二b、以下「二つの型」）をあげておきたい。「二つの型」では、中国東北地方における遺跡調査を踏まえ、大陸における古代専制国家の形成過程を追い、これと対比する形で日本列島の古代国家成立史、とりわけ、前段階となる弥生時代の社会構造を稲作農業の展開とあわせて考察している。地域の不均等発展とか地域差のありようと、それが発生する事情や彼我の間の地域間交渉ともいうべき動向を重視する論調が注目される。このような研究視座もまた今日的意義を有するといってよい。

ところで、「社会の構造」では論じ切れなかった問題に鉄生産がある。岡山県月ノ輪古墳の調査以来、鉄・鉄器生産の実態とそれがもたらす社会的意義については並々ならぬ情熱を注いでいた。いうなれば、古代専制国家の形成を分業論の側からも迫ろうという試みの中で、鉄・鉄器生産が特別な意味をもつと睨んでいたからである。将来的な見通しとして、「花崗岩地帯の中国山地における砂鉄生産の展開、それを櫛目文土器分布圏の人びとがつかみえた」ことを推定するに止まっている。

以上にみたように、和島は、その集落研究において一竪穴住居址を世帯とし、これらが数棟集合して形成される小集落を世帯共同体として理解しようとしていた。このように、一竪穴住居を一個の世帯と捉えたことは、早く一九三八年に独力で実施した東京都志村遺跡の調査からであろうか。志村遺跡においては、竪穴住居址の多くが住居壁にかまどを作りつけている事実に注目し、「炊飯を共にする」という意味合いからこれを世帯、隣り合う三〇棟前後の竪穴住居址からなる小集落を世帯共同体の概念で把握している。

弥生時代については、福岡県比恵遺跡の方形環壕小集落や登呂遺跡の東群とされた一小集落（一〇棟の平地住居址）を世帯共同体とし、登呂遺跡の場合、この東群が前面に広がる広大な水田の一経営単位をなした、と想定している。さらに、水田造成から水利管理等の全体経営は小集落が集合する「聚落」＝農業共同体の手にあり、そうした、いわば共同体の重層によって弥生社会は形成されていた、との構想を提示したのであった。

さて、右のような弥生時代社会観が提示されてから四〇年以上の歳月が流れた。この間、未曾有の開発行為によって膨大な遺跡発掘が行われ、弥生時代に関する知見は一九六〇年代とは比較にならない量域に達している。当然ながら家族とか共同体についても、それぞれの内実や概念そのものに検討が加えられて新しい見解が叢生している。それらの論中で、和島の集落論が俎上に載せられてあれこれの批判が展開され、さらには忌避したりする傾向も広がっているが、それはある意味で至極当たり前の成り行きといえよう。

ただ、忘れてならないのは和島が史的唯物論というグランドセオリーに導かれ、弁証法的思考に基づいて論理を組み立てていることである。そして、「現代史は考古学にとっても無限の宝庫である。歴史を『概念』としてではなく、実践的に把握するために考古学が一翼を担うことは、現代史についても例外ではない」（和島一九五二）と喝破し、学問研究に従事することが「ヒューマニズム」の実践のため、とした研究姿勢像は依然として色褪せてはいないと考える。

二　世帯共同体論と拠点集落の構想

1　広域開発の「港北ニュータウン」建設と考古学研究

一九六五年、「横浜市六大事業」の一つとして「港北ニュータウン」（以下、ニュータウン）の建設計画が発表された。事業計画では市域北部の多摩丘陵地帯を大々的に削平し、収容人口約三〇万人の新市街を建設する、となっていた。建設予定地はかつて「横浜のチベット」と呼ばれた純農村地帯で、「埋蔵文化財の宝庫」として知られ、横浜開港百年記念事業として刊行された『市史』編纂に関わる調査の際に格好のフィールドになってもいた。ところが、この地域では一九六〇年代の中ごろから大手のデベロッパーによる大規模な宅地開発が急速に進行し、その影響下でかつて調査された市ヶ尾遺跡群中の鹿ヶ谷遺跡（弥生・古墳時代の集落址）が損壊を被るなど憂慮すべき事態がすでに現われていた。そこへ、この大開発計画の出現である。計画通りニュータウンが建設されると、膨大な遺跡が山野諸共消滅するということになる。『市史』以来この地域を長く研究フィールドにしてきた武研にとってはとうてい看過できない由々しき問題が起きてきたわけである。どう対処すべきか。

何はともあれ急を要することは、計画地内遺跡の存在状況を明らかにすることであり、その把握に立って調査計画と特徴的な遺跡の保全策を打ち出すことである。事態に直面して岡本勇・甘粕健らを中心に武研の仲間が立ち上がり、とりあえず建設計画地内と周辺地域の徹底的な分布調査を行い、全体で約六〇〇カ所の遺跡を確認してリストアップした。筆者も武研の一員として分布調査に加わり、毎日曜日に手弁当で北部の山野を踏査してまわり、その後に宅地造成で破壊寸前にあった長谷・鹿ヶ谷遺跡の発掘調査を実施した。結果、小谷の最奥部に位置する長谷遺跡では、弥生時代後期と七世紀後半期の一単位の小集落址を検出することに成功し、鹿ヶ谷遺跡では、全壊をかろうじて免れた弥生時代後期の朝光寺原式土器をともなう住居址群を捉えることができた（田中ほか 一九六六）。一九六六年のことである。

写真2 開発に追われて 朝光寺原遺跡の調査

一九六七年には、北部地域屈指の弥生時代集落址である朝光寺原遺跡（宮ノ台期の環壕集落、後期の朝光寺原式土器をともなう小集落もあり）と前方後円墳・前方後方墳等を含む地域の代表的な古墳群の稲荷前古墳群が宅地開発のため破壊・消滅するという状況に立ち至り、事前の発掘調査が行われた。筆者は、調査責任者の岡本（朝光寺原遺跡担当）や甘粕（稲荷前古墳群担当）を助けて発掘と保存運動に奔走した。調査中、大型重機の轟音に悩まされ、工事担当者からは恫喝もされ、口惜しい想いに明け暮れたことはいまも心の奥深くに染み込んでいる。

ところで、岡本は学生時代から横浜市域や三浦半島の遺跡調査を手がけ、この地域の考古学研究をリードしていた。『市史』編纂事業にも当初から関わり、南堀貝塚の発掘では中心的役割を果たしている。さらには、ニュータウン関連遺跡の全調査を一貫して主導し、その意義の解明と保全策の提示に死力を尽くした。そして、ニュータウン建設によって広い範囲の遺跡が破壊し去られる危険性に対処するために、遺跡を「群」として捉え、個々の遺跡の有機的結び付きを明らかにすることを企図して「遺跡群研究」の必要性を提唱し、その実践を通じて多様な遺跡の包括的把握と面的保全の実現に腐心している。

こうした遺跡を群として把握する試みは、先に述べたように、和島が市ヶ尾遺跡群の調査等ですでに実施していたのであるが、岡本の提案は、それらに学びながらみずからが経験した三浦半島の縄文時代遺跡の調査などを踏まえ、広域にわたる遺跡動向を地域史の全体像に反映させることを意図したものである。その成果に依拠してニュータウン建設による多数の遺跡の面的破壊に対処しつつ、埋蔵文化財の大規模破壊の問題性を広汎に訴えていこうとする狙いが込められていた。

その後、北部地域における遺跡群研究は、一九六八年に発足した横浜市埋蔵文化財調査委員会港北ニュータウン埋蔵文化財調査団（以下、ニュータウン埋文調査団）のメンバーによって進められ、多くの成果が蓄積されている。弥生時代の遺跡群の調査にあっては、一九七二年から始まった大塚遺跡とそれに共存する方形周溝墓群の歳勝土遺跡、および周辺の弥生時代中期後葉遺跡群の究明が俎上に上がっていた。この二遺跡は弥生時代中期後葉（宮ノ台期）の集落と墓地を一体的に把握することができるというまたとない条件を備え、保存状態もすこぶる良好であることから全面的な保存が求められた。折しも、横浜市域での遺跡群研究について考古学研究会で報告することとなり、ケーススタディとして弥生時代中期後葉期集落のあり方や、その地域的歴史的意義を問うことで大塚・歳勝土両遺跡問題と報告作業を統一して取り組むことになった。

問題の検討と報告の作業では、岡本がまとめ役となり、筆者と小宮恒雄、武井則道、坂本彰らで小研究会を組織し、筆者が報告案作成の任を引き受けることとなった。ちなみに岡本は三殿台遺跡の調査の際にも和島の右腕として活躍し、調査の進行を全面的に支えながら直接的には弥生時代の住居址発掘の総括的任務を遂行し、調査成果に関する概括的報告を行っている（岡本 一九六二）。

2　拠点集落と周辺集落の構想

考古学研究会報告に向けた検討作業は一九七四年から開始され、翌七五年春に筆者が到達状況の報告を行った。この時点では焦眉の的であった大塚遺跡の調査がいまだ終わっていなかったので、大塚・歳勝土遺跡の問題を横睨みしながらの報告となった。内容的には、東京湾岸に近い横浜市南部地域とやや奥まった北部地域の宮ノ台期の集落遺跡群を検討対象にして、関東地方南西部における本格的な稲作農耕集落の出現様相と展開状況を明らかにし、この地域においてどのような集団関係の消長を見出すことができるかを問うた。

作業手順としては、まず三殿台遺跡における弥生時代中期後葉の集落構造の分析を行い、その手法の有効性を確かめながら同期の大型環壕集落址の朝光寺原遺跡、小型集落址の新吉田宮ノ原遺跡について検討した。三殿台遺跡における弥生時代の集落址については、先に述べたように、類焼によって消滅した中期後葉の住居址群の存在が明らかにされていたし、弥生時代集落を総括した岡本が、当時の弥生土器の編年に従って宮ノ台期から前野町期までの住居址数と住居平面形の変化を確かめ、集落の漸移的変遷の概要を示している。さらに、岡本は各期の住居址の規模の大小や方向、建物構造について注目すべき事実を取り上げ、とくに宮ノ台期から突出した規模を有する住居址が出現していること、重複状態にも改築を思わせるケースと廃絶↓新築といった例が存在することなどに注意を払い、さらには新発見の遺構として溝状遺構が検出されたことにも触れた。念のために記すと、当時この溝状遺構について、方形周溝墓である可能性を肯定しうる事実はえられていない。遺物に関しては、住居址の前後関係とあわせた弥生土器編年の検討が必須であることを述べている。石器については弥生時代に特有の磨製石器群に加えて、三殿台遺跡固有ともみられる小型扁平磨製石器が多数みられることに留意している。

ところで、三殿台遺跡では長軸一三メートルを超える宮ノ台期の大型住居址（三〇六Ｃ）が検出され、当時は日本列島最大例として注目された。三〇六Ｃ住居址について和島は世帯共同体内の「母屋」とする見解を示している（和島・田中 一九六六）。その後、市内森戸原遺跡からさらに一まわり大きな後期の住居址（長軸約一六メートル）が発見され、また三浦市赤坂遺跡でも特大住居址が発掘された。これらの大型住居址を見たり調査した岡本は、母屋説からさらに踏み込み、大型住居址の柱穴が並外れた規模を有していることに注意を払いながら、そこに弥生時代の巨木信仰の存在を見出そうとしている。この構想も元をたどれば三殿台遺跡が起点であるように思われる。

右のような先行調査を受けて、筆者は自身の経験や知見も加えながら、約四〇棟の宮ノ台期の住居址と集落構成について分析を行った。その結果、宮ノ台期の住居址群の移り変わりを四小期に細分しうることを足場にして、各小期の集落構成とその継続的展開・変遷過程を考定した。ただし、三殿台遺跡の宮ノ台式土器は住居址の重複関係と型式学的研究によって古・中・新の三期に分けることが可能であり、うち古期のものが少数ながら存在し、中・新期が大半を占めている。したがって、右の変遷時間幅は宮ノ台期の古〜新期の中に収まると考えられる。

つぎに取り上げた朝光寺原遺跡では、宮ノ台式土器の中・新期に属する五五棟の住居址が検出されている。三殿台遺跡と同様に重複関係などを参考にしてこれらを三小期に区分した。また、環壕の外に存在した方形周溝墓群は、大塚遺跡（集落）・歳勝土遺跡（方形周溝墓群の墓地）の関連性に照らして、宮ノ台期の環壕集落にともなうことが想定されたのであった。つづいて、これらとは対蹠的な例として新吉田宮ノ原遺跡（宮ノ台式土器の新期）を取り上げる。この遺跡は小型集落址で四〜五棟の住居址と方形周溝墓一基が認められていた。

引続き南部地域、北部地域の宮ノ台期の集落遺跡の分布状態と弥生時代後期のそれを概観すると、中小河川の谷筋単位に三殿台・朝光寺原遺跡例のような大型集落址と新吉田宮ノ原遺跡に似る複数の小型集落址の並存する状況が読み取れた。これを敷衍すれば、大型集落と小型集落の二者が谷水田経営において一定の協働関係を保持していた蓋然性は高いと判断され、その際、大型集落が件の関係を取り結ぶうえで中核的役割を果たしたのではないか。そうした想定に立って、前者を拠点集落とし、後者を周辺集落と類型分けし、両者の協働によって結ばれる集団関係の枠組みを農業共同体として理解する試案を提示した。ただ、この場合、「農業共同体」なる用語は経験的な思考の産物であって、和島が示したような稲作農業生産を基に形成される農業共同体等の明確な概念規定に沿うものではないことを厳に断る必要があった、と省みる。

3　集落諸類型化とその後の北部地域研究

これら一連の作業からつぎの展開として、拠点集落とか周辺集落がどのような地域的歴史的事情に条件づけられて形成され、存続し、終焉したかを問い、答えを出すことが必要になる。筆者は、拠点集落に関して弥生土器の型式的連続を根拠に集落としての連続・継続性がその一特性であることを主張した。この判断をもとに集落遺跡の類型化を試み、諸類型の共存状態を弥生時代中期・後期の時間幅の中で把握することに努めた。その際、大区分類型として佐原真が提示した「継続型」・「断続型」・「廃絶型」(佐原 一九七五)を援用し、これに存在期間として一型式=短期、複数型式=長期の概念を加えて拠点集落三類、周辺集落三類を設定した。

そして、各類型の並存状態を横浜北部地域から多摩丘陵の一帯に検討対象地域を拡大して小地域ごとのあり方を検討してみた。結論的にいえば、拠点集落―周辺集落関係の存在を再確認し、その展開状況が湾岸地域(三殿台遺跡を含む大岡川流域)と背後の中山間地域では異なることを指摘しえた、と考えている。同時に、検討作業を通じて概括的ではあるが、拠点集落と認められる遺跡数と周辺集落とした遺跡数を比較した場合、前者の割合が極端に少ないことに気づいた。いったい一拠点集落に何単位の周辺集落が併存しえたのか、そのことが耕地の占有と割り替え・分割耕作といった農業共同体的関係性とどう結び合うのか、といった検証もまた、急がれるように思えたことである。ただ、この段階では土器型式の連続性と集落の連続・継続、断続といった現象とは必ずしも一致しないことを考慮しえなかったことが後にさまざまな批判を呼ぶことにはなった、と顧みる。

その後、大阪府池上遺跡の保存問題に関連して開かれた研究会において、南関東地方での弥生時代集落類型化とどう摺り合せができるかが問題になった。このことについては以後の調査による成果も含めてであるが、近畿中枢部の大型集落遺跡が比類のない規模と長期にわたる継続性を有し、集落内に青銅器等の金属器生産をはじめ種々の手工業的施設を内包し、内外の搬入遺物が数多く出土するということで特徴づけられる、とした。そして、こうした特徴をもつ特大型集落が古代国家黎明期の列島内に出現することには格別な意義が認められる、とした。

ところで一九八一年には、それまで中断状態にあった市ヶ尾遺跡群の調査報告書を仕上げることとなった。筆者は、甘粕健・岡田清子らと詰めの作業を行い、翌年に南堀貝塚の報告とあわせて『横浜市史・資料編二一』として刊行した。この報告書で総括を担当した甘粕は一九五八年に刊行された『市史』第一巻以後に蓄積された多数の発掘調査を渉覧し、弥生時代から古代律令制国家完成期に至る北部地域の地域史を再構成している。そこでは市ヶ尾遺跡群の成果から出発して、まずは鶴見川上流の一支流・谷本川流域における朝光寺原遺跡など弥生時代の拠点集落と周辺集落で構成される地域的共同体（農業共同体とする）（甘粕 一九六九）の構造と特性に触れ、流域の各所に形成された地域的共同体群の消長をたどる。つづいて古墳時代に入ると、流域の政治的統合の象徴として稲荷前一号・六号墳の前期古墳が築かれ、後期には優勢な地域的共同体内家長層の奥津城として市ヶ尾横穴が造営された、としている。さらに、奈良時代の遺跡として武蔵国都筑郡（横浜市北部地域）の郡衙址とみられる長者ヶ原遺跡の存在に注目し、ここに広く谷本川・早渕川流域全体を統括する律令期の政治的拠点が成立した、と説いた。

右のように甘粕は、『市史』以来関わりつづけた北部地域における歴史的変遷を小河川流域ごとにたどり、そこでの集落遺跡や墳墓の発掘成果に準拠しながら弥生・古墳時代から古代に至る歴史的変遷を、首長・家族・共同体をキーワードにトータルな地域史を描き出したのであった。広範な遺跡破壊と闘いつつ、積み上げられた調査の成果に立って開陳された地域史像とその視点や分析方法には他の追随を許さない確かさと重みがある。

時をほぼ同じくして、一九八三年には単位集団の提唱者である近藤義郎が『前方後円墳の時代』を公刊した（近藤 一九八三）。この著書において近藤は「単位集団」を「一つの血縁的共同体」もしくは「家族体」と見なし、それらは「土地に対する共同の所有」下での「分割労働」の単位であることをあらためて明示している。ついで、血縁共同体ないし家族体のいくつかによって構成される「集合体」を「氏族共同体」として性格づけ、さらに氏族共同体相互が結びつく「部族」、その複合組織として「部族連合」を考定する。そして、これら諸共同体の自立・相互依存、生成・発展・変質の全過程を「前方後円墳の時代」として総括したのであった。弥生時代の集団関係については、かつて「農業共同体」(近藤 一九六六)として理解した地域的共同体を氏族共同体として捉え直し、稲作経営に当たっては氏族共同体が血縁的紐帯を下敷きに、水田の分割耕作と種々の分業を統括する「経済整体」として機能した、と述べている。

4 大塚・歳勝土遺跡とその周辺

一九七二年に始まった大塚遺跡の発掘調査は、ニュータウン埋文調査団によって鋭意進められ、一九七六年に一応の調査を完了した。この間、繭形の環壕が取り囲む弥生時代中期の集落址・大塚遺跡と隣接する墓址・歳勝土遺跡がセットで見事に掘り出され、その遺跡景観と学術的価値が大きく取り上げられるところとなった。研究者・諸学会はもとより、市民の間からも完全保存を求める声は日に日に高まり、横浜市政の一大問題になる。しかし、両遺跡を含む地区はニュータウンの中枢区として設計されており、これを変更することは不可能との結論が下された。最終的には、歳勝土遺跡保存、大塚遺跡の三分の一を残すこととなり、大塚遺跡の破壊が開始されたのである。時に一九七七年、切歯扼腕。ただ、無念の限りというほかはない。

一九九四年になって大塚遺跡の最終報告書が刊行され、文字どおり全調査が終了した。思えば、遺跡発見から地を這うような発掘が、「大塚・歳勝土遺跡を残して」の世論の高まりを背にして進められ、その意味づけを含めた調査内容がすべて公にされたのである。このことは、『市史』以来の考古学的地域研究の記念すべき達成であると同時に遺跡群研究の到達度を示す格好の指標となった。また、三殿台遺跡以後の弥生時代集落研究においても、新たな地平を切り開く画期的な成果と受け止める。確認すべき要点を列挙しよう。

まず、大塚遺跡についてみる。何といっても集落を取り囲む壕とその内側に累居する一一五棟の竪穴住居・掘立柱建物・貯蔵穴などがほぼ完全な形で掘り出されたことを特記しなければならない。この中には少数の弥生時代後期住居址等が含まれているが、それらは全体の一〇パーセントにも満たない。環壕・一〇〇棟以上の竪穴住居・掘立柱建物・貯蔵穴などは弥生時代中期の宮ノ台期に属している。個々の遺構についても遺存状態がきわめて良好で、それぞれの埋没過程や複合関係、配置状況が明瞭に把握されたことから集落構成をリアルに復元しえたのであった。

いま一つは、環壕出土の土器の明確な層位的処理に基づき、各住居址出土土器をそれと対比することによって宮ノ台式土器の細分・変遷を跡づけ、住居址群を北・西・東の三群（四群とする見解もある）に分割し、さらに各群ともに一〜三小期にわたって存続したことを明らかにしている。各住居址群は大小一〇棟前後で構成され、個々の群自体は一単位としての小型集落（世帯共同体）であり、それらが環壕内で有機的な連関を保持して存在したことを相当の確かさでもって認識している。

かくて、大塚遺跡が短期廃絶型の拠点集落であることを再認識するのであるが、ここに示される「短期」は宮ノ台式土器の一型式期間に相当し、せいぜい二〜三世代程度の時間幅と受け取れる。いずれにしても突如として現われ、短い期間で姿を消した大型集落遺跡に関して、丘陵尾根筋に立地していること、火災住居の割合が高いこと、三殿台遺跡でみられたような特別な大型住居址は存在しないことなど多岐に及ぶ詳細な遺構・遺物の分析をへて短期的拠点集落の全様相が導き出される。発掘調査以来の営々とした研究にあらためて深い敬意を表すると同時に、三殿台遺跡で和島が強調した「一集落完掘」の意義をあらためて確認しておきたいと思う。

つぎに、墓地の歳勝土遺跡に触れる。宮ノ台期に属する二五基以上の方形周溝墓が整然と配置されるが、各墓の埋葬状態と墓のまとまり具合を大塚遺跡の集落構造と対比することにより、個々の墓にはそれら小型集落（世帯共同体）の家長層が埋葬されたと見なされた。弥生時代中期後半期において小型集落家長層が、階層的に結集する姿をそこに見出すことになるのであろうか。

ところで、大塚・歳勝土遺跡が位置する早渕川筋には、二〇カ所以上の弥生時代中期宮ノ台期の遺跡が分布している。それらには大塚遺跡のように環壕をともなう大型集落遺跡と、数棟の住居址からなる小型集落遺跡が含まれる。数的には後者が圧倒的で、たとえば大塚・歳勝土遺跡と同一丘陵に小型集落遺跡が一〇カ所存在している。これらの小型集落群が大塚・歳勝土遺跡とどのような有機的結合関係を結んでいたのかが問われる。その内実を探り出すことの前提的作業も遺跡群研究の中で大きく前進してきた。岡本はこの遺跡群に対して「共同体的地域集団」の名称を与えている。今後、横浜市北部地域が南関東地方の弥生時代研究にあって優れたフィールドとして活用され、トータルな形で遺跡群研究の結実することが期待されるところである。

筆者は、一九五〇年代後半から一九八〇年代前半期まで横浜市域の遺跡調査に携わり、主として弥生時代集落の構造と特性について究明の時を過ごした。あらためてその到達点を確認すると、一個の拠点集落と数個の周辺集落によって構成される地域的共同体の存在、それが中小河川の流域単位に併存・変転する様相を実態的に見出しえたことである。岡本が共同体的地域集団と呼称し、甘粕が農業共同体として把握しようとした地域的共同体である。近藤のいう氏族共同体もこの共同体に相当すると考える。

三　古代出雲に政治的地域集団の具体像を見る

1　四隅突出形墳丘墓と荒神谷・加茂岩倉遺跡

一九八一年、筆者は縁あって島根大学法文学部考古学研究室に赴任し、出雲地域を中心とする山陰地方の考古学研究に取り組むことになった。具体的には、当時、岡山大学に在職中の近藤義郎の勧めなどもあり、研究室テーマとして四隅突出形墳丘墓の調査・研究を掲げることにした。長方形墳丘の四隅に突出部を付したこの墳墓については、発見当初から初期の「古墳」とする見解があり、岡山県方面で近藤らが鋭意調査を進め、成果を確かなものとしつつあった弥生墳丘墓との不整合性が問題になっていた。そこで大型の四隅突出形墳丘墓が集中する出雲市西谷墳墓群を調査対象に選び、一九八三年より調査を開始した。

以後、西谷墳墓群は、島根大学考古学研究室と出雲市教育委員会が十数年にわたって共同調査を行い、周知のような成果があがっている。今日では、弥生時代後期後半のこれら大型の四隅突出形墳丘墓を「王墓」群と呼び習わすようになってきた。その代表格ともいえる西谷2号・3号・4号・9号の諸墓は、特大の墳丘規模を有し、墳丘斜面・裾部の貼石・列石においても他例には認められない特徴的な構造を備えている。また、3号墓の第一主体部から出土した大量のガラス製玉類、第一、第四主体部上に遺された膨大な土器群には山陰系土器とされる在地土器に加えて、他地域の弥生土器が多く含まれ、第四主体部上土器群にはいわゆる吉備系の特殊土器がともなっていた。

概括すれば、眼下に出雲平野全域を臨む丘陵先端に、弥生時代後期後半に「王墓」中の「王墓」ともいえる巨大な四隅突出形墳丘墓群が集中的に造営されたことになる。このことは、紀元二世紀後半〜三世紀前半ごろに大陸や朝鮮半島、北部九州と日本海沿岸諸地域の交流を背景に、西部出雲がある意味での歴史的飛躍を遂げたことを物語るものである。

さて、西谷墳墓群の調査を始めた翌年の一九八四年七月のことである。出雲市の東に隣接する簸川郡斐川町の神庭荒神谷というところで突如として銅剣三五八本が発見された。ついで翌年の七月には銅鐸六個と銅矛一六本が銅剣出土地点に接して出土した。まことに驚天動地の出来事というほかはなかった。人里離れた谷奥にかくも大量の弥生青銅器がなぜ埋められたのか。この謎解きが大方の関心を集める。四隅突出形墳丘墓問題で考古学研究者に一目置かれた出雲は、この大発見によって研究者のみならず一般市民からも熱い視線を浴びることになった。相つぐ講演会、シンポジウム、展示会に多くの研究者と市民が押し掛けた。「古代出雲ブーム」の到来である。

時を移さず銅剣・銅矛・銅鐸の詳細な調査が行われ、どうやら銅剣は三五八本すべて中細形c類、銅矛は中細形二本と中広形一四本、銅鐸は、最古段階・菱環鈕式一個、古段階・外縁付鈕式五個と認定され、埋められた時期は、ほぼ弥生時代中期後半と見定められた。埋納状態についても精緻な調査結果が出されて「古代出雲」論の熱気がひときわ上昇した。

荒神谷遺跡の「騒動」から一二年の歳月が流れた一九九六年の秋。またも「大発見」である。今度は、荒神谷遺跡の南東二キロメートルの山中から銅鐸三九個が出土した。「また、出雲か！えらいこっちゃ！」と著名な考古学者がつぶやいたという。大原郡加茂町加茂岩倉遺跡（現雲南市）の発見である。銅鐸群は山腹斜面に掘られた埋納坑に入れ子で横並びに詰め込まれていた。後日の検査によって、古段階の外縁付鈕式鐸二八個、中段階の扁平鈕式鐸一一個（この中には古段階と中段階、中段階と新段階の過渡期産かとされる銅鐸が含まれる）と型式が明らかになり、埋められた時期は、荒神谷遺跡と同様に、およそ弥生時代中期末ごろと推定されたのであった。同笵（兄弟）銅鐸の多いこと、特異な絵画銅鐸の存在、出雲地域での生産の可能性が高い銅鐸の確認などがあり、銅鐸研究史の最前線を築く格好の遺跡となった。

それにしても「なぜ、かくも大量の青銅器が集中的に保有、埋納されたのか」「弥生時代の出雲はどうなっていたのだ」という疑問が多方面から投げかけられる。大小の四隅突出形墳丘墓の濃密な分布、完本『出雲国風土記』に描かれた「国づくり」伝承などとも重なり、「古代出雲」の史的地域構造解明は急を要する課題になってきた。

筆者は、西谷墳墓群調査に関わる一方で三殿台遺跡以来の弥生時代集落研究を出雲の地でも続けることに腐心していた。しかしながら、山陰地方の沖積平野は沖積化の進行が早く、弥生時代の遺跡は土中深くにあり、しかも保存状態がすこぶる悪い。この時代のみならず竪穴住居址を検出するなどは非常に難しいというのが一般的評価であった。ただ、伯耆大山の山麓は火山性の丘陵が広く形成されていて遺跡の保全状況は良好であり、米子市青木遺跡や大山町妻木晩田《むきばんだ》遺跡のように広大な弥生時代・古墳時代・古代の集落址が発掘されている。

とはいえ、当面する課題に関していえば出雲平野とその周辺における弥生時代集落の復元的研究によって、そのありようと特徴をいかに明らかにするかにある。難儀を覚悟のうえで出雲平野の弥生時代集落址の調査に立ち向かわざるをえなかった。そこで隗より始めてと、一九八六年より出雲市矢野遺跡の発掘調査と出雲平野全域のゼネラルサーベーを実施した。

2 出雲市矢野遺跡・松江市西川津遺跡などのこと

矢野遺跡は出雲平野の中央やや北寄りにある。立地箇所は旧斐伊川・神戸川の合成三角州の微高地上に当たる。早くから出雲平野を代表する集落遺跡と見なされ、弥生土器の出土量は比類ない。しかも出雲地域では最古型式から後期末までの弥生土器が含まれ、弥生時代全期間にわたる集落の継続が認められている。その後も絶えることなく集落経営が続いている。また、弥生時代には土器・石器・木器・玉類生産の行われたことが明らかにされ、他地域との交流の証となる朝鮮系無文土器や吉備系特殊土器が出土している。こうしたことから判断しても、矢野遺跡を当地域における長期継続型の拠点集落の一例とすることに異論はないであろう。

つぎに、矢野遺跡周辺の微高地上には小山第1〜3遺跡、大塚遺跡、姫原西遺跡、白枝荒神遺跡、井原遺跡がほぼ環状に分布している。これらの諸遺跡では、いずれも弥生時代中期後半ごろから集落経営が始まっており、その相互の位置関係・集落規模・形成の時期などから矢野遺跡の縁辺に展開した小規模な集落群であり、矢野遺跡を拠点とした周辺集落群と考えることができる。そして、環状に分布する遺跡群を称して四絡《よつがね》遺跡群とした。『出雲国風土記』に記載される「八野郷」の範囲が、ほぼ四絡遺跡群のそれと重なり合うことから、四絡遺跡群をもって「郷」共同体と仮称した。先の横浜北部地域における弥生時代集落研究の達成に照らすと、四絡遺跡群こそ地域的共同体としての農業共同体と認定することができよう。そして、これらの諸集落が水田経営を軸に日常的に共同・協働の生活を展開した様子を立地地形や遺跡内容から推定することができた。遺跡の北側に存在する矢野神社は、長い歴史過程において幾変遷を遂げながら「郷神」を祀る施設として奉賽されつづけてきたことは想像に難くない。

ところで、四絡遺跡群の設定に当たっては、周辺集落の内実について反省すべき点があることに気づいた。従前には小規模集落の拠点集落への依存性のみを強調し、結果として、これら集落が独自性を保持しつつ稲作農業ほかの諸生産を営んでいたことを看過していたことである。小規模な集落が拠点—周辺の枠内で自己存在を維持できたことは十分予測しうる。しかし、その面を強調するだけでは二者の関係が生み出す地域創造力を解明したことにはならないであろう。具体的にいうと、たとえば、白枝荒神遺跡では他地域からの搬入土器（弥生時代中期・後期）が少なからず出土している。姫原西遺跡では「弩」をはじめ祭祀関連木器などの弥生時代後期の遺物が大量に発見されている。遺跡の中程を流れる小流には橋が架けられていた。集落間の往来を物語る有力な物証である。

　別例となるが、米子市東宗像遺跡は四〜五棟からなる弥生時代中期の小型集落である。ここでは石器生産が行われたことを示す石屑が採集されたし、集落の中心となる大型住居址からは磨製石剣が出土している。大型建物に集落員が集い、祈りを捧げたことが考えられる。

　さらに一例を加えよう。島根県浜田市道休畑《どうきゅうばた》遺跡は丘陵頂部の高所（標高九〇メートル）に営まれた弥生時代後期の小型集落址である。五〜六棟の住居址と貯蔵穴（炭化米、モモの種などあり）数個、掘立柱建物群がセットをなす典型的な周辺集落と見なされる。こうした集落構造からは、高所においてさえ独自に営農活動が行われていたことを否定することはできない。しかし、生活必需品や鉄器等の入手、共同祭祀等において低地の大集落と親縁・協同関係を保っていたことは十分想定されるところである。

　つぎに、西部出雲の矢野遺跡と対照できる東部出雲の弥生時代集落址として松江市西川津遺跡がある。宍道湖東縁の沖積地に立地し、大量の弥生土器をはじめ打製・磨製石器類、各種の木器・骨角器が出土している。遺跡の広がりは南北約一キロメートル、東西約二〇〇メートルと推定されている。中心区では環壕の一部かと思われる大規模な溝（弥生時代前期・後期）が検出されている。松江市とその周辺では屈指の集落遺跡とすることができる。同時に、遺跡の範囲内では併存する遺物出土ブロック（小規模な集落か）の存在が確認されているので、これらの集合体として西川津大集落が成り立っていたことが考えられる。

そして、出土した弥生土器は前期から後期末に及び、各時期の土器のサクセションを細かくたどれることもあって、西川津遺跡が典型的な長期継続型集落に属することを確認できる。また、石器（太形蛤刃石斧・抉入石斧などの大陸系磨製石器群）・木器・骨角器の生産を物語る原材料・未成品・材料屑が発見されること、外来の諸遺物（鋳造鉄斧・北部九州系漁具など）が存在することから、この遺跡が手工業生産と交易センターを併設する山陰地方の代表的長期継続型拠点集落であった蓋然性はきわめて高い。要するに、稲作農業と漁業を兼ね合わせ、それに各種手工業生産、対外交流の機能と機構をあわせもつ拠点集落の典型像をここに見出すことができると考えるのである。また、遺跡の一角から外縁付鈕式銅鐸が出土したことはこの集落が地域祭祀においても中心的存在であったことを示している。

3　山陰地方の拠点集落群

ところで、西川津遺跡の場合、周辺の関連遺跡の存在がいま一つ明らかでない。矢野遺跡・四絡遺跡群と対比しうる遺跡群としては中海沿岸の南東部に位置する米子市目久美遺跡とその周辺に展開する遺跡群がある。目久美・長砂遺跡群と呼ぶことにする。遺跡群の中核部分は、目久美遺跡とこれに隣接する池ノ内遺跡であり、両遺跡は、径約五〇〇メートル四方の沖積地に広がっている。継続期間は弥生時代前期から後期、そして古墳時代に及ぶ。

遺跡内容では、遺構として弥生時代前期の大規模な壕、中期・後期の水田址・水路の検出されていることが特筆されよう。出土遺物には膨大な量の土器に加えて木製農具類、石器・木器、骨角器など多彩である。木製農具・木器類は集落内で生産されたことを確認できる。とくに多数の太形磨製石斧と木製鍬・鋤の完成・未成品の出土や鋳造鉄斧片の存在が目を引く。また、錨とみられる大型石器の存在も見逃せない。周縁の遺跡群は、先に紹介した東宗像遺跡同様に小規模集落址と見なしうる。けだし、目久美・池ノ内遺跡は、古米子湾岸に陣取った拠点集落であり、この二遺跡を核に小河川の加茂川流域に並ぶ一〇個前後の小規模遺跡が相集って大きな集落群、目久美・長砂遺跡群を形成していたと見なされる。

つぎに、弥生人の頭骨内に脳が残留していたとして評判になった鳥取県青谷町の青谷上寺地遺跡をみよう。この遺跡もまた、潟湖縁の沖積地に形成された長期継続型の拠点集落である。出土遺物の種類や量は矢野遺跡、西川津遺跡、目久美・池ノ内遺跡と大差ない。遺物中で顕著な存在となっているのは、高度な加工技術によって製作された木器類であり、また外来品とみられる鋳造・鍛造鉄斧などである。また、貨泉や銅鐸片などに加えて他地域からの多くの搬入土器が出土していて、内外交流拠点としてのこの遺跡を特徴づける有力な材料となっている。関連して大型の梶形木製品も看過できない遺物といえる。

これら諸遺跡と相通じる特徴をもつ遺跡、つまりは拠点集落と見なしうる遺跡は山陰地方の沿岸部でいくつか見出されている。発見の順でいうと、鳥取県では米子市青木遺跡、鳥取市岩吉《いわよし》遺跡、島根県では大田市川《かわ》向《むかい》遺跡などがある。島根県益田市安富《やすどみ》遺跡群も高津川中流域の拠点集落の可能性が高い。全面保存を実現した鳥取県妻木晩田遺跡は日本海を眼下に収める大規模な集落遺跡で、集落構成と継続期間からみて弥生時代中期後半以降の高地性地域共同体群の一例と判断する。

以上にみたように、山陰地方では日本海沿岸の沖積平野に長期継続型の拠点集落が確固たる存在を示す。その特性は、稲作農業と内外水域の漁業を基礎に各種の手工業と交易センター機能を集中・独占し、それを効果的に発揮することによって獲得されたものと思われる。これら沿岸部の拠点集落の背後には、弥生時代中期後半以降に茶畑山道遺跡《ちゃばたけやまみち》・青木遺跡のような二次的拠点集落が出現し、周辺に散在する小規模集落群と一体になって地域の農耕社会を形成していたことが考えられる。ちなみに、ここで妻木晩田遺跡の集落構造について付記しておこう。

妻木晩田遺跡は山陰の秀峰大山の北丘陵先端の高所（標高九〇〜一五〇メートル）に営まれている。眼前には淀江平野から弓ヶ浜半島、島根半島東端を、そして日本海に浮かぶ隠岐諸島を遠望できる。総面積一七〇ヘクタールから、主として弥生時代後期の集落・墳墓などが密集して検出されている。遺跡内は、ほぼ東西に長い小谷と独立小丘陵によって七地区に分けられる。その一区の妻木山地区（東西約二キロメートル、南北約〇・五キロメートルの長い尾根状平坦面）では五〜六個の小型集落（世帯共同体）が列状に並んでおり、地区西端には小規模な四隅突出形墳丘墓群からなる共同墓地と壕で囲まれた特別区や鍛冶遺構が検出されている。集落遺跡の構造（集落と墳墓の組み合わせ）としては横浜市大塚遺跡等と共通するところが多い。

注意されるのは、個々の小型集落に「田」字形建物と称する九本柱の掘立柱小規模建物一〜二棟が存在し、地区のやや東寄りには大型の「田」字形建物跡一棟が確認されたことだ。「田」字形建物は、松江市田和山遺跡の頂上で一棟検出され、特別倉庫か祠のような建物と推定されている。この想定に従えば、妻木山地区では小型集落ごとに祠があり、世帯共同体の信仰対象施設であったとみることができる。さらに、大型の祠的建物は集落全体の宗教的施設として存在したように思われる。複数の小型集落＝世帯共同体群・宗教的施設・共同墓地・生産施設が共存する妻木山地区は典型的な一単位の地域的共同体、すなわち農業共同体とすることができるのではないだろうか。出雲市四絡遺跡群も内容的には相似た集落構成をとると考える。

加えて、妻木晩田遺跡内の松尾頭地区には庇付の大型建物址や大型竪穴住居址がまとまって存在し、舶載銅鏡なども出土している。よって、この地区は遺跡全体の中核部分として機能していたことが想定されている。四絡遺跡群における矢野遺跡のような存在であろうか。いずれにしても、妻木晩田遺跡は弥生時代後期の山陰地方における農業共同体の構造とその結集体について多くの示唆を与える貴重な遺跡である。

山陰地方の弥生時代の臨海性拠点集落については、今後さらに追究すべき課題を残しているが、その生成史を貫く拠点性の中身を、地域の社会的経済的機構・機能の集中、中枢部分の特殊化、他地域との交流に基づく拡大化として捉えることが必要のように思われる。そこで拠点集落の性格づけのキーワードとして集中化、広域化、特殊化の三語をあげておきたい。この三様態を軸として変遷の軌跡を追跡することで山陰地方の拠点集落を特徴づけることができると考える。

4　古代出雲の政治的地域集団

ここでふたたび出雲平野に立ち返り、地域社会の構造と性格について述べてみよう。出雲平野は縄文小海退期に形成されたごく新しい平野である。更新世には島根半島と本州の間に東西に細長く延びる内海が展開しており、その西側を古宍道湾、東側を古中海湾と称する。そこへ海退現象と斐伊川・神戸川の二河川の急速な堆積活動が重なって広大な沖積地が出現し、平野の東に宍道湖、西に神門水海が形成されたのである。二河川による合成三角州中には大小の流路が不規則に分布し、その流れ沿いには標高二〜四メートル程度の微高地が点在している。

この微高地上では縄文時代後期から現代まで時を違えながら集落が間断なく営まれてきた。いうまでもなく、弥生時代集落遺跡の大半もその過程に含まれる。興味深いことは各時代の集落が微高地を単位として存立していることである。したがって、一集落のまとまり状態とか範囲を視覚的に捉えることができるし、集落相互のつながりを想定することが比較的容易である。先に示した矢野遺跡を中心とする四絡遺跡群はその典型例であり、集落の内部的構成については妻木晩田遺跡などが参考となろう。

見渡すと出雲平野全体では、四絡遺跡群と同様な集落群が八カ所（第一群〜第八群）存在する。また、加茂岩倉遺跡南方の平野にも二カ所程度の集落群を見出すことができる。あるいは、旧平田市の沖積地に複数の集落群が存在した可能性は高い。これらの集落群では、出雲平野第四群の中野清水遺跡と第六群の青木遺跡から弥生時代中期中葉と後期後葉の墳丘墓が発見され、集落を管轄する有力家長層の台頭が読み取れた。出雲大社境内遺跡を核とする第七群には命主社（真名井）遺跡が属し、ここでは神社背後の大石の下から銅剣（中細形c類）三本と銅戈一本、硬玉製勾玉が発見されている。大量の青銅器が出土した荒神谷遺跡は南東部を占める第八群に含めうる、とみている。

こうした諸事実は、微高地単位にまとまる集落群の集団的性格、すなわち農業共同体としての特性を示唆するといえよう。地域を異にする東部出雲でも同様な集落群の存在を見出すことができる。全面破壊から救われた松江市田和山遺跡は、足下に位置する欠田遺跡（拠点型集落）と周辺の小規模な集落址からなる集落群の祭祀場であり、隣接する友田遺跡が田和山集落群内の有力家長層を葬る墓址であった蓋然性は高いと考えられる。

このように述べてくると、右に示した出雲平野と縁辺部集落群が互いに集落域を接して併存する状態をどう考えるかが問われてくる。問題を解く鍵は、先の西谷墳墓群にある。西谷2号墓、3号墓、4号墓、9号墓は弥生時代後期最大級の四隅突出形墳丘墓である。これら墳墓出現の直接的契機は急速に普及する鉄器の交易にあると推定する。「倭国乱」期の歴史的変動が大きな背景をなしていることはほぼ間違いないであろう。先に示したように、「王」墓と呼称されるようにもなった大墳丘墓の被葬者が眼下出雲平野の農業集団群を直接傘下に収めていたことは想像に難くない。

では、その公権力発揮の地理的・歴史的条件は何か。まずは、平野の治水灌漑を含む公共的土木事業の遂行をあげておこうと思う。ついで、青銅器・鉄器の導入・生産を通してえられる交易権と祭祀権の保持・執行を加えたい。そして、「王」なる首長が直接管轄する集落群の集合体（政治的地域集団）を「邦」の名で扱うことにする。出雲平野とその縁辺部の諸集落群が集って西部出雲に一つの「邦」が成立していたとみたいわけである。その生成期は、荒神谷遺跡・加茂岩倉遺跡・命主社遺跡、西川津遺跡・志谷奥遺跡などの出土青銅器の時期や祭祀的遺跡の田和山遺跡の年代から弥生時代中期後半としておきたい。

最後に要約をすると、矢野遺跡を核とする四絡遺跡群に農業共同体としてのまとまりを想定し、斐伊川・神戸川の複合三角州上には複数の農業共同体が併存するとみた。各共同体は治水灌漑や対外的交流の必要性から相互に連携して広く地域的協働関係を取り結び、政治的地域集団としての邦共同体を形成していたと考える。そして、この共同体の頂点には優勢な農業共同体（四絡遺跡群）を基盤とする地域首長が君臨していたと思われる。以上のような共同体の重層構造は弥生時代中期後半ごろから輪郭を鮮明にしてくる。ほぼ同時に銅剣・銅鐸などの青銅祭祀の盛期が訪れるが、早くも中期末には青銅祭祀は終焉を迎えた。やがて「倭国乱」前後の時期、すなわち弥生時代後期になると、出雲西部の邦共同体を統括する地域首長が日本海交流の要衝地を押え、その優位性を背景に「王」に伸し上がった、と考えてきたところである。

四　共同体論の今日的意義

1　中国雲南省石寨山遺跡を訪ねる

一九八五年、荒神谷遺跡で銅剣・銅矛・銅鐸が発見された後、松本清張司会のシンポジウムが開かれた。筆者は「神門水海をめぐる弥生時代のムラとハカとクニ」（田中 一九八七）と題する報告を行った。その折、東南アジア地方の海岸や河川の交通要衝地に形成された交易都市に注目し、これら都市の形成要因を明らかにしたいとも考えていた。あわせて青銅器祭祀の問題解明にとって格好の資料と見なされる中国雲南省晋寧県石寨山遺跡について一度実見の機会をえたいと念願していた。願いが叶って一九九六年に石寨山遺跡を訪れることができた。一九九五年以降、雲南省と貴州省の農村地域を都合七回にわたり訪問調査もした。この地の農業経営は水田稲作を主体に水牛・豚・家鴨などの家畜飼養をともなう点で日本の場合と異なっている。集落について外観的にいえば、広大な水田地帯を控えた集落は規模が大きく、狭隘な水田と畑地に臨む集落は小規模で家屋の構えも見劣りがした。

さて、石寨山遺跡は「滇池」という湖（宍道湖の約五倍の面積）の南東部にあり、石灰岩の低い独立丘上に営まれた「王」族の墓地である。第六号墓からは「滇王之印」と刻まれた金印が出土している。この印は当地域を支配する首長に対して前漢王朝が賜与したものとみられている。出土遺物は膨大な量に上るが、その中でも青銅製武器・祭器類は異彩を放っている。とくに著名な例として、容器の蓋の上にミニチュアの人形や銅鼓などを使って祭祀の様子を活写した青銅製貯貝器がある。表わされている風景は具体性に富み、紀元前後の地域王権（首長制段階）と、その支配下にある産業・社会の状況をつぶさに伝えてくれる。発見からすでに半世紀をへているが、今日でもこのように、写実性豊かに地域王権のありようを伝えてくれる青銅器は稀有といってよい。銅鐸祭祀を考えるヒントが、そこにあるように思えるのは私だけであろうか。

写真3　中国雲南省石寨山遺跡の遠望（東方より）

ところで、「滇王」は前漢王朝の「内臣」として遇されたことが説かれる。北部九州の「奴国王」は「外臣」に列せられた。このことは中国王朝の伝統的な支配形式である冊封体制に基づくものと理解され、漢帝国の支配領域とその周縁に適用されたといわれる。同じ外臣でも「南越王」の威勢には目を見張るものがあった。広州南越国宮署遺跡と併設博物館を見学した時の印象である。滇国、南越国等は海のシルクロードに面し、その交易に関与することで財を積み、強固な王権を保持したことが考えられる。もちろん、豊かな農業・家畜飼育業、それに滇国の場合は鉱物資源の豊富なことが加わるが、そうした地域産業の発展が背景をなすことはいうまでもない。

このように、漢代には帝国版図の拡大に応じて多様なアクセスが開拓され、そのメインルートの要衝地には交易都市を核にした「駅商国家」が展開している。北東ルート端の一角には古代出雲があり、祭祀的地域国家（邦）として成長しつつあったことを想定してみる。

写真4　銅鼓の祭風景（中国貴州省朗徳村）

ちなみに、山陰地方の弥生時代の拠点集落から漢代の遺物が発見されることも珍しくない。それに米子市角田遺跡出土の壺形土器（弥生時代中期後半）には鳥人が漕ぐロングボートなどが描かれていて、この時期に東南アジア方面と繋がりが生まれていたことを予測させる。後藤明によれば紀元前後には東南アジアから太平洋の各地に「海人」が進出したという（後藤 二〇〇二）。右のロングボートにその影響を読み取ることができるであろうか。時は弥生時代中期ごろで青銅器祭祀の最盛期に当たっている。

さて、一九九八年末に中国貴州省を旅した時のことである。凱里市の博物館の陳列ケースに古式の銅鼓が置かれていた。黒ずんだ内面に一粒の稲籾が付着していた。つづいて、省都貴陽市郊外の郎徳村を訪問した。そこでは銅鼓を打ち鳴らす歌舞を見学することができた。石畳の広場に集結した村人が隊列を組み、芦笙を吹きながら、ポールに懸けられた銅鼓の周りを整然と練り歩くのである。見応えがあった。広場の脇にある公共の建物内には銅鼓の祭りの様子が写真付きで貼り出されている。それによると銅鼓は通常稲籾の中に収められ、収穫祭の時に取り出して炊飯用器として使用されるとあった。「共飲共食」の儀式であろうか。ともあれ、それと眼前で打ち鳴らされる銅鼓とが、どう繋がるのかはまったく不詳であるが、営々として受け継がれた伝統の活力と、その強靱さに深い感銘を抱かずにはいられない。

いま、中国の経済成長に世界が目を見張らされている。だが、都市の想像を絶する膨張、疲弊する広大な農村地域、広がるさまざまな格差等に問題性を感じる人も少なくないであろう。近年、中国史研究者の間では「国家と農民」に新たな視座を据えて、その特性を描き出そうとする動きがある（中国史研究会 一九八三）。いずれにしても、アジア世界をどうみるかは避けて通ることができないような状況になりつつある。考古学研究もこのような動向に背を向けるわけにはいかないように思われてくるのだが。

2 家族と共同体を見据えて

一九八〇年代の初めより、横浜市域における弥生時代の集落址研究から転じて出雲地域の弥生時代について広く闡明することになった。このことは四隅突出形墳丘墓を弥生時代の所産とする地平の開拓と、たまたま起こった弥生青銅器祭祀問題への関心によって動機づけられている。以後、弥生時代の祭祀と埋葬問題を傍らに見つめながら、これら社会現象の基礎をなす弥生時代諸集団の構造・相関・変遷について、約四半世紀にわたり調査研究の主題を置いてきた。

その概要は既述のとおりであるが、ここにいたりあらためて思うことは、このような自己研鑽の役立ち具合はどうか、ということである。かつて岡本勇が研究者の社会的責任のありようについて、つぎのように述べたことがあった。「豆腐屋も商いとしてただ豆腐を作っているわけではない。お客に美味しい豆腐を提供したいと心を込めているのだ」と。どういう意図からいきなり豆腐屋が例に引かれたのかは聞き及んではいない。ただ、講演の趣旨が埋蔵文化財の調査研究のあり方と遺跡の保存活用をどう進めるのかにあり、このことに関しての考古学研究者の社会的責任について、わかりやすく語ろうとしたことは明らかである。なぜか非常に印象に残る一言であった。ということで、やや唐突ではあるが、ここで探究しつづけてきた家族と共同体研究の今日的状況を寸見しながら、現在の社会的問題と重ね合わせ、己が歩みの到達地点を確かめておこうと思う。

さて、「家族とは何か」、この古くて新しいテーマが社会経済のグローバル化によって大きく変化しつつある世相を前に深刻に議論されている。いまや「家族はどこへ行くか」と問われる時代を迎えた。伝統的な家族の解体を前にして、大日方純夫はつぎのように提言する（大日方 二〇〇二）。すなわち、家庭内民主化と民主的人格の陶冶による「愛の共同体」の模索、それを支える不断の社会的連帯の創造によって新たな家族が生成される、と。こうした「明日の家族」への展望は、家族史の解明との相即・整合的闡明によって確かさが獲得されることはいうまでもない。

とはいえ、家族と一語で表現しても、その内実は多様をきわめるのだが、大づかみにいえば、その姿と形は時代性や地域性によって規定されてきたといえるであろう。ここに種々の家族論の編まれる基礎があると思う。和島は原史期から古代に社会の基礎的単位として世帯共同体を考定し、それらが氏族共同体の殻を破って自立化する動きを歴史的に把握しようとした。この主張に対する批判と否定の声はかまびすしく、よって立つ史的唯物論そのものを拒否する傾向もみられる。

確かに、家族とか世帯と用語一つをとってみても内容は単純ではない。前川和也は前近代の家族・世帯などの親族・親縁集団をグローバルに取り上げた共同研究の総括において、「家、家族、世帯、親族、家門がきわめて多様な史料にきわめて多様なかたちであらわれる……」といい、そこから「固定的な定義によって実体がこぼれおちてしまうことの危険がより大きい」ことに注意を払っている（前川 一九九三）。ついでに民族例として西アフリカのサバンナ気候地帯のモシ族集落をみる。径約二〜三メートルの筒型円錐形ともいうべき建物約

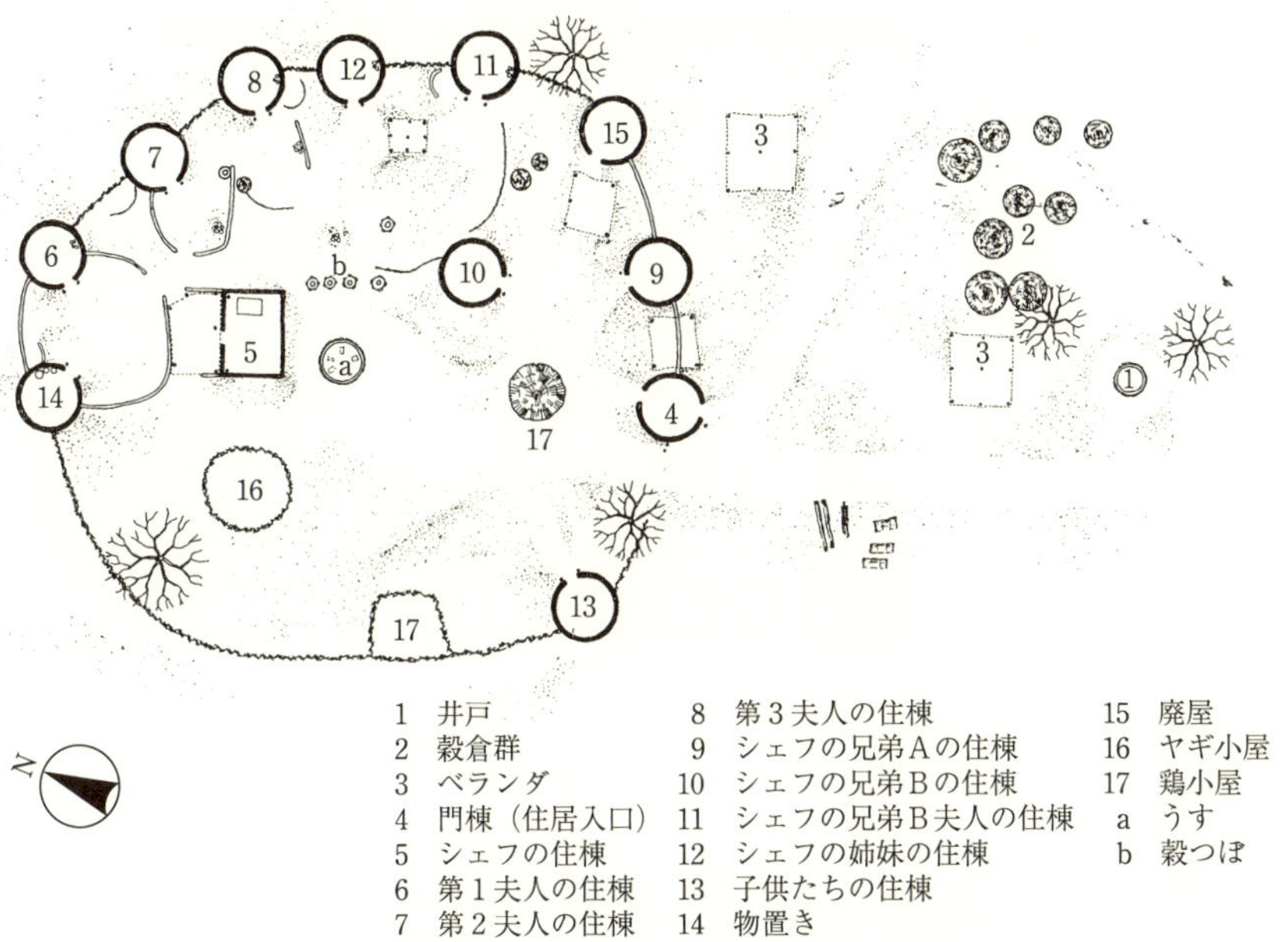

1	井戸	8	第3夫人の住棟	15	廃屋
2	穀倉群	9	シェフの兄弟Aの住棟	16	ヤギ小屋
3	ベランダ	10	シェフの兄弟Bの住棟	17	鶏小屋
4	門棟（住居入口）	11	シェフの兄弟B夫人の住棟	a	うす
5	シェフの住棟	12	シェフの姉妹の住棟	b	穀つぼ
6	第1夫人の住棟	13	子供たちの住棟		
7	第2夫人の住棟	14	物置き		

図１　オート・ヴォルタ（アフリカ）のモシ族集落

一〇棟が環状に並び、内部には族長（シェフ）住居の方形建物も存在する。筒型円錐形建物には族長の夫人たち（一夫多妻制）や兄弟、子供が住む。穀倉群は環状住居群の外におかれる。族長家屋の前の広場には臼や穀物入れの壺群がある。他例では「かまど」が設置されたケースもあった。このような集落構造は原初的な形態と見なされている（東京大学生産技術研究所「原研究室」一九七九）。サバンナ気候帯には、こうした形態の集落例が多数知られているが、まさに一住居が一世帯か、あるいは世帯＝血縁的家族等と定義づけることがいかに困難であるか、を教える。

日本の古代に立ち返ろう。一九九二年、歴史科学協議会は「歴史における家族と共同体」について特集している。これは家族と共同体の解明が歴史研究の基本命題であることと、現代の家族状況が提起する問題に応えようとするものであった。その中で、考古学にも精通する鬼頭清明が古代史分野の研究について記述している。鬼頭は八世紀

写真5　小規模単位集落の遠景（中国雲南省怒江河畔）

段階には大家族構成をとる世帯共同体（数棟の住居からなる小グループ）が生産と消費の単位をなすが、その経済的自立性と家父長権の成長は未熟である、とする。こうした世帯共同体を取り巻いて、日常的な農業労働編成や地域開発等を主導する広域の共同体（郷あるいは村落）が存在した、としている（鬼頭 一九九二）。考古学者の小笠原好彦もまた、古墳時代以降の集落遺跡を例にとり、とくに千葉県村上込の内遺跡の集落構造と出土した墨書土器の分析を手がかりにして古代集落の復元を行い、鬼頭が示した集落・村落観とほぼ同様の結論に達している（小笠原 一九九六）。

気づくままに引き出した右の諸調査例と研究からしても、家族と共同体の模索はすぐれて現代的な課題であり、そのゆえに過去の探索の枠中にのみ留めおくことは許されないと考える。ここで話はまた飛ぶことになる。中国では、現在「西部開発」が大きくクローズアップされているが、いわゆる「三農」（農業・農民・農村）問題への対処が成否の鍵を握るとみられている。このことに関連して、「地域再生論」のリーダーであり、寧夏回族自治区の地域活性化にも取り組む保母武彦は、つぎのように述べている。

「社会を構成する全ての人々が幸福に暮していく上で、地域社会の果たす役割は大きい。それは、広義の社会福祉にとって共同体的人間関係が不可欠なことと関係している。共同体的人間関係の最小単位は家族であり、家族より広い単位として、血縁関係あるいは地縁関係などが存在する。アジアでは、地域共同体は、市場経済社会が成立する以前から、地域における相互扶助の社会システムとして、人間の暮らしを多面的に支える重要な役割を果たしてきた。……中略……人間社会の本来的姿である地域相互扶助の社会システムの維持と再活性化が必要である」（保母　二〇〇八）。

「アジア的共同体」をいま一度俎上に乗せることと受け止めるべきか。

3　地域再生と考古学

「現代史は考古学にとっても無限の宝庫である」と和島は述べた。現代史の実践者の一人として目前の数多くの現象を見つめ、過去との継続・断絶を見定め、明日を展望する。このことは意識するとしないとにかかわらず現代人がつねに経験していることではある。だが、歴史研究者、あるいは考古学研究に携わる者となると、それはみずからの生きざまそのものとなって肩にのしかかる。筆者自身考古学を学びつづける中で、「どんな遺跡にも意味がある」し、「小さな土器片も粗末にしてはならない」と肝に命じながら研究の道程をたどってきた。当今、この認識と使命感に陰りが出てきたことにふと気がつき、恐れ慄く。

顧みれば、市ヶ尾遺跡群の調査への参加、三殿台遺跡の発掘、横浜北部地域の遺跡群研究、出雲市西谷墳墓群・矢野遺跡の調査のいずれをとってみても、これを要するに人と人との繋がり、共同・共生の場の歴史の断面とその意義を問う仕事であった。その歴史的証人ともいえる遺跡を大切に保全して、後世に伝えることの重要性も研究の諸段階で強く認識させられて、いわゆる「文化財保存運動」にのめり込んだ。大阪府いたすけ古墳の買い取り運動へのカンパが始まりである。そして「文化財問題の天王山」とされた平城宮跡の保存問題から文化財保護対策協議会での取り組み、横浜市稲荷前古墳群の保存運動、文化財保存全国協議会への参画、横浜市大塚・歳勝土遺跡の保存運動、日本考古学協会の組織担当委員として埋蔵文化財保護対策委員会から『第二次埋蔵文化財白書』の刊行、さらには松江市古曾志大谷一号墳、益田市三宅御土居跡、松江市田和山遺跡などの保存運動、そして活用と、それは切れ目なく続いた。病床にあったわが師の語りを図らずも忠実に実践してきた、かの思いがする。和島はつぎのように言い残している。「文化財の破壊問題が存在する限り、われわれは、それを告発することを止めるわけにはいかない」（和島 一九七二）と。

二〇〇九年六月一五日夕刻、田和山遺跡の復元家屋が焼失した。この遺跡は病院建設のため破壊寸前にあったところを市民運動によって一転保存が実現した。そして、二〇〇一年に国指定史跡になった。猫の額のような狭い丘陵頂部を柵と三重の壕で囲った弥生時代中期後半の特異な祭祀的遺跡である。同時期の荒神谷遺跡・加茂岩倉遺跡の青銅器群の性格を究明することと関わって注目された。「病院か文化財か」と二者択一を迫られ、保存運動は困難をきわめたが、考古学研究者、諸学会と市民の粘り強い連携・協働によって遺跡のほぼ全域が残ったのである。この厳しくまことに難儀な運動を終始リードして保存をかちえた原動力は市民の知恵と行動力であった。わけても「田和山を見る女性の会」の奮闘ぶりは記して余りある。

その後、遺跡の整備活用については官民協働で進めることとなり、民側は保存運動で活躍したメンバーを中心に結成された「田和山サポートクラブ」が当事者になった。そして、「ハード事業は官が、ソフト事業は民が」の申し合わせに従い、このクラブ員が遺跡の清掃、見学者のガイド、講演会などの開催を受けもっている。丘陵斜面には三棟の復元建物があり、その燻蒸作業にもここ四年間従事してきた。不幸にもその一棟が灰燼に帰したのである。それにしても、無報酬に近いこの作業を延々と続けることがどれほどたいへんなことか……。だが、負傷癒えないクラブ員は多くを語らない。「事件」の当座の処理を含めて官民協働を再検討する必要があると考えざるをえないし、いま一度、「地域づくりと文化財活用」のあり方を考え直さねばならない、と痛感する。

ところで、顕著な埋蔵文化財が観光資源として利活用されることは否定しない。否、むしろもっと積極的に進めてもいい、と思うこともある。だが、大半の埋蔵文化財はその規模や存在状態からみて観光客を魅了するような要素を発揮し難いのではないだろうか。とはいえ、どのような遺跡・遺物もそれが存在する地域の歩みを伝える歴史の証人であることに変わりはない。

昨今は、「地域づくり」とか「地域再生」といったことがしきりに叫ばれ、実践されてもいる。成果があがっている地域も少なくない。地域創造にとっては、そもそもみずからが、あるいは、協力・共同の組織が創造活動を進めるうえで、地域をどのように認識するかが問題となるし、共同の質を高め、効果を持続するためには相互にアイデンティティを絶えず確かめ合うことが必要となろう。その際、地域認識の基礎に地域を地域として成り立たせた過去の積み重ねの歴史がおかれなければならない。そして、「古きを訪ねる」ことから進むべき道が明らかになり、また、そこから地域づくり活動へのささやかな保証が生まれてくるものと考える。埋もれた地域史の掘り起こしにあっては、考古学の果たす役割がきわめて大きいことはいうまでもない。

ここで目を見張らす。目下、山陰の中山間地域は極度の過疎化・少子高齢化・地域衰退の波に洗われ、もがきつづけている。「限界集落」とか「絶滅集落」の烙印を押された集落や村落は相当数に上る。市場経済万能主義の影響をもろに受けた農村の衰退・崩壊が眼前に進んでいるのである。そうした最中、田和山遺跡の保存運動が縁で「生活協同組合しまね」(略して「生協しまね」という)の事業に関わることとなった。「生協しまね」は、食生活をベースにした「暮らしづくり」「地域づくり」を活動の中心に据え、組合員六万人という県下最大組織の有利性を活かして奮闘している。

文化財の利活用と地域史の発掘の市民活動が、生協の「暮らしづくり」「地域づくり」運動と中身のところでしっかりと結びつけば、地域の明日に一筋の光明を見出すことができるかもしれない、と密かに思いつつ県下のあちこちに足を運んでいる。浮かび上がる問題は地域（「大字」程度の広がり）内で中核となる集団と数多の小集団群をどう編成するのか、集団間の臍帯を何に求め、育成するのかなどである。組織化の原理はいまも昔も変わらないな、との思いが脳裏をかすめる。

第II部

南関東における弥生時代集落址研究

第2章 南関東における農耕社会の成立をめぐる若干の問題

一 宮ノ台期における単位集落の構造と変遷

単位集落という語は、一定の集団を包括するところの厳選された用語ではない。往々にして集落という語は、景観的な家屋の群集状況を表わすのに用いられる場合が多いので、実態的な集団概念を示すのには不適当であると思われる。ここでは住居址群を、その分布状態・時期など表象的な観察から一グループとして捉えられるものを仮に単位集落の名称で取り扱うことにしたい(1)。

そして右のような意味でのグループを析出しうる遺跡として、筆者の知りうる範囲では、横浜市三殿台、同朝光寺原、同宮ノ原の各遺跡があげられる。これら三遺跡における宮ノ台期の住居址群(単位集落)の構造と変遷の仕方を検討してみよう。

1　三殿台遺跡

三殿台遺跡は、横浜市の南部を流れる小河川大岡川右岸の多摩丘陵平坦部に形成された縄文・弥生・古墳の三時代にわたる集落遺跡である。一九五九、六〇年に部分的な調査が行われ、一九六一年夏に全掘されて、各時代の集落構成を知るうえでの貴重な手がかりがえられている（和島他 一九六二、和島 一九六五）。

三殿台遺跡は、標高五五メートルの独立丘状を呈する丘陵上にあり、その頂部は一ヘクタールぐらいの広い平坦面となっている。周囲の斜面には縄文時代と弥生時代の小貝塚が残されていて、発掘調査時の地形は往時のそれをよくとどめていると判断された。

発見された住居址の総数は二五三棟を数える。そのうちで所属時期のはっきりした住居址二〇〇棟のうち一五一棟は弥生時代のものである。また、時代不詳の住居址の多くは弥生時代に属する可能性が強いとみられることから、全住居址の八割近くが弥生時代に営まれたものと推定されている。しかも、これらの住居址群は南関東の弥生土器の編年（宮ノ台―久ヶ原―弥生町―前野町）に対応する各時期のものをすべて含んでいる。そうした事実により、弥生時代に一貫して連続的に集落が営まれていたことが知られ、さらに古墳時代にまで及ぶという点でも大いに注目される。

このように三殿台遺跡は弥生時代に主として盛行した集落址である。その初期の部分、すなわち宮ノ台期に属すると考えられる住居址は四〇棟ばかり発見されている（表1）。それらは複雑に重なり合っていて、一型式の土器で示される時間内でもいく度か家屋の改変と再建の行われたことが推定される。

表 1　三殿台遺跡の宮ノ台期住居址一覧

住居址名称	形態	規模（m）	方向	重複関係	備考
59-2A	胴張隅円長方形	6.5×(5.1)	N-12°-W		火災
59-2B	胴張隅円長方形			59-2A より古い	
60-7A	胴張隅円長方形				
60-8A	胴張隅円長方形	(8.2)×？	(N-4°-W)	60-8C より新しい	炉辺小 pit 群
60-8B	胴張隅円長方形		(N-4°-W)	60-9B より古い 60-8A より新しい	火災、60-8A の連続拡大
60-8C	胴張隅円長方形	5.8×？	(N-4°-W)	60-8A より古い	
60-9A	胴張隅円方形	3.7×3.4	N-48°-E	60-9B より古い	
60-9B	胴張隅円方形	？×4.7		60-9A より新しい	
101	(隅円方形)				小型扁平片刃石斧
107A	？				小型扁平片刃石斧、未成品、石屑
107B	？			$112B_2$より古い 107A より新しい	
112A	胴張隅円長方形	8.0×？	N-19°-W	112B より新しい	火災、炉石
$112B_1$	胴張隅円長方形	6.6×6.0	N-19°-W	112A より古い $112B_2$より古い	
$112B_2$	胴張隅円長方形		N-19°-W	$112B_1$より新しい	
114C	隅円方形	5.8×5.1	N-47°-E		火災、炉辺に粘土、凸堤 pit
118A	胴張隅円長方形	6.4×5.8	N-19°-W	118B、C より古い	火災
118B	？			118A、C より新しい	
118C	胴張隅円長方形			118B より古い 118A より新しい	火災
120A	胴張隅円長方形	6.2×5.5	N-32°-W	120B より新しい	火災、炉石

住居址名称	形態	規模（m）	方向	重複関係	備考
120B	？			120Aより古い	
122B	胴張隅円長方形	5.5×4.5	N-24°-W	B_1、B_2に分かれる？	炉石
123B	隅円長方形	5.0×？	N-65°-W		
124A	不整隅円方形	4.6×？	(N-30°-W)	124Bより古い	
124B	不整隅円方形	3.4×3.2	(N-30°-W)	124Aより新しい	
128D	胴張隅円長方形	8.2×7.0	N-7°-W	D_1、D_2に分かれる？	炉辺小pit群、太形蛤刃石斧
141B	胴張隅円長方形？		(E－W)		
202A	胴張隅円長方形	8.1×7.0	N-8°-E	202Bより新しい	炉石、炉辺小pit群、小型扁平片刃石斧
202B_1	胴張隅円長方形	6.5×5.5		202Aより古い 202B_2より新しい	小型扁平片刃石斧
202B_2	胴張隅円長方形			202B_1より古い	
204D	胴張隅円長方形	(7×6.2)	N-5°-E	204Fより古い	
204F	隅円方形？			204Dより新しい	
205D	胴張隅円長方形	6.8×5.6	N-7°-W	205Fより新しい	
205F	胴張隅円長方形	(9×7)	(N-20°-W)	205Dより古い 205Kより新しい	
205K	胴張隅円長方形		(N-20°-W)	205Fより古い 205Lより新しい	
206A					
207C	隅円方形	5.5×4.8	N-27°-E		
207A	小判形	4.9×4.1	N-15°-E		
207B	隅円長方形	6.2×5.8			
211C	楕円形	7.1×6.3	N-3°-E		

住居址名称	形態	規模（m）	方向	重複関係	備考
214A					貼り床のみ
214B					貼り床のみ
231	小判形？				
301A	胴張隅円長方形	8.4×7.5	N-5°-W	A_1、A_2に分かれる	炉辺に小 pit 群
302	隅円方形？	3.8×	N-77°-W		
304A	隅円方形？				
305B					
306B	胴張隅円長方形	15.2×11.3	N-28°-W	306C より古い 306E より新しい	
306C	胴張隅円長方形	13.8×11.8	N-5°-W	306B より新しい	火災、太形蛤刃石斧
306E	不整五角形	10.7×？	N-4°-W	306B より古い	炉辺に小 pit 群
312C					火災
313A				314B より古い	
314B	胴張隅円長方形	8.5×6.1	N-5°-W	313A より新しい	
316	胴張隅円長方形				
320A		？×4.4	N-30°-W	306E より古い	
325					
401A		8.0×6.0	N-14°-W		柱状片刃石斧
401D					
402G					
403A		8.3×？	N-10°-W		火災、炉辺小 pit 群、 扁平片刃石斧
410A		9.5×7.7	N-32°-W	410B より古い	
410B		11.2×9.0	N-32°-W	410A より新しい	火災

そこで宮ノ台期の住居址群の変遷をつかむために、住居址の重複関係を利用して各住居址の先後の順を決定してみた。ただ同じ重複といっても先行の住居址を一部または完全に破壊するような形の切り合いと、何本かの壁溝が同心円状にめぐっているものとの二つの場合が識別される。前者は、先行の住居が廃棄されて埋もれたような状況になったところへ、後続の住居が建設された結果としての重複現象と考えられる。後者は、使用中の家屋の一部を修築ないしは建て増しすることによって生じたものと解される。いまこれを仮に「非連続的重複」と「連続的重複」と呼ぶことにしよう。(2)

そして、「連続的重複」にも壁溝の幅一つぐらいに拡げられるものと、旧壁を同心状に〇・五～一メートルも拡張する例とが区別される。これは何らかの事情で壁体だけを取り替えた場合と、やや大がかりな改修か家屋内の空間を増やすために行われた一種の増築にそれぞれ対応する現象と考えられる。そして増築される場合には、主柱間隔も若干拡げられているから、その工事は上屋にも当然及んだとみるべきであろう。

このようにして各住居址の連続・非連続をたどりながらその変遷過程をトレースしていくと、図2に示すような順路を復元することができる。ここで注意されることは、非連続によって結ばれた部分がそれぞれの住居群の変遷過程中に二～三カ所認められることであって、これは三殿台遺跡の宮ノ台期の集落の変遷を三～四小期に分けて考えうることへの一つの手がかりとなるものであろう。

さらに、住居址群編年の貴重な足場となるものは、集落址の北寄りで発見された三〇六E号と三〇六B号の所属時期にある。当初、三〇六E号は加曽利B1式土器がえられた三〇六B号によって破壊されているから、その所属時期は堀之内I期か加曽利B1期とすべきであるとされていた。しかし、報告書の段階では三〇六E号の主柱穴である「P11内から復元可能な宮ノ台式の長頸壺形土器が発見されて」おり、この事実によって「この竪穴の時期が宮ノ台式に降り、出土量の多い縄文式土器や打製石斧は、付近の破壊された住居址のもの

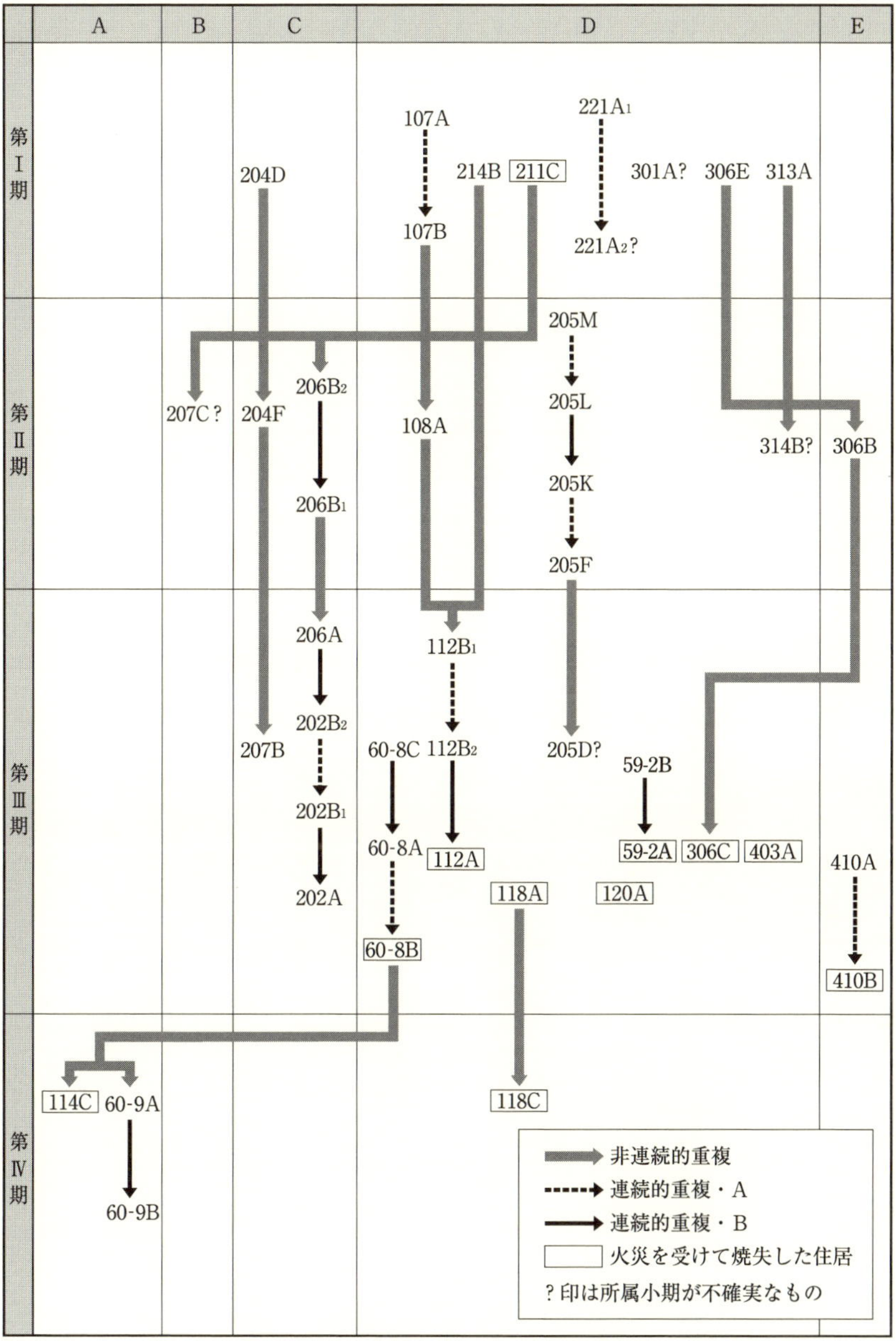

図2　三殿台遺跡の宮ノ台期住居址変遷

が覆土に混り込んだものとも理解されよう」というように修正して、三〇六E号が宮ノ台期に属することを示唆している。(3) 住居址の形態上の特徴も縄文時代後期のものとするよりも、弥生時代の所産とみるほうが無理がない。

そこで三〇六E号が宮ノ台期の大型住居であることが明らかならば、それを切ってつくられた三〇六B号は当然宮ノ台期かそれ以後となる。また、三〇六B号を破壊してつくられた三〇六C号から多数の宮ノ台式土器が出土しているので、三〇六B号の所属時期はおのずから決まってくる。したがって、この三個の大型住居址は宮ノ台式土器で示される時期に順次、断続的に建設されたものと判断され、これによって、それぞれの大型住居に代表される三つの小時期の存在を想定することが可能となってくる。

ところで、三〇六C号の床面には多量の焼土が残されていて、この住居は火災で焼失したものとみられたが、同じく宮ノ台式土器が出土する住居址で相互に隣接しあうものが火災によって廃棄されている事実から、これを類焼の結果だとする考えが出されている(4)(和島 一九七四)。もしこの判断が当たっているとするならば、大型住居址の三〇六C号を中心とする集落が、かつて存在した一時点における集落の構成状況を押さえるうえでの有力な手がかりとなる。

これらの分析に加えて住居址の方向によるグルーピングもまた一つの有効な方法と考えられるので、これをさらに加味してみた。そうすると宮ノ台期の住居址で方位を測ることのできるのは二七例あるが、それらは大略五つのグループに分けることができそうである。

すなわち、(A)東北東―西南西、(B)北東―南西、(C)北北東―南南西、(D)北北西―南南東、(E)北西―南東の五つ(このA〜Eは図2の縦軸A〜Eに対応する)であり、そのうち住居址の棟数が集中するのは(C)(D)の二グループとなっている。(A)グループは時期的に最も後出のもので棟数も少ない。このことは住居の方向が時期の違い（集落として建設された時期のずれ）を反映する場合のあることを教えている。以上のようにして宮ノ台式土器で示される一時期内での住居址の重複関係、大型住居址の変遷の仕方、火災による住居の廃棄状態、それに住居の方向などを総合すると、三殿台遺跡では宮ノ台期内に四つの小期を設定することができるように思われる。以下に各小期の集落構成を概観しよう（図3）。

第Ｉ期

三〇六E号を中心として七〜八棟ぐらいの住居が、台地の中央よりやや北寄りの地区に小さく馬蹄形に並ぶ状態が想定される。一〇七A・B、二〇四D、二一一C、三〇六E、三一三Aの各住居址は、非連続的な重複関係から最も先行することが考えられたものである。しかし、二二一A号については、住居址の平面形と炉の位置が二一一C号にきわめて近似していることと、三〇六E号の東にあってちょうど対応するような場所にあることから、第I期に含めるのが妥当と思われる。

この馬蹄形に並ぶ住居址群の東側には舟形の溝がある。多量の土器を包含する特異な遺構である。性格は明らかにされていない。この溝はその南端を二〇六B号に切られている。二〇六B号は第II期に属する住居址と考えられるので、舟形溝はそれ以前、つまり第I期に掘られたものと考えられる。なお、第I期の住居址群の方向は北北東―南南西、北北西―南南東の範囲にある。

第II期

大型住居址三〇六B号を中心として七〜八棟前後の住居（一〇八A、二〇四F、二〇七C、二〇六B、二〇五群、三〇六Bの各号等）が、台地の中央北寄りから台地の東縁に沿ってその南端まで広がっていたのではないかと思われる。このような分布範囲を想定させる一つの根拠としては、台地の南端から舟形溝が二本発見されていることで、そのうちどちらかは第II期に属するものと推定するのが当をえているとみられるからである。

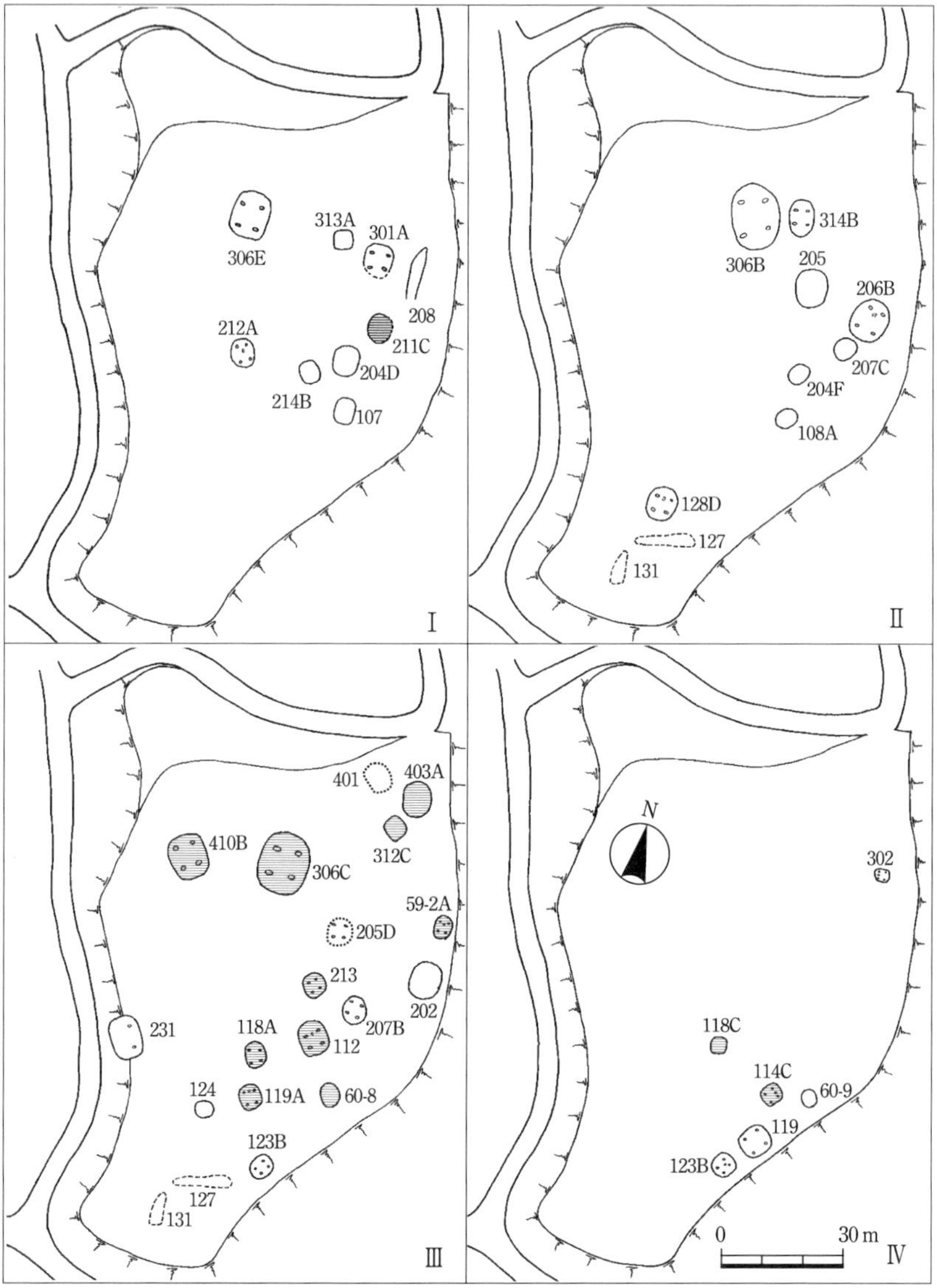

図3　三殿台遺跡の宮ノ台期集落変遷（点線は所属小期不明、横線は火災）

この時期の住居址の方向は北北東―南南西から北西―南東までを指していて、かなり振れ幅がある。あるいは家屋の向きを異にする二つのグループがすでに成立していたのかもしれない。

第Ⅲ期

火災によって多くの住居が焼失したと考えられる時期である。罹災した住居址は一〇棟（一一九A、一一八A、六〇-八B、一二二A、一二〇A、一二三、五九-二A、三一二C、四〇三A、四一〇Bの各号）を数えるが、それらは台地の北辺と南東部の二地区に分けられる。この時期の中心となる大型住居は三〇六C号で、その西にある四一〇B号も比較的大型の住居址である。

分布状態をみると、台地の北西端からその縁辺に沿ってぐるっと円弧状に広がっているようである。西側には広場のような空間が認められる。それぞれの住居址の方位をみると北北東―南南西から北西―南東の間にあり、住居址の分布図のうえでも、三〇六C号などのように右に振れるものと四一〇A・B号のように左に振れるものとを区別できる。そして前者の例はだいたい台地の東側から東北隅に広がり、後者の例は多くが南東部に群集している。住居址の数や分布状態をあわせ考えると、この時期には二つの住居址群が併存した可能性がある。

この推定を裏づける事実として、第Ⅲ期になって炉辺に円礫を置く住居が南東地区に現われることをあげておきたい。これに対して三〇六C号など北東部の住居には、入口側に二本の並行する深い溝状のピットをもつものが出てくる。これは入口に設けられた一種の梯子状の設備の遺構と考えられる。時期的に第Ⅲ期にだけ限定できるかどうかについては検討の余地があろう(5)。

それと第Ⅲ期の特徴的な事実の一つに、連続的重複の跡を残す住居址が非常に多くなるということがある。同心円状の拡張、主軸を移動させる建て替えのいずれもが盛んに行われている。これは住居数の増加、複数の

グループの併存などとも共通する現象であろう。(6)

第Ⅳ期

火災による多数の住居の廃棄された後にも宮ノ台期の集落は営みを続けていたと思われる。それを第Ⅳ期の住居址群として把握しよう。

非連続的な重複関係などからみて、東北部の住居群の中には、火災以後につくられたと考えうる住居址が一例(三〇二号)あることから、ここに一グループがなお存続していた可能性はある。それに加えて東南の台地縁ぎりぎりに新たに一群の住居群が現われる。このグループは家屋の向きを東北東―西南西にとるという点でこれまでのグループと大きく異なっている。そして全体の住居の構造がよくつかめた一一四C号では、炉と反対の壁際に凸堤をめぐらす浅いピットが発見されている。これは久ヶ原期以後に一般化される構造であるから、その点でも一一四C号とこれを含んでいるグループが宮ノ台期の終末時に成立したものであることをうかがいうるのである。

なお、この時期には大型住居の営まれた形跡はなく、一グループの住居数はせいぜい五棟前後と推定された。以上、三殿台集落の開始期は宮ノ台式土器を古・新の二型式に細分した場合の古の時期に当たり、そして、それ以後に四つの小画期を設定しえた。その間における住居址群の動向は、一つのグループが分化して複数のグループを形成するかのごとくであった。このグループの分化にもかかわらず大型住居は一棟だけが同一地点に非連続的に造営され、最終的には姿を消すことが予想された。また各グループには家屋構造上で、自他の区別のメルクマールとなるような特徴をもつものが認められる。

おわりに宮ノ台期以後の三殿台遺跡の集落の消長について多少触れておこう。後期久ヶ原期に入って若干住居数など減少する気配はあるが、宮ノ台期に認められた集落の型——大型住居を中心に数棟の住居が集合する

――は維持されたと考えられる。優勢な単位集落としての性格は基本的には変化することなく続いたと推定される。

2　朝光寺原遺跡

谷本川左岸における大規模な集落遺跡としては、上流から早野遺跡、朝光寺原遺跡、そして谷本川と鶴見川の合流点近くにある佐江戸遺跡群が知られている。なかでも朝光寺原遺跡は『横浜市史』のフィールドのころからそこにある円墳群が注目され、また、台地上に少なからぬ土器片の散布があることも関心を引いていた。一九六七年、土地区画整理法による宅地建設が行われることになり、事前の発掘調査が一九六七、六八年に実施された。その調査概報が公にされている（岡本　一九六八）。ここでは概報によって簡単な予察を試みたい。

朝光寺原遺跡は谷本川に向かって張り出した台形状の低い段丘にある。水田面との比高は五〜二〇メートルを測る。台地の脚部には谷本川がぎりぎりに接近し、一見、外堀のような景観を呈している。このような地点を集落地に選定することは上流の早野遺跡においても指摘しうることであって、占地における共通性が大いに注目される。

発掘された住居址の総数は一五九棟で、そのうち弥生時代に所属するものは一〇〇棟が数えられている。時期別の内訳では、宮ノ台期四五棟（表2）、久ヶ原期四棟、弥生町期一六棟、前野町期一六棟、不明九棟となっている。この点からまず谷本川筋における優勢な一単位集落であったことがうかがえる。

朝光寺原遺跡の宮ノ台期の集落を特徴づけている一つの重要な事実は、住居址群を取り巻く全長五〇〇メートルにも及ぶ大規模な環状の「V字溝」＝環壕の存在である（図4）。環壕はところによって二重になってい

表2　朝光寺原遺跡の宮ノ台期住居址一覧

住居址番号	形態	規模（m）	方向	重複関係	備考
2B	小判形	6.2×？	N-22°-W		
5	楕円形	8.0×6.2	N-28°-W		火災、磨製石斧
6	小判形	9.3×7.2	N-54°-W		
8A	小判形	8.6×6.4	N-35°-W		火災、甕2・壺13
8B	小判形	8.4×5.8	N-35°-W	8Aより新しい	
9A	小判形		N-42°-W		磨製石斧3、無孔円盤
11A	不整円形			11Bより古い	火災、磨製石斧5
11B	不整円形？			11Aより新しい	
12	隅円長方形	6.8×5.6	N-53°-E		磨製石斧3、砥石1、甕2、壺2
13	楕円形	7.5×6.1	N-29°-W		火災、炉石、有孔石製品、石斧、甕5
17C	隅円方形				
102B	楕円形	？×7.4	N-　-W		
106A				106B、C、Dより古い	
106B	小判形	9.0×7.4	N-55°-W		石製品1、甕2
106C	隅円長方形	12.8×10.4	N-70°-W	106Bより新しい	
108A		？×2.4		109A、Bより古い	火災、壺1
109A				109Cより古い	
109B	小判形？	？×6.4			
203D		7.2×5.8			
204	胴張隅円長方形	5.9×6.0	N-75°-E		
205					

住居址番号	形態	規模（m）	方向	重複関係	備考
206A	小判形	9.5×7.6	N-47°-W	206Bより古い	
206B	小判形			206C、Dより古い	
206C	胴張隅円方形	6.1×5.1	W-40°-S	206Bより新しい	
206D	胴張隅円方形	5.5×5.0		206Bより新しい	
207	小判形	？×6.0	N-38°-W		
208	小判形	8.3×6.8	N-15°-W		
210B	隅円方形	7.6×5.5？	N-38°-W		
211A				211Bより古い	
211B				211Aより新しい	火災、壺
212B	小判形				
213A	小判形？	5.6×3.8	N-37°-W		
213C	小判形	？×6.2	N-24°-W		火災、炉石
214B	小判形	3.6×2.8	N-16°-W	214A、C、Kより新しい	炉石
214C	隅円長方形？			214Bより新しい	火災、炉石
214D	小判形	？×5.9	N-18°-W		火災
214F				214Gより古い	火災
214G	小判形	6.7×5.7	N-55°-W		鉢1
214K					
218	小判形	8.0×6.5	N-26°-W	V字溝より古い	炉石、磨製石斧1
220A	小判形	7.2×？	N-44°-W	220Bより古い	火災、炉石、壺
220B	小判形	6.0×？	N-44°-W	220Aより新しい	
220C	小判形				
220D	小判形				

住居址番号	形態	規模（m）	方向	重複関係	備考
220H					炉石、磨製石斧3
221	小判形？	6.4×5.0	N-60°-W	17Bより新しい	炉石、磨製石斧3
222	隅円方形	5.5×5.5	S-43°-E		
224A	小判形	6.4×6.0	N-27°-W	224B、Cより古い 224Eより古い	
225	胴張隅円方形	7.6×7.0	N-26°-W	V字溝より新しい	
230A	小判形	7.5×6.6	N-59°-W		
231A					壺・甕
231C					炉のみ
232					
233F	小判形	12.6×9.6	N-50°-W		
238D	小判形？				
238E	小判形？	？×5.2	N-　-W	238Dより古い	
803	楕円形	6.5×5.3			小型土製品
901	胴張隅円方形	7.1×5.8			甕3、壺2、土錘1
903	胴張隅円方形	6.5×6.0			壺
906	不整隅円方形				火災、甕、壺、浅鉢、器台
907	隅円方形	6.0×？			甕、壺、土錘
908					トレンチで確認
909					トレンチで確認
910	隅円方形	7.7×6.0			火災？ 石斧2
911	隅円方形				
1001	胴張隅円方形？	7.4×6.3			火災、磨製石斧

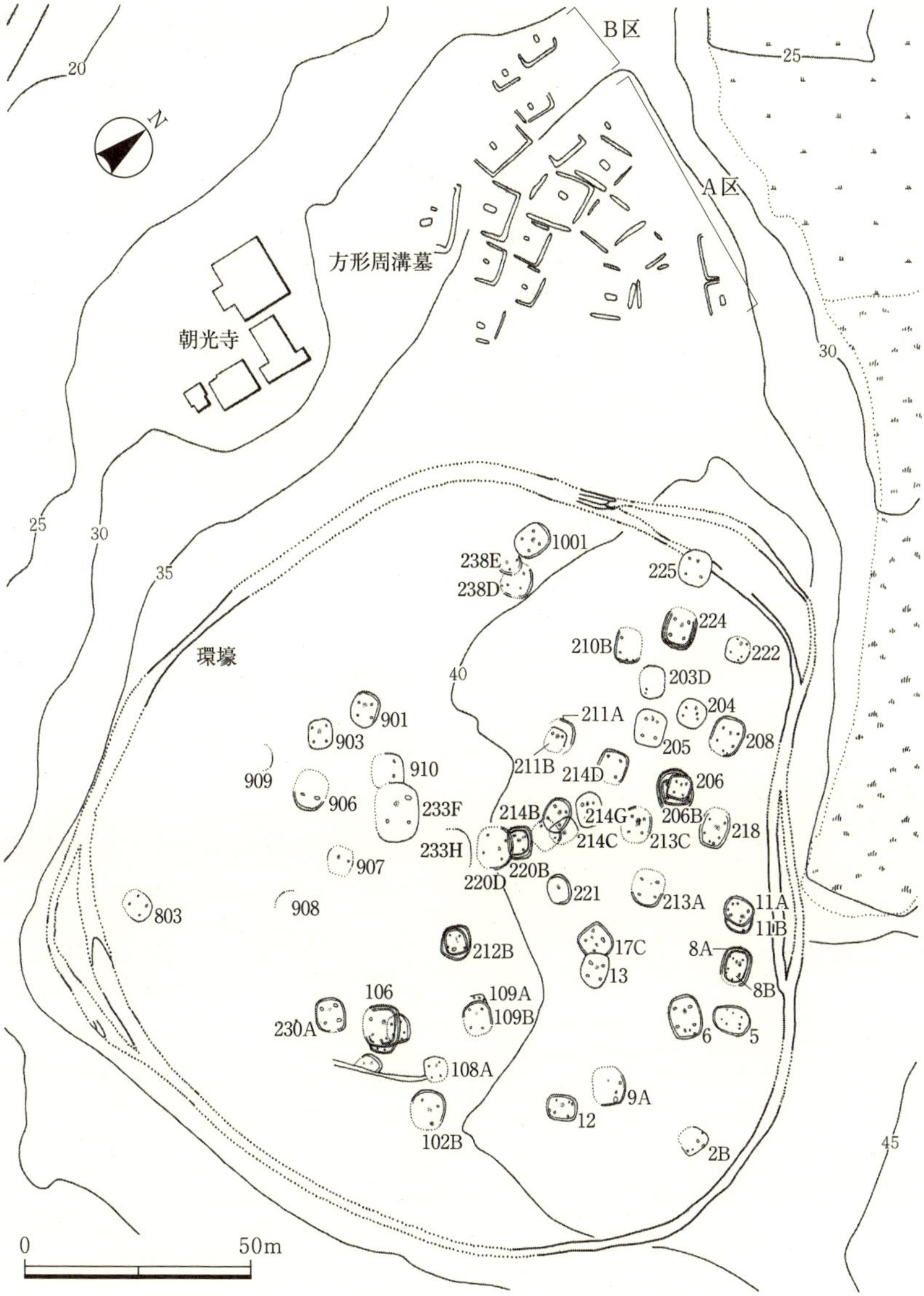

図4　朝光寺原遺跡の宮ノ台期住居址分布

たり、あるいは溝底に二本の凸線部が認められるところから、二度にわたって掘り直されていることが推定される。

それに加えて検討すべき重要なこととして、環壕の外に群集する方形周溝墓の問題がある。発掘された方形周溝墓は二四基ある。そのうち遺物などから所属時期を明らかにしえたのはただ一基(五領期)であった。調査された当時の方形周溝墓の研究の趨勢もあって、多くのものはだいたい弥生時代終末期から古墳時代初期の所産とみなされていた。(7) ところが、港北ニュータウンの大塚・歳勝土遺跡群において、宮ノ台期の大規模な環壕をめぐらす集落址と方形周溝墓群がセットで発見されるに及んで、朝光寺原遺跡の方形周溝墓群の所属時期についても再検討の必要が生まれたのである。

さて、朝光寺原遺跡の方形周溝墓群はA・B両区から発見されている。B区は、台地の北西部にあってA区よりも一段低く、相対的に独立した地区である。広さ一〇〇×七〇メートルの範囲からは、弥生時代後期と奈良時代国分期の土師器などを出す住居址群に加えて五基の方形周溝墓群が発見された。これらは住居址群との位置関係などからみて、弥生時代後期の集落にともなうことが当初から考えられている。

問題はA区の方形周溝墓群である。調査者も指摘するように、一九例の方形周溝墓のうちいくつかは重複していて、営まれた時期の違いが明瞭に認められる。だが、重複の状態を詳細にみていくと、溝の方向が大きく異なっているために、相互に方形周溝墓がクロスするような形で重なりあう例は少ない。わずかに墓域の東端にあって、五領式土器が出土した方形周溝墓などがそれに該当しているにすぎない。

残りの大半の例は溝の方向が大略一致していて、重なる場合でも先行の方形周溝墓に完全にオーバーラップした状態で造営された例はほとんどない。そして重複したものもせいぜい溝が一本になるとか、一部が接するとかいった程度である。全体的な様相としてはむしろ、一定の配置企画に従って継続的に造営されたと考えるほうがより合理的だとさえいえそうな配列状況にある。

このような方形周溝墓の群集の仕方は歳勝土遺跡において認められたところであり、墓域の構成の仕方もきわめてよく類似している。歳勝土遺跡との対比、五領期の方形周溝墓の重複状態などから考えて、朝光寺原遺跡A地区の方形周溝墓の多くは宮ノ台期に所属するものと判断するのが当をえているのであろう。

つぎに、環壕内側の宮ノ台期の住居址の分布とその変遷についてである。三殿台遺跡で住居址の重複関係を整理した仕方によって識別してみると、三殿台遺跡のように、複雑に重なりあう事例は比較的少ないことがまず注意される。それと、ここでも火災によって廃棄されたと思われる住居址一七例のうち、一二棟が環壕内の中央よりやや東よりにあって円弧状に分布していることも見逃せない。この事実が、三殿台遺跡の場合と同様に一時に罹災したことを示すとすれば、これを住居址群の変遷とグルーピングの有力な手がかりとすることができよう。

そこでこれらの火災にあった住居址を同時存在として横の座標軸におき、連続・非連続の重複関係を時間推移の縦の座標軸として考えてみた。そうすると火災住居址に先行する形で非連続の重複状態にある例としては一七C号と一三号、二一四B号と二一四C号がある。ほかに二〇六D号、二〇六C号、二〇六B号と二〇六C号の関係も同例として扱えるかもしれない。それから、火災住居址に続く住居址で非連続の重複関係にあるものを探すと、二二〇B・A号（火災）と二二〇C・D号を取り上げることができた。

以上のように、火災のあった時期を中心として住居址の重複状態を検討してみると、火災期の前後にそれぞれ一小期を設定することが可能であるから、一応、朝光寺原遺跡における宮ノ台期の集落の変遷過程は三小期に細分するのが適当と考えられる。これは環壕が二度掘り直された結果として、都合三本の壕が部分的に認められたという事実とも符合している。

つづいて住居址群のグルーピングの検討がある。調査者によれば、宮ノ台式土器の細分を前提として「この時期の住居址群は、二〜三のグループに分かれて、台地上に存在したものと思われる」と複数のグループの存在を示唆している（岡本 一九六八）。問題は、それらのいくつかのグループが同時存在か、または小時期にまたがって存在したのかどうかということである。

このような住居址群のグルーピングと編年にはなお細かい手続きを必要とするのであるが、資料整理進行中のため十分それを果たしえない。しかし、たとえば先に示した火災住居址の分布にみられるように、環壕内の中央やや南西と北東寄りに各一グループあったことはほぼ推定できる。それぞれのグループ内でも炉辺に円礫を置くものとそうでないものとがある。両者は配置状態からも区別されうる。また、炉辺に円礫をもつ住居址は一五例を数えるが、それらは環壕内のほぼ中心部に陣取っており、なかには相互に非連続的な重複関係を示すものも認められる。それとともに注目されることは、宮ノ台期の唯一の大型住居址である二三三F号の炉に円礫が付設されていることである。

こうしたいくつかの事実は、この円礫を付設する住居址群が宮ノ台期の各小時期に一貫して存在したというだけでなく、環壕内でも中核的な位置を占めるグループであったことを示しているといえる。

それからいま一つ興味ある事実として、同心円状に連続的に拡張されて重複した住居址の分布状態がある。三殿台遺跡では、この種の住居址はある特定の地点に集中する傾向があった。朝光寺原遺跡の場合、比較的分散して存在している。後述の宮ノ原遺跡において、宮ノ台期の単位集落とみられる住居址群中に一例の同心円状に連続的に拡大された住居址が含まれていることなどを想起すれば、同心円的な拡張の住居址数と単位集落の範囲との間には一定の対応関係を想定できるように思われる。

このようにして環壕の修・改造回数、重複関係、炉辺の円礫の有無、同心円状拡張の住居址の分布[8]などを手がかりにして住居址群のグルーピングとその変遷の概要を示すと、つぎのようになるであろう。

第Ⅰ期

一番内側の環壕が掘られた時期である。壕内の中央より北東側に、二〇六号（同心円状拡張）などを中心として一〇棟前後の住居が建ち並んでいたと思われる。それもやや北側には炉に円礫を付設するグループ（二〇三D、二〇八号等）と、南東寄りの特別な施設などをもたないグループ（一七C号等）に分かれていたことが考えられる。

第Ⅱ期

第Ⅰ期の二つのグループが引き続いて存在し、住居数も若干増加した気配がある。火災を受けてそれぞれにグループが消滅するか、あるいは大幅な縮小を余儀なくされたとみられる。このころに南西に一グループ（一〇二B、一〇八号等）が登場した可能性もある。その中心としては一〇六号（同心円状拡張）をあげることができる。

第Ⅲ期

一番外側の環壕が掘られた時期であろう。南東のグループの住居群が存在したかもしれない。それと北側では一部が第Ⅰ期の環壕の上にかかるグループも現われている。その中心となるのは二〇八号や二二四A号（同心円状拡張）であろう。

最後に大型住居址に触れておくと、宮ノ台期は二三三F号一棟で、三殿台遺跡のように各小時期ごとに大型住居が営まれてはいない。この場合、三小期一貫して二三三F号が存続したとみることは、三殿台遺跡の例から推して困難である。実際、この大型住居が宮ノ台期の小規模な住居址と非連続の重複関係にあることからも、長期間の存続を想定することは難しい。とすれば一番妥当性があるのは、第Ⅱ期か第Ⅲ期の小時期に限って存在したとする見方である。重複関係の詳細が不明なのでこれ以上の追求はできないにしても、少なくとも大型住居の営まれなかった時期があったことはおよそ確認できそうである。

朝光寺原遺跡における宮ノ台期の住居址群の動向は、右のような大雑把な検討によってもかなり複雑なものであることがわかるのである。その基本的な点を列挙するならば、集落の造営は三殿台遺跡などよりは若干遅れて開始されたようであるが、周囲に大規模な環壕をめぐらし、その内部にはそれぞれの小期に二～三の住居址群が並び存していた。それらは環壕の外における方形周溝墓の墓域を共有し、またある時点では大型住居も共同で建てていたともみられよう。

こうしてつくり上げられた谷本川左岸の優勢な一大単位集落でも、つぎの久ヶ原期になるとわずか数棟の住居が営まれたにすぎず、集落の規模は急激に縮小されてくる。ただし、この時期になってB区に一単位の小集落が現われる。それをあわせたにしても小規模化の様相は歴然たるものがある。このような動向は一見、優勢集落としての意味が失われたことを想像させるのであるが、つづく弥生町期には再び大集落として復活するようであるから、簡単に断を下すわけにはいかない。とはいえ、三殿台遺跡や朝光寺原遺跡は、集落規模・構造・営為期間などにおいて抜きん出た特徴を有しており、地域の中心的存在であったことは疑いない。そこでこれら大規模集落を小規模集落群存生の拠所とみて拠点集落として扱うことにする。

3　宮ノ原遺跡

宮ノ原遺跡は古くは吉田六間丁貝塚といわれ、縄文時代中期の貝塚遺跡として知られていた。一九六八年に宅地開発工事にともなう発掘調査が行われた。二カ所の斜面貝塚と台地平坦部では縄文時代中期、弥生時代中期・後期、古墳時代前期にそれぞれ属する竪穴住居址、土坑、方形周溝墓などが発見されている。そのうち宮ノ台期の所産と考えられるものは、竪穴住居址五棟、方形周溝墓一基、土坑一基、壕などであった（図５）（文化財保護対策協議会　一九六八）。

宮ノ原遺跡の存在するところは鶴見川中流域で、周辺には縄文時代前期の海進期に形成された多くの貝塚が分布していたところである。現在は東海道新幹線新横浜駅の北側一帯に当たる。

ここでは鶴見川が右岸の半島に突き出た太尾の台地に沿って真北に流れの向きを変え、流路と台地脚部との間には広い湿地が形成されている。宮ノ原遺跡は、その湿地を眼下に見下ろす位置にある。対岸の太尾の台地上にも八幡一郎らが「武蔵太尾遺跡」として紹介した太尾大倉精神文化研究所遺跡（宮ノ台、久ヶ原、弥生町等の各期にわたる集落遺跡）がある（八幡　一九三〇）。

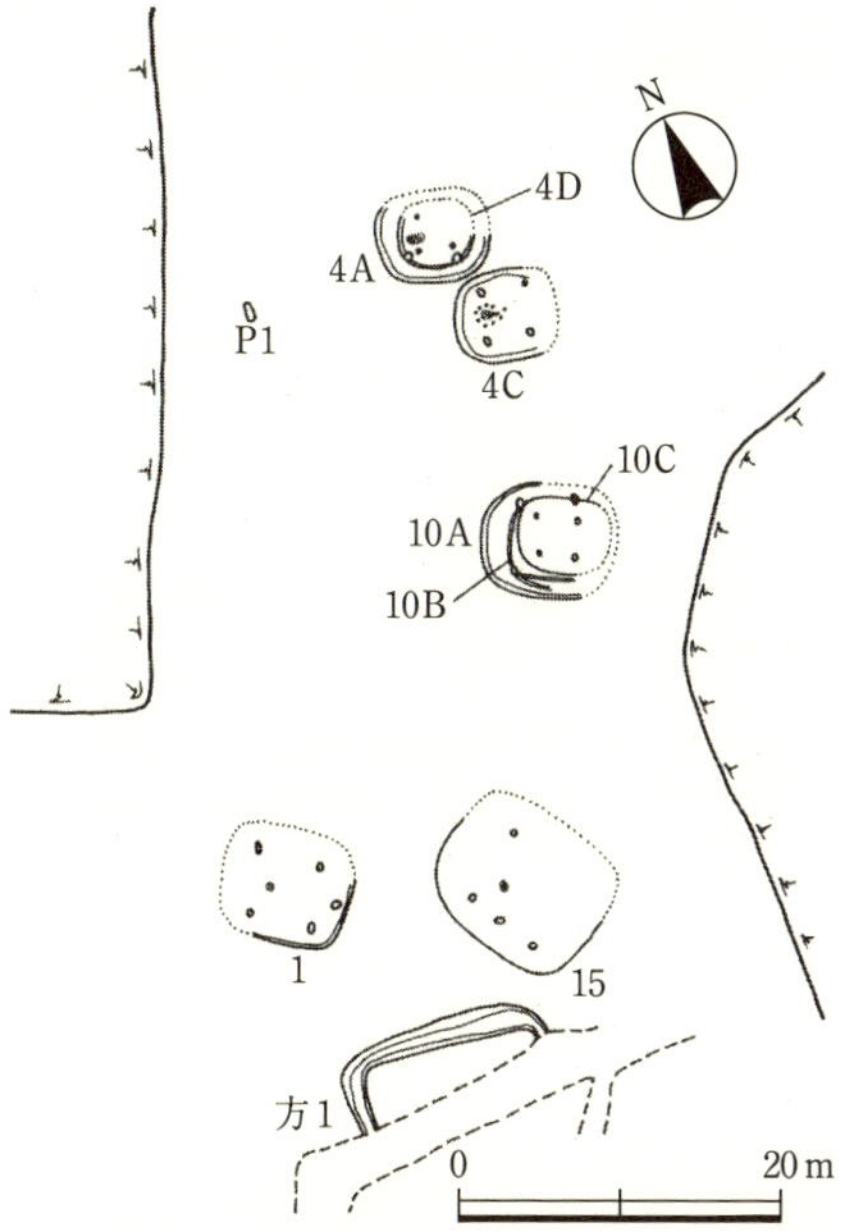

図５　新吉田宮ノ原遺跡の宮ノ台期各種遺構分布

さて、宮ノ原遺跡における宮ノ台期の集落の構成であるが、位置している地点は、標高が四〇メートル（水田面からの比高約三〇メートル）程度のところで、多摩丘陵の尾根に近い比較的手狭な平坦地である。とくに、鶴見川に面する東側は急斜面になっており、北・西両側も浅い谷を控えている。その北側の一部には壕が細長く延びる丘陵をあたかも横切るようにして掘り込まれていた。五棟の住居址は西に弧を開くように弓形に並び、大型の一五号住居址を除いてはいずれも西北西―東南東に主軸を向けている。

大型住居址の一五号住居址はほぼ北―南に主軸をおくもので、その規模は他の四棟の住居址を抜きん出ている。火災で破棄された模様であるが、ここから土製勾玉がえられていることは注目に値しよう。

住居址の重複関係に触れてみると、宮ノ原では明確に非連続的な複合と認められるものは一例もなく、重複関係のある一〇A・B・C号の場合、一〇B号を連続的に拡張したものが一〇A号で、一〇C号は一〇B・一〇A号を主軸の方向を変えずにやや東に柱穴の位置をずらしたものと解される（補註：非連続の重複あり）。

これらの住居址群に加えて、ここでも住居址群北側の端近くで土坑が発見されている。坑内からは鉢形土器が出土しているが、性格は詳らかでない。それと住居址群の南端で発見された方形周溝墓は溝内より宮ノ台式土器がえられていることからして、住居群とセット関係にあることが推定される。

宮ノ原遺跡で発見された宮ノ台期に属する住居址・土坑・壕・方形周溝墓などは、当該期の一小期に併存していた可能性が大きく、それぞれが有機的に結合することによって一単位の小集落を形成していたのではないかということである。宮ノ台期に続く久ヶ原期には、この台地上で集落が営まれた様子はなく、右の宮ノ台期の集落がいわば自己完結していることもこのような想定を助けている。

こうした小規模な単位集落が、三殿台遺跡や朝光寺原遺跡のように内部に小グループを包括する大規模な集落の周辺にあって、相互に一定の結合関係を保ちながら宮ノ台期の小地域における農耕グループを形成していたのであろう。以下、この宮ノ原タイプの小規模集落を周辺集落として扱う。

二　小地域における拠点と周辺

1　大岡川流域

三殿台遺跡と小さな谷を隔てた対岸の岡村天神のある丘陵上から（図6）、宮ノ台式土器が採集されたことは早くから注意を引いていた。そして、三殿台遺跡における弥生時代の集落構造が明らかになる中で、岡村天神遺跡と三殿台遺跡をセットとして捉える考えが示されてきている（和島　一九七四）。

その後さらに、西側の横浜英和学院遺跡（久ヶ原式、朝光寺原式？、弥生町式の各土器出土）に隣接する勝国寺南方台地で宮ノ台式土器がえられたので、これら三つの遺跡を一つのグループとして扱いうる可能性が出てきた。おそらく三殿台遺跡の集落を拠点として、岡村天神遺跡、勝国寺南方遺跡の二つの周辺集落が相い結んで大岡川右岸における初期の農耕グループを形成していたのであろう（田中　一九六八）。

この三殿台遺跡グループと大岡川の本流をはさんで成立しているのが東台遺跡のグループである。東台遺跡は正式な調査が行われたものではないが、昭和の初期ごろに弥生時代の各時期の土器が多数出土し、磨製石斧などの存在も識者の注意にのぼっていた。広範囲な遺物の分布状態などからして、三殿台遺跡に匹敵する拠点的な集落遺跡と考えられる（石野　一九五二）。

また、東台遺跡の南には、六川町一二三番地遺跡が宮ノ台式土器の出土する遺跡として知られている。さら

1　三殿台　2　岡村天神　3　勝国寺南方　4　東台　5　六川町123番地　6　六川町360番地
7　刑務所西方　8　刑務所南方　9　大久保2755番地

図6　大岡川流域の宮ノ台期遺跡分布

に、この遺跡と小さな谷を隔てた南側の丘の上にも、やはり宮ノ台式土器の出土する六川町三六〇番地遺跡がある。これら三者の間には三殿台遺跡や岡村天神遺跡などのようなグループ関係が想定される。

さて、いま一つ大岡川流域の初期農耕グループをあげると、やや上流に至って本流の谷幅が相当狭くなり、川名も笹下川と変わるあたりに、三カ所ほど宮ノ台式土器などを出土する遺跡が知られている。これらは『横浜市史』の際のフィールドで確認されたものである。それによると横浜刑務所の西方（宮ノ台式土器）と南方（宮ノ台式、久ヶ原式の各土器）、さらに小さい谷一つ南では笹下町大久保二七五五番地付近（宮ノ台、久ヶ原、弥生町式の各土器）がある。それぞれ宮ノ台期から集落が営まれたことが推定される。これら三者もまた分布状態と遺物のあり方から、三殿台遺跡・東台遺跡の各グループと同様の関係において存在したことが推定される。

大岡川流域における以上三つの初期の農耕グループの分布をみると、大岡川の本流域そのものが開発の対象とされた様子は認め難い。せいぜい三〜四キロメートル程度の、小川といってよいような細流の流れる支谷口に位置して、そこに形成された湿地を耕地として使用する水稲栽培が考えられる。そして、久ヶ原期以後に谷頭に向けて、あるいは本流沿いの小支谷口の湿地の開拓がさらに活発化することが遺跡の分布から推定される。

いずれにしても、右の三グループが大岡川流域における農耕社会成立の基幹集団をなしたことは想像に難くない。その際、注意されることは、支谷口付近に集落を構えるということが水田開発上の技術的な制約だけからではなくて、あらかじめ支谷を流れる細流の水系状態を確かめたうえで占地されたとみられるような節が認められることである。

2 谷本川流域

谷本川流域における弥生時代の諸遺跡の動向については、甘粕健が稲荷前古墳群の形成過程を論ずる中で触れている（甘粕 一九六九）。ここでは流域における農耕社会形成の初期の局面を取り上げることにしたい。

谷本川は鶴見川の上流部分に当たる総長約二〇キロメートルの河川で、これが恩田川と合流してそこから鶴見川となる（図7）。河川としては先の大岡川とほぼ似た規模である。流路は流域一帯の基盤をなしている第三紀層をえぐって形成されていて、川底と水田面の間には市ヶ尾付近で三メートル近くの比高差がある。

谷本川左岸では近世以来、はるか上流の川崎市下麻生に堰を設けて取水し、そこから延々六キロメートルに及ぶ長大な用水路を開鑿して各水田に排水していた。このことは谷本川の水を用水として広く利用することが、かなり新しい時代に属することを物語っている。これらのことを考えると弥生時代にあってはおそらく支谷の奥や台地の裾から湧き出す水によってつくられた湿地が主として耕地の対象となり、やがて時代が降って灌漑技術の進歩による開発耕地の増大をみたとしても、せいぜい深い支谷の細流を用水源とする範囲にとどまったであろう（和島 一九六二a）。近世においてこのあたりの水田の多くが下々田の扱いを受けたという事実は、こうした用水の不足との関連を想起させる。

さて甘粕は、谷本川流域に六つの農業共同体が存在したことを想定している。その拠点的な集落として、左岸の佐江戸遺跡群、朝光寺原遺跡、早野遺跡、右岸の谷津田原遺跡、尾崎遺跡、鴨志田遺跡をそれぞれあげている。筆者も右の想定は妥当なものと考えるが、[9] なお記述の便宜から佐江戸、谷津田原両遺跡については一応鶴見川本流域に含めることとし、ここでは残りの四遺跡を中心としたグループについて検討する。

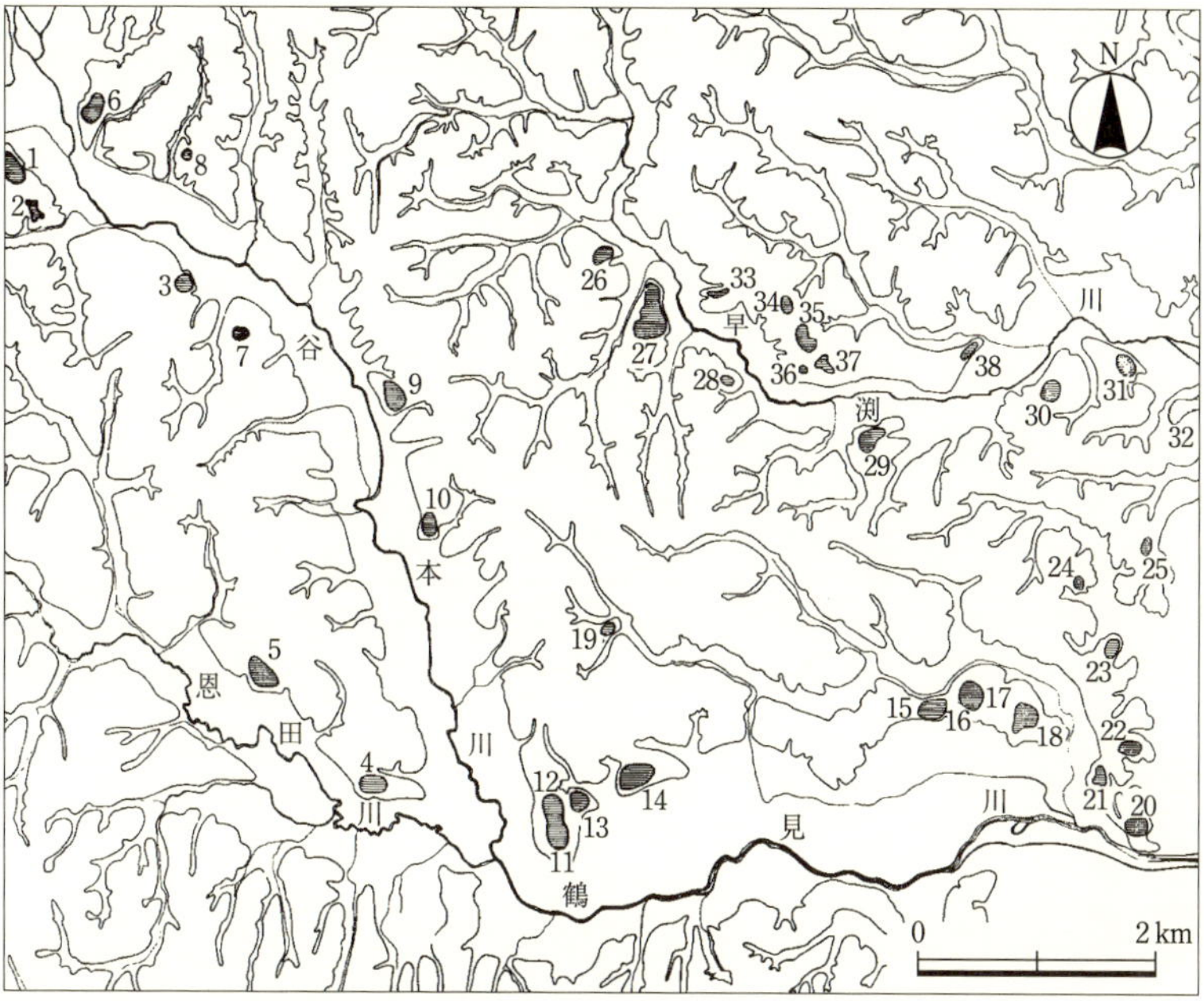

遺跡番号	遺跡名	所　在　地	遺跡番号	遺跡名	所　在　地
1	甲神社	緑区鴨志田320付近	20	152	緑区池辺町865付近
2	V-C-6	緑区鴨志田728～735付近	21	ハ-52	港北区新羽町1052付近
3	尾崎	緑区上谷本町575付近	22	ハ-46	港北区新羽町1410～1420付近
4	谷津田原	緑区北八朔町1508	23	ハ-37	港北区新羽町2524～2545付近
5	藤林	緑区西八朔町	24	ハ-21	港北区新羽町3819，3820付近
6	早野	緑区鉄町（川崎市多摩区早野）	25	新吉田 宮ノ原	港北区新吉田町3283～3288付近
7	V-SA-8	緑区上谷本町1299	26	リ-35	港北区荏田町616～628付近
8	鉄小学校裏	緑区鉄町1434付近	27	リ-12	港北区荏田町4539-2～3付近
9	朝光寺原	緑区市ヶ尾町882～912	28	ニ-5	港北区茅ヶ崎町2120，2123-1付近
10	ヘ-22	緑区川和町2515～2558付近 緑区市ヶ尾町220～332付近	29	ニ-34	港北区茅ヶ崎町994～1016付近
11	ホ-11	緑区佐江戸町1745～1969付近	30	ル-8	港北区新吉田町4529～4975付近
12	ホ-10	緑区佐江戸町2020～2045付近	31	ル-37	港北区新吉田町73，4599，4601付近
13	チ-28	緑区池辺町2467～2477付近	32	ル-35	港北区新吉田町4001～4070付近
14	チ-27	緑区池辺町2528，2541付近	33	E-1	港北区中川町1355～1534付近
15	ロ-11	緑区折本町1389～1501付近	34	A-2	港北区牛久得町556付近
16	ロ-12	緑区折本町1360～1439付近	35	C-8	港北区中川町1155～1157付近
17	ロ-13	緑区折本町1170～1294付近	36	C-15	港北区中川町1100，大棚町641付近
18	イ-21	緑区大熊町489～725付近	37	C-6・7	港北区大棚町573～641付近
19	チ-3	緑区大熊町426～455付近	38	C-1	港北区大棚町245，392付近

図7　鶴見川流域の宮ノ台期遺跡分布

左岸の下流域からみていくと、朝光寺原遺跡はその規模と構造などから拠点集落とすることができた。これと組み合わせてグルーピングしうる遺跡としては、朝光寺原遺跡より一キロメートル南の川和第二二（へ22）遺跡がある（横浜市埋蔵文化財調査委員会 一九七一）。

川和第二二遺跡は谷本川沿いの一番低い段丘上にあり、遺物はかなり広範囲に分布しているようである。しかし、その多くは古墳時代から歴史時代の遺跡のようである。弥生時代のものとしては宮ノ台式土器片だけが遺跡内の限られた地点で採集されている。詳しいことはわからないが、一種の周辺的な集落遺跡とみて不都合はないと思われるので、これを朝光寺原遺跡と合わせて一グループとして扱いたい。

甘粕によれば、この朝光寺原遺跡の集落に拠る集団が谷本川流域の階級社会の形成過程において一貫してヘゲモニーを握っていたとみなされている。その主導的な地位の基礎には、水田耕作を進めるうえでの有利な条件の存在が考えられる。その一つとしては、このグループが大場、黒須田などの奥行きが非常に深い支谷をもっていることを指摘できよう。これらの支谷は湧き水が比較的豊富で谷の中ほどを小川が流れている。それが古代においてどのように利用されたかについては、和島誠一の好適な見解がある（和島 一九六二a）。

このような水利の条件と可耕地の散在状況は、宮ノ台期に集落が選定される際にどの程度問題にされたか知る由もない。ただ、朝光寺原遺跡、川和第二二遺跡ともに隣接地には適当な可耕地らしきものが乏しいから、このグループにおいては早くから稲荷前の一帯より川和第二二遺跡あたりまでの湿地が占拠の対象となったのではないかと想像される。

朝光寺原遺跡グループの北には早野遺跡のグループが想定される。早野遺跡は谷本川に向かって突き出した舌状台地上にある大規模な集落遺跡である。遺物の分布範囲は相当に広い。弥生時代（宮ノ台、久ヶ原、朝光寺原式の各土器を採集）から古墳時代にまたがって存続したようである。遺物の散布量もまた非常に多く、かつて八幡一郎によって柱状片刃・扁平片刃の磨製石斧などの出土が紹介されたこともある（八幡 一九三一）。所属時期は明らかではないが壕があることも確認されている。これらは表面上の観察の結果にすぎないが、三殿台遺跡や朝光寺原遺跡と対比して、ここに拠点的な集落が営まれたことは想像に難くない。

この早野遺跡の近くで宮ノ台式土器を出す遺跡はいまのところ知られていない。強いて候補を探すとすれば、八〇〇メートルばかり下流の鉄《くろがね》小学校裏遺跡で弥生時代中期の土器が発見されたといわれる。ここらに周辺的な集落が存在したのかもしれない。本遺跡は中規模（五〇×八〇メートル）で弥生時代後期の土器片も採集されている（横浜市域北部埋蔵文化財調査委員会 一九六七）。

いずれにしても、宮ノ台期から早野台地の拠点集落を中心として一グループが谷本川の中流に根を張っていたことは明らかで、このグループの占拠領域は上鉄一帯から早野台地の北側の湿地帯に及んでいたと思われる。

つづいて谷本川右岸における宮ノ台期の遺跡の分布状態をみよう。まず一つのグループとして稲荷前古墳群の対岸にある上谷本遺跡群があげられる。丘陵裾が緩く湾曲し、その描く線は弓形をなしているが、あたかもその弦に当たる部分に谷本川の流路がある。それに沿って幅広い自然堤防が形成されていて、これと丘陵の間の半月形の低地部分が現在、水田地帯になっている。

この半月形の水田域を取り囲むようにして一〇カ所の弥生時代の遺跡が並んでいる。そのうち宮ノ台式土器を出土する遺跡はV-SA-8遺跡である。規模は中程度で、散布する土器量などもそれほど多くはない（横浜市域北部埋蔵文化財調査委員会 一九六七）。それともう一カ所は谷本川と丘陵裾が接する部分にある尾崎遺跡である。ここでは『横浜市史』のフィールドにおいて宮ノ台式土器が発見されているようである[10]（和島 一九五八）。遺跡は低い段丘上にあってかなり大規模なものであるが、宮ノ台期の実態はよくつかまれてはいない。

しかし、弓形の地形の両端近くにそれぞれ宮ノ台期の集落が成立していることは、これまでのいくつかの例からして偶然とは思われず、この半ば独立したような湿地帯を開発対象として選んだ一グループの存在が予想される。

右岸のいま一つのグループは、早野グループと谷本川をはさんで対峙するような位置にある鴨志田のグループである。中心となるのはV-D-6の鴨志田甲神社遺跡と思われる。立地も規模も朝光寺原遺跡に非常によく似ていて、散布する土器量もかなり多い。採集された土器片には宮ノ台式をはじめ弥生時代後期から古墳時代までの各々の型式が含まれている（横浜市域北部埋蔵文化財調査委員会　一九六七）。

甲神社遺跡の南三〇〇メートルの丘陵上で発見されたV-C-6遺跡は規模は小さいが、宮ノ台式土器を出している。周辺集落の一例としてよいであろう（横浜市域北部埋蔵文化財調査委員会　一九六七）。鴨志田グループの前面に広がる水田地帯も、上谷本遺跡群の場合とよく似た状態にあって宮ノ台期における可耕地の選び方と経営の仕方を知る手がかりはさらに増えている。

以上で、谷本川の川筋における宮ノ台期の集落群のグルーピングとその分布状態の概要を示した。つぎに谷本川と並んで鶴見川の大きな支流と目される早渕川の川筋における宮ノ台期の遺跡群についてみてみよう。

3　早渕川流域

早渕川は全長およそ一五キロメートル、大岡川、谷本川よりはやや小規模な河川である。流路の構造は谷本川によく似ていて、中流の茅ヶ崎町、中川町付近では峡谷状をなしている態を実見できる。

流域の左・右両岸では、宮ノ台式土器が出土する遺跡は一三カ所ほど確認されている。左岸のほうからみていくと、まず中川中学校の西隣にあるC-1遺跡が目につく。大塚・歳勝土遺跡群が立地する丘陵先端近くにある。宮ノ台式土器らしき遺物が採集されている。北側には牛久保方面に延びる深い支谷がある。対岸には南堀・西ノ谷などの縄文時代前期の貝塚群が並ぶ。遺物（縄文時代早期・前期、弥生時代中期・宮ノ台期？）は、やや狭い尾根上から北斜面にかけて散布するという。そうした内容からは、周辺集落の存在が予測される（横浜市埋蔵文化財調査委員会　一九七一）。

このC-1遺跡の北西一キロメートルのところに大塚・歳勝土遺跡群がある。中心となる大塚遺跡は丘陵尾根の平坦部（南北二〇〇メートル、東西一五〇メートル）いっぱいに大規模な環壕をめぐらしている。その内側では宮ノ台期の住居址が八十数棟発見されている。大塚遺跡の南一〇〇メートル離れた地点にある歳勝土遺跡は大塚遺跡に付随する墓地と考えられている。ここでは、二十数基の方形周溝墓が比較的整然とした配列状態を示し、短期間に累代的に墓域が形成されたことをうかがわせている。

さらに、大塚遺跡と歳勝土遺跡の西斜面の狭いテラス状の地点では、歳勝土南（C-15）遺跡が発見されている。宮ノ台期の住居址と方形周溝墓の所在が確認されている。この遺跡が尾根上の大集落といかなる関係にあるかということは重要な問題である。いずれにしても拠点—周辺の関係にある集落群の典型がここにみられよう。

大塚・歳勝土遺跡群と丘陵尾根続きで、距離にして二〇〇メートルばかり北にあるA-2遺跡で、宮ノ台式土器片が採集されている。また、北西方向八〇〇メートルの地点にはE-1遺跡がある。やはり宮ノ台式土器の破片の散布が確かめられた（横浜市埋蔵文化財調査委員会　一九七一）。

このように、同じ尾根またはそこから派生する台地上に宮ノ台期の集落遺跡が数カ所にわたって併存することは、谷本川の川筋ではみられなかったことであって、早渕川左岸の一つの特徴とも考えられる。

そこでこれらのいくつかの遺跡群をどのようにグループ分けするかということに検討の焦点は移る。いまのところ拠点と目されるのが大塚遺跡以外にはみあたらないとすれば、C－1、歳勝土南、A－2、E－1の各遺跡が大塚・歳勝土両遺跡を拠点として群在していた状態を想定せざるをえない。この問題は大塚・歳勝土遺跡群の詳細な分析と周辺遺跡の構造がよりいっそう究明される過程で解答がえられよう。

それでは反対側の早渕川右岸の場合はどうか。こちらでは鶴見川との合流点に近い中里遺跡、大塚・歳勝土遺跡群の東南方向にある綱崎山遺跡、E－1遺跡の対岸にある柚木台（荏田第一二）遺跡をそれぞれ拠点とする遺跡群が考えられる。

下流からやや詳しくみていくと、早渕川に向かってラッパ状に開いた小支谷脇の広い台地平坦面（東西三〇〇メートル、南北一〇〇～一五〇メートル）に中里遺跡（ル－37）がある。一九六九、七〇年に遺跡の東側で、一部地区の発掘調査が行われた。その際には縄文時代前期、弥生時代後期、古墳時代前・後期の住居址が発見されている（佐藤・井上 一九七〇）。宮ノ台式土器は遺跡の西側で採集されていることを考えると、時期によって集落の設営地点が変わったのか、あるいは集落の規模が拡大されたのかのいずれかによる遺跡の大規模化が推定される。同時に、弥生時代中・後期、古墳時代前期へと連続的に集落が営まれたことは、三殿台遺跡などで認められたところであり、この遺跡が早渕川下流の右岸で拠点的な地位を占めていたことをうかがわせる事実といえよう。

なお、中里遺跡の南および谷を隔てた西の台地上にそれぞれ小規模な遺跡がある。宮ノ台式土器などが採集されたといわれている（横浜市埋蔵文化財調査委員会 一九七一）。これらが集落址の存在を示すものとすれば、その立地点の地形や遺跡の規模などから考えて、周辺集落の営まれたことが推定される。

大塚・歳勝土遺跡群の東南方向に位置する綱崎山遺跡では、環壕が発見されている。早渕川に向かって低く突き出た台地のかなり広い平坦面に集落址の存在が予想される。このような占地の仕方は朝光寺原遺跡などときわめてよく似ている。台地の両側には支谷が刻まれていて、それが支谷口付近でラッパ状に開くあたりに当時の耕地を想定することができよう。台地上で採集された土器片の大部分は宮ノ台式で、そのほかに古墳時代、歴史時代の土器もあるという。立地点やその地形、環壕の存在などからみて、かなりの規模の集落が営まれていたものと思われる（横浜市埋蔵文化財調査委員会 一九七一）。

綱崎山遺跡の東一・五キロメートルのところ、すなわち、小さく蛇行しながら東流した早渕川が北にゆっくり向きを変える地点にも宮ノ台期の集落遺跡が発見されている。権田原（ル8）遺跡と名づけられているが、この北東へ低く延びる台地の平坦部を占拠した大規模な集落遺跡と考えられる。現状では、土取りによって破壊された箇所で宮ノ台期に所属するかと思われる住居址のほかに、古墳時代の住居址二棟（五領期、鬼高期）の存在が確認されていることからみて、弥生時代から古墳時代にまたがる集落址であると判断されている（横浜市埋蔵文化財調査委員会 一九七一）（補註：発掘調査で環壕集落址と判明）。

この集落群に付随する耕地としては、台地の西側の部分で小支谷から早渕川の自然堤防の間の湿地を当てるのが適当かと思われる。そして、その湿地帯を介して先の綱崎山遺跡などと繋がっていたことが想定される。ここに綱崎山、権田原の両遺跡を含めた一つのグループを早渕川の中流右岸に措定できると考える。

早渕川右岸のいま一つの有力なグループは、E-1遺跡の対岸にある柚木台（荏田第一二）遺跡とその周辺にある二つの遺跡からなるグループである。柚木台遺跡は右岸の諸遺跡中でも最も規模の大きな遺跡で、三一〇×二七〇メートルの広がりをもつ。地形的には多摩丘陵がゆっくり高さを減じて北東に半島状に延びたところである。丘陵先端は早渕川が切り取ったような状態になっている。その谷口と早渕川の自然堤防の間に耕地が開かれていたのであろう。

平坦面に散布する遺物はかなり豊富である。一九七〇年度の予備的調査では、縄文時代中期、弥生時代中期

（宮ノ台式土器）、古墳時代各期の土器片が拾得されている。宮ノ台期に属する二基の方形周溝墓も発掘されている。弥生時代後期の遺物が未確認なので速断はできないが、朝光寺原遺跡などに似た拠点的な集落遺跡と考えうる可能性が高い（横浜市埋蔵文化財調査委員会 一九七一）。

それから柚木台遺跡と支谷を隔てた北の丘陵先端でも、弥生時代中期の土器片の採集が報じられている。また、南側の支谷をはさんだ対岸の境田遺跡（茅ケ崎第5遺跡）からは宮ノ台期の住居址三棟が発掘された。これは遺跡の性格把握のために行われたトレンチによる発掘調査であるから台地の集落址の全構造は明らかでないが、立地地形（東西一二〇メートル、南北九〇メートル）から考えて、宮ノ原遺跡における宮ノ台期の集落と相似た規模の集落址の存在が想定される（横浜市埋蔵文化財調査委員会 一九七一）。

早渕川は境田貝塚付近で最も右岸の丘陵裾に接近し、この辺りからゆっくり湾曲して東に向かって流れている。このような地形と三つの遺跡の位置や耕地化の対象となる湿地のあり方からすれば、柚木台遺跡を拠点とし、南・北の二つの遺跡を周辺集落とするグループを想定することができる。

早渕川の川筋では以上に概観したように、左岸に一グループ以上、右岸に三グループの存在が想定された。遺跡群の分布におけるこのような相違は、調査の進行状況をある程度反映しているとはいうものの、左岸上流から中流の間に支谷が少なく、耕地化の対象となる湿地に恵まれなかったということを考慮すれば、このような遺跡群の分布状態は実態に近いものではなかろうか。

4 鶴見川本流域

鶴見川は、その上流部分を恩田川といい、中山町付近で谷本川を合せてゆっくり東流し、新横浜駅の北あたりからほぼ直角に折れて北流している。ここで本流域として扱う範囲は、その恩田川と呼ばれたあたりから北に向きを変えるまでのおおよそ八キロメートルぐらいの間である。本項では、その北岸（左岸）だけについて宮ノ台期の集落遺跡の分布とグルーピングを検討したい。というのは、鶴見川は大倉山・太尾の半島状に突き出た丘陵に沿って北流した後に再び東に流路を変える。しかし、これより下流域は市街化が進んでいて、『横浜市史』編纂時以後に新しい知見をあまりえていないということ、また、中流南岸（右岸）については筆者らの踏査が及ばない間に開発が進行して、遺跡分布の実態把握はできていないという事情が存在するからである。

右のような地域の限定に立って北岸（左岸）の宮ノ台式土器が出土する遺跡の分布状態を一瞥すると、だいたい三つの群集域をみわけることができる。その一つは、甘粕が谷本川右岸の一拠点とした谷津田原遺跡を中心とするグループで、付近にはいまのところ二つの遺跡の存在が指摘される。

拠点と目される谷津田原遺跡は、谷本川と恩田川にはさまれた三角形状の丘陵の先端にある平坦面に位置している。一九五八年、住宅建設によって遺跡が破壊された際に住居址や環壕の発見があり、多数の宮ノ台式土器が採集されている。現在は市営住宅が建ち並んでいるため旧状を知る術はほとんどない。位置する地点と地形の状態、環壕の存在などから考えて、かなりの規模の集落が営まれたであろうことは容易に察せられる（神沢 一九五九）。

問題は耕地をどこに求めるかである。ごく最近まで大きな湿地帯となっていたのは谷本川と恩田川の合流点付近で、一応ここが注目を受けたであろうと思われる。しかし、この一帯は低平な地形のところへ両河川の流水が集中するため、通常より多めの降雨があるとたちまち溢水して泥水帯と化し、なかなか水が引かず、水田化もかなり遅れた地帯であった。とすれば、谷津田原遺跡に近接したところでは、耕地化の対象とされるような適当な湿地はみあたらないことになる。強いて探すならば、遺跡の西三〇〇～四〇〇メートルのところに広がる水田地帯の一部に耕地を求めたとも考えられる。いずれにしても谷津田原遺跡に付随する耕地としては、恩田川左岸の湿地を考えるのが至当である。そのことが谷津田原遺跡を鶴見川本流域に含めて考えることの拠り所となっている。

この谷津田原遺跡とともに一群をなすとみられるのは、西八朔町の藤林遺跡である。位置するところは、谷津田原遺跡の西一キロメートルの地点で、恩田川左岸の水田地帯を足下に臨む丘陵端平坦部が考えられる（和島一九五八）。恩田川は、この遺跡の西では左岸の丘陵裾を流れるが、やがて右岸のほうに流路を変え、しばらくは右岸寄りを東流している。そして谷津田原付近で再び左岸に接してくるのである。その蛇行部の左岸の丘陵と恩田川の間にできた低地が現在の水田地帯となっている。おそらく藤林遺跡に付随する耕地もこの水田地帯の一部で小さな支谷の出口となっているようなところに設けられたであろう。

筆者が谷津田原と藤林両遺跡を一グループとして扱うのは、それぞれが右の低湿地帯の上・下端所を押さえるような形で存在していることに拠っている。このような集落分布のあり方は谷本川や早渕川の川筋でもすでに確認されたところである。

谷津田原遺跡群の対岸には佐江戸地区の遺跡群がある。鶴見川の低湿地に鋭く半島状に突出した佐江戸の丘陵地からその東側の懐の部分にかけて、五つの宮ノ台期の集落遺跡が並んでいる。このような狭い範囲に遺跡が集中する状態は谷本川、早渕川の川筋ではみられなかったことであって、この点に本流域における宮ノ台期の遺跡群の特色が現われている。

各遺跡について西から順に説明を加えると、まず、佐江戸丘陵の先端に佐江戸宮原（佐江戸第一一）遺跡がある。すでに土地改良事業によって破壊されている。その際に確認された遺構には、多数の住居址と方形周溝墓、溝状遺構がある。出土した土器は、縄文時代から弥生時代（宮ノ台、久ヶ原、弥生町、前野町の各土器）・古墳時代・歴史時代に及んでいる。そして遺物の散布範囲が四〇〇×三〇〇メートルもあって、長期間連綿として営まれたきわめて大規模な集落遺跡であったことが知られている（横浜市埋蔵文化財調査委員会 一九七二）。

ここで筆者の差し当たっての関心は宮ノ台期の集落構造にあるが、この点についての知見は溝状遺構が宮ノ台期に属していること以上にはない。したがって、遺跡の立地の仕方、規模、弥生土器片などの出土状況、時期的な連続性などから推して、宮ノ台期にも拠点的な集落が営まれたものと考えるのである。

佐江戸宮原遺跡の北東には、佐江戸清水場遺跡がある。佐江戸宮原遺跡にほとんど接するような位置にあるが、半独立丘状の地形から前者とは明確に区別できる。この遺跡も一九七一年に土地改良事業によって破壊され、消滅した。その時に行われた調査では、弥生時代中期・後期と古墳時代の住居址が三十数棟確認され、時期不詳ながら溝状遺構も発見されている（佐江戸遺跡調査会 一九七二）。宮ノ台期の住居址は九棟を数える。それらのいくつかは相互に重複しているから、集落としては多少の時間的幅のあることが考えられよう。また、集落の規模については、遺跡の広がりが一二〇×一〇〇メートルの範囲にあるとされるので、朝光寺原遺跡などとは違って、新吉田宮ノ原遺跡、境田遺跡などで知られたような集落址の存在が想定される。ただ、それらと異なる点としては、弥生時代中期以後連続して集落が営まれているということがある。たんなる周辺型の集落と規定することは困難であろう。この点で問題となるのは、調査者も指摘するように、拠点的な佐江戸宮原遺跡との関係がどうであったかということであろう。

清水場遺跡の東三〇〇メートル、浅い谷を隔てたところに、佐江戸丘陵などよりは一段低い台地がある。その広い平坦部にも宮ノ台期の集落址が存在するらしい。宮ノ台式土器は二つの異なった地点で採集されていて、一応、別個の遺跡（池辺第二七、二八遺跡）として扱われている。とくに、池辺第二八遺跡では宮ノ台期のものと考えられる環壕の発見があり、池辺第二七遺跡では採集された土器片の大半が宮ノ台式であることからしても、やや規模の大きい周辺集落の存在が予想される（横浜市埋蔵文化財調査委員会 一九七一）。

佐江戸地区の五つの遺跡のうち東端にあるのが都田中学校校庭遺跡（池辺第二二遺跡）である。学校建設のため破壊されて今日ではその詳細はつかみえないが、事前の調査結果では縄文時代中期、弥生時代中期・後期から古墳時代・歴史時代の土器がえられている。住居址（古墳時代・鬼高期）も発見されている（坂詰 一九五七）。遺跡の立地するところは南向きの舌状台地の先端部で、遺跡の広がりはその地形からして狭少であったと思われる。しかし小規模ながらも遺跡が連続していることと、出土した宮ノ台式土器が古式の様相をもっていることなどに注目しておきたい。

以上で五つの遺跡の簡単な紹介を終える。ここで検討を要する一つのことは耕地の問題である。清水場遺跡の調査者が、その遺跡名に冠した地名の由来を「清き水」の湧くところに求めているように、小支谷の奥あるいは丘陵脚部からの湧水が鶴見川の低地に入って滞水し、そこに形成される湿地が開発の対象とされたであろうことは、これまでの例に照らしても想像に難くないところである。

また、突出した佐江戸丘陵の東側は洪水の危険も相対的に小さく、この点も耕地開発上の有利な条件として捉えられたに違いない。それに谷本川や早渕川筋で考えられたような支谷口の開発とは違って、同一条件の湿地が丘陵裾沿いに広く分布していることも本流域の特徴であって、このことが狭い範囲にいくつかの集落群の同時併存を可能にする基盤をなしていたものと思われる。

以上述べたことを総括的にいえば、佐江戸地区の遺跡群においては佐江戸宮原遺跡あたりの集落群を拠点として清水場、池辺第二七、二八、都田中校庭の各周辺集落が、それぞれの前面に広がる湿地を水田として利用しつつ、その経営の諸過程において相互に関係を結びあいながら存在していたことが推定される。

佐江戸地区のこれら遺跡群と対比して、これに匹敵する規模をもっているのが折本・大熊の遺跡群である。南側に鶴見川本流の谷を臨み東から背後の北側にかけては、大熊谷戸が深く入り込む。その間に介在する東に延びた台地の平坦面に四つの集落遺跡が並んでいる。

一番西側の折本第一一（西原遺跡、ロ-11）遺跡では、宮ノ台期に属するとみられる環壕の一部と一棟の住居址が発見されている。遺跡の広がりは東西二四〇メートル、南北一七〇メートルを測る。遺物（縄文時代早期・前期・中期・後期、弥生時代中期・後期、古墳時代、歴史時代）の散布量が多い。とりわけ、宮ノ台式土器の豊富なことが注意を集めている（和島 一九五八、横浜市埋蔵文化財調査委員会 一九七一）。

折本第一一遺跡の東側には、折本第一一遺跡と境を接して折本第一二（ロ-12）遺跡がある。ここでは東西二〇〇メートル、南北二五〇メートルの範囲のうちの東の地区で、多くの弥生土器片が採集されるという。そして、その大部分が宮ノ台式である。そのほかに縄文土器や土師器の破片もかなり拾われている。弥生時代から古墳時代にかけて連続的に営まれた集落遺跡である可能性が高い（横浜市埋蔵文化財調査委員会 一九七一）。

折本第一二遺跡の東には、縄文時代前期の著名な貝塚の一つである折本貝塚（折本第一三遺跡）がある。しかし貝塚で示される遺跡の実相はその一断面にすぎない。大きく広がる台地の平坦部（方四〇〇メートル）の各所からは縄文時代各期、弥生時代中期・後期、古墳時代、歴史時代の土器片が採集されている。先の二つの遺跡と共通した性格をもつ集落遺跡であることが推定される（横浜市埋蔵文化財調査委員会 一九七一）。

さらに折本貝塚と浅い凹地を隔てた東には大熊宮ノ原遺跡が広がっている。この遺跡もおおよそ五〇〇メートル四方に各時代の遺物が多量に分布している。縄文時代、弥生時代、古墳時代、歴史時代にわたる大規模な集落遺跡である。

現在、折本・大熊地域は、台地上の微地形によって五つの地区に分けられている。弥生土器が多く出土するのは折本貝塚よりの小高い部分である。そこからは弥生時代後期の住居址が二二棟発見されている。宮ノ台式土器片も採集されているが、分布の中心地区はなお確認できていない。これまでいくつかの地点を発掘調査した経験によれば、総じて北側に行くほど時期の降る遺構や遺物が多くみられるようであるから、おそらく宮ノ台期の集落址は遺跡の東南地区で発見されるのではあるまいか。いずれにしても、弥生時代から古墳時代、歴史時代にまで連続的に集落が営まれたことは疑いなく、その構造も拠点集落的なものであったことが考えられる。

以上、四つの遺跡に関する知見はいずれも分布調査によるものであって、各遺跡や遺跡群の全体像を知るにはきわめて貧弱なものであることは否定できない。しかし、注目すべきこととして佐江戸地区の遺跡群について指摘したように、かなり規模の大きな集落が間隔を接して併存していることである。しかも、それらが弥生時代宮ノ台期以降古墳時代、歴史時代にまで継続的に営まれていることである。ただし、折本・大熊の遺跡群の場合、拠点―周辺の区別は容易ではない。ここでは、四つの集落が一体となって鶴見川左岸の一有力グループを形成していたことを推定するに止めよう。

いまひとこと追加して、これら四つの遺跡群が相互に結合しあう契機をなしたであろう耕地の開発とその維持についていえば、それぞれの集落の足下に横たわる鶴見川本流縁の湿地が対象とされたであろう。折本・大熊付近の台地と本流低湿地の接点が描く線は台地裾が大きく北に湾曲した弓状をなし、東西に張り出した半島状の丘陵が佐江戸地区と同様に洪水の被害を軽減する役割を果たしている。それが相対的に安定した耕地をつくり出すのに有利な地形であったことが考えられる。

現在、資生堂の研究所が建っている新羽町の丘陵上にも三カ所、宮ノ台式土器の出土する遺跡が知られている。これらも半島状に突き出た丘陵の東側に耕地を求めて成立した初期の水田農耕集落址であろう。

三　若干の考察

筆者は、弥生時代中期の宮ノ台式土器で示される時期の集落構成と遺跡分布のあり方を、横浜市域に限って検討してきた。そこで、このような作業を通じてどのような問題が解き明かされ、新たな課題としてどんな問題が提起されてきたかなどについて若干の考察を行いたいと思う。

1　集落構成の問題

住居址の群集状態の分析、時間的な位置の限定、諸々の集落に付随する施設の組み合わせなどからして、ひとまとまりの住居址群として捕捉しうるグループの存在が明らかとなった。これを何らかの基本となる住居の群集体とみて仮に単位集落と呼ぶとすれば、そのあり方に二つの様態のあることがまず注意される。

その一つは、三殿台遺跡や朝光寺原遺跡の場合にみられた、独立丘状の地形あるいは大規模な環壕によって、ほかと一定の意味で隔絶された空間内に二つないし三つ以上のグループが併存しながら、それらの結合体が一つのまとまりある集落を形成している例である。筆者は、その集落内容と他集落との関連性から拠点集落とした。

もう一つは、新吉田宮ノ原遺跡のように、狭い丘陵平坦部に数棟の住居群が土坑・方形周溝墓・環壕などをともなってそれ自体が自己完結的な一単位の集落として営まれた例である。拠点集落との関係から周辺集落とした。

弥生時代におけるこうした二形態の集落の存在とその性格ならびに相互の関連性と展開については、近藤義郎が早くから取り上げて論及し（近藤 一九五九）、都出比呂志らもまたそれらの具体的な性格規定と歴史的な展開の問題について検討を深め（都出 一九七〇）、原始社会解体期の集落論を発展させている。筆者も諸研究の驥尾に付して弥生時代の集落を論じた[11]（甘粕・田中 一九七四）。ここでは図らずも右の諸研究の入口にみずから到達する結果となった。

そこでさらに進んで提示されている諸論点にどう取り組むかが、筆者の目前にある差し当たっての課題である。いまはそれを果たすだけの資料の蓄積も力量ももち合わせないので、当面整理すべきこととして以下の諸点をあげておきたい。

第一点としては、三殿台、朝光寺原両遺跡では、集落内部に二～三以上の小規模な住居址群の存在が認められた。その場合、一集落体として機能するのは独立丘全体の、あるいは環壕内の住居の総体であることをあらためて確認したいということである。この点は地形上の特徴や環壕の存在から読み取れる以上に、集落にともなう墓域が一カ所に定められていること、大型の住居が各小期に一棟だけ存在するといった事実によっても確かめうるのである。ただこの際に、大型住居の規模・性格・機能をどのように規定するかという問題が残されてはいる。たとえば、同じ朝光寺原遺跡において弥生時代後期の弥生町期に大型住居址をそれぞれに含んでいる住居址群が四群ほど認められている。このことを考慮するならば、第一点として確認しえたことは、あるいは宮ノ台期の集落の一特質とすべきであるかもしれない。

第二点として、三殿台遺跡では、集落内部において小グループが分化していくことを、拠点集落の発展過程として捉えることができた。内部に小グループを分立させ、おそらく分出させていくのであろうが、その一方では、本体の集落自体も弥生時代後期から古墳時代にかけて断続的に営まれているという事実がある。このことは一定の地域内における集落群の動向を探る場合の一定点として注目する必要がある。

第三点としては、大型住居の機能の分析と関連して、構造の異なる住居址の分布と役割を検討することの必要性をあげておきたい。これはおそらく世帯共同体と呼称されるところの集落の内実を明らかにする問題にも関わることで、今後の重要な検討課題の一つである。

第四点には、石器生産と大規模な単位集落の関係について若干の問題を取り上げたい。すでに知られているように、南関東では宮ノ台期にいわゆる大陸系の磨製石器が盛んに用いられる。三殿台、朝光寺原両遺跡でもこの種の磨製石斧はかなりの数発見されている。その多くは小型の扁平片刃石斧で、太形蛤刃石斧、抉入石斧のような比較的大型の磨製石器は出土例が少ない。たとえば三殿台遺跡では太形蛤刃石斧三、抉入石斧二がそれぞれえられている。遺跡が全掘されたうえでの発見個数であるから、宮ノ台期の集落全体がかつて保持していたこの種の石器の総数はほぼこれに近いものであったと推測される。

そこでこれら磨製石器の出土状況と形態上の特徴を検討すると、三殿台遺跡では多くの住居址から発見される扁平片刃石斧は「小形扁平な手頃の自然礫を利用したもので刃部と側面を磨き両面に自然をそのままのこしたものが多」く、「弥生文化一般にみられるものとは、かなりちがっており問題のある石器」とされている（岡本 一九六二）。いくつかの住居址からは、石屑や未成品も発見されていて、これらの石斧が三殿台の集落内で生産されたことも確かである。同様な事情は朝光寺原遺跡などでも知られているから、こうした小型で数量を必要とする磨製石器は集落内で自給された可能性が強い。

そうしてみると、比較的大型の磨製石斧は集落外から入手され、小型のものは自給するという体制が想定されるが、利器の獲得に表われたこの相は、宮ノ台期の集落の性格を明らかにするうえで見逃せないことであろう[12]。太形蛤刃石斧の一例が大型住居の三〇六C号の南壁際に埋設された甕形土器の中から発見されたという事実も示唆的である。

2 集落群の問題

ある支谷口の低湿地をめぐって宮ノ台期の集落址が二つ以上併存することは、三殿台遺跡の調査の時から問題視されてきた（和島 一九七四）。ここでは同じような分布の仕方が鶴見川の本流域や支流においても広く認められることを明らかにした。その際に、一は拠点集落、ほかは周辺集落として存在することが注意された。これは先に指摘した開発・経営することを通じて結びあった姿を示しているのであるが、同様な様相は三浦半島などにおいても認められるという。

岡本勇の教示によれば、三浦半島では小河川によって形成された小規模な沖積平野が半島の各所に孤立分散的に分布しているが、宮ノ台期に入って各沖積地をめぐってやや大規模な集落遺跡と一〜二の小規模なそれが成立し、やがて後期に移行すると多くの遺跡が続いて出現してくるようである[13]。

こうした事実からも明らかなように、二つ以上の集落が一定の可耕地をめぐり、拠点—周辺という関係でもって併存するスタイルもまた宮ノ台期の集落群の特徴的な姿相と考える。ただし、周辺集落が拠点集落からの第一次の分化として成立したものかどうかは土器型式の対比などを通じて検討する必要がある。

いずれにしても、最初の谷の口の眺望のきく地点に集落を設営し、そこに農業経営の基地をおくということは、支谷口の低湿地が宮ノ台期の段階でもっとも優れた可耕地であったということに加えて、集落の防衛ということも十分考慮されたうえでの占地であったと思われる。同時に、このような占地によって谷口から谷頭に広がる低湿地に対する一定の占有権が生じたのではないかとも推測される。それは弥生時代後期以降の遺跡群の分布の検討によってさらに明確にすべきことであろう。

註

(1) 弥生時代の集落を把握する集団概念としては「世帯共同体」「農業共同体」などがよく用いられている。また近藤義郎は「単位集団」「作業単位集団」「生産集団」「地域的統一集団」などの用語で弥生時代の各位の集団を捉えた(近藤 一九五九)。これらの用語はいずれも弥生時代に形成される各位の集団の内実とその歴史的な性格を考慮したうえで設定されているので、集落研究の本来のあり方からすれば本章でも当然それらの用語を正しく継承すべきである。筆者の当面の仕事が弥生時代中期の宮ノ台期における集落のあり方を追求するというきわめて限定された範囲にあるところから、あえてグルーピングにとどめる意味で「単位集落」なる語を用いた。

(2) このような呼称については岡本勇から提言をえている。

(3)『三殿台』(和島 一九六八)の二一四頁参照。なお同書二一七頁の土器の図では、明らかに宮ノ台式の壺形土器と認められるものが三〇六E号の床面から出土したと記されている。

(4) 和島は「竪穴の火事」の中で述べている(和島 一九六一)。ここでは八棟の住居址が類焼したことになっているが、二一一C号のように住居址の形態や切り合いの関係からみて類焼グループには入れられないものもある。新たにグループに組み入れたほうがよいものもある。問題は類焼を引き起こす火災の発生原因である。なかには類焼グループと同じ時期に属している住居で罹災していない例もあるから、あるいは集落が別の集団によって襲撃され、一軒一軒に火を放たれたというような想定もあながち荒唐無稽なこととして否定しさることはできないし、移住とか災難を避けるために全棟焼払いをするようなケースもあったであろう。

(5) 宮ノ台期の住居址で入口付近に梯子状の設備があったことは、大塚遺跡の調査において調査担当者が気づき確認された。三殿台遺跡にも存することが確認されている。

(6) 壁溝が同心円状に一本だけめぐる住居址と、三〜四本ぐらいが一部で交差しながらめぐる住居址とでは、その意味にあるいは違いがあるのかもしれない。後者の例が台地東端縁の中央部に集中していることは注意してよいであろう。

(7) 大塚・井上は弥生時代後期から古墳時代前期（大塚・井上 一九六五）とし、金井塚はいずれも古墳時代前期の所産（金井塚 一九七五）としている。

(8) 朝光寺原遺跡については調査概報に拠ったため、個々の住居址の方位と実測図との細かい対比が十分できないので、これをグルーピングや編年の手がかりとすることはできなかった。

(9) 六つのグループそれぞれを農業共同体と規定できるかどうかは別にして、それらが中期の宮ノ台期を起点として、弥生時代後期にはさらに大きなグループに発展していく姿は、遺跡分布から十分トレースできる。

(10)『横浜市史』（和島 一九五八）の七五頁に弥生時代の遺跡の分布図が掲載されている。それによって宮ノ台期の遺跡の存在が知られた。甘粕健もこれによっているらしい。しかし、一九六七年の分布調査では、宮ノ台式土器の存在は確認しえなかった。

(11)「政治的社会の形成」（甘粕・田中 一九七四）では「ムラ」—「大ムラ」—「クニ」の用語で全体の統一を図ったが、「ムラ」という用語に地縁的な意味がかなり含まれるとするならば、これは適切な用法とはいえない。「単位集落」として捕捉できる住居址群の内的な構成とその紐帯、および単位集落相互の紐帯の性格をどのように規定していくかは依然として大きな課題となっている。

(12) 石屑や未成品が発見される住居址の数は限られるが、小型の磨製石器が出土する住居址はかなりの個数にのぼっている。このことは単位集落内で石器製作を担当するグループと場所があったことを思わせる。また、大型の磨製石器が一単位集落で数本程度所有されているという状態から、それに代わる利器としての鉄器の普及を想定せざるをえないが、その検討は別の機会に譲るとしても、大岡川・鶴見川の流域に成立した初期の農耕集落も、それが進出の基地となった「母なる集団」との結びつきなしには容易に定着しえなかったであろうことが考えられる。

(13) 本論のまとめの段階で岡本勇から教示をえた。岡本があげた一例によると、三浦半島の相模湾側で田越川の流れる逗子の沖積地をめぐって宮ノ台期に大規模な集落遺跡である持田遺跡と小規模な小坪山遺跡、鳴鶴崎遺跡が成立してくるという。

第3章
南関東における初期農耕集落の展開過程

一　分析の視点と方法

東日本への弥生文化の浸透は西日本より遅れて弥生時代中期の段階に入ってからのことである。それも初期には東海地方西部で発達した条痕文系土器が点的に東北地方南部まで達し、このいわば予備的段階をへて定形的な弥生文化が東北地方まで急速に普及する。つまり土器文様などに示されるように、縄文文化の根強い伝統を引きずりながら、大陸系磨製石器群と少量の鉄器、木製農具と整備された灌漑水田、集落を取り巻く環壕、方形周溝墓などで特徴づけられた農耕集落が広く出現するのである。

南関東地方の一部では、こうした定形的な農耕集落の成立は弥生時代中期中葉の須和田期である(1)。東京湾西岸地域においては、さらに中期後葉以降の宮ノ台期のことである。宮ノ台期古段階に沿岸部の要地に、多数の環壕をともなう集落が成立し、中・新段階にいたって東京湾に注ぐ河川の支谷口付近にさらに多くの集落が分化、定着している。これらの諸集落は、複数の小単位集落（世帯共同体）からなる大規模な環壕集落を中心にして、周辺に小規模な単位集落があたかも衛星のように分布して、一つの地域集落群を形成している。宮ノ台期には各河川の流域にそうした集落群の点々とみられるのが特徴的である（田中 一九七六、齋木・深沢 一九七八）。

弥生文化の発達過程では、体系化された営農方法と定形的集落がセットをなして定着し、拡大していく様子が一貫して認められる。東日本の諸地方においては、弥生文化の東漸に従って、そうした展開過程が圧縮される。このために、その特質はより凝集された形で現われるものと思われる。そのことはまた早熟的に形成される政治的社会のあり方に規定的な影響を与えるとみられる。南関東地方における一局地の初期農耕集落の展開過程を問題にすることは、以上のような観点から十分普遍的な意義を有すると考える。

集落の展開過程とその特徴を明らかにするためには、個々の集落内部の変遷相と、一定の地域における集落分布の動態を探り、展開の画期を定め、それに併せて個々の集落の型と特徴をつかみ、そのうえで画期の全体的な特徴と意義を明らかにするという方向で検討を重ねる必要があろう。

以上の分析作業の前提には、時期決定の基礎となる土器編年の問題がある。南関東地方の弥生時代後期土器の編年は、一九四〇年以来、杉原荘介が提唱した久ヶ原式、前野町式の区分と序列立てが広く採用されてきた。しかし資料の急増にともなって杉原編年の不備が指摘されている。一部に「久ヶ原式・弥生町式併行論」や「前野町式解消論」も主張されている。これらの見解の当否についてここで触れる余裕はないが、少なくとも時期区分の指標を必要とする立場からすれば、従来の杉原編年に依拠するだけでは課題を首尾よく達成しえないことは理解できる（八王子市椚田遺跡調査会 一九八二）。編年問題の焦点は、現象的には久ヶ原式、弥生町式、前野町式の諸型式および古墳時代前期の五領式の峻別の仕方にある。しかし土器型式の認定は固有の編年観とその実践によって果たされねばならないから、たんなる辻褄合せでは問題は解決しないであろう。

そのような意味で筆者が注目するのは菊池義次の一連の編年研究である。菊池は久ヶ原遺跡の長期にわたる観察を基礎に、先の杉原編年を批判的に発展させて、弥生時代後期を久ヶ原Ⅰ・Ⅱ・Ⅲ式、弥生町Ⅰ・Ⅱ・Ⅲ式、円乗院Ⅰ・Ⅱ・Ⅲ式の諸期に区分する型式変遷序列を提唱している（菊池 一九七四、山王遺跡調査会 一九八二）。型式設定の基準は厳密で構造的であり論理的にも一貫性があって、現状では最も整備された編年観とみる。

ただ、菊池自身が吐露しているように、なお円乗院式の輪郭と細分については明解な図式と論理に接していない。古墳時代初期までを対象範囲とする小論では、この点では一九八一年の東京編年、神奈川編年による補正を行うこととして、弥生時代後期前・中葉については可能なかぎり右の菊池編年に従いたい。(2)

なお各集落の変遷については、同一型式の範囲内でも住居址の複合関係が存在することなどは周知の事実であるから、それを手がかりとすることや住居形態の変化などを考慮することも当然必要なことである。

二　初期農耕集落の変遷過程

大岡川流域で弥生時代の集落構造の全容がほぼ明らかにされているのは三殿台遺跡である。

1　大岡川流域

三殿台遺跡（**横浜市磯子区岡村町**）（和島　一九六五）

大岡川右岸の多摩丘陵上（標高六〇メートル）に立地する集落址である。弥生時代・古墳時代前期の住居址は約一五〇棟が複雑に重なりあった状態で発見されている。そのうちの四〇棟は弥生時代中期の宮ノ台期に所属するものであるから、残り一一〇棟ばかりが弥生時代後期（古墳時代初期に属する住居址を数棟含んでいる）に営まれたことになる。これらについては、先に杉原編年による時期区分と住居間の重複関係をもとにして推移の大勢を示した（田中　一九七六）。結果として、久ヶ原期約四〇棟、弥生町期約五〇棟、前野町・五領期約二〇棟の時期別住居数がえられた。しかし、土器編年の現状に照らして、集落変遷をより正確につかむためには再検討が必要である。そこで住居址の重複関係と分布を子細に分析し、出土土器の型式を確認して所属期をあらためて決定する。すなわち、複雑な重複状態を示す住居址群を「非連続的重複」関係(3)によって整理し、変遷過程を序列立てると表3のようになる。これを基礎に各期の動向を素描したい（図8）。

表3　三殿台遺跡の弥生時代後期住居変遷

a）	133A——132B——132A——141A（弥生町期）
b）	227———226A═══228A——228C（久ヶ原期・弥生町期）
c）	227═══135B——135C——136A——135A（久ヶ原期・弥生町期）
d）	229E——229C——229B═══229A（久ヶ原期・弥生町期）
e）	211A═══207D（久ヶ原期・弥生町期）
f）	205D——205A——212A——212C═══205J——212B（久ヶ原期・弥生町期）
g）	324═══322C═══322B——322A（久ヶ原期・弥生町期・前野町期）

注：═══は型式と型式の区切り、——は一型式内の区切りを示す。

久ヶ原期

所在を知りえた住居総数は約四〇棟である。これらは平坦部の南北に目一杯に分布する。d、f列で明らかなように、久ヶ原期には三〜四小期にわたる変遷が考えられる。この変遷過程が土器型式の変化とどう対応するかは不明であるが、二〇五D－Aに属する土器群中に久ヶ原Ⅰ式かと思われる土器片がある。また、二二九A号からは久ヶ原Ⅲ式とみられる壺形土器が出土しているので、集落の造営は久ヶ原期全期間にわたったと考えられる。

約四〇棟の久ヶ原期の住居数を機械的に四小期に分けると、各小期に一〇棟前後が存在したことになる。大型住居（長軸八メートル以上、図9）は四棟が南寄りにあるから、一小期には一棟の大型住居を中心として小型住居（円形・胴張隅円方形、径四〜五メートル）一〇棟内外で一単位の集落を形成したようである[4]。

注意を引くことは、住居の向きを北東にとるものと北西にとるものとが明確に識別されていることである。しかも重複関係や位置関係からみて、両者が同一小期内に併存した可能性が考えられることである。とくに、北東方向住居群の分布域は宮ノ台期にも同じ方向に主軸をもつ住居群の営まれた場所でもあるから、宮ノ台期に連続する住居群とも考えられる。いずれにしても、久ヶ原期の集落の中心は東辺より南辺にある。加えて、集落全体がさらに二小区に分かれるとすれば、それは注目すべき集落構造といえる。

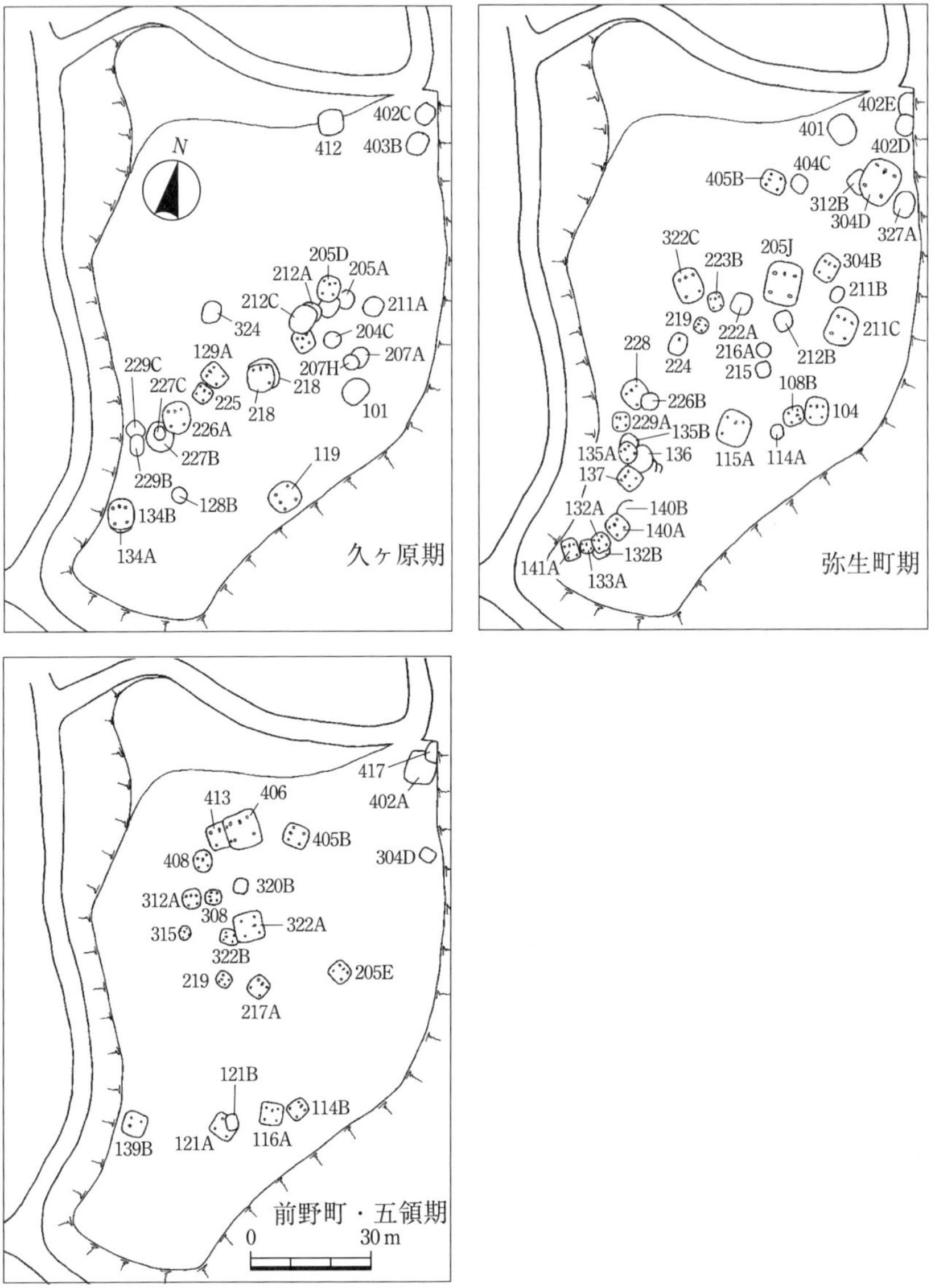

図8　三殿台遺跡の弥生時代後期集落変遷

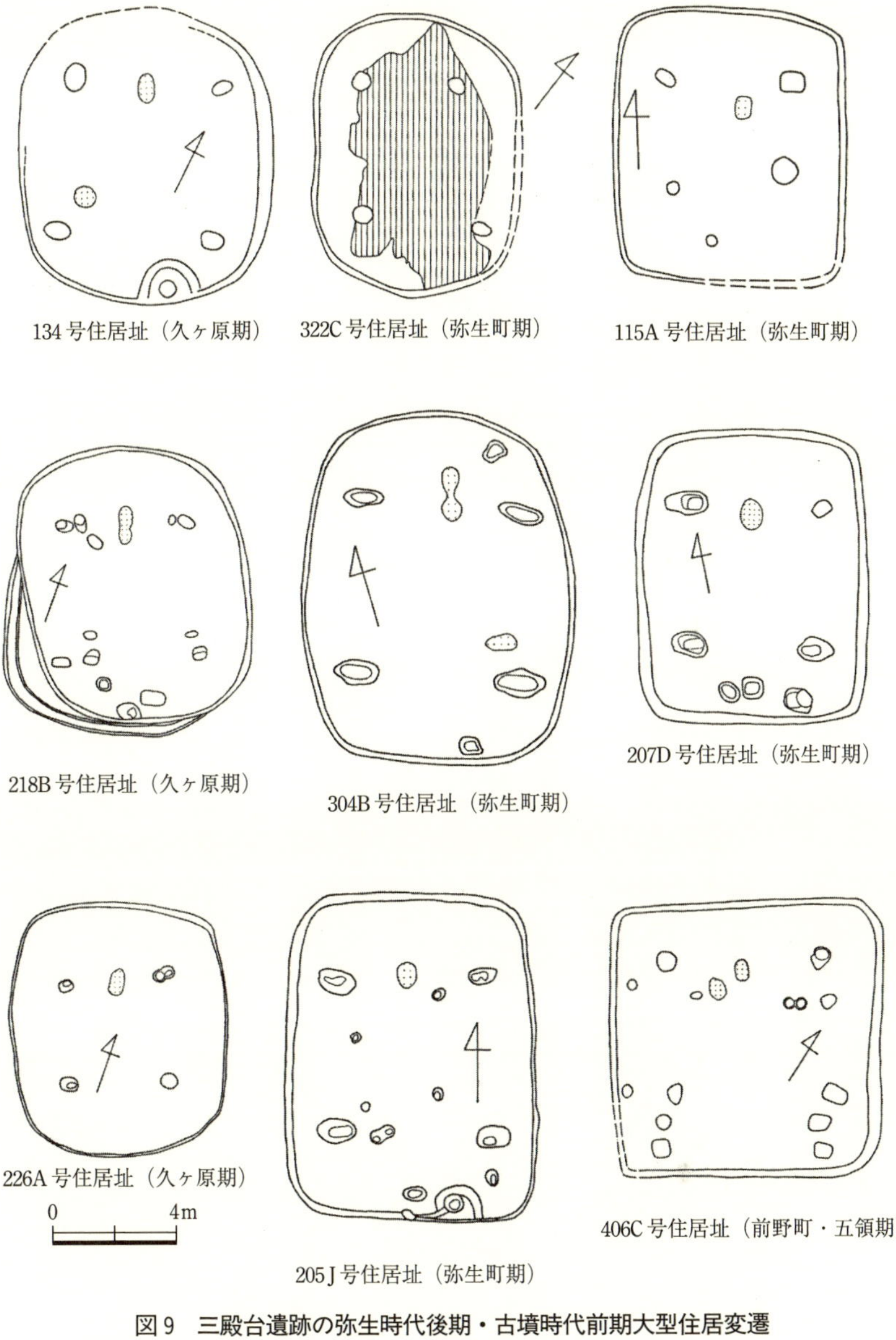

図9　三殿台遺跡の弥生時代後期・古墳時代前期大型住居変遷

弥生町期

住居総数は約五〇棟近く存在したようである。平坦部の北西に空白区が残されるだけで、ほぼ全域に分布がみられる。ことに久ヶ原期に集落の中心域であった南辺の西崖際には住居址が累々と重なった状態で発見されている。

変遷列a、cでは四小期に区分できるようである。この期の大型住居（長軸約九〜一〇メートル）は五棟が認められるから、あるいは五小期になるのかもしれない。

ここで弥生町期の時期幅の問題に触れておく必要がある。a列の一四一A、c列の一三五A、d列の二二九Aの各住居址はそれぞれの変遷列の最後に位置している。それ以降の新しい住居址とは重複していない。また、これらの住居址はいずれも長辺がわずかに膨らむ隅円長方形である。神奈川編年のI期後半かと思われる一〇四B号と形態が酷似している。同編年では、I期は前野町期と重なるようであり、II期は古墳出現の直前期とされている。したがって、弥生町期として区分した住居址には次期に降るものもあるとしなければならない。二二九A号からは、菊池編年の円乗院式とみられる壺形土器の口頸部が発見されていることも右記の考察を裏づける。思うに、一四一A、一三五A、二二九A、一〇四Bの住居址群は、宮ノ台期、久ヶ原期、弥生町期と続いてきた三殿台遺跡における弥生集落の終焉が近いことを告げるものともいえよう。

以上のことから、久ヶ原期よりやや長い時間帯を考慮して五小期区分にすると、各小一期は一〇棟前後となり、計算上は久ヶ原期と同規模の集落の存在が想定される。しかしながら、弥生町期の大型住居は久ヶ原期のそれよりも一まわり大きいこと、長軸が六メートル前後の中型住居がかなりみられること、そして、宮ノ台期に顕著であった住居の「連続的重複」（同心円拡張）が再び行われることなど、久ヶ原期には認められない傾向も現われている。各小期の具体的な集落構成がつかめないので詳言はできないが、三〇四B、二〇五Jなど長軸一〇メートルの大型住居を中心とした小期は、中型、小型の住居数が多く、集落全体の規模も他の小期より大きかったとみられる。

住居の向きによる小群分けは、久ヶ原期ほどはっきりはしないが、北西に主軸をとるグループは一貫して存続している。大型住居は平坦部の中央から北寄りに位置し、三二二C号以外は北東に向く。つまり久ヶ原期とは中心域と中心グループが逆転している。

前野町・五領期

神奈川編年のIII期に当たり、弥生集落の終末期である。総数二〇棟足らずが北西域と南東辺に分布している。g列の変遷によれば二小期の存在が考えられるが、四〇八、四一三、四〇六号の並び方からすると三小期に区分するのが適当であろう。大型住居も三棟ある。とすれば、一小期は平均すると七棟程度である。これが一単位の集落を構成することになる。最終段階の住居と思われる隅丸方形の住居址[5]は四棟にすぎないから、初期には戸数一〇棟近い集落であったかもしれない。

大型住居を中心とする集落構成は変わらないが、数のうえでは中型の住居は少なく、小型住居が多い。主軸方向では、大別するとやはり北東、北西の二グループがあって、併存した様子もうかがえる。後者には主軸が真西に向くものもあるので、やや状態は複雑である。

2　鶴見川流域

鶴見川流域には集落の全体像が知られる集落遺跡はかなりある。ここでは下流から中・上流域への順に神之木台遺跡、二ツ池遺跡、新羽大竹遺跡、歳勝土遺跡、小黒谷遺跡、下根遺跡、朝光寺原遺跡、稲荷前遺跡、上谷本遺跡群を取り上げて検討する。これらの諸遺跡の弥生集落は営まれた時期、集落形態にそれぞれ特徴が見出せる。

神之木台遺跡（横浜市神奈川区神之木台）（神之木台遺跡調査グループ 一九七七）

東京湾岸に面した多摩丘陵上の平坦面（南北二〇〇メートル、東西六〇メートル）に立地する集落遺跡である。眼下には小河川の入江川がつくった沖積地が広がり、三殿台遺跡などとよく似た立地の仕方である。発掘調査は平坦部の北半を対象に行われ、弥生時代後期の住居址四〇棟が発見されている。出土土器をみると、縄文時代早期・前期・中期以外はほとんど弥生時代後期のものである。したがって、弥生時代後期に限って居住が行われたことになる。本遺跡についても、住居址の重複状態と位置関係から四～五期の小期にわたる集落の変遷が考えられる。このことは、大型住居（床面積約四〇～五〇平方メートル）が五棟確認されることによっても区分の妥当性が裏書きされる。

ところで、住居址出土の土器群は久ヶ原式と弥生町式の両要素が認められるところから、両者の過渡期ないしは中間に位置する土器として捉えられている。一方、久ヶ原式の古段階と判断される土器が出土した住居址や明確に弥生町期の所産と認められる住居址もそれぞれ存在する。とすれば、神之木台遺跡における弥生時代後期の集落の上限と下限は明らかであり、おそらく、集落の最盛期は久ヶ原期より弥生町期への移行期に求められるのであろう。

つぎに、住居の規模についていうと、総棟数の半分近くが一〇平方メートル前後である。柱穴をもたない小型住居が全体の三分の一に達している。また、時期が新しくなるにつれて規模のやや大きな中型住居（床面積約二〇～三〇平方メートル）が増えてくるようでもある。

以上、神之木台遺跡では弥生時代後期の初めに集落が出現し、前葉から中葉にかけて盛んとなり、中葉すぎには終焉したことになる。集落は大型住居一棟を中心に中型・小型の住居で構成され、棟数は初期と盛期では異なったであろう。そして、神之木台集落は、弥生時代中期の拠点的集落から分出した周辺集落（子村的集落）と思われ、分村後に一定期間独自の発展をたどっている点に特徴が認められる。

二ツ池遺跡（横浜市鶴見区獅子谷町）

この遺跡は鶴見川中流右岸の低湿地に面した台地上（多摩丘陵上面）に営まれた集落址である。九〇×四〇メートルの範囲内から二五棟の住居址が発見された。弥生時代のものは一九棟で、すべて弥生時代後期に属している。これらの住居址には相互に重複するケースは一例もない。しかし、位置関係で同時併存を否定される住居址群が二例七棟（三、四、一六号と一七、一八、一九、二二号の各住居址）あり、やはり数小期間にわたって営まれた集落であることが判明する。

土器型式のうえでは大きく久ヶ原期と弥生町期に分かれる。さらに、弥生町期は古期と新期に二分され、都合三小期の継続的造営が考えられている。久ヶ原期と認定された住居址は九棟である。大型住居（三号）(6)を中心に七棟が北に開く円弧状に分布し、中心部に残りの二棟が位置している。弥生町期とされるものは久ヶ原期の中央部住居に近接しながら西に開く小円弧をなして並んでいる。

これらの住居の平面形態を詳細にみると、久ヶ原期のものにはａ型＝円形・不整円形、ｂ型＝胴張隅円方形・胴張隅円長方形の二タイプが識別される。弥生町期のものはｃ型＝変形隅円方形・変形隅円長方形、ｄ型＝隅丸方形の二タイプを認めることができる。

この分類を住居址の分布に置き換えると（図10）、ａタイプの七、八、二〇、二三号は北開きの大きな弧状に並ぶようである。東北端は時期決定を保留された不整円形の一一号を置くこともできよう。bタイプは、住居形態からいえば、aタイプがより整然としたものになったと判断される。aタイプ弧の中央より東寄りにかけて並ぶようにみえる。一六号出土の土器は、久ヶ原期より弥生町期への過渡的な様相をもつとされる。五、一五、一七、二二号は形態的にはまったく同一で、長・短軸比率がそろって一・一前後を示しているから、ほとんど同時期の住居とみてよいであろう。ただ大型住居の四号（長軸八・五メートル）は一六号と併存しないことが明白であるが、長・短軸比率は一・一で、形態も右記住居址群と変わらない。おそらく、一六

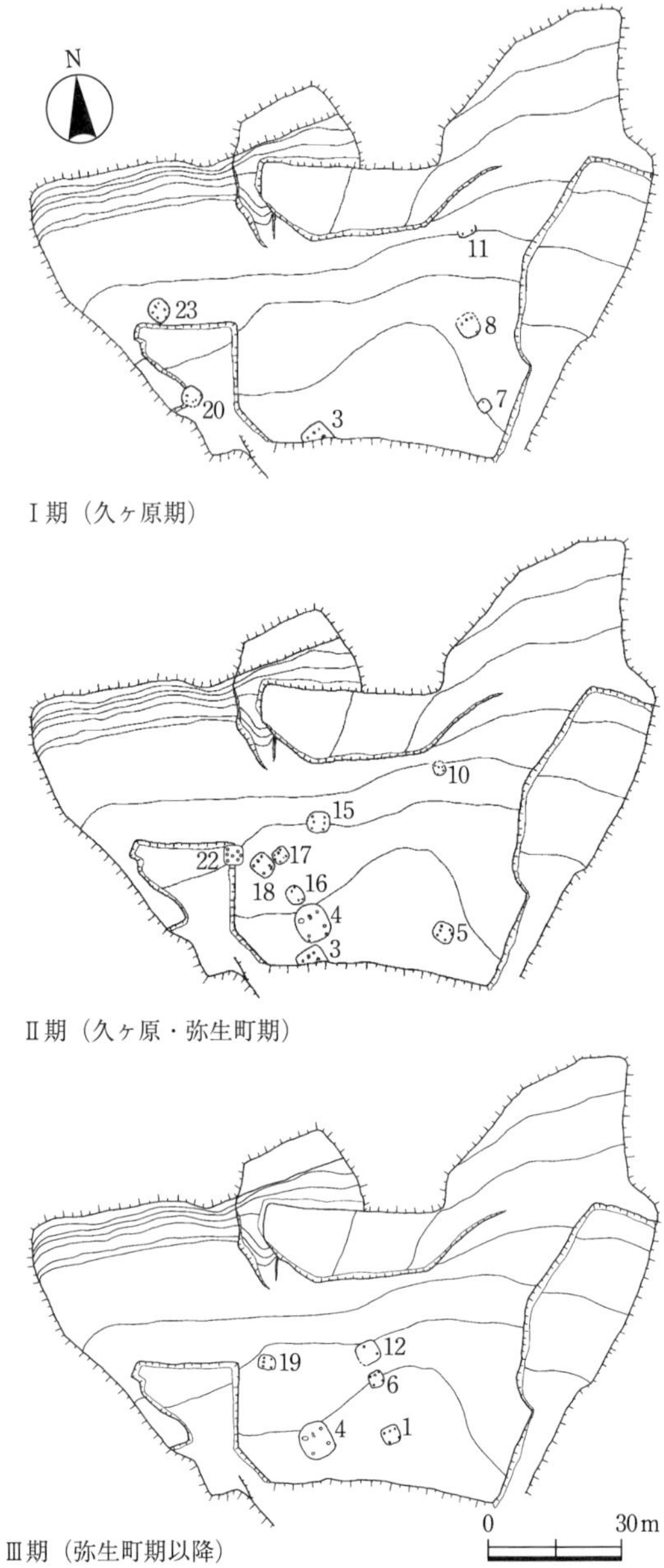

図10　二ツ池遺跡の集落変遷模式図

号焼失直後に建築されたものであろう。そして二二号もそれに近い時点で建てられ、その廃絶後に一八号がつくられるという順序が想定される。

cタイプの住居址群はbタイプ群とは逆に西開きの小円弧上に分布し、dタイプ三棟はaタイプの分布線に沿うかのようでもある。(7)

二ツ池遺跡の弥生集落は、久ヶ原期新段階（久ヶ原Ⅲ式）ごろに始まり、弥生町期への移行期が盛期であったように見受けられる。小規模な集落ながら大型住居を中心に五〜六棟の小型住居が継続して円弧状に並んで一個の単位集落を構成している点に特徴が認められる。

新羽大竹遺跡（横浜市港北区新羽町）（神奈川県教育委員会　一九八〇）

鶴見川中流の広い沖積地に向かって、北岸から半島状に突き出た丘陵上（標高三五メートル）に立地した集落遺跡である。頂部平坦面は、東西約五〇〜八〇メートル、南北約一二〇メートルを測る。弥生時代中期から古墳時代初期にかけての住居址として四〇棟近くが検出されている。時期別では、弥生時代中期（宮ノ台期）が一二棟、後期から古墳時代初期には二四棟以上が存在したようである。

約二四棟の住居址は、出土土器によって久ヶ原・弥生町期に一五棟、前野町期六棟、五領期一棟、時期不明二棟にそれぞれ区分されている。久ヶ原・弥生町期には、二一号住居址（八・七×七・八二メートル）の大型住居のほかに、二九号（七・五三×五・〇六メートル）、三三号（六・四一×四・六九メートル）両住居址のように同時期の一般の住居址と比較して、大型住居の部類に入れてもよい例がある。久ヶ原・弥生町期がどの程度の時間幅を有するかはまったく判断できないが、大型住居の数から小期に区分することが可能であるとすれば、一小期五〜六棟の単位集落を考定できなくもない。しかし、想定を重ねることよりも、この時期を最盛期とする調査者の指摘がここでは重要であろう。

前野町期には明らかに重複関係にある住居址群がある。二棟の大型住居の存在、その位置関係からも最低二小期が認められるであろう。一小期三～四棟の小規模な単位集落を考えてよいであろう。五領期と認められる住居址一棟の存在は、たとえ時期不詳の住居址の何棟かがこれに加わったにせよ、小規模な集落構成に変化がなかったことを思わせる。

新羽大竹遺跡の弥生集落は、宮ノ台期の新段階に起源をもつ比較的長期間にわたる集落であるが、規模がやや小さい点に特徴がある。

歳勝土遺跡（横浜市港北区大棚町）（横浜市埋蔵文化財調査委員会　一九七五）

鶴見川の支流、早渕川北岸の丘陵頂部平坦面に立地する遺跡である。弥生時代後期の住居址一〇棟と方形周溝墓二基、それに二基の壺棺が発見されている（図11）。

これらの遺構が分布する平坦面は、東西約一五〇メートル、南北約一〇〇メートルの広がりがある。その東側に住居址二棟と方形周溝墓が、また、西半分ぐらいの範囲に住居址八棟と壺棺二基がそれぞれ存在する。東の二棟は久ヶ原期、西側の八棟は久ヶ原期から弥生町期に営まれたものとされている。

一〇棟の住居址中、東側の二棟、西側の五棟は火災によって廃棄されたことが知られる。住居内部に土器などがほとんど遺存していないことと、西側で火災を受けていない住居址が火災住居よりも相対的に古相を示していることなどから、集落移動の際に家屋を焼却したものと推定されている。この推定に誤りがないとすれば、確実に同時存在した住居としては、西側では大型住居の七号（九・四×六・七メートル）を中心とした四棟（二、三、五、八号）が考えられる。これらが一単位の集落とみなしうる。

次に、東側の方形周溝墓は東側の集落に付随し、壺棺は西側集落との関連が考えられている。久ヶ原期・弥生町期に、こうした方形周溝墓と壺棺がどのように組み合わされて墓地が形成されていたか、にわかに判断はできないにしても、集落に接して墓地を営む傾向はこの時期にも確かに認められる。

これまで述べたことは、いわば弥生時代後期集落の一般的側面についてである。歳勝土遺跡の弥生集落を特

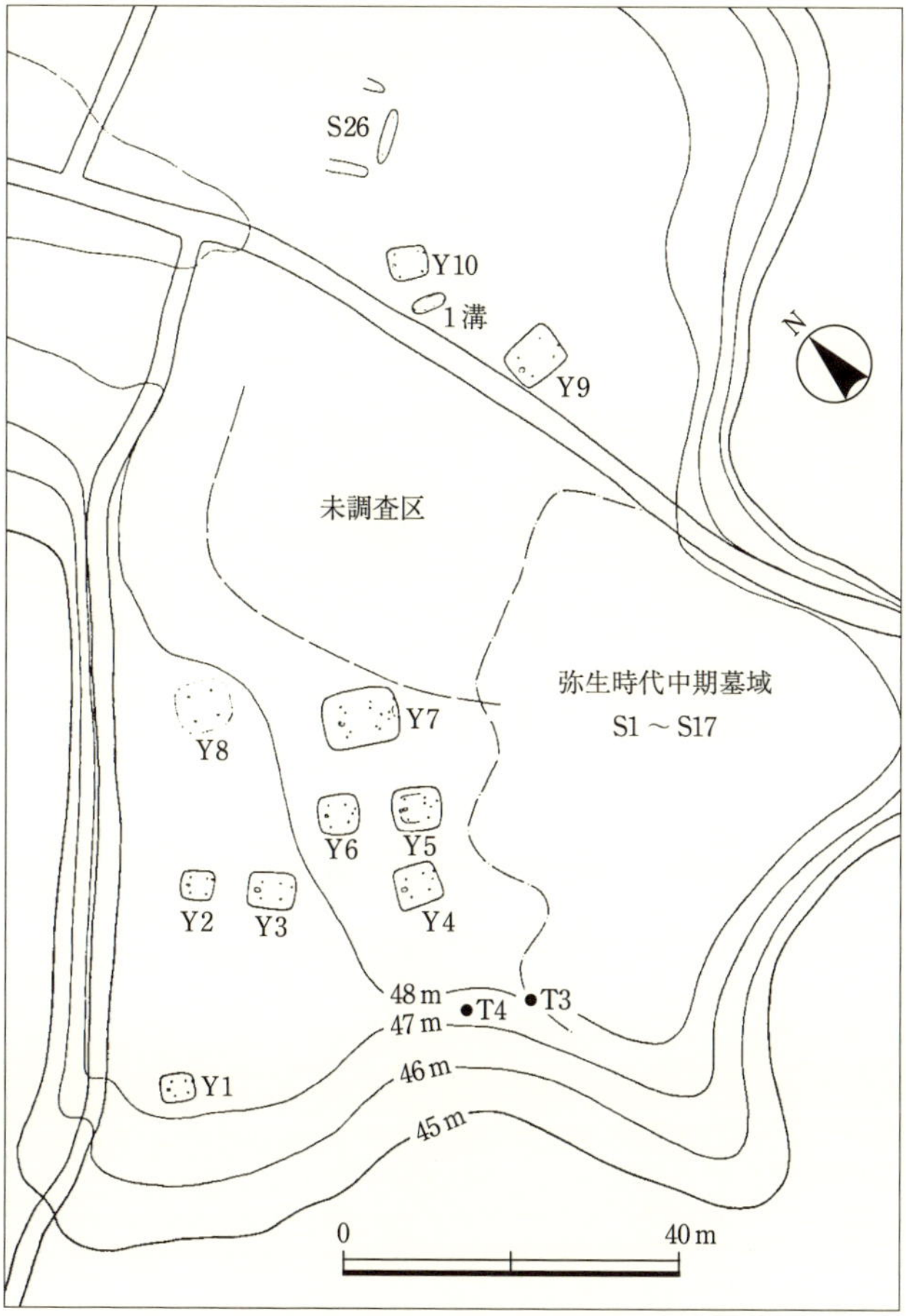

図11　歳勝土遺跡の弥生時代後期住居址・墓分布

徴づける重要な側面は、この集落が久ヶ原式・弥生町式土器に併行するとされる朝光寺原式土器の使用者たちによって営まれたというところにある。そのことは、住居の形態（隅円台形様住居）や構造（炉の位置が壁寄りにあること）が、鶴見川中流・下流域のものと趣を異にしていることにも反映されている。

小黒谷遺跡群（横浜市緑区茌田町）（中央大学考古学研究会　一九七三）

早渕川上流の支谷、小黒谷の谷頭近くに位置する遺跡である。多摩丘陵（標高七〇メートル）の痩尾根（水田面との比高約三〇メートル）上から斜面にかけて営まれている。遺跡は谷をはさんだ南北の丘陵の五地点にわたっている（図12）。正確には小黒谷遺跡群と呼ぶべきである。こうした特徴的な立地の仕方に加えて記憶されねばならないことは、この遺跡群が歳勝土遺跡同様に朝光寺原式土器を出土する集落址だということである。

弥生時代の住居址は、Ⅰ、Ⅱ、Ⅳ、Ⅴ-2、Ⅴ-3の五地点から計四六棟が発見されている。内訳を記すと、Ⅰ区五棟、Ⅱ区二七棟、Ⅳ区三棟、Ⅴ区2地点七棟、同3地点四棟となっている。Ⅱ区に圧倒的多数の住居が集中している。

Ⅱ区の集落構成を概観すると、住居址の分布範囲は、南向きの丘陵頂部より傾斜面にかけておよそ東西一〇〇メートル、南北六〇メートルである。調査者は、二七棟の住居址を東斜面、上部平坦面、西斜面の三群に分けている。さらに、火災によって焼失した住居の同時存在を前提として、重複状態、位置関係、方向などを加味して三小期に区分している。それに従えば、第一小期には各群二棟程度でⅡ区全体に計五〜六棟が存在したことになる。第二小期としては焼失住居一二棟が考えられている。第三小期にも一〇棟以上が営まれたことになる。ただ、この集落では焼失家屋を整理して再利用したり、同一住居で炉の位置を東から西に移したりする

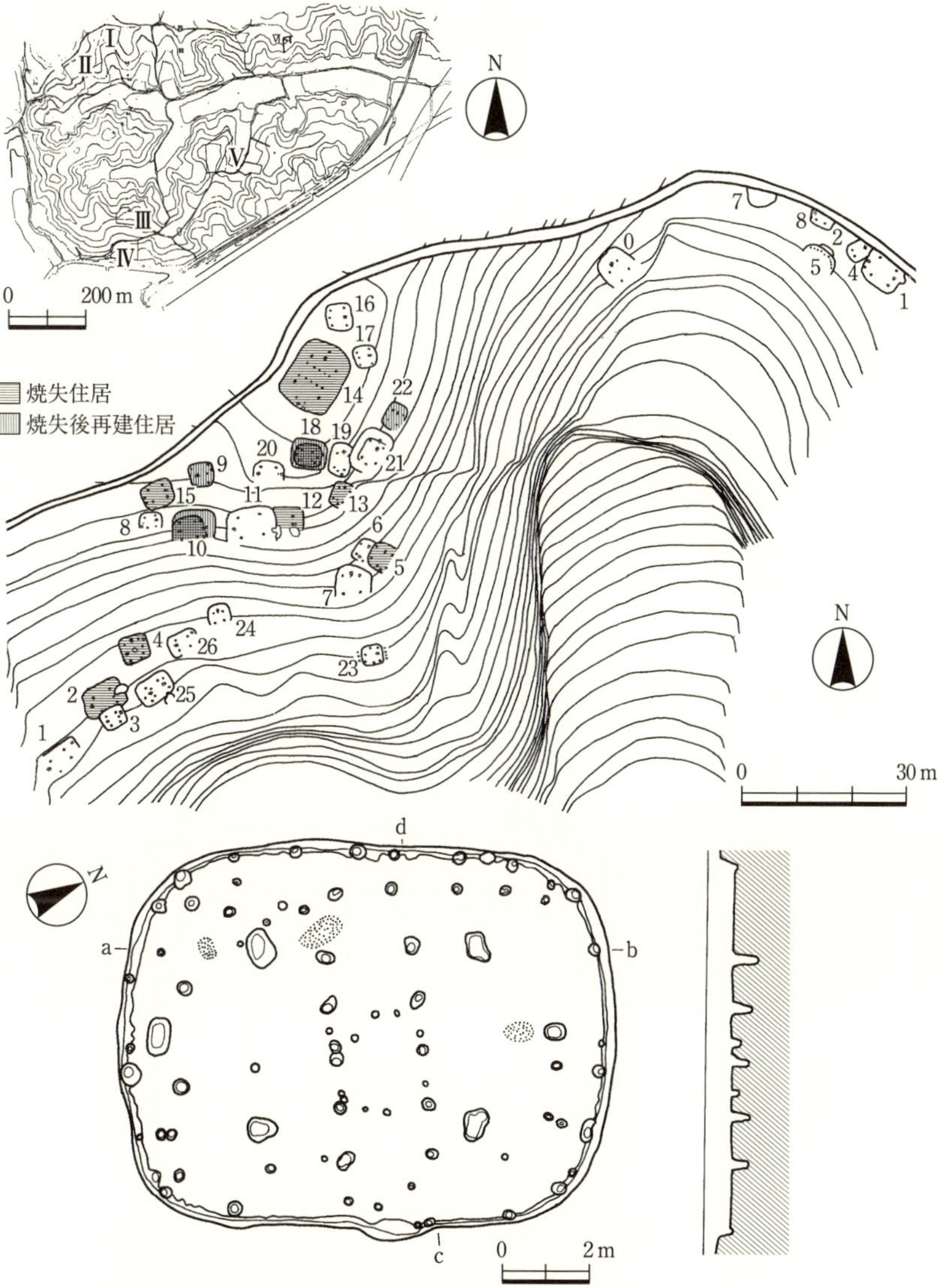

図12　小黒谷遺跡群の分布とⅠ・Ⅱ区住居址分布、14号住居址

例が数棟かあるなど、集落としての継続性が強く保たれているようなので、各小期の棟数はもっと増加するであろう。とくに、第三小期にはかなりの住居の存在がみこまれるが、位置関係からすれば数ブロックに細分も可能かと思われる。

大型住居の一四号（一三・三×一〇・三メートル）は平坦部グループの最高地点にあり、内部を小柱穴列で仕切る注目すべき構造を示している。一四号の周囲には、長軸八メートル前後の比較的大型の住居（一〇、一一、二一の各号）が同一等高線上に位置し、西斜面群の三棟（一、二、二五号）もそれに近い規模をもって東西に並んでいる。これらはいずれも、同時存在の可能性は薄く、各小期に一～二棟ずつ営まれたようにみうけられるから、大型住居を核に、中型・小型の住居で形成される一単位の集落構成においては、一、二、一〇、二一、二五号が中心となり、一四号は、Ⅰ区、Ⅴ区2地点、同3地点の小集落を連ねた小黒谷集落群全体に関わる建物とすべきかもしれない。

Ⅰ区はⅡ区の六〇メートル東にある。立地点の地形はⅡ区と同様である。ここでは、大型住居の二号（長軸八メートル）を中心に四棟が数えられるが、重複した住居址があること、未調査域にかかっていることから正確な構成は明らかにできない。しかし、少なくとも一単位の小集落が存在したことは確認できる。

Ⅴ区2地点は谷の南側丘陵の北緩斜面で、五棟が等高線に沿って東西に列状に並んでいる。調査後新たに二棟の住居が発見され、総数は七棟になった。やはり長軸七・二五メートルの大型住居を核にした一単位の小集落であろう。

Ⅴ区3地点は、二地点の西五〇メートルの位置にある。立地点の地形は前者と変わらない。発見された四棟の住居のうち三棟は長軸が九メートル以上の大型住居である。Ⅴ区2地点とは性格の異なった集落を想定すべきかもしれない。Ⅳ区の三棟の住居は、Ⅴ区の丘陵の南斜面で、長谷という谷に面している。他区にくらべて一時期新しい小集落の一部かと考えられる。

以上、小黒谷遺跡の弥生集落群は、鶴見川流域では類例のみられない形態と構造をもっている。そして、朝光寺原式土器の使用者たちによるII区の集落を中心に、三単位の小集落が集まって構成される小黒谷集落群は、弥生時代中期宮ノ台期の集落群のあり方を彷彿させる。

下根遺跡（横浜市緑区市ヶ尾町）（日本窯業史研究所 一九七九）

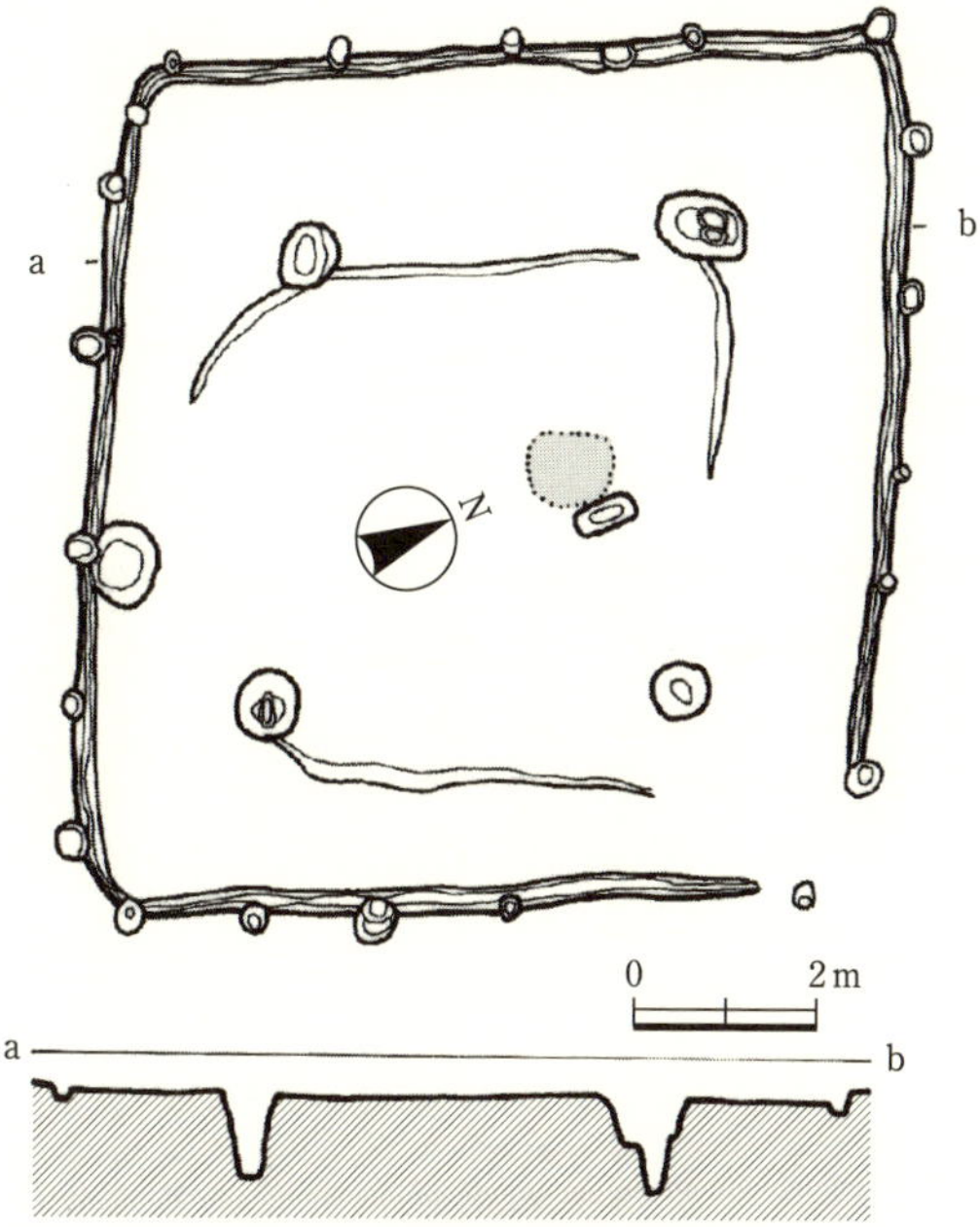

図13 下根遺跡の大型住居址

下根遺跡は鶴見川の支流、谷本川の左岸に形成された多摩丘陵の低位段丘（標高二三～二九メートル）上に立地する。ここでは、C・Dの二発掘区から一六棟の弥生時代後期の住居址が発見されている（図13）。そのうち一〇～一二号の住居址が「非連続的重複」関係にあることから、三小期にわたる小規模な一単位の小集落と思われる。ほぼ、隅丸方形の一〇号（八・八×八・四メートル）は一号（胴張隅円長方形）、一二号（不整隅円方形）をそれぞれ破壊してつくられている。時間的前後関係は明瞭である。おそらく、大型住居としての一〇号に三～四棟の住居が一組になって小集落を形成したのであろう。その時期は、住居形態や出土土器から判断して神奈川編年II期後半を遡ることはないであろう。
下根遺跡の弥生時代後期集落の全体像は不明であるが、終末期の大型住居に特殊な構造がみられることと、出土土器中に埼玉県西部方面に分布の中心をもつ吉ヶ谷式土器がかなり混在していることを注目点としてあげておきたい。

朝光寺原遺跡（横浜市緑区市ヶ尾町）（岡本 一九六八）

この遺跡については、後期の集落構造については若干未知の部分があるが、鶴見川上流域の主要な集落址としてその構造をみておく必要がある（図14）。

久ヶ原期

この時期の住居址は、わずかに五棟発見されている。台地中央やや東寄りに大型住居（二一三号）があり、その西側に中型住居が点在している。先行期の宮ノ台期とは打って変わった密度と分布状態である。集落の継続性が絶たれた疑いもある。なお、台地北西の突出部には、久ヶ原期に朝光寺原式土器を出土する住居を含む一小集落が成立しているらしい。

弥生町期

この時期には二二棟の住居址があって、それらは、台地のほぼ全面に重複することなく分布している。突出部にも住居が営まれたらしい。大型住居は五〜六棟認められるが、相互の関係、中型・小型の住居との組み合せは明らかにしえない。ただ、集落全体の様相が久ヶ原期とはまた大いに異なっていて、一〇号のような特大の大型住居の出現も注目されよう。

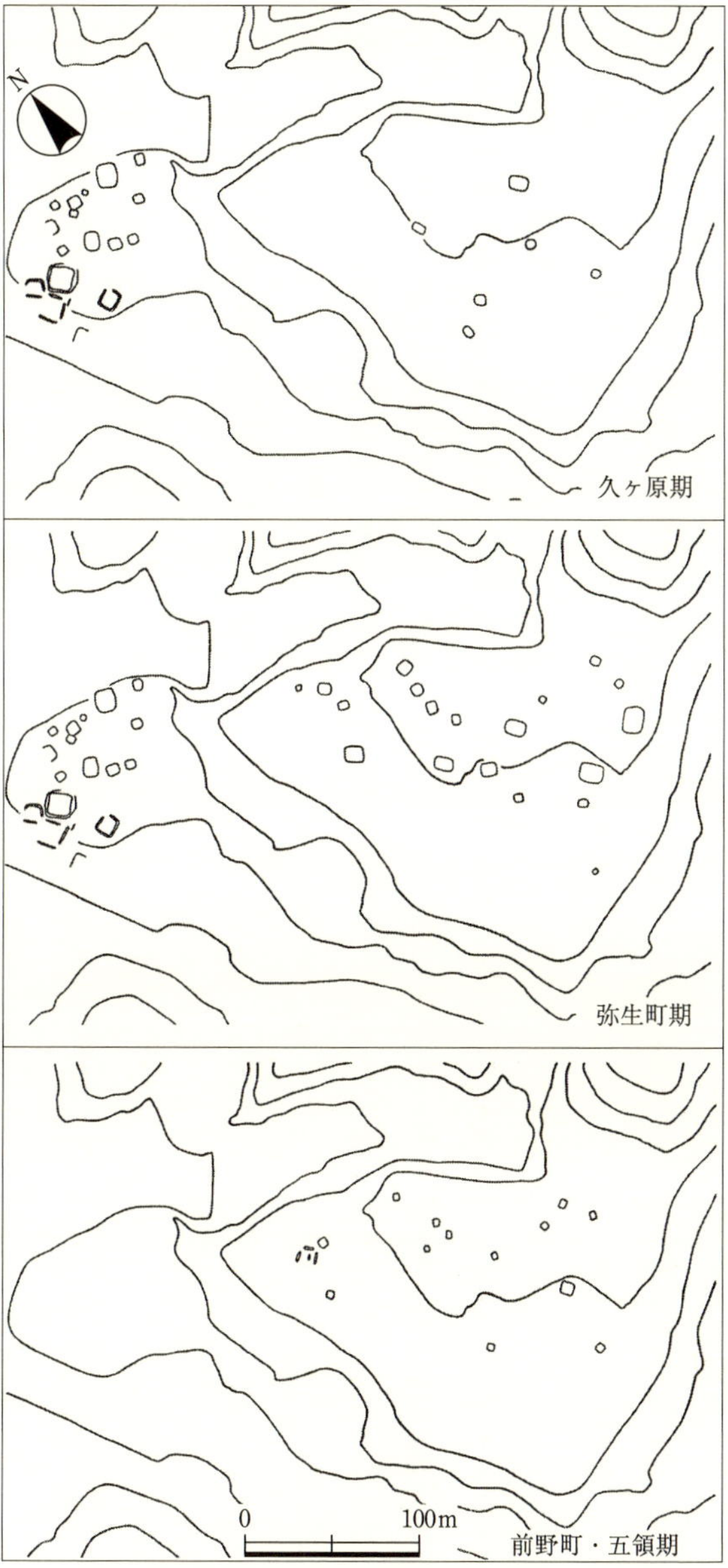

図 14　朝光寺原遺跡の弥生時代後期・古墳時代初期集落変遷
(左突出部久ヶ原・弥生町両期を含む)

前野町・五領期

総数一五棟前後の住居址がこの期のものとされている。その分布は点在的である。住居規模も多くの弥生時代後期の住居がそうであったように縮小するようである。おそらく、集落規模自体が小さくなったものと思われる。確実に五領期のものとされる住居址は、現状では一棟だけである。

朝光寺原遺跡における弥生時代後期から古墳時代初期の集落変遷の概要は右の如くであるけれども、その意義づけは、なお周辺の遺跡群との関連においてなされねばならない。

稲荷前遺跡（横浜市緑区大場町）（甘粕 一九六九）

この遺跡は、谷本川左岸の丘陵（標高五〇メートル、比高約二〇メートル）に築かれた前期古墳・稲荷前一号墳の墳丘下より発見された弥生時代後期の集落・墓地遺跡である。一〇棟の住居址と二基の方形周溝墓がある。住居の重複状態、位置関係、二棟の大型住居の存在、方形周溝墓と住居址の複合の仕方などから二小期以上の時期区分が可能かと思われる。しかし、周囲が破壊されているため全容はつかめない。注目されることは以下の諸点である。

（1）谷本川の流域を一望のもとに見晴らすことができる丘陵頂部に立地し、その埋没後に稲荷前一号墳が築かれていること、（2）出土土器は弥生町式が主体であるが、相当量の朝光寺原式をともなっていること、（3）大型住居の二号（長軸約一二メートル、隅円長方形）から蛇紋岩製勾玉一、土製勾玉五、銅鏃二、鐸形土製品一、ガラス小玉片などが出土したこと、などである。

稲荷前の弥生集落は、個別的にみれば軍事的な意味をもつ高地性集落とも考えられるが、前期古墳の立地との関連性をより問題にすべきであろう。

上谷本遺跡群（横浜市緑区上谷本町）（中央大学考古学研究会　一九七一）

谷本川右岸で稲荷前遺跡の対岸になる辺りには、多摩丘陵端が舌状をなして川岸の平地の谷に突出しているところが数カ所ある。その先端部では、弥生時代後期から古墳時代初期の集落址が数例発見されている。南から順に略説する。

上谷本第二遺跡A区

弥生時代後期の住居址七棟と古墳時代初期のもの五棟が検出されている。弥生時代後期の七棟は東北端の大型住居（九・七×八・〇メートル、小判形）を基点にして、六棟（中型三、小型一、不明一、隅円長方形一）が北に開いた弧状に並んでいる。朝光寺原式土器を出土する一単位の小集落である。

古墳時代初期の住居址（隅円方形）は四棟が平坦部中央に集中し、一棟がそこから六〇メートル北に離れて位置している。未調査区がかなりあるので、この期の住居数はもっと増えると思われる。一棟のやや大型の住居（長軸六・八メートル）からは、刀子、ガラス小玉、滑石製品が発見された。集落の時期は土器編年上の位置において、神奈川編年Ⅲ期に属するだろう。

上谷本第二遺跡B区

A区のすぐ北隣の台地で、弥生時代後期の住居址（隅円長方形）五棟、古墳時代初期のもの一棟が発見されている。弥生時代後期の集落は、A区同様北端の大型住居（九・二×八・二メートル）を基点に数棟で構成されると考えられる。残りの四棟は時間幅があるようで詳細はつかみえない。いずれも朝光寺原式土器を主体とする住居址と思われるけれども、一部には神奈川編年Ⅱ期に含めてよい住居もある。古墳時代初期の一棟（隅丸方形）は、同編年Ⅲ期としてよく、小集落の一部とみられる。

上谷本東谷遺跡

第二遺跡B区より北の舌状台地上にある集落遺跡で、弥生時代後期末から古墳時代初期（神奈川編年II期末～III期）にかけての住居址約二〇棟が発見されている。台地上の一部の調査であるため集落構成は詳らかにできない。しかし、狭い範囲内に隅丸方形の住居址四棟が「非連続重複」関係で重なる場合があり、かなり短期間に集中的に集落の営まれた気配がある。それに加えて重要視されることは、玉作りを行っていることである。多くの住居址から原石片や管玉の未成品が出土しているが、住居内には玉作りのための特別な工房的施設はない。

以上、上谷本遺跡群の集落変遷史上注目されることは、朝光寺原式土器の使用者たちの小集落の後を襲って古墳時代初期の集落が成立していることである。前者から後者への移行の仕方が連続的か、あるいは断絶的かはいずれとも決め難い。しかし、移行に要した時間はそれほど長くないように思われる。そして、古墳時代初期に小集落が一定の範囲に集中し、一部で玉作りが行われていることは対岸の稲荷前古墳群の成立と関連してきわめて象徴的な現象といえる。

3　三浦半島

三浦半島方面で、弥生集落構造の変遷がたどれる遺跡としては、逗子市持田遺跡、横須賀市鴨居上ノ台遺跡などがある。

鴨居上ノ台遺跡（横須賀市鴨居二丁目）（上の台遺跡調査団 一九八一）

東京湾口付近を直下に望む半島状の丘陵平坦面が鴨居上ノ台遺跡の立地箇所である。標高四〇～五〇メートル、周辺低地からの比高もほぼ同じで、現況は一見独立丘状をなす。集落が営まれたところは南北約一五〇メートル、東西約五〇メートルの範囲である。

発見された住居址のうち弥生時代後期から古墳時代初期にかけて造営された住居は一二六棟を数える。これらは、住居形態によってA、B、C1、C2、Dの五タイプに分けられている。そして、「非連続重複」関係から、A～Dの順に推移したことが確認されている。ただし、Aタイプが、変遷列のトップであることは確かながら、二棟しか存在しないから、あるいは形態的に特殊な住居址の可能性があり、集落構成の変遷過程からは一応外すことにする。

Bタイプ期

Bタイプは円形を基本とする住居で、一三棟が数えられる。大型住居の八二号（径七・三五メートル）を中心に比較的小型の住居が平坦部の縁辺に適当な間隔をおいて並んでいる。

C-タイプ期

このタイプには、楕円形ないしは胴張隅円方形から整然とした隅円方形・長方形が含まれている。「連続的重複」の個々を棟数に入れると総数三六棟になる。C1タイプ相互で「非連続重複」関係を示す住居址群があり、位置関係からも最低二小期には区分されるだろう。なかには長軸が八メートルを越える住居址が二棟あり、西縁寄りに位置している。この時期には長軸が五～六メートルの中型住居が増え、「連続重複」（同心円的拡張）住居も五例あり、上ノ台集落が繁栄期を迎えたことを物語っている。

C2タイプ期

住居形態は、隅円方形・長方形のコーナーが次第に角張ってきて壁の線が直線に近づくが、なお、コーナーに丸みが残るものである。総棟数は約四〇棟になる。分布は、前時期同様に平坦部全面に広がっているが、中央から北寄りに集中する傾向もみられる。大型住居と思われる住居址は三棟ある。いずれも長軸が六メートル程度で、B、C1期の比ではない。これは住居形態が方形化するにつれて規模が全体的に縮小する傾向の一端を表わしている。「非連続重複」関係ではC2タイプ同士の住居址三棟が重なりあうケースもあるから、三小期区分は可能であろう。

Dタイプ期

四辺が直線となった隅丸方形住居の時期である。住居址は総数二二棟ある。平坦部北側に大部分が分布している。C2期にみられた特定箇所への集中傾向が継承されていることを示すものであろう。大型住居は二棟（一辺六メートル強）あり、「非連続重複」関係も二棟の住居址間にみられることから二小期区分ということになる。

こうしてみると、弥生時代後期より古墳時代初期にかけての鴨居上ノ台遺跡の集落は、大型住居一棟に一〇棟前後の中型・小型住居が集まって一小期の集落を構成したとみられる。もちろん、C1期のような繁栄期には十数棟の家屋が建ち並んだであろうことは先述のとおりである。

ところで、B〜D各タイプは、時期的に南関東の弥生時代後期から古墳時代初期のそれぞれどのあたりに該当するであろうか。地域色の濃い土器を単純に比較することはできないが、一つの基準はC2タイプの八号住居出土土器が神奈川編年II期前半におかれていることである。ただし、C2タイプの住居址出土土器の中には古墳時代初期に属すると判定されたものもあるが、それらはDタイプに近い住居形態を示している。八号住居址が形態的にはC１に近いことを考慮すれば、C２期はおおよそ神奈川編年II期からIII期初頭ぐらいの間に収まるであろう。よって、集落の最盛期は弥生時代後期後半ごろと考えられる。

鴨居上ノ台遺跡は弥生時代中期末（宮ノ台期）から古墳時代初期まで継続的に営まれた拠点集落である。土器の様相には強い地域性が認められる。このことは東京湾口という交通の要衝地に位置していることに関わるものであろう。

4　多摩川流域と武蔵野台地

多摩川流域には東京都大田区久ヶ原遺跡、八王子市宇津木遺跡などよく知られた弥生時代の集落遺跡がある。武蔵野台地にも文京区向ヶ岡貝塚など著名な弥生時代の遺跡がある。ここでは集落構成の明らかな遺跡として、世田谷区堂ヶ谷戸遺跡、八王子市神谷原遺跡、板橋区成増三丁目遺跡を取り上げよう。

堂ヶ谷戸遺跡（東京都世田谷区岡本二〜三丁目）（世田谷区教育委員会　一九八一）

この遺跡は多摩川北岸の武蔵野台地の縁辺に営まれている。遺跡範囲は広く、集落経営期はまさにすべての時代にわたっている。ここでは弥生時代後期から古墳時代初期の住居址が発見された第一三・一四調査区の集落構成について検討する。

当該区は東西・南北各々五〇メートルぐらいの範囲で、そこから弥生時代後期の住居址二棟、古墳時代初期の住居址一〇棟が検出された。弥生時代後期のものは隅丸方形で、終末期に属している。

古墳時代初期の一〇棟は主軸方向の違いによって二群に分かれる。西向きの一群は調査区の東寄りにあって

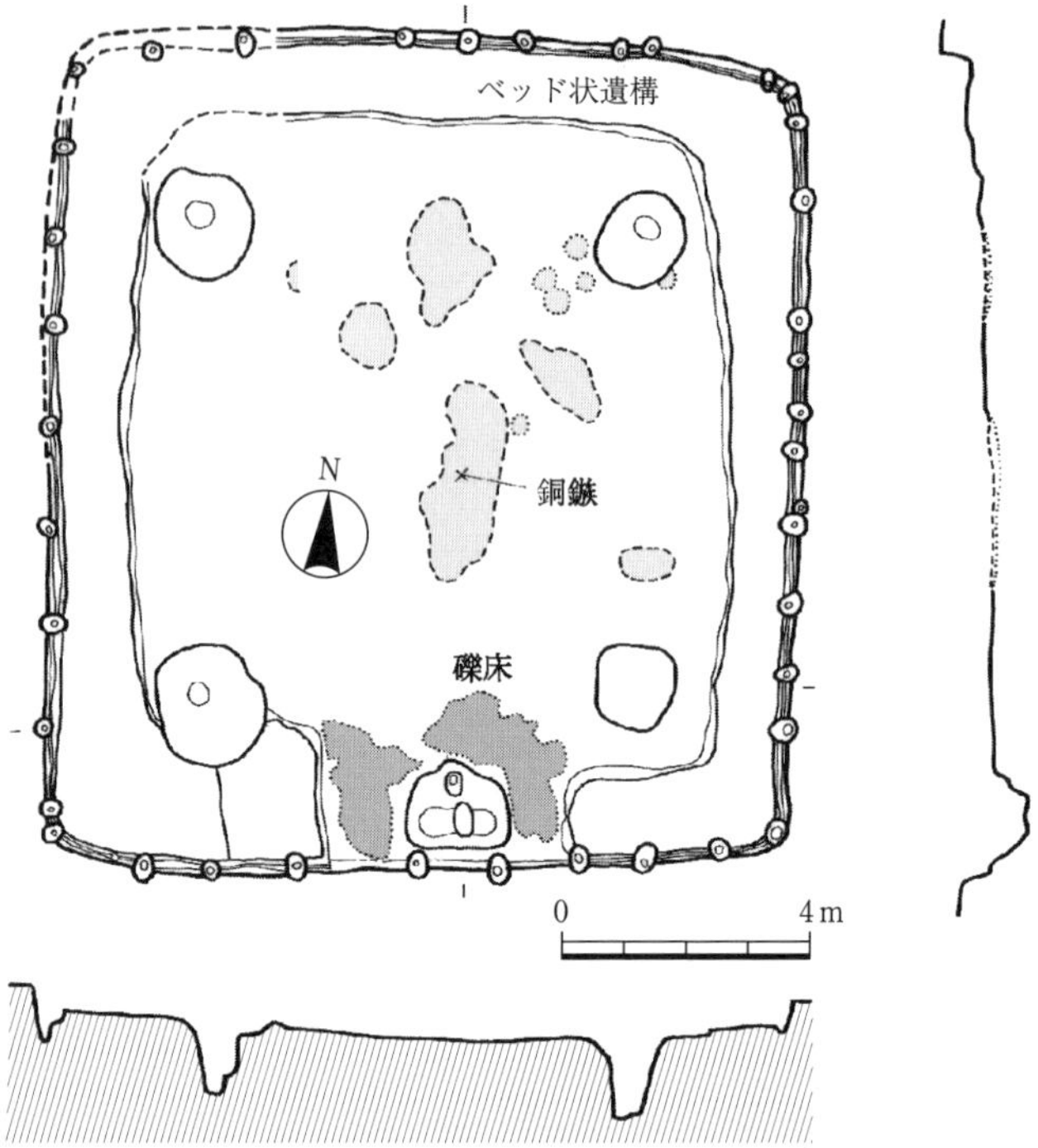

図15　堂ヶ谷戸遺跡の特大住居址

西開きの小円弧状に、北向き群はそれより西に少し寄ったところで南北の列状に各々並んでいる。西向きの一九号と北向きの九号の両住居址は「非連続重複」関係にある。そのことからいえば西向き群が北向き群に先行するのかもしれない。

西向き群の住居址は北向き群のそれよりやや規模が大きい。比較的大型の一六号住居址（長軸六・七メートル）も北向き群の大型住居と覚しき九号（一辺五・九メートル）とくらべると少々大きい。

区内の北西辺で発見された五号（古墳時代初期）は、長軸一三・二メートル、短軸一二・二メートルと傑出した規模をもっている（図15）。壁溝上にほぼ等間隔に小柱穴が並び、主柱穴と壁の間にはいわゆる「ベッド状遺構」がある。入口の梯子の根元を埋めた穴の周囲には小石を敷いている。住居内からは銅鏃二、鉄器（刀子か）・土製勾玉・砥石が出土した。このような住居規模と構造は本住居址が一般の居住を目的とした住居址とは大いに趣を異にした家屋であるとの印象を強く与えるものである。

以上、当該区に二群の小集落と一棟のやや大型の住居がそれぞれ存在することはすでにみた。それらと比較しても五号との規模の差は明瞭であって、いくつかの小単位集落の統合体に属する建物とみて誤りなかろう。とはいえ、五号住居址が当該区の小集落にともなうこともまた一面の事実である。

神谷原遺跡（東京都八王子市椚田町）（八王子市椚田遺跡調査会 一九八一・八二）

この遺跡は、多摩川の支流の浅川に注ぐ小河川、湯殿川が開析した多摩丘陵の南縁に立地する。総面積七万平方メートルの広大な範囲から一六三棟の住居址と三四基の方形・円形周溝墓が発見された。住居址は出土土器を基準にして神谷原Ⅰ期からⅢ期に区分されている。

Ⅰ期（前野町式古段階・東京編年Ⅱ期古相）には丘陵の緩斜面北端に六棟の住居址がみられる。一棟の大型住居を中心とした小集落と思われる。

Ⅱ期（前野町式新段階・東京編年Ⅱ期）になると住居が爆発的に増大する。住居総数九六棟で、神谷原遺跡の六〇パーセントがこの時期に営まれたことになる。東西約一七〇メートル、南北約八〇〇メートルの範囲内にこれらの住居址がほぼ全面的に分布している。とくに東側の湯殿川に面した崖寄りに多くみられる。住居址数の多い割に重複状態を示すケースが少ないことは注目される。要するに、数個の小集落が集結した集落形態とみうけられる。また、Ⅱ期になって南端の崖際に方形周溝墓が現われ、互いに溝を共有しながら数基が連続的に造営されている。

Ⅲ期（五領一式古段階・東京編年Ⅲ期か）の住居数は四六棟ある。Ⅱ期ほどではないにしても、かなりの棟数といえる。分布は、南半分の範囲に片寄り、方形周溝墓群と重複するものもある。大型の方形周溝墓が単独で造営されるようになるのはIII期からという。

神谷原遺跡は、多摩川上流域の代表的な集落遺跡で、弥生時代後期末になって急成長し、古墳時代初期後半に廃絶した。山間地域の短期急増の拠点集落といえる。方形周溝墓と集落の展開の対応関係、鉄鏃・鉇など鉄製品が比較的豊富なことなど注目すべき点が多い。

成増一丁目遺跡（東京都板橋区成増一丁目）（成増一丁目遺跡調査会　一九八一）

この遺跡は荒川右岸の武蔵野台地北東縁部に立地している。調査範囲は、東西七〇メートル、南北八〇メートルに及び、集落の広がりは大略つかまれたとしている。発見された住居址のうちには弥生時代後期末より古墳時代初期にかけて営まれたものが四二棟あり、それに倉庫址とみられる柱穴列も見出されている。

これらの住居址は、主軸方向と位置関係などによって七小期に区分されている。「非連続的重複」関係を示す例としては二棟重複のケースが三例認められた。各小期には、一棟の大型住居を中心に中型・小型住居五～六棟が集まって一単位の小集落を構成したと分析されている。そして、七小期は小集落の発展という内容の面から三段階に大区分されている。A段階は弥生時代後期終末期に、B段階はA→C段階の過渡期、C段階は古墳時代初期にそれぞれ当てられる。

以上、細部にわたる分析の妥当性はとにかくとして、武蔵野台地の北東辺、つまり、荒川の本流と支流の谷に面した台地縁には、多くの弥生時代中期・後期、古墳時代初期の集落遺跡が知られている。本遺跡は、その構造が判明した数少ない例である。とくに弥生時代終末期から古墳時代初頭にかかる時期に営まれた短期継続的小集落の実相の一端がつかめたことの意義は小さくない。

5　初期農耕集落の構造と変遷

佐原真は、弥生集落の時期的な連続、非連続の面を捉えて継続型・断続型・廃絶型の集落類型を提唱した（佐原　一九七五）。筆者は、弥生時代中期・宮ノ台期の集落遺跡の分析を通じて、拠点型ないし拠点集落と周辺型ないし周辺集落を設定し、相互の関連性について見解を示した（田中　一九七六）。この場合、拠点型は継続型であり、周辺型は廃絶型に一致することが考えられた。また当今では、核集落と派生集落という呼称も現われている（山王遺跡調査会　一九八一）。この分類も筆者のいう拠点型と周辺型に対応するものであろう。

ところで、弥生時代後期から古墳時代初期にいたる、限定された期間を対象とした場合、右の類型化はどのような意味をもつであろうか。

三殿台遺跡や鴨居上ノ台遺跡では弥生時代中期以来絶えることなく集落が営みつづけられている。この二遺跡は典型的な継続型集落であり、集落の規模も相対的に大きい。そして、各小期に極端に住居棟数が減少するということは認め難いように思われる。こうしたタイプの集落は、弥生時代後期の全期間にわたり存続するわけだから、長期継続型の拠点集落というべきであろう。

右に対して、短期継続型の拠点集落と称したほうが適切な集落もある。小黒谷遺跡群中のII地区遺跡などは特大の大型住居があり、その周囲には大型・中型・小型の住居が建ち並び集落を構成している。なかには「連続的重複」関係の住居があり、焼失家屋を再建利用する例もあって、一定期間における占拠性ないしは定着性はかなり強い。そして、周囲に分布する廃絶型の周辺集落の中核的存在であることも推定された。しかし、定在期間は久ヶ原期内の三小期間に限られる。

同様の意味で神谷原遺跡も一種の拠点集落としてよいであろう。神谷原II期の住居棟数の増大は異常なほどであった。一小期の時間幅を考慮すれば、確かにjust momentの住居棟数が九六を数えるということはありえないとしても、「非連続的重複」例が非常に少ないことをみるならば、一小期に相当数の住居が併存したと考えてよいだろう。そして、それらの住居が数単位の小集落となって集落全体が構成されるとすれば、それは拠点集落の特徴を十分備えている証左ともなる。あるいは大型の方形周溝墓が単独で集落の一角に造営されること、住居址からかなりの数量の鉄器が発見されるといったことも右の見解を支えるものである。しかし、集落としての存続期間は短い。

弥生時代後期になって拠点集落が出現する一方では、拠点としての位置を失う集落があると予測することも論理的には可能である。実際にはどうかというと、多少厳密さを欠く恨みはあるが、朝光寺原遺跡の久ヶ原期の集落規模は一単位の小集落程度の内容としかいいようがない。突出部に同時期の集落が存在したとしても、それは朝光寺原式土器の使用者たちのものである可能性が強い。それに弥生町期の繁栄ぶり、たとえば特大の大型住居や三〜四単位の小集落の併存状況と対比すれば、久ヶ原期の集落の貧弱さは明確であろう。この時期には拠点性が一時的に他の集落に移動したのかもしれない。とすれば、長期継続型がつねに拠点集落であるとは限らないということになる。

廃絶型の周辺集落について

宮ノ台期の周辺集落の例としてあげた宮ノ原遺跡は、古墳時代・五領期の集落と重複している。正確には断続型に属している。しかし、大塚遺跡(宮ノ台期、環壕集落)の周辺には宮ノ台期一時期のみの、まさに廃絶型集落が存在していた。弥生時代後期に入っても、歳勝土遺跡や小黒谷遺跡群中のV区2地点、同区3地点、

Ⅳ区の小集落などは集落の継続性は認められず、廃絶型の周辺集落としてよい。

ところが、一定期間規模の小さい集落が継続する場合、すなわち小集落が一カ所に数小期にわたって占住する例がある。二ツ池遺跡の小集落はその典型とみたい。成増一丁目遺跡や神之木台遺跡もこの例に加えてよいのではなかろうか。下根遺跡は周囲の状況が不明なので断定はできないが、現状でみるかぎりこの類型に入れてよいと思う。つまり、周辺集落としたものにも継続型と廃絶型がある。また、断続型の存在も考慮しなければならない。前章では、拠点集落と周辺集落とをかなり固定的に捉えた嫌いがあった。また、継続型、断続型、廃絶型についても同様であるが、一小時期の時間的な幅、地域の広がりなどを類型化に当たって配慮しないと弥生集落の展開をダイナミックに、かつ歴史的に捉え切れないことを自戒するものである。

弥生時代後期から古墳時代初期にかけて、断続型の集落がどのような役割を担って存在したかという問題は、やや判断が困難である。たとえば、新羽大竹遺跡などは、一見継続型のようにみえるが、小時期的な連続性がやや稀薄で、断続型の可能性もあろう。西隣には大熊宮ノ原・折本西原遺跡群という大きな拠点集落が存在するから、それらとの関連を考えれば断続型の周辺集落としてよいかもしれない。いずれにしても、周辺集落にも短期廃絶型、短期継続型、長期断続型の諸類型が存在することをここで指摘しておきたい。

集落構成の問題

これまで判明した大多数の弥生集落は、一単位の小集落とみなされる場合が多い。一棟の大型住居を中心に数棟の住居で集落を構成する状況は普遍的に認められる。集落構成の面で検討が必要なのは、むしろ集落を構成する個々の住居の内容、つまり、そこにどのような居住者が生活していたのかということであろう。突き詰めていえば、世帯として捉えられるのか、また、世帯として理解しえたとしても、その年齢別・性別構成はどうかといった根本的な問題がある。現状ではこのような問題にまで立ち入って考察することはできないが、同じ一単位の集落として把握しうるものでも時期と地域によって差があることは明言できる。すでにみたように、久ヶ原期の住居は、一般的には円形・不整円形で小型のものが多い。弥生町期には隅円方形・長方形の中型（長軸一辺五〜六メートル級）が増加する傾向がある。また、「連続的重複」関係も認められるので集落員数が増えたことは確かである。それが集落構成のあり方にどう関っていくのかが問題であろう。

それに拠点集落の集落構成と周辺集落のそれとでは、住居の規模・棟数に相違がある。とくに前者の場合、一集落内に複数の小集落（単位集落）を含んでいる可能性があり、場合によっては、複数の小単位集落が集中して一拠点集落を形成することも考えられた。

ところで、集落構成の目玉は大型住居にある。これには二つのタイプがある。一つは、一単位の集落にあって、他の住居とくらべて相対的に規模の大きな一棟の住居を指す場合。もう一つは、朝光寺原一〇号、一〇九C号、小黒谷II区一四号、堂ヶ谷戸五号などのような、長軸が一〇メートルを越える特大の大型住居である。小黒谷遺跡、堂ヶ谷戸遺跡で触れたように、直接的にはそれらの特大住居が所在する小集落に属するとしても、その小集落には、通例の大型住居（前者のタイプ）が別に存在する。したがって特大の大型住居（後者のタイプ）は、さらに近辺の数個の小単位集落を含めた集団共通の建築物として存在した蓋然性は高いであろう。このことは住居構造や出土遺物によっても傍証されよう。下根遺跡の大型住居は、後者の部類に入るかもしれない。三殿台遺跡の三〇六号群（宮ノ台期）や三〇四B号（弥生町期）も類似した性格をもつ特大の住居と考えられる。横浜市森戸原遺跡のY—三二号（久ヶ原期）は、じつに長軸一七・八四メートルを測る。いわば特大住居の代表例であろう（榊原・石川 一九七二）。

個別集落の変遷過程

拠点集落の三殿台遺跡、鴨居上ノ台遺跡の両集落では、弥生町期、つまり弥生時代後期中葉より後葉にかけて集落の最盛期があり、朝光寺原遺跡でも弥生町期の活況振りは際立っていた。二ツ池遺跡などの周辺集落はこれら拠点集落の最盛期にほぼ併行して成立している。かかる意味から、久ヶ原期新段階ごろより弥生町期にかけての期間は弥生時代後期集落の繁栄期として捉えることができよう。ただし、これは東京湾沿岸部から各河川の中流、下流域の現象であって、多摩川上流の神谷原遺跡では、発展のピークは弥生時代終末期にみられた。そして、最盛期への到達の仕方が、沿岸諸地域の集落が漸次上昇的であるのに対して、神谷原遺跡は急激に発展の頂点に達している。また、衰退・終焉期の場合でも、大方の集落が古墳時代初期になる点では一致する。そこへ到る過程も、沿岸諸地域集落が漸減的であるのに対して神谷原遺跡では急減している。このような生成・発展・没落の過程に現われる地域差は、弥生文化・水稲農耕の浸透の仕方に起因するもので、いわば弥生文化発展の法則的な側面を現わしたものということができる。

さて、これらの弥生諸集落の多くが台地、丘陵上から姿を消した後に成立する上谷本遺跡群の古墳時代初期集落はいかに評価しうるであろうか。一つの問題は、先行する朝光寺原式の集落との関連である。朝光寺原式の集落は前記の類型からいえば短期継続型の周辺集落かと思われる。それと古墳時代初期の小集落とが継続するならば長期継続型になり、断絶しているならば断続型としてよい。このことは朝光寺原式から五領期への移行のあり方を含む重要な問題である。注目されるのは小黒谷東谷遺跡で弥生時代終末期（前野町式）かと判断される住居址が存在することである。継続的造営を示唆するように思われる。

第二の問題は、上谷本遺跡群は、三単位以上の小集落が舌状地形上に並びながら、一個の集落体としてまとまった状況にある。東谷遺跡は、群中で住居址が多数集中し、「非連続的重複」も認められることから中核的な集落（短期継続型の拠点的集落）となる。注目されることは、集落内において玉作りが行われていることである。従前の弥生集落とは趣を異にする集落の出現が考えられないだろうか。対岸の稲荷前の丘陵上には、上谷本遺跡群の成立期とほぼ時を前後して稲荷前一六号前方後方墳の築造が行われている（甘粕　一九八二）。

三　初期農耕集落の地域的展開

本節では、弥生時代後期（古墳時代初期も一部含んでいる）における集落の地域的展開の様相、集落群のあり方とその変遷の画期を明らかにしたい。対象地域は、分布調査が比較的進んでいる鶴見川本流・支流域を主として、それに大岡川流域、多摩川北岸の上流域、武蔵野台地、三浦半島などを関連して取り上げることとする。

1　鶴見川本流・支流域

鶴見川本流・支流域には四〇〇カ所近くの弥生時代の遺跡が知られている（横浜市埋蔵文化財調査委員会　一九七二）。そのうち所属時期の明らかなものが約三〇〇カ所ある。内訳は、弥生時代中期（宮ノ台期）に属するものが六〇カ所ぐらいで、残り二四〇カ所は後期の集落遺跡である。もちろん分布調査にはさまざまな制約、たとえば下流域は市街地のため事実上踏査できないといったことがあるので、右記の数字が即弥生集落分布の実態を、正確に示すものとはいえないが、少なくとも弥生時代後期になって、集落が相当数増加していることは認めねばならない。弥生時代中期も宮ノ台期という一時期との対比でいえば、久ヶ原期九八カ所、弥生町期八七カ所、朝光寺原期（久ヶ原期・弥生町期併行）五一カ所、前野町・五領期三一カ所となる。久ヶ原・弥生町期に集落の増えたことは疑いない。

これらの集落の分布状況は、久ヶ原・弥生町期には鶴見川本流、多摩川右岸地域に点々とみられる一方、支流の谷奥にまで広がっているのが目につく。著しい現象として注意を引くのは、朝光寺原式土器を出土する遺跡が早渕川の上流や谷本川の中流（現在の横浜市緑区荏田町、市ヶ尾町、谷本町付近）に集中していることである。前野町・五領期には遺跡の絶対数はかなり減少して分散的となるが、分布域は、それまでのどの時期よりもはるかに広い範囲を描いている。恩田川の源に近い多摩丘陵の中に営まれた小山田遺跡群№一三遺跡（標高一一五〜一二〇メートル）では、弥生時代終末期の小単位集落が発見されており、一棟の住居址からは銅鏃が出土している（小山田遺跡調査会 一九八二）。

つぎに集落類型を踏まえて、分布調査の資料により集落群の地域的編成と変遷過程を明らかにしよう。類別は以下のとおりである。

A型　長期継続型

AⅠ：宮ノ台、久ヶ原、弥生町、前野町・五領の各型式土器が出土する遺跡（朝光寺原式を含んでいる）。

AⅡ：宮ノ台、久ヶ原、弥生町の各型式土器が出土する遺跡（朝光寺原式を含んでいる）。

AⅢ：久ヶ原、弥生町、前野町・五領の各型式土器が出土する遺跡（朝光寺原式を含んでいる）。

B型　中間型（短期継続型）

BⅠ：宮ノ台、久ヶ原二型式土器が出土する遺跡。

BⅡ：久ヶ原、弥生町二型式土器が出土する遺跡（朝光寺原式を含んでいる）。
BⅢ：弥生町、前野町・五領の三型式土器が出土する遺跡。

C型　短期廃絶型
CⅠ：久ヶ原式土器のみの遺跡。
CⅡ：弥生町式土器のみの遺跡。
CⅢ：前野町式土器のみの遺跡。
CⅣ：五領式土器のみの遺跡。

D型　断続型
土器型式が断続する遺跡。

以上の類型化によって該当する遺跡数を示すと、AⅠ＝八カ所、AⅡ＝一四カ所、AⅢ＝五カ所、BⅠ＝一一カ所、BⅡ＝六〇カ所、BⅢ＝四カ所、CⅠ＝三三カ所、CⅡ＝二〇カ所、CⅢ＝七カ所、CⅣ＝二カ所、D＝六カ所となっている。これによって明らかなように、集落址として圧倒的多数を占めているのは久ヶ原期、久ヶ原・弥生町期、弥生町期の遺跡である。問題は久ヶ原期、弥生町期の新古の区分にある。それが識別されるならば、BⅠには、二ツ池遺跡などの短期継続型周辺集落と長期断続型周辺集落の区別も必要であり、かつ可能となる。しかし、現状の分布調査資料だけでは問い切れない。C型には短期廃絶型拠点集落が含まれうる。この類型には朝光寺原式の拠点集落が存在し、山間の限られた地域に分布する。A型を長期継続型拠点集落（一部には長期断続型周辺集落も含みうる）とし、B～D型を長・短期の継続型、廃絶型、断続型周辺集落として、A型を中心に分布域を検討しよう。

鶴見川流域では、まずA型中心の分布域は、およそつぎのような諸地域に分けられる（図16）。

a　鶴見川下流南岸地域（No.二〇～七〇）

b　早渕川上流・谷本川中流地域（No.一二五～一三四、一四五～一五六、二二六～二九〇）

c　鶴見川・谷本川合流点（No.一五八～一六五、三八一～三八六）

d　鶴見川・大熊川合流点（No.一六六～一九六）

e　鶴見川下流北岸地域（No.二〇〇～二一九、三七二、三七五、三一二～三三一）

f　多摩川南岸地域（No.三三八～三六二）

これらの各地域は、さらに小地区に分割することができる。たとえば、a地域では鶴見川の本流に向かって突き出た半島状の丘陵にはさまれた湿地帯をめぐる小地区（二ツ池遺跡を含んでいる）、西側の半島状突出丘（太尾丘陵）の西地区、鳥山川の支谷付近の三小地区に区分できる。同様に、b地域でも谷本川の左岸、右岸、早渕川の上流支谷の三小地区に、e地域では早渕川下流、谷本川下流のそれぞれ鶴見川合流点付近で二～三小地区に分かれるであろう。これらの小地区群には、AⅠ型ないしAⅡ型がみられ、その多くが弥生時代中期に環壕をめぐらした集落を中心に集落群を形成している。あるいは、AⅢ型を核として四～五カ所前後のB型、C型、D型の集落を含むブロックもある。おそらく、一小期に一～二カ所の拠点集落を中心に五カ所前後の周辺集落が一体となって小地区集落群を構成したものと思われる。

こうした集落群の構成は、中期の宮ノ台期にも認められたのであるが、後期前葉には、小地区集落群はかなり均一的で各河川の流域に点在するのが特徴である。ところが、後期中葉ごろになると一部に有力な小地域が現われてくるようである。好例としては、e地域内の早渕川下流南岸地帯に展開する小地区遺跡群（No.二〇〇～二二〇、三七二～三七五）をあげることができる。ここでは、中期に環壕をめぐらす権田原遺跡（No.二一九）が成立し、隣接地域にはAⅠ型の中里遺跡（No.二一六）も現われている。後期には、支谷の奥部に環壕を

N
多摩川
二ヶ領用水
矢上川
鶴見川
鳥山川
早渕川
北川
権田原
大原
①-i
①-ii
①-iii
④
⑤
⑤-i
⑤-ii
⑥

図 16　鶴見川流域の弥生時代遺跡分布

もつ大原遺跡（№三七五）が存在する。環壕は久ヶ原期に掘られ、弥生町期まで機能したと推定されている。環壕内には複数の小規模集落（小単位集落）の併存が考えられ、一小期約一〇棟の住居が建ち並んでいたようである（横浜市埋蔵文化財調査委員会 一九七五）。権田原遺跡と大原遺跡は小支谷をはさんで隣接しあっている。また、大原遺跡の東側に延びる支谷の出口に前記の中里遺跡が位置している。権田原、大原、中里の各遺跡とも弥生時代終末期から古墳時代初期まで集落は継続するし、大原遺跡と同じ丘陵の先端にある北川遺跡（№三七三）でも久ヶ原期から五領期にかけての小規模集落が発見されている。

このように、弥生時代後期から古墳時代初期にかけてA型の拠点集落が集中する地域は、鶴見川の本流・支流域では数カ所に限られる。たとえば、b地域の朝光寺原遺跡（№一五五）とその周辺の遺跡群、対岸の上谷本遺跡群、（№一二六、一二七、一三二）、d地域の遺跡群などは、それぞれの地域の核となる有力な小地区集落群としてよいであろう。このように集落分布が大きく広がる反面、特定の地域に有力な集落が集中することを、弥生時代後期から古墳時代初期にわたる地域的展開の特徴として指摘しうるであろう。

ところで、鶴見川流域の弥生時代後期の問題を取り上げる場合、必ず触れなければならないこととして朝光寺原式土器とその集落址の問題がある。鶴見川流域における弥生集落の分布は、無遺跡地域がほとんど認められないほどの広がりを示している。詳細に観察すると、下流のa、d、e地域と谷本川中流のb地域に高い分布密度を認めることができる。b地域における遺跡の集中性は、この近辺が朝光寺原式土器分布圏の中心、つまりその使用者たちの集住地域であったことと関連している。b地域一帯では多くの集落遺跡で朝光寺原式土器が主体を占め、c地域の四枚畑遺跡（№三九二）では、溝をめぐらす朝光寺原式の集落址が明らかにされている（補註：報告書が刊行されている）。

朝光寺原式土器と久ヶ原・弥生町式土器の交流関係は、すこぶる興味ある問題を投げかけているが、なお、さしたる成果は現われていない。小黒谷遺跡群（No.二四七〜二四九、二五三、二五四）、稲荷前遺跡（No.一四八）、上谷本遺跡群のあり方は問題解明上の好資料としてきわめて注目されるところである。

2　大岡川流域と三浦半島

大岡川流域（図6参照）の右岸にはＡⅠ型の三殿台遺跡がある。対岸にもＡⅡ型の東台遺跡があって、共に拠点性を弥生時代後期後半ないし古墳時代初期まで維持していると考えられた。また、上流の笹下町付近にも拠点集落の存在を想定したが、詳しくはつかみえていない。

下流右岸の横浜英和女学院遺跡はＡⅠ型の可能性があり、三殿台遺跡と一体となって大岡川右岸の有力な小地区集落群を形成したことが考えられる（小宮　一九八二）。

同じく対岸の清水丘遺跡もＡⅢ型の長期継続型の拠点集落であることが発掘調査で判明している。この遺跡も東台遺跡と共に左岸の有力な小地区集落群を構成するものであろう。同時に、この遺跡では久ヶ原・弥生町式土器と朝光寺原式土器を出土する住居址および方形周溝墓が発見されている。左岸地域では、ほかにも朝光寺原式土器を出す遺跡が知られており、三殿台遺跡など右岸の遺跡で朝光寺原式土器の破片数点というようなあり方と著しい対蹠をなしている（岡本　一九八一）。

三浦半島の弥生集落の分布の問題に移ろう。半島域には約四〇ヵ所の弥生時代の集落遺跡が知られている。これらは自然地形によって五つの地域に分けられる。逗子市の田越川流域、横須賀市平作川流域とその周辺、小田和湾沿岸域、下浦沿岸域、三浦市三崎の海蝕台地帯がそれで、「この地域をはずれると集落址はもとより、それ以外のたんなる遺跡の発見すらきわめて稀」といわれるほど地域区分ははっきりしている。それぞれの地域には、同時二～三カ所の集落が存在し、地域的な結合を遂げていたと推定されている（赤坂遺跡調査団 一九七七、逗子市教育委員会 一九七五）。

田越川、平作川などの沖積平野に恵まれた地域では持田遺跡、蛭畑遺跡・鴨居上ノ台遺跡などAⅠ型の長期継続型拠点集落がみられる。また、三浦市赤坂遺跡もAⅡ型の拠点集落であろう。赤坂遺跡の周辺にはB型、C型の集落址が認められる。と同時に、D型に属すると思われる海岸洞窟穴遺跡が存在していて、この地域の弥生集落群を特色づけている。狭小な平地の漁撈活動の中心となる拠点集落は固定的で変動のないのが特徴であろう。

3 武蔵野台地

武蔵野台地では、小出輝雄によると、弥生時代後期から古墳時代初期の各時期の遺跡数がつぎのように示されている（小出 一九七九）。久ヶ原期三六カ所、弥生町期四一カ所、前野町・五領期六一カ所である。

小出は、宮ノ台期から久ヶ原期に弥生集落の発展があったことを指摘している。それは事実であるが、鶴見川・大岡川流域などと対比した場合、武蔵野台地の前野町・五領期にかけての増大ぶりは著しく対蹠的である。ちなみに類型別の遺跡数を掲げると、AⅠ＝四カ所、AⅡ＝二カ所、AⅢ＝六カ所、BⅡ＝六カ所、BⅢ＝四カ所、BⅣ（前野町・五領期）＝三九カ所、CⅠ＝一六カ所、CⅡ＝一三カ所、D＝六カ所となる。この数字によれば、後期の発展上昇の画期は弥生町期から前野期にあり、多摩川以南の地より上昇の時期が遅れることが注意される。

ところで、本郷向ヶ岡貝塚で発見された溝状遺構は弥生町期には機能を失っていたようである。出土した弥生土器は弥生町式でも新段階とみられている。武蔵野台地では弥生町期に環壕・溝状遺構をともなう集落が数遺跡で明らかにされている。向ヶ岡貝塚や九段上貝塚あるいは山王遺跡の所見からすれば、これらの環壕・溝状遺構は弥生町期の間に機能しなくなっているので、その後に集落が急速に増加すると考えてよいであろうか。

多摩川下流の久ヶ原遺跡は正確な実態は不明である。しかし、沖積平野に面したきわめて大規模な弥生時代集落址であることが菊池義次の長年の調査によって確かめられている。また最近、宮ノ台期古段階の土器の発見があって、この遺跡が長期継続型の一大拠点集落であることが明らかになった。このような集落を根拠地として多くの周辺集落が、台地の縁辺から河川沿いに分化していったことは容易に想像されよう。

四　初期農耕集落展開の諸相

弥生時代後期集落の分析と特徴

多摩丘陵一帯、武蔵野台地に営まれた弥生時代後期（一部古墳時代初期を含んでいる）の集落遺跡が相当数になることは明らかである。それはいうまでもなく、水稲農業の生産力の発展に由来するものである。弥生時代中期の宮ノ台期の集落分布は、東京湾沿岸部から河川の中流・下流域を中心としている。その新段階になってようやく上流域に進出する傾向が認められた。その広がり方は拠点集落を中心に四〜五カ所程度の周辺集落が一体となって狭小な範囲を点的に占めていた。

弥生時代後期の集落の拡大ぶりは、東京都小山田遺跡群No.一三遺跡のように、多摩丘陵の山間部にまで集落を構える例が現われる。また、狭山丘陵の奥部に小谷の湿地が立地条件となって吉祥山遺跡、下里本邑遺跡のような弥生集落が成立するといった具合である（橋口　一九八二）。後期段階では耕作可能な土地、つまり水と日照の条件が充たされる土地のほとんどが開発の対象になった可能性さえある。このような集落浸透の支えとなったのは、それらを分出させた拠点集落の経済的な発展である。小山田No.一三遺跡は弥生時代終末期に属し、吉祥山遺跡、下里本邑遺跡の集落は弥生町期とされている。その前後の時期は、沿岸部や中流・下流域の拠点集落の最盛期に当たっている。そのような発展と小集落の山間部への進出は無関係ではなかろう。小山田No.一三遺跡出土の銅鏃は武器としてよりも関連集落との共通の祭祀的なシンボルであったと思われる。弥生時代後期の住居址から土製勾玉の出土例が非常に多いことも右のような意味で注目すべきであろう。

こうした水田耕作を主体とする地域のイメージからは掛け離れたような山間地域に集落が広がる反面では、鶴見川の上流域のように、朝光寺原式の集落が密集したり、武蔵野台地の北縁に弥生時代終末期の集落が集中的に出現するというような現象もみられた。

弥生集落の定着と拡大は体系化され、組織立てられた農耕技術の存在を基礎として進む。弥生時代中期宮ノ台期の集落が、大陸系磨製石器、環壕、方形周溝墓をもって現われ、定着したように、後期の集落は急速に普及した鉄製農耕具によって開拓域を拡大したと判断される。集落の分散と集中が同時に進み、点から面に分布域が拡大したことに弥生時代後期の集落展開の特色があるといえよう。

拠点集落と周辺集落

弥生時代中期宮ノ台期に成立した拠点集落の多くは、後期にも引きつづき集落を継承、発展させている。とくに沿岸部の拠点集落は持続性が強く、自己発展力を発揮している。それに対し、山間に新たに出現した拠点集落は持続性に乏しいのが特徴的である。

しかし、AＩ型とした拠点集落は意外に存在数が少ない。多摩丘陵、武蔵野台地、三浦半島のA型を合計してもせいぜい五〇カ所に満たないであろう。それに対して、周辺集落の数は、鶴見川・大岡川流域だけで四〇カ所を超えると思われる。周辺集落にもいくつかの類型があって、一定の期間継続するものもあるが、その大半は、土器の一型式で示される短期間の定在であるようにみえる。とすれば、拠点集落の定着性と周辺集落の浮動性は、両者の集落としての性格を特徴づけることになろう。菊池義次が久ヶ原遺跡の意義を強調することは、右の意味において十分理解できる。問題は、その定着性が何によって与えられ、何ゆえに浮動性なのかというところにある。

集落構造の変遷と画期

弥生集落が、一棟の大型住居を中心に数棟の中型・小型の住居によって構成されることは、早くから説かれていた。「単位集団」とか「世帯共同体」と呼ばれてきた。このような集落構成は、弥生時代後期には普遍的に認められるから、その明確な定着と広汎な展開は関東地方では弥生時代後期段階に求められよう。

このことにともなう一つの問題は、各々の小単位集落が単独で機能する面と相互に連帯して統一体として機能する面とを時期と地域に即していかに具体的に捉えるかということである。そのような機能のあり方を統一的に捉えるためには、水田経営における労働編成と地域的な社会的分業への各タイプの集落の関わり方を検討しなければならない。多摩川や鶴見川の本流筋に集落が進出しはじめるのは久ヶ原期から弥生町期にかけてで、かの登呂遺跡が埋没した時期に近い。少量の鉄器と大量の人力を結集する登呂型の水田開発が当地方に導入されたとすれば、それは、集落人口の最も増大した久ヶ原期から弥生町期にかけてのことであろう。

有力地域の形成と特大住居の意義

弥生時代中期の宮ノ台期の拠点集落の多くは壕をめぐらしている。弥生時代後期に入っても環壕をもつ集落は、きわめて少数ながら存在する。これら集落が弥生時代中期同様に防御的意味をもったものと理解するが、その集落数は限られている。むしろ、注目されるのは大原遺跡（環壕集落）とその周辺にA型、B型らしい遺跡が集中して、有力な遺跡群が形成されていることである。

世田谷区堂ヶ谷戸遺跡は特大の大型住居を有する新しい時期の拠点集落である。この遺跡のすぐ東側にある下山遺跡は弥生時代後期中葉の環壕集落で、おそらく、その時点では堂ヶ谷戸遺跡と関連性を有していたに違いない。当該環壕が機能しなくなった後に（やや時期をおくかもしれないが）巨大な住居が堂ヶ谷戸に建設されたのであろう。堂ヶ谷戸遺跡の西には、ほぼ同時期の世田谷総合運動場遺跡があり、これらの集落群が前期古墳の喜多見四号墳造営の直接の母体となった有力集団とみてまず誤りなかろう。この例からみて有力な遺跡の群集地域の形成と特殊な巨大住居の出現は、前期古墳成立の直接的基盤をなすと思われる。

久ヶ原式・弥生町式土器と朝光寺原式土器

この二つの土器型式は、一目で見分けがつくほどの特徴的な土器である。久ヶ原式・弥生町式は多摩川下流から鶴見川中流・下流に分布の中心がある。朝光寺原式は、鶴見川の支流、谷本川中流と早渕川上流一帯に濃密な分布を示している。右の朝光寺原式の分布域では、久ヶ原式、弥生町式をともなうが、多摩川、鶴見川中流・下流では朝光寺原式はあまり浸透していないといわれる（岡本 一九八一）。古墳時代になると、久ヶ原式・弥生町式の分布中心域に大型の前方後円墳（白山、観音松、宝来山、亀甲山）が成立し、朝光寺原式土器の分布域には稲荷前一六号墳（前方後方墳）・同一号墳（前方後円墳）や虚空蔵山古墳（円墳）が出現するように、異なった政治的領域が形成される。興味深い現象ではあるが、こうした土器分布圏と集落遺跡のあり方の関連性の追求は、なお未だしである（補註：岡本論文）。

註

（1）神奈川県平塚市王子台遺跡、埼玉県熊谷市池上遺跡などで弥生時代中期中葉の須和田式土器の出土する集落址が発掘されている。池上遺跡は環壕集落としても注目される。

（2）東京編年、神奈川編年とは、一九八一年の日本考古学協会秋季大会資料『関東における古墳出現期の諸問題』による。

（3）「非連続的重複」関係とは、二棟以上の住居が重複する場合、その一棟が廃棄されて完全に埋まり切った後に他の一棟がそこに建てられるような状況が読み取れる重複状態を示す。つまり廃棄から建築までに一定の時間の推移を認めるわけである。「連続的重複」とは、一棟の住居が建て直され、多くの場合拡張されていることを指す。「同心円的拡大」は同義語。

（4）住居を大・中・小に区分する絶対的な基準は存在しない。それぞれの集落址において相対的に決定するわけではあるが、その際は規模を示すメルクマールを明確にして比較の基準を明らかにし、統計的に処理する必要がある（田中　一九七九）。

（5）弥生時代後期の住居址の平面形は一般に隅丸方形・長方形と記される。住居址の変遷を平面形で捉えようとするならば、壁線の膨らみに規定されたコーナーの丸みが重要な意味をもつ。弥生町期前後の住居址は、コーナーに円弧状のカーブが認められるので「隅円方形」と表現し、それ以後の壁線が直線化して、コーナーに丸みはあるが全体が角張ってきたものを「隅丸方形」として区別した。

（6）杉原らの報告（杉原他　一九六八）によれば三号住居址のほうが四号住居址より柱穴間隔は広く、平面形の推定復元も大きくなる。

（7）ｄタイプの中心となる大型住居が存在しないが、あるいはすでに破壊されたのかもしれない。

第III部

出雲における弥生時代集落址研究

第4章

中海・宍道湖西部域における農耕社会の展開

一　歴史的舞台の形成

1　出雲平野の形成史と遺跡群研究

古代出雲の壮大なドラマの一つに「国引き」物語がある。日本海に突き出た島根半島と、背後の中国山地の北縁をなす山地・丘陵地域との間に介在する中海・宍道湖低地帯は、東西に長い山陰地方において特徴的な地勢をなしている。古代出雲は、まさにこの低地帯を主要な地域として形成・展開したのであるが、右の歴史的舞台が、いつ、どのようにして用意されたかを解き明かすことは、一連の「くにづくり」ドラマを理解するうえで欠くことのできない研究といえよう。言い換えるならば、神庭荒神谷遺跡に大量の弥生青銅器を埋納した歴史的主体が、出雲平野に蟠踞した政治的広域集団であることは容易に想定しうるのであるが、まずは、その存立条件をなしたヒンターランドとしての平野の地質的・地理的状況がどうあったのかが問われなければならない。

出雲平野に分布する原始・古代遺跡中に、弥生時代集落址が含まれることが知られるようになったのは一九五〇年前後のことである（山本 一九四八、池田 一九五六b）。その後、出雲考古学研究会等による分布調査の結果、平野全域に約三〇カ所の遺跡の存在することが判明し、それらの遺跡は概して標高五メートル以上の微高地に立地することが注意された。また、矢野遺跡第一地点や知井宮多門院遺跡がヤマトシジミを主体とする貝塚をともなっている事実も、弥生時代の地域的な自然環境を理解するうえで見過ごすことのできない要素とされた（出雲考古学研究会 一九八六）。

出雲平野形成の直接的な因子が完新世における海進・海退に呼応する斐伊川・神戸川の沖積作用であることは多言を要しない。その際に、二河川がいつ、どのように関連し合いながら、平野のどの部分をどのように形づくったのかが問題となる。中海・宍道湖自然史研究会は、一九八〇年代前半期に完新世の海進・海退と両湖の変遷過程に関してA～Eの五段階に区分し、各段階の様相をつぎのように示した（徳岡・大西他 一九九〇）。

〔A〕段階：いわゆる縄文海進が最高位に達した段階である。海面の上昇によって中海・宍道湖低地帯へは西は出雲市大社町方面から、東は鳥取県米子市付近から海水が浸入し、現在の島根大学辺り（松江市西川津町）を奥部とする東西に長い入り海が出現した。東半部は「古中海湾」、西半部は「古宍道湾」と命名。考古学上の時代・時期区分では、およそ縄文時代早期（約七〇〇〇年前）とする。

〔B〕段階：「古宍道湾」の西部で沖積化が進み、湾の南岸（本州側）と北岸（島根半島側）が陸続きになり、東に宍道湖、西に神門水海が出現。「古中海湾」と宍道湖は大橋川によって繋がったとみる。縄文時代前期末（約五〇〇〇年前）に比定。

〔C〕段階：斐伊川・神戸川による堆積作用がさらに活発になり、その結果として神門水海は縮小する。出雲平野の沖積化がほぼ完了する段階である。東部では弓ヶ浜半島が形成され、「古中海湾」は「古中海」に移行した。弥生時代中ごろ（約二〇〇〇年前）に比定。

〔D〕段階：海面がやや上昇する時期。神門水海の範囲が少し広がり、浜山砂丘の北側に菱根池が現れる。東部では弓ヶ浜半島が「夜見島」となる。大橋川の川幅が拡大して中海・宍道湖は連なり、「飫宇の海」になる。奈良時代（約一〇〇〇年前）のこととする。

〔E〕段階：近世から現在までの段階である。斐伊川が宍道湖に、神戸川は日本海にそれぞれ注ぐ。神門水海は大きく縮小して神西湖になる。中海も境水道を通じて日本海と繋がった。

2　完新世の海水準と陸化の進行

右にみた諸段階の設定に関しては、海進が頂点に達した時期と神門水海が出現した時期の比定について必ずしも賛同できないところがある。ここではさし当り、「古宍道湾」西部における沖積化の具体的な進み具合との関連から〔B〕段階より〔C〕段階への移行期について検討しておきたい。考古学上の見解では、縄文時代後期から弥生時代前半期にかけては、いわゆる弥生小海退による低地の沖積化の進行が想定されている。事実として、矢野遺跡第一地点において縄文時代後期後半に属する元住吉山式土器片が採集されており、少なくとも当該期には矢野付近では縄文人が居住しうる程度に陸化していた、と判断されるのである（池田・足立一九八

七、田中 一九八八)。

林正久によれば、出雲平野の最上部堆積層(斐伊川上層)には大量の火山噴出物のデイサイト礫が包含され、三瓶太平山の噴火に由来する堆積層とされる。また、斐伊川最上部層直下に堆積する泥炭層の炭素14年代が二七四〇±九〇年BPと測定されている(林 一九八三)。さらに、林は「この時期に平野の拡大範囲を厳密に特定することは困難であるが、神戸川出口付近の標高+五メートル地点よりもやや北、矢野付近までは確実に広がっていたようで、海岸線の位置は、後述の『風土記時代』の『神門水海』に近かったと考えられる。もちろん、宍道湖側とは浅い水路で結ばれており、島根半島とは完全な陸続きになっていなかった。これが、今から約三千年前頃の平野の概観である」と述べている(林 一九八九)。先の考古学的事実に符合する見解として留意すべきと思われる。

林は、一九九六年にも「荒神谷遺跡の周辺の地形環境」について言及している。そこでは、弥生小海退期が「三二〇〇年BP以前に始まり、二六〇〇年BPまでに終わった」とし、海退期の海面レベルが「現在より少なくとも二メートルは低かった」ことを想定している(林 一九九六)。

右のように、縄文時代後期ころから小規模な海退が進み、斐伊川・神戸川の堆積力が若返った。就中、神戸川による三瓶太平山噴出物の大量搬出があり、急速な堆積作用により出雲平野の骨格ができあがったことを推測しうるのである。あわせて、宍道湖と神門水海が分離され、それぞれ単独の湖(汽水湖)として成立するのであるが、なお、両湖は浅い水路によって結ばれていたことをいま一度確認しておきたい。

ここにおいて標題との関連で問題になるのは、弥生時代を通じて出雲平野が安定的な陸地へと成長する過程をどのようにたどれるか、である。このことに関する先行研究は未だ見聞していないが、宍道湖沿岸については徳岡隆夫・中村唯史の研究が注目される。徳岡・中村は、松江市西川津遺跡・原の前遺跡の形成過程を検討した際、弥生時代末期から古墳時代初期の海水準は「一一・三〜一〇・二メートルの間」に求められる、としている（徳岡・中村他　一九九五）。

右の指摘をうけて、筆者も弥生時代集落遺跡の立地状態から中海・宍道湖沿岸域の海水準と陸地形成の相関関係を検討してみた。以下にその概要を示す。

弥生時代前期の海水準については、米子市目久美遺跡の水田址と西川津遺跡海崎地区の遺構群の標高が参考になる。前者では、丘陵裾から沖積地にかけての緩傾斜面約九〇〇平方メートルの範囲内で、重複する三面の水田址が検出されている。最下部の前期水田址（第三水田面）は区画が明瞭ではないが、標高は一・〇メートルと測定されている。後者では、ブロック貝塚＝「貝層I」の堆積する長方形土坑の底面の標高をマイナス〇・三〜〇・四メートルと計測しうる。同じく前期に属する「ウッドサークル」等の遺構も同様のレベルにある。いずれも山陰地方の弥生時代前期遺構の標高としては最も低いレベルになる。弥生時代前期の海水準が、少なくともマイナス一・〇メートル程度であったことを推測しうる事実といえよう。

弥生時代中期については、目久美遺跡の第一水田址面に残された方形ないし長方形区画の水田のレベルが標高一・九〜二・〇五メートルとされたことをまず押さえよう。西川津遺跡海崎地区の中期遺構群は、標高一・〇メートル前後のレベルに分布している。また、松江市南部の意宇平野では、布田遺跡の中期遺構群が二・〇メートル程度の微高地で検出され、大田市川向遺跡のウッドサークルの底面標高は〇・二メートルと測定される。さらに、標高が四メートル強とやや高目の微高地上に立地する矢野遺跡では、第一地点A区の中期住居址の床面レベルは三・一メートルである。これらの測定例に従えば、中期の海水準は一・〇〜二・〇メートルの範囲内に収まるとしてよいであろう。

弥生時代後期の事例では、つぎのような遺跡での測定値が注意される。まず、西川津遺跡海崎地区の列石遺構群が標高〇・二メートルを指している。ついで、神門水海縁に位置する白枝荒神遺跡において弥生時代中期後半から古墳時代前期の遺構群が構築された基盤層の黄褐色土層上面が二・八メートルと測定される。この他の興味ある事例としては松江市原の前遺跡で検出された古墳時代前期の船着場跡とされる石組遺構がある。大型の塊石に汀線とみられる水面痕が認められた。標高はプラスマイナス〇メートルを指している。検分した徳岡隆夫等はこれを三～四世紀ごろの海水準値として採用している（徳岡・中村他 一九九五）。

弥生時代前期から後期にいたる遺跡立地点の標高が以上のようであるならば、中海・宍道湖沿岸域における弥生小海退の最下位レベルは、西川津遺跡海崎地区の「貝層Ｉ」下部より検出された土坑底面の測定値からすると、当時の海水準はマイナス一・〇メートル以下と見なせる。そして、弥生時代終末の海水準が徳岡等による標高マイナス一・三～マイナス〇・二メートルの範囲にあるとする見解に従えば、弥生時代全期間を通してマイナス一・〇メートル前後で推移したと考えてよいのではないだろうか。とすれば、林が推定した弥生時代の海水準マイナス二・〇メートルはやや低く見積り過ぎた観がなくもないが、いま一度、西川津遺跡海崎地区土坑底の測定値を勘案すれば、この推定値も妥当な範囲といえるのかもしれない。

ここで注目されることは、弥生時代中期段階において各地の沖積平野に位置する遺跡で標高一・〇メートル前後の微高地上から遺構群が検出されるという事実である。この現象からは、中期段階に微小の海水準アップが生じたとも受け取れるが、積極的な証左は見出しえない。むしろ、弥生時代全期間の海面レベルが標高マイナス一・〇メートル辺で推移したとする想定が可能ならば、右の中期段階の遺構群レベル値は沖積化の進行にともなう微高地の上昇や拡大による成長・安定化の結果と考えるのが当を得ている。同時に、中期に集落分布の広がりが進むこととも整合的に理解することができよう。このことは次節において出雲平野の弥生時代集落址の展開状況と併せて検討することにしたい。

二　出雲平野における弥生時代集落群の展開

1　出雲平野の形成

今日出雲平野の広がりは、東部で斐川町島村付近あるいは宍道町境に達し、西部では大社町の神戸川河口より「薗の長浜」砂丘の東縁までに及んでいる。また、北限と南限は、島根半島の山麓から本州側の南部丘陵地帯北縁にある。この現況は、主として近世期の奥出雲地域におけるたたら製鉄の「かんな流し」による大量の砂の搬出と、斐伊川流路が日本海から宍道湖へ流入するよう変更されたことによって生み出されたものである(以下、厳密にいえば、「斐伊川」と呼称する場合、神門水海を経て日本海に流出していたころと、宍道湖と繋がる現在の斐伊川とは区別すべきであるが、煩瑣になることを避けるため名称は区別しない。「神戸川」の呼称についても同様とする)。

したがって、本章が対象とする弥生時代の出雲平野とは大いに趣を異にすることが予測されるのであるが、詳細な景観的復元としては未だ課題が残っている。今後、地質学と考古学、それに歴史地理学等の共同研究による成果に期待が寄せられるところである。

差し当たり、当今の到達状況についてはつぎのような調査研究に注目しておきたい。その一つは、筆者らによる遺跡分布調査による平野形成史の跡づけ(田中　一九九六ａ)や島根県古代文化センターによる神門水海や神西湖周辺の古代の地域環境復元研究が挙げられる（野々村他 二〇〇六）。その二としては、先に引いた林の歴史地理的研究が平野形成の具体像に迫っている。林は、西部出雲の地相図に基づき沖積面を「三角州I面」と「三角州II面」を区分し、それぞれに立地する遺跡の分布状況との相関から前者より後者への変遷を明らかにしようとしている（林 一九九六）。

一九九〇年代後半以後、平野部を対象とした大規模開発が頻発し、平野の景観は一変した。事前の発掘調査も数多く行われている。右の研究に加えて新たに明らかにされた諸事実にも目配りしつつ、あらためて出雲平野の弥生時代集落群の立地ならびに分布について検討してみよう。

2 弥生時代集落群の分布

出雲平野における原始・古代集落遺跡の分布は南部において高い密度を示している。このことは、斐伊川・神戸川の沖積作用による平野の形成が「古宍道湾」南縁から始まることの反映と考えられる。他方、平野北西部の大社町一帯にも一群の集落址群が分布しており、この地域も早期に沖積化が進んだように読み取れる。このことは出雲大社が当地域に成立していることとの関連で注意を要するところである。あらためて、標題に即して弥生時代集落群の分布状況を概観すると、北西部の神西湖南域から神戸川筋にかけての四つの集落群、斐伊川筋でも四集落群の存在を措定できる。以下、それぞれの群の構成と集団的性格について言及しよう。なお、弥生土器の様式認定と変遷については松本岩雄の編年観に従う（松本 一九九二a）。

第一群　神西湖南域群（出雲市湖陵町三部～西神西町）（図17）

神門水海の名残とされる神西湖南域には、一三カ所の遺跡で弥生土器が出土しており、遺跡の立地・土器の出土状況からいずれも集落址と判断される。これらの遺跡は、北流して神西湖に注ぐ常楽寺川、姉谷川の二河川によって開析された狭長な谷間の丘陵緩斜面や河口の「三角州Ⅰ面」に分布している。

三部竹崎遺跡（角田・野坂他　一九九四、西野・野坂　一九九五ａ）(1)

遺跡群中面積が広大で継続・断続の時期幅が長い集落址は三部竹崎遺跡（東三部地区）である。この遺跡は常楽寺川右岸に位置し、確認された遺物散布範囲は約四・二ヘクタールに及び、さらに南部へ広がると推定されている。出土した土器の多くは、縄文時代晩期から弥生時代前期に属し、他に弥生時代末期・古墳時代前期・後期、中世の土器等も少なからず含まれる。集落立地として恵まれた箇所にあり、遺跡範囲が広く、部分的な中断期はあるが、弥生時代終末以降長期にわたり集落が営みつづけられている。本遺跡が神西湖南域を代表する大規模な集落であった可能性は高いと思われる。

姉谷川左岸の姉谷恵比寿遺跡（西三部地区）でも比較的広範囲から遺物が出土する。採集された土器には、弥生時代前期、古墳時代前期ものがある（西野・野坂　一九九五ａ・ｂ）。本遺跡の北約二五〇メートルに位置する三部八幡下遺跡では縄文時代晩期、弥生時代前期・後期、さらに奈良時代の土器がえられている。右二遺跡は近接していることから一連の集落址と見なすこともできよう。出土土器が時期的に相補っていることを併せ考えると、長期にわたる継続的な大規模の集落として扱ってよいかもしれない。他の遺跡の多くは、現状では立地状況や遺物分布の範囲からして小規模な集落址と判断する。ただ、三部竹崎遺跡の対岸に位置する庭反遺跡群等は一個の大規模集落を形成する可能性がある（杉原　一九八六・八七、西野・野坂　一九九五ａ）。

以上、各遺跡とも正確な内容把握は今後の詳細な調査に俟つことになるが、概括的にいえば、第一群とした

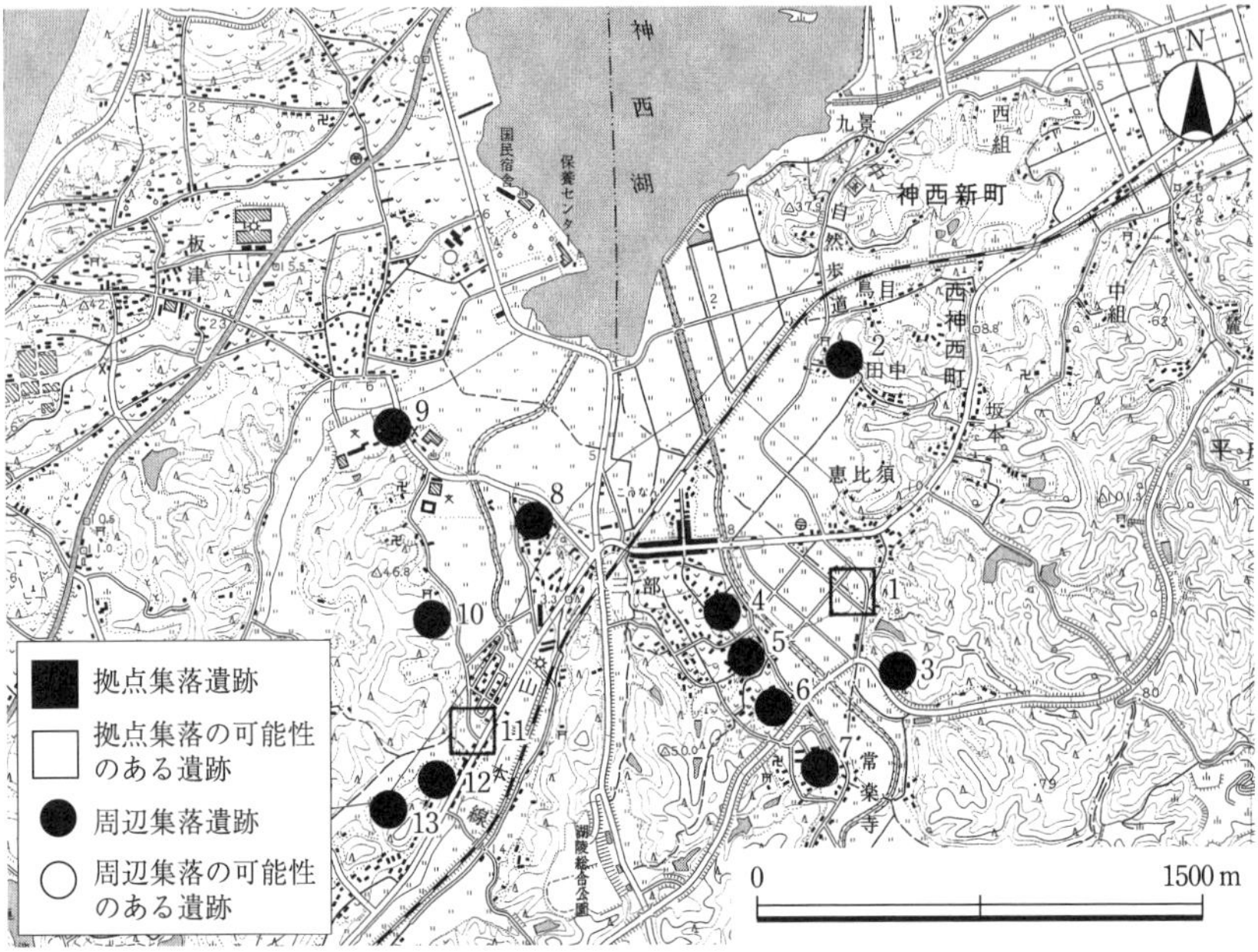

番号	遺跡名	弥生時代前期	弥生時代中期	弥生時代後期	古墳時代前期
1	三部竹崎遺跡	━━		┅┅	━━
2	田中谷貝塚遺跡			━━	━━
3	三部竹崎H地点遺跡			━━	━━
4	竹崎遺跡			━━	━━
5	中島遺跡		┅┅	━━	
6	庭反Ⅰ遺跡			━━	━━
7	庭反Ⅱ遺跡			━━	━━
8	雲部Ⅰ・Ⅱ遺跡			━━	━━
9	西安原遺跡			━━	━━
10	三部八幡下遺跡	━━		━━	
11	姉谷恵比寿遺跡	━━			
12	只谷Ⅰ遺跡			━━	
13	只谷Ⅱ遺跡			━━	

┅┅ 遺物散布量疎　　━━ 遺物散布量多

図17　第1群　神西湖南域群の遺跡分布・消長

弥生時代集落群は常楽寺川、姉谷川の小河川単位に形成された二個の小グループ＝集落ブロックによって構成されていたと考えられる。この際、いずれのブロックに第一集落群内で主導的役割を認めるべきかといえば、広い沖積地を控え、集落数も多い三部竹崎遺跡群の優位性を看取するのが妥当であろう。

神西湖南域においては縄文時代後期・晩期の遺跡が比較的まとまって存在し、地域的特色をなしている。これらが弥生時代前期集落の成立と有機的に繋がる可能性は高いであろう。また、二部後谷の東沢田遺跡から弥生時代中期の土器が検出された事実を考慮するならば、神西湖南域では縄文時代後期・晩期から弥生時代にかけて不連続的に展開する地域集団の存在を想定してよいのではないだろうか。ことに、後期段階にはまとまりのある集団に発展したことが考えられる。

第二群　神戸川左岸群（出雲市古志町・下古志町・芦渡町・神西町・東神西町）（図18）

本群は、神戸川が山地を抜けて平野に出て神門水海に流入するが、その平野出口付近を分布域としている。一帯の地形は、古志町辺りの微高地を起点として知井宮町付近まで延びる東西に長い扇状地・三角州（完新世期の三角州面上を扇状地状堆積物が覆う）からなる。西端は南西～北東方向に突出する低い丘陵（通称「真幸ヶ丘」）によって遮られている。微高地の北側と南側には帯状の後背湿地が並走しているが、北側湿地帯は、知井宮多聞院貝塚の存在が物語るように、弥生時代には神門水海の南辺域をなしていたと思われる。また、この微高地は、伏流水や小規模な沼沢地等により複雑に分岐する小微高地塊の列状連鎖をなし、集落遺跡の広がりは各小微高地塊の範囲とほぼ一致している。ここでは、叙述の便から右の微高地を古志・知井宮微高地と呼んでおきたい。

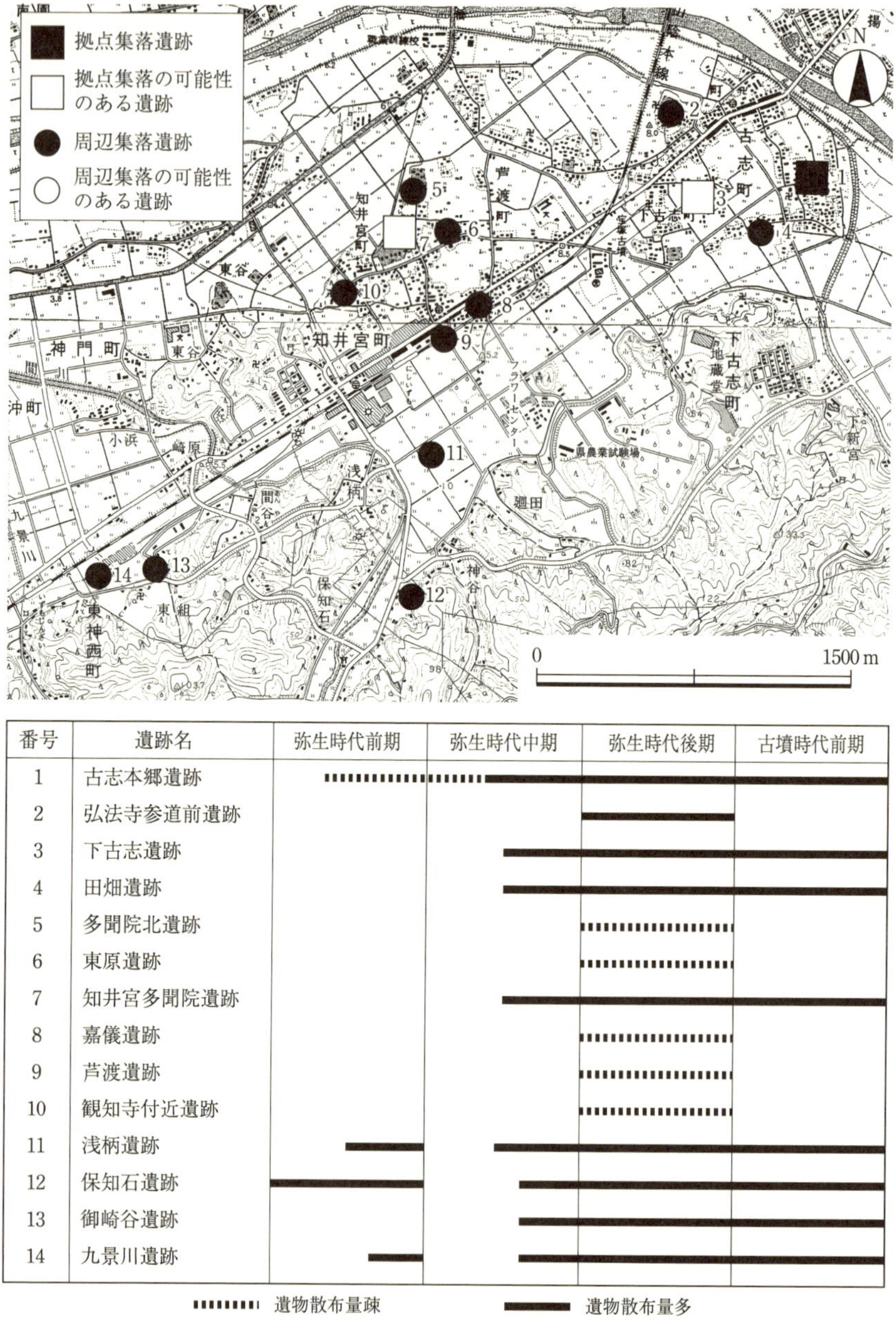
拠点集落遺跡
拠点集落の可能性のある遺跡
周辺集落遺跡
周辺集落の可能性のある遺跡
N
知井宮町
芦渡町
古志町
下古志町
神門町
東谷
小浜
崎原
沖町
浅柄
間谷
保知石
神谷
東組
東神西町
九景川
廻田
県農業試験場
フラワーセンター
地蔵堂
下新宮
0
1500 m
番号
遺跡名
弥生時代前期
弥生時代中期
弥生時代後期
古墳時代前期
1 古志本郷遺跡
2 弘法寺参道前遺跡
3 下古志遺跡
4 田畑遺跡
5 多聞院北遺跡
6 東原遺跡
7 知井宮多聞院遺跡
8 嘉儀遺跡
9 芦渡遺跡
10 観知寺付近遺跡
11 浅柄遺跡
12 保知石遺跡
13 御崎谷遺跡
14 九景川遺跡
遺物散布量疎
遺物散布量多

図18　第2群　神戸川左岸群の遺跡分布・消長

古志本郷遺跡（川上 一九八八、田中・西尾 一九八八、守岡他 二〇〇三）

第二群中最大規模の集落址は古志本郷遺跡（古志町本郷）である。本遺跡は、古志・知井宮微高地の東端に位置し、神戸川の流れに沿って南東から北西に延びる幅広い帯状の微高地（長さ約一キロメートル、幅約三〇〇メートル、標高八～一〇メートル）に展開している。総面積約三〇ヘクタール、弥生時代に始まり、古墳時代、古代・中・近世に至るまで連綿とした集落経営がみられる。近年、大型の掘立柱建物群が多数検出され、これが古代の「神門郡衙」を構成する建物群と見なされ、第二群はもとより出雲平野全域におけるこの遺跡の存在意義が明らかになってきた。けだし、神戸川左岸域における最大規模の弥生時代集落址のみか、出雲平野の原始・古代を代表する遺跡ということができる。

弥生時代の集落は前期中葉に始まり、後期末より古墳時代前期まで継続する。弥生時代前期の遺構としては、微高地の北西端近くからやや大型の壕が一条検出されているのみであり、遺物量も希少であることから一単位程度の小規模な集落が存在したのではないかと考えられる。また、中期前半の弥生土器が少量認められた。

古志本郷遺跡が大規模な集落として姿を現すのは弥生時代中期後半以降である。中期後半期の弥生土器は微高地のほぼ全域で出土し、その量も前期から中期前半の総量を遥かに凌駕している。遺構としては、数条の壕が南半部の川岸寄りで微高地の縁に沿うような形で検出された。各壕は、一部で重複するものもあり、何度か掘り直しをするとか新設するといったことが繰り返されたようである。大型集落として定着していく様相が読み取れよう。なお、微高地の西側縁でも中期後半から後期にわたる大型の壕が発見されている（松山 一九九八）。居住区の東西縁を大壕で区切っていたのかもしれない。西縁壕の内側では中期後半期の住居址が数棟まとまって検出された。数個の小規模な集落が併存して古志本郷大集落を形成していたことを推定させる事実である。

弥生時代後期から古墳時代前期には先行する中期後半期の壕と重複する壕が数条検出されている。一部の壕は微高地北端近くでも見出されているから古志本郷大集落は弥生時代末期から古墳時代前期にまで存続したと考えてよいであろう。圧巻は、壕の埋土最上面に列状をなして横たわる莫大な数量の土器群で、あたかも集落経営終焉に際して整然と一斉廃棄されたかの如き観があり、きわめて暗示的ではある。いずれにしても、中期後半に急速に大型化し、古墳時代前期に一挙に廃絶したとみられる大型集落として注目しておこう。

右の集落の展開状況もさることながら、出土遺物群も異彩を放っている。わけても、後期弥生土器や古式土師器の出土量には目を見張るものがある。また、土器群中には他地域からの搬入品が多数含まれていることも看過できない。例示すると、中期後半期では中国山地域の塩町式系統の土器、北部九州の須玖式系土器の存在が目に付く。分銅形土製品は山陽地方との繋がりを示す。弥生時代後期から古墳時代前期の例では北部九州の下大隈式土器があり、さらに古墳時代前期の布留系土器が多数出土している。他の外来系遺物としては漢式三稜鏃や朝鮮系瓦質土器の出土が注意を引く。これらを概括すれば、古志本郷大集落内には一種の交易センターが置かれ、遠・近地方との活発な交流が行われていたことが看取される、ということになるだろう。

つぎに集落内の手工業的生産についてみておこう。石器では、大陸系磨製石器類は少ないが、打製石器類が比較的多いとされる。石材や剝片が出土していて集落内で石器生産が行われたとされている。石材のサヌカイト等は他地方から搬入されたものである。碧玉製管玉の未成品、瑪瑙片、水晶塊の出土は玉生産の証拠品であろう。

弥生時代終末から古墳時代前期の遺物には精錬鍛冶滓がみられる。砂鉄を始発原料とした鉄滓とされる。この期の鉄製品には鋤先、鉄鎌、鉇、刀子等があり、鉄器の普及ぶりと嚙み合う事実として注目される。

以上のように、古志本郷遺跡は中期後半から大型集落に発展し、弥生時代終末期・古墳時代前期のころに廃絶したことが考えられた。この間、水陸交通の利に富む神戸川扇状地・三角州の扇頂部で、左岸沿いの臨水性に恵まれた位置にある広大な微高地を占有し、第二群中にあって農業生産・手工業的生産・交易部門で突出した地位と役割を有する拠点集落として存続したことが想定される。

下古志遺跡（三原他 二〇〇一、米田他 二〇〇二）

つぎに、古志本郷遺跡の西側に取り付くような状態で大規模な集落遺跡が確認されたことを取り上げる。下古志遺跡（下古志町）である。両遺跡の間には南北方向に延びる小低地帯があり、これが古志本郷遺跡と下古志遺跡を分けていたと考えられる。遺跡の広がりは東西約七〇〇メートル、南北約六〇〇メートルに及び、南半部から多数の溝状遺構や竪穴住居、掘立柱建物、土坑群、井戸等の遺構が検出されている。集落構造については不明な部分が多いが、溝状遺構の掘削規模と方向から北半部と南半部を壕で界をした二ないし三単位程度の小規模な集落が存在したと考えられる。とくに、南半部では二条の大壕が断面W字状に並走し、径約三〇〇メートルの規模で居住域を囲っていたと推定されている。内部には数棟の竪穴住居群に隣接して掘立柱建物群があり、その外縁に土壙墓群が位置したとされる。形制の整った大型集落が継続的に営まれていたことをうかがわせる。

出土した弥生土器は中期後半、後期、古墳時代前期に属し、中期後葉・後期のものが量的に目立っている。古墳時代前期の土器も顕著な存在を示す。弥生土器には少量の塩町式系、須玖式系が混在し、布留系統の土師器も少なからず認められる。大小の分銅形土製品の出土も同様に看過できない。

以上、下古志遺跡は弥生時代中期の中ごろから弥生時代終末ないし古墳時代前期まで営まれた集落址で、数個の小規模な集落を内包していたことが推定される。集落の最盛期は、古志本郷遺跡同様に、中期後葉から後期にあり、弥生時代終末・古墳時代前期に廃絶している。両遺跡の具体的な関係性は明らかではないが、下古志遺跡は拠点の外縁を構成する活力に富む集落であるとみて差し支えない。おそらく、弥生時代中期後半以降に両遺跡が一体となり、古志・知井宮微高地において傑出した集落ブロックを形成・展開したことが考えられよう。そうした形勢に古代郡衙成立の前提をみて取ることも可能かと思われる。

なお、かつて弘法寺参道前遺跡とした弥生時代後期の集落址は、この際下古志遺跡の北半部域に営まれた一単位の小規模な集落と見直すのが適切であろう。同様に、南半部域に近接する微高地上では中期後半から後期にかけての集落址が認められている。田畑遺跡である（東森 一九七三、川上他 一九八九、田中・宮本 一九八九）。中期後半の壕数条・竪穴住居・土坑等が検出されたほか、瑪瑙片が出土し、玉作の行われたことが知られる。弘法寺参道前遺跡とともに古志本郷・下古志集落ブロックを構成する一単位の集落址といえるであろう。

知井宮多聞院遺跡（大塚 一九六三）

下古志遺跡の西約一・五キロメートル、古志・知井宮微高地の西端に知井宮多聞院遺跡（知井宮町本郷）がある。神門水海に面しており、ヤマトシジミを主体とした弥生時代中期末から後期にかけて形成された小貝塚（面積約一〇〇平方メートル）が存在する。遺跡の推定面積は約六ヘクタールでせいぜい一単位程度の集落が営まれていたことが考えられる。しかし、北隣には多聞院北遺跡（約一八〇×一五〇メートル）があり、数十メートル東辺にも東原遺跡（約三〇〇×二〇〇メートル）が確認されている。いずれも弥生時代後半期の集落址である（出雲市教育委員会 一九九三）。また、西方の観知寺付近でも弥生土器が採集されているので、こちらにも近接する集落が存在した可能性がある。これらの三ないし四遺跡は相互に密接に関係し合う集落ブロックとみてよいであろう。その中で、知井宮多聞院遺跡が中心的集落としての地位を有していたと推定しておきたい。

浅柄遺跡（園山 二〇〇〇）・保知石遺跡（川原 二〇〇五）

知井宮多聞院遺跡の南側には浅い低湿地帯を挟んで一群の弥生時代集落が存在している。嘉儀遺跡と芦渡遺跡である。詳細不明のこの一群に新たに浅柄遺跡が加わり、集落群としての様相が明るみに出つつある。先述のように、かつて古志・知井宮微高地と南部丘陵の間には東西に横たわる狭長な低湿地が存在し、その西端付近には丘陵の谷間から保知石川が流れ込んでいる。浅柄遺跡（西新町）は、東西の低湿地と保知石川の交接点に形成された微高地に位置している。弥生時代前期の溝・土坑、中期中葉から後期の溝が検出され、出土土器には縄文時代晩期の突帯文土器、弥生時代前期後半から中期前・中・後葉の各小期と後期の土器が、少量ながらみられる。古墳時代の土器は比較的多く、竪穴住居址・掘立柱建物跡も検出された。

保知石川下流の谷口付近には縄文時代晩期の突帯文土器や多数の打製石器、弥生時代前期・後期、古墳時代の土器などの出土した保知石遺跡（芦渡町）が知られている。前期弥生土器には最古式（松本Ⅰ―1）の壺・甕があり、磨製石剣が出土していることともあわせて注目される。遺跡の規模は小さいが、ＪＲ出雲西駅付近を生活域とする縄文人集団が根付き、弥生文化にいち早く接していた状況が読み取れる。浅柄遺跡は、保知石縄文集団が稲作農耕に打って出た集落址と考えることもできる。さらに、ＪＲ操車場のある東神西町では九景川遺跡（池淵他 二〇〇八）、御崎谷遺跡（今岡他 二〇〇九）等が発見され、この二遺跡からも突帯文土器や弥生時代前期・中期・後期の土器が採取された。これらの諸遺跡は、いずれも小規模ではあるが、縄文時代晩期から弥生時代全期間を越えてさらに古墳時代・古代にまで継続していることが注意される。これを要するに、古志・知井宮微高地西方には縄文時代晩期以来、神門水海南西域に居着いた集団（第一群域の縄文時代後期・晩期遺跡を含む）が稲作と弥生文化を受容し、中期後半には、この集落ブロックの分岐集団が微高地の東方に進出して、第二群東部ブロックの形成に加わった、とする想定も可能かと思われる。

第三群　神戸川右岸群（天神町・上塩冶町・塩冶町・塩冶有原町・今市南本町・今市町・白枝町）（図19）

本群は、神戸川右岸の扇状地性三角州面の微高地上に展開する。右岸微高地は、南東の上塩冶町の丘陵縁か

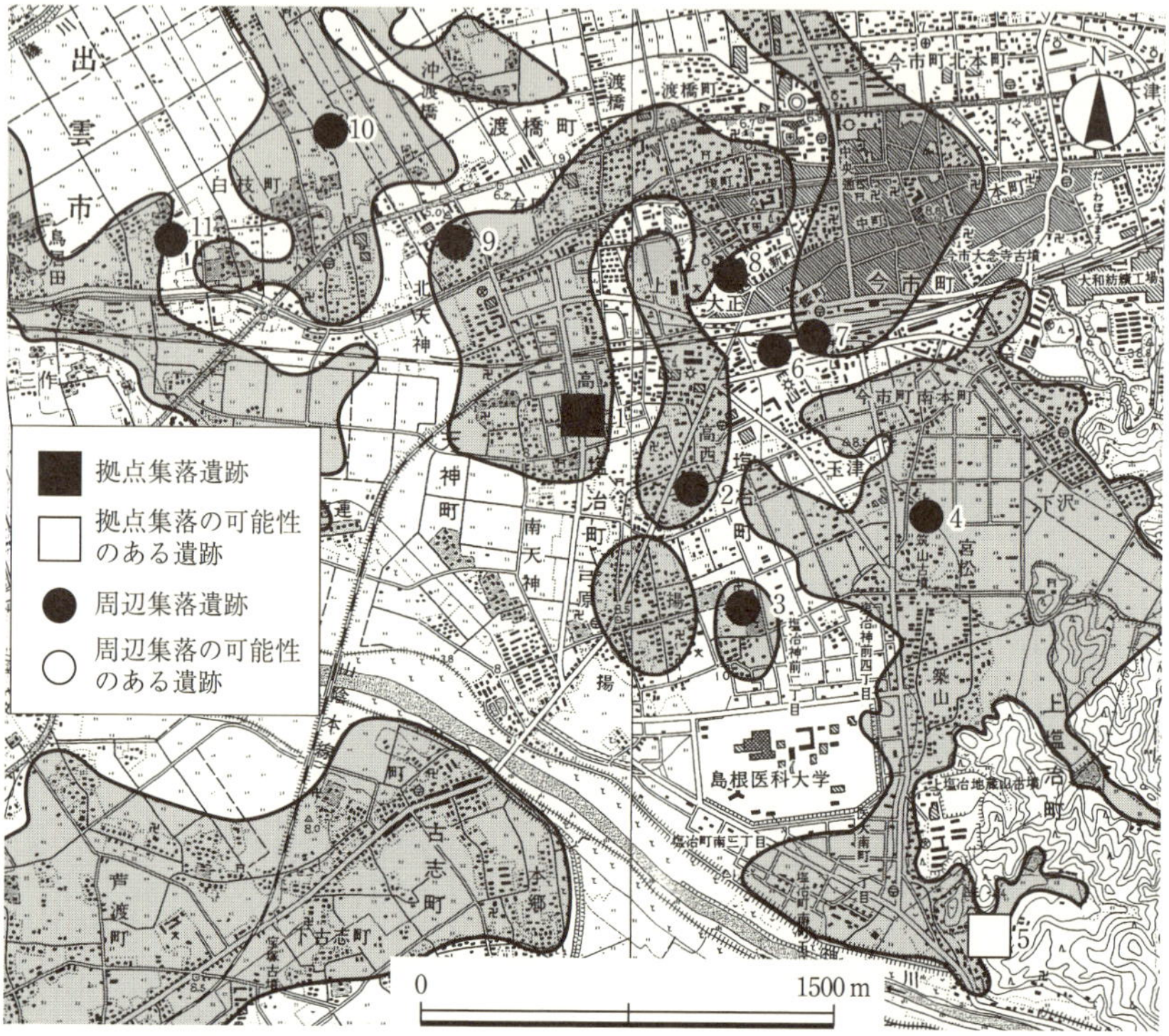
拠点集落遺跡
拠点集落の可能性のある遺跡
周辺集落遺跡
周辺集落の可能性のある遺跡
0
1500 m
出雲市
島根医科大学
今市町
渡橋町
塩冶町
古志町
芦渡町
築山
上塩冶町

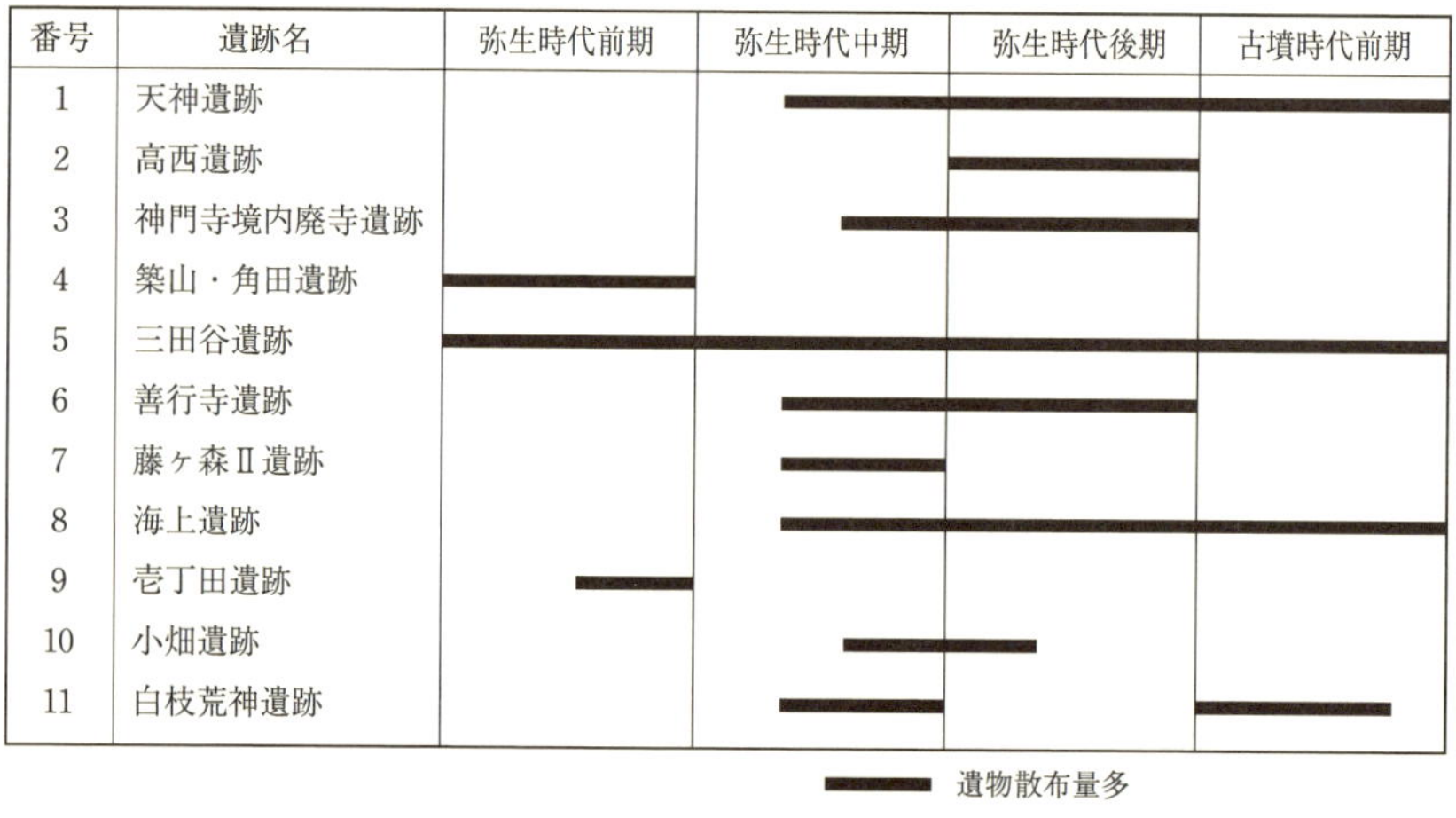
番号
遺跡名
弥生時代前期
弥生時代中期
弥生時代後期
古墳時代前期
1 天神遺跡
2 高西遺跡
3 神門寺境内廃寺遺跡
4 築山・角田遺跡
5 三田谷遺跡
6 善行寺遺跡
7 藤ヶ森Ⅱ遺跡
8 海上遺跡
9 壱丁田遺跡
10 小畑遺跡
11 白枝荒神遺跡
遺物散布量多

図 19　第 3 群　神戸川右岸群の遺跡分布・消長

ら北西の白枝町付近にまで延び（上塩冶・白枝微高地とする）、形状的には、左岸と同様に小微地塊が島状に並ぶ。遺跡の分布も南北に延びる列島状をなして広がっている。

天神遺跡（勝部他 一九七二、横山他 一九七七、池田 一九七九、川上 一九八二・八七、角田 一九八六、田中・西尾 一九八八、岸 一九九九、高橋 二〇〇二）

本群の中心となる集落址は天神遺跡（天神町松下）である。上塩冶・白枝微高地の中程に位置し、遺跡の範囲は東西約六〇〇メートル、南北約八〇〇メートルになる。標高は、遺跡の中央部で七メートル強である。弥生時代の集落範囲は必ずしも明確ではないが、北寄り（JR山陰線付近）と南辺（天神天満宮南側）で中期後半の大型壕が発見されていることなどを参考にすると、東西約四〇〇メートル、南北約六〇〇メートル程度に及ぶとみられる。古志本郷遺跡に次ぐ大規模な集落址である。本遺跡では古代の墨書土器等が出土しており、かつては神門郡衙跡と推定されていた。

これまでに判明した弥生時代の遺構は、壕（中期中ごろから終末期・古墳時代前期）・土壙墓群（中期後半）・ウッドサークル等である。上幅六メートルの大型壕をはじめとして八本の壕が検出されている。古志本郷遺跡でみられるように、微高地の東縁辺に沿って複数条が併走する形で掘り込まれたものと考えられる。土壙墓群は壕の内側に位置している。ウッドサークルは壕外の低地部分に設えられていた。

出土した弥生土器は、中期中葉から後期終末までのものがあり、中期後半代と後期終末・古墳時代前期がこれに次いでいる。木製農耕具類には未成品もあり、集落内に工房が置かれていたことを示している。注目される遺物としては、外来系土器として須玖式系土器があり、他に衣笠の一部と考えられる木製品、土壙墓出土の碧玉製管玉等がある。

弥生時代天神集落の構造については未解明な部分が多いが、遺跡の広がり具合、多条の壕、遺物の内容から中期中ごろ以降に急成長して大規模な集落となり、後期終末・古墳時代前期まで存続したことが十分推定されうる。上塩冶・白枝微高地集落群の拠点集落とみて差し支えないであろう。

天神遺跡が占地する微高地北辺には大量の木製品が出土した海上遺跡が存在する（藤永 二〇〇二）。旧河道と推定された湿地から弥生時代中期後半から後期のものとみられる鍬・天秤棒・桶・合子・杓子・匙・舟形品・建築部材等々の多様な木製品が密集状態で発見されている。弥生土器には前期末ごろと中期後半・後期のものがある。直近の地に集落が営まれていたのであろう。また、天神遺跡の東辺には藤ヶ森II遺跡（中期中葉・後葉）、善行寺遺跡（中期後葉・後期）が知られている。天神遺跡を中心とする上塩冶・白枝微高地中央の集落ブロックの一角を構成する集落址であろうか。

築山・角田遺跡（川上・西尾 一九八五、川上 一九八七、三原他 二〇〇五〜二〇〇九）

天神遺跡の東南方にも小規模な弥生時代遺跡がいくつか分布している。高西遺跡（後期）、築山・角田遺跡、神門寺境内廃寺遺跡（中期後葉から後期）などである。築山・角田遺跡（上塩冶町築山・松宮）は塩冶丘陵前面の北に延びる低位段丘面にあり、弥生時代前期の壕と土坑などが検出されている。とくに築山遺跡では縄文時代中期・後期・晩期の土器・石器がまとまった状態で出土し、最古式の前期弥生土器もえられている。第二群の西方集落ブロック同様に、縄文集団が早くから弥生文化に接していたことを想定させる。つぎの三田谷遺跡群では、そうした様相をやや具体的に捉えることができる。

三田谷遺跡群（今岡 一九九九、熱田他 二〇〇〇、鳥谷 二〇〇〇、内田 二〇〇〇、米田 二〇〇〇）

上塩冶・白枝微高地の基部に当たる箇所には三田谷I・II・III遺跡群（上塩冶町半部）が位置している。遺跡は、丘陵部の狭い東西方向の谷間から流れ出て神戸川に合流する小川沿いに形成されている。谷口から谷奥に向かってI、II、IIIの遺跡が並ぶが、本来的には一体の集落群とすべきであろう。

検出された遺構・遺物の大半は縄文時代・古墳時代・奈良時代とその前後に属し、弥生時代のものは比較的少ない。注目されることは、縄文時代後期の丸木舟二艘をはじめドングリの貯蔵穴等が多量の縄文土器（後期・晩期）とともに出土したこと、古代官衙の存在を示す建物跡・墨書土器・硯・木簡・和同開珎等が揃って検出されたこと等である。これら一連の調査結果は、出雲地方における原始・古代史をコンパクトに、継続的に辿ることを可能にした点で貴重である。弥生時代については最古式の弥生土器群（板付Ⅱａ式並行とされる）や中期前半期の土器群が出土し、さらに谷口付近で後期の小規模な集落址等が検出されたことに注意したい。この小集落に伴うとみられる方形周溝墓の発見は記憶に留めねばならない。出雲地方では稀有例である。

私見に従えば、前面に神門水海と若い沖積地を控えた丘陵縁に早くから縄文集団が生活拠点を構え、背後の丘陵部での狩猟・採集と内海での漁撈を合わせた暮らしを展開していたと考えられる。そして、かの集団が自らの手で稲作と弥生文化を導入する形で新時代に移行し、その後も継続して集落を営んでいたのではないか、と推定しておきたい。後期・晩期の縄文土器が出土した築山遺跡等は三田谷分岐集団の食料獲得活動の軌跡と考えることができよう。

上塩冶・白枝微高地の最先端では壱丁田遺跡（前期後半）、小畑遺跡（中期後葉〜後期前葉）、白枝本郷遺跡（中期後半）の三遺跡が発見されている。いずれも短期間に営まれた小規模な集落址であるが、弥生時代前期後半以後に一つの集落ブロックを形成していることに注意を払う必要があろう。

以上、神戸川右岸一帯の微高地上には弥生時代前期に丘陵部と微高地の北辺で集落経営が始まり、中期中ごろ以降に微高地中央部付近に天神遺跡を核とする優勢な集落ブロックが形成され後期末・古墳時代前期に一旦終焉したと考えられる。第三群地域には古墳時代後期に大念寺古墳、塚山古墳、上塩冶築山古墳、地蔵山古墳等の西部出雲を代表する大型首長墓が築造されている。その直接的母胎集団は上塩冶・白枝微高地上に弥生時代以降も断続的に営まれた諸集落によって構成されたことは疑いないであろう。弥生時代集落の消長もその前段階としてみていくことも意味あることであろう。

第四群　斐伊川左岸群（大津町・北新町・中野町）（図20）

第四群とした遺跡群は、斐伊川の平野流入箇所付近から北西に湾曲して延びる左岸微高地上に位置している。斐伊川が北方向から西向きに流路を変えることによって生成した小規模な微高地である。中野微高地（標高五～七メートル程度）と仮称しよう。本群に属する遺跡としては、斐伊川鉄橋遺跡、石土手遺跡、大歳遺跡を挙げた。しかし、近年の発掘調査によって新たに大津北遺跡、その西に中野清水遺跡、中野美保遺跡、さらに西側に中野西遺跡が措定されている。大歳遺跡（弥生時代後期）は中野美保遺跡の南東に接しており、一体の集落址の可能性がある。よって、第四群は七遺跡からなる集落群ということになる。

斐伊川鉄橋遺跡（赤沢他　一九八三）

群南端の斐伊川鉄橋遺跡（大津町神立・斐川町）は、一九六二年ＪＲ山陰線の鉄橋付け替えによる橋脚造立工事に伴って発見された。詳細は不明であるが、現川床より七メートル下部に弥生時代の包含層（推定で標高六メートル前後）があり、そこから弥生土器（中期後半・後期のもの）や土師器・須恵器類が出土している。出土状況と土器片の欠損状態から判断すると集落址に伴う遺物として差し支えない。石土手遺跡は井戸掘削の際に後期の弥生土器が採取されたことにより認定された。遺跡の性格は不明である。大津北遺跡は南北に延びる微高地上にあり、後期の弥生土器がえられている。集落が存在したことを推定しておこう。

中野清水遺跡（角田　二〇〇六）

大津北遺跡西隣の中野清水遺跡（中野町清水）は、微高地が東西方向に向きを変えた変更箇所付近に営まれ

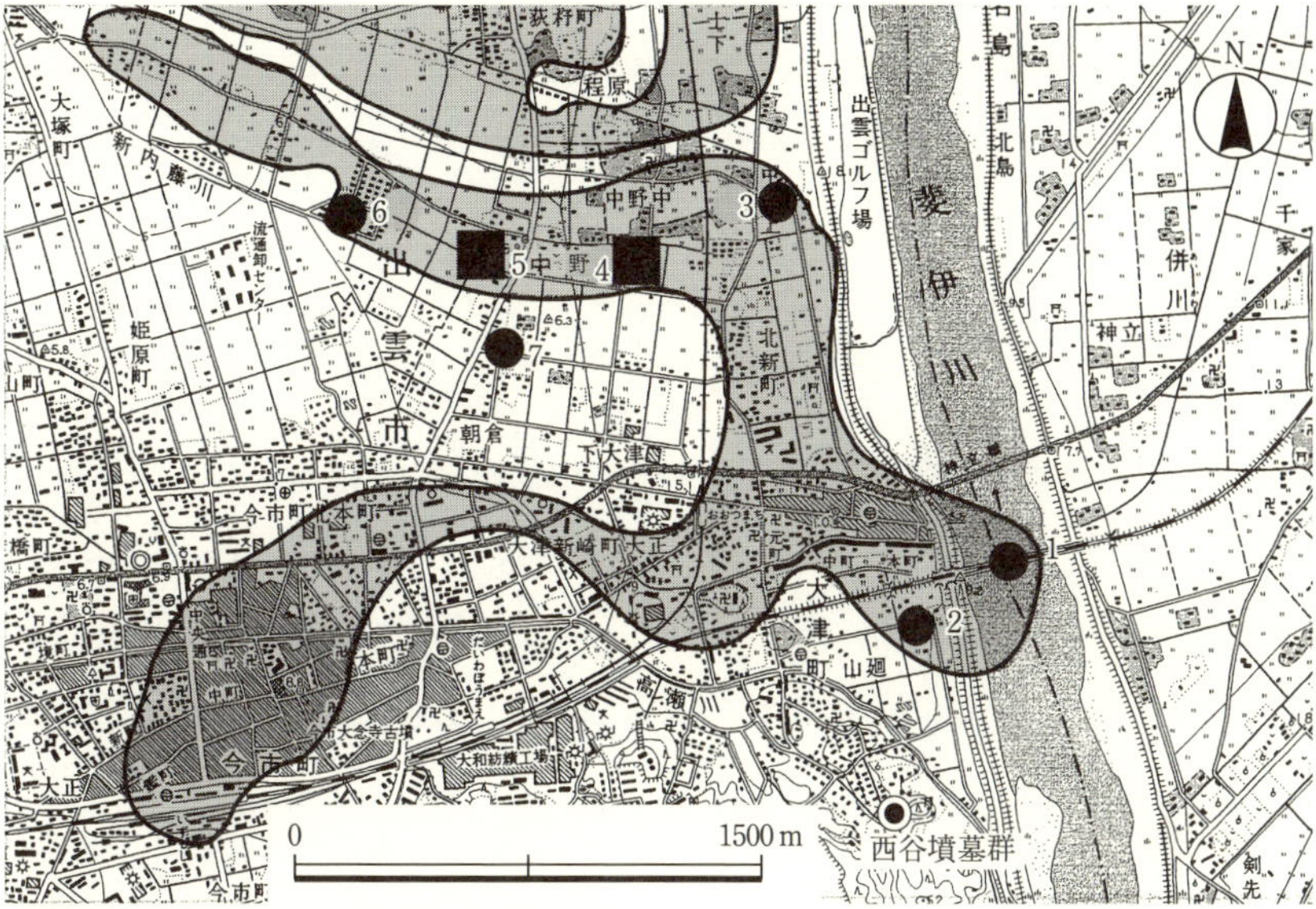

■ 拠点集落遺跡　● 周辺集落遺跡
□ 拠点集落の可能性　○ 周辺集落の可能性
　 のある遺跡　　　　 のある遺跡

番号	遺跡名	弥生時代前期	弥生時代中期	弥生時代後期	古墳時代前期
1	斐伊川鉄橋遺跡			▬▬▬	▬▬▬
2	石土手遺跡			▬▬▬	▬▬▬
3	大津北遺跡			▪▪▪▪	
4	中野清水遺跡		▪▪▪▪	▬▬▬	▬▬▬
5	中野美保遺跡		▬▬▬	▬▬▬	▬▬▬
6	中野西遺跡		▪▪▪▪	▬▬▬	▬▬▬
7	大歳遺跡			▪▪▪▪	▬▬▬

▪▪▪▪ 遺物散布量疎　　▬▬▬ 遺物散布量多

図20　第4群　斐伊川左岸群の遺跡分布・消長

第4章　中海・宍道湖西部域における農耕社会の展開

ている。幅の狭い微高地南縁から弥生時代から近世に至るまでの多種多様の遺物が出土しており、わけても弥生時代終末期から古墳時代前期、奈良時代前後のものが目立つ。弥生時代の遺構は見当たらないが、少量ながら前期後半と中期前半の弥生土器が検出されていて中野微高地への居住が早くから開始されていることが知られる。中期後半以後には土器量も増え、このころから集落の盛期が訪れるようである。そして、後期終末期・古墳時代前期ごろの最盛期を経て衰退期（古墳時代中期〜後期前半）に移行したようである。

遺物群中で注目されるのは外地からの搬入品である。例示しよう。まず、中期後葉とされる鋳造鉄斧を挙げなければならない。管見では出雲平野初見。当地方全体で四例目となる稀少品である（池淵 二〇〇五）。貨泉も一枚えられているが、これも右の鉄斧と同時期の外来系遺物であろう。外来土器には、塩町式系土器や北部九州からの後期土器が確認されている。その他、古墳時代前期にかかる例として西部瀬戸内や朝鮮半島南部の土器もみられるという。

集落内手工業生産を示す遺物も少なくない。検出品からは石剣、碧玉製管玉、漆、水銀等の生産や加工が想定された。これらのいずれをとってみても一般的な集落址では出土しない遺物群である。また、古墳時代前期には鉄器生産も実施されていたようだ。採取された椀形鍛冶滓の分析からは鉱石系鉄素材とした鍛錬鍛冶が集落内で行われていたこと、併せてこの素材が朝鮮半島からもたらされた可能性があるという。集落内に手工業生産の工房や交易センター的な機関が置かれていたとする調査者の指摘は的を射ている。

中野美保遺跡（仁木 二〇〇四）

中野美保遺跡（中野町美保）に移ろう。遺跡の位置は中野清水遺跡の西側になる。両遺跡は、距離約三〇〇メートルの至近距離にあり、一個の集落址となる可能性がある。遺構・遺物は微高地南縁から検出されている。弥生時代に関しては中期中葉の方形貼石墓（大きさ：五・五メートル×四・五メートル）と後期の四隅突出形墳丘墓（貼石・列石、大きさ：約一四メートル×一五メートル、突出部を含む）が特筆物であろう。両者が完全に重なり合った状態で検出されたことも見逃せない事実である。他には土坑と溝がいくつかみられるが、集落本体の詳細はわからない。おそらく、中野清水遺跡と同じように微高地の高い部分（標高六メートル前後）に居住区があると推定される。なお、調査区西端では前期の水田址の存在が予測されている。微高地南側が水田域をなしていたことは、中世水田遺構の検出状況からも十分推定できる。

遺物としては、弥生土器の他に石器・砥石・玉類が出土している。弥生土器は前期後半代から中期前葉・中葉・後葉、後期のものがあるが、量的には中期中葉・後葉の土器が大半を占めている。石器類には太型蛤刃石斧・石製紡錘車・打製石鎌・打製石鏃（黒曜石製）等が出土している。

以上の記載中において特徴的な事実を挙げるとすれば、集落遺跡内で墳墓が発見されたことに尽きよう。この事実は、中期後半以降に急発展を遂げる集落にあって、集団を取り仕切る有力者が台頭したことを示す貴重な資料といえる。

中野微高地西外れには中野西遺跡がある。中野美保遺跡の西方約二〇〇メートルの位置に当たる。「土器溜り」遺構等から弥生土器が出土している。時期的には前期後半から中期前半、中期後葉、後期と断続しており、中期後葉の土器が多い。外来土器として塩町式系土器がみられる。調査面積が狭いので全体像は不詳とせざるをえないが、中野清水・中野美保遺跡の消長と歩調を合わせる形で推移したことが考えられよう（坂本 二〇〇二）。

つぎには第五群・四絡遺跡群を取り上げることになるが、この群は集落構成と集団的性格を解明するうえでの素材が比較的まとまっていることから別項を立てて解説することとし、先に第六群から第八群の記載を試みたい。

第六群　斐伊川北岸域＝里方・高浜・東林木群（荻杼町・稲岡町・高岡町・里方町・東林木町）（図21）

旧斐伊川が流路を北方向きから西方へと転換した箇所の右（北）岸に逆「L」字状に形成された微高地上に並ぶ遺跡群である。乱流する河流の影響で蛇行して西に延びている。荻杼・里方微高地と仮称する。東端の荻杼II遺跡は第四群・中野清水遺跡の北約一キロメートル、この間に主流と副流が不規則に流路を作っていたと考えられる。

群を構成する遺跡は、先には七遺跡としたが（田中・西尾 一九八八）、新たに里方本郷遺跡が加わり、八遺跡となる。ただし、近年の調査で荻杼・里方微高地の北に位置する山持川遺跡は、北山南麓から張り出す扇状地前面付近に位置する大型集落であることが判明し、名称も山持遺跡と改称されている。また、青木遺跡・里方別所遺跡・里方本郷遺跡などについても同様に、第六群に含めるには問題なしとしないが、荻杼・里方微高地の後背湿地を共同開発した可能性を想定して同一群内遺跡として扱っておこう。

東西に列状に並ぶ荻杼II遺跡・稲岡I遺跡・同II遺跡・多福寺西遺跡・高浜駅周辺遺跡はいずれも分布調査によって所在が知られた遺跡である。採集された土器から弥生時代後期の集落址で、おそらくは北東部の山持遺跡を中心にまとまる集落群とみられる。

山持遺跡（川上・赤沢 一九八二、田中・西尾 一九八八、赤沢他 一九八三、今岡 二〇〇五、池渕 二〇〇七、内田 二〇〇七、原田 二〇〇九）

山持遺跡（西林木町・里方町）は北東から南西に張り出す扇状地面に広がっている。遺跡範囲は東西約二キロメートル、南北約〇・五キロメートルに及ぶ。標高は、扇頂部で一〇メートル、扇端部で五メートルである。弥生時代の遺構・遺物を包含する地層は二・〇〜二・五メートルを示す。

検出された弥生時代の遺構には後期から古墳時代前期に属する土坑や旧河道、土壙墓群がある。旧河道を中

図21　第6群　斐伊川北岸域の遺跡分布・消長

心に大量の弥生土器・古式土師器等が出土している。弥生土器には前期中ごろから後期末までのものがあり、時期的な途絶がみられない。量的には中期後半と後期後半の土器が多数を占める。中には特殊土器（高坏形器台）の模倣品や朝鮮系無文土器（勒島式土器等）・瓦質土器、塩町式系土器、大隈式土器、西部瀬戸内方面の土器等の外来土器がみられる。分銅形土製品も外来系遺物の一つである。また、「ムティサラ」と呼称される赤褐色のガラス小玉が多数出土したことは特筆物であろう。弥生時代後半期のものとしては本州初発見とされる貴重な外来系遺物である。その他、玉類に関しては碧玉製管玉の完成品や加工途上品・原材・砥石の出土は集落内玉生産の存在を示している。手工業生産と交易センターをそなえた集落の片鱗が垣間みられる。

山持遺跡からは縄文時代早期以降晩期に至る土器が採取されている。縄文海進期より海退期に集落が断続的に営まれたことが知られると同時に比較的安定した集落立地条件を維持していたように思われる。そうした要件に導かれて弥生時代にも引き続いて居住があり、とくに中期後葉から後期末ごろには拠点性を備えた大型集落に発展し、地域集落群の核としての役割を発揮したことが考えられる。なお、当微高地上には南北に走る古代道路が敷設されていたことが判明した。杭と粘土・礫で構築された幹線道路とみられ、山持集落が古代においても交通要衝に位置していたことを想定させている。

山持遺跡の西隣では里方本郷遺跡が発見されている。弥生時代前期後半から中期前葉・中葉・後葉、後期の土器等が出土している。前期の弥生土器はかなりまとまっており、朝鮮系無文土器や太型蛤刃石斧等もみられる。比較的安定した小集落の存在が予測され、第六群の発祥期の遺跡として注目しておきたい（中川 二〇〇八）。

青木遺跡（今岡・松尾 二〇〇六）

さらに、東方約二キロメートルの地で青木遺跡（東林木町）が発見されている。北山山麓扇状地（標高六〜七メートル）に立地し、東西約六〇〇メートル、南北約二・五メートルの広がりをもつ。ここでは弥生時代中期後葉期の四隅突出形墳丘墓＝四号墓（貼石、大きさ：一辺一七メートル）をはじめ三基の四隅突出形墳丘墓（貼石・列石、後期後半。一号墓の大きさは突出部を含めて一九・四メートル×一五・二メートル）と方形＝円形の墳墓（後期）合わせて十数基が、標高約三・五メートルの層から検出されている。中期後葉の四隅突出形墳丘墓は、従来中国山地の三次方面においてのみ知られており、この地域が四隅突出墓の始原地とされてきた。ところが、ここに同形墓がほぼ時を同じくして出雲平野に出現したことで当該墳墓の起源問題に一石が投じられた格好である。しかも後期まで続いて四隅突出形墓が造営されていることは多元発生論や当地域での自立的展開説を補強する事実とも受け取れる。

出土した弥生土器には前期から後期までのものがあり、弥生時代のほぼ全時期にわたる遺跡存続を確認できる。量的には中期後葉から後期前半の土器が多く、塩町式系土器も散見される。太型蛤刃石斧や扁平片刃石斧などの弥生時代石器があり、生活址が存在することも考えられる。新段階銅鐸の耳片は出雲地方では初例となる。

弥生時代以後の遺構としては古代神社の社殿風建物跡、祭祀場跡が顕著な存在である。同時に、木製神像や膨大な量の墨書土器等の出土も遺跡の性格を象徴する遺物といえよう。本遺跡背後の丘陵上には古墳時代前期の前方後円墳＝大寺古墳（全長五二メートル）が築造されている。こうした諸事実は、本遺跡が弥生時代以降に地域社会の祭祀や信仰にとって特別な位置を占めていたことを物語っている。先の山持遺跡と本遺跡の中間地には小規模な集落址の門前遺跡（弥生時代前期中葉・中期後半・後期）が発見されている（岸 二〇〇六）。他にも北山山麓には未発見の弥生時代集落が存在すると予測されるところである。

以上から、山持遺跡を中心とする第六群は北山山麓と斐伊川右岸微高地を舞台に広がる有力な集落群とみておきたい。そして、第六群域の東端に位置する青木遺跡は、集団祭祀と群内統率者の墓地を含む特別区をなしていたと推定しておきたい。

第七群　大社町域群（大社町）（図22）

第七群は原山遺跡を中心とする集落群である。北西から南東に向かって神門水海に突き出た浜山砂丘と北山山麓、砂丘の南縁、そして日本海岸の三カ所に弥生時代の遺跡がみられる。浜山砂丘と北山山麓の間にはかつて菱根池と呼ばれた沼沢地があり、その奥に出雲大社が陣取る大規模な扇状地がある。

出雲大社境内遺跡（田中・西尾　一九八八、石原・松尾他　二〇〇四）

神社境内自体が縄文時代後期・晩期から弥生時代以降連綿と続く遺跡で出雲大社境内遺跡（大社町杵築）と名づけられる。話題を呼んだ本殿跡の巨大柱検出に際しては弥生時代後期の土器が出土している。以前にも境内の一部から縄文土器（後期・晩期）や弥生時代前期から後期の土器が採取され、ここに弥生時代集落址が存在したことは確実である。大規模な信仰地へと展開するのはいつのころか、興味ある問題だが、解明への道はみえない。

大社扇状地の東端には五反配遺跡がある。低湿地から大量の木製品や廃材などが検出されている。弥生時代については前期中ごろ、中期後半から後期の土器の他、木製農具（鋤・田下駄等）がみられる。隣地に継続型の集落が存在するのであろう（東森　二〇〇四）。

原山遺跡（杉原　一九四八、村上・川原　一九七九、村上他　一九八六）

浜山砂丘の基部に位置する原山遺跡（大社町修理面）は第七群を代表する集落址と考えられる。東西約二〇〇メートル、南北約三〇〇メートルのエリアから縄文時代後期・晩期の土器、弥生時代の前期と後期の土器が発見されている。遺跡は、さらに古墳時代以降にも続くことが知られ、長期に継続する集落といえよう。弥生

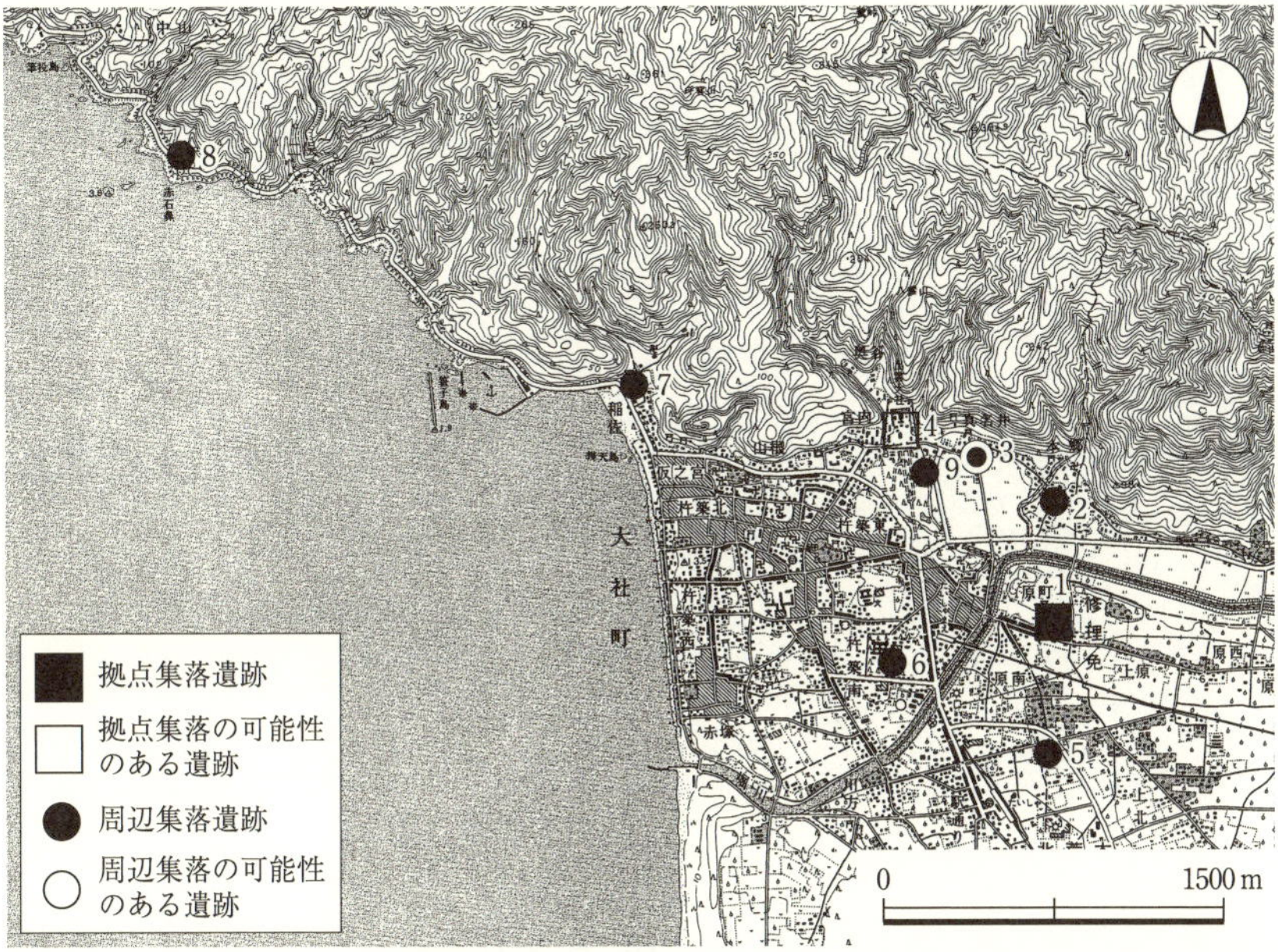

番号	遺跡名	弥生時代前期	弥生時代中期	弥生時代後期	古墳時代前期
1	原山遺跡				
2	修理免本郷遺跡				
3	命主神社遺跡(銅戈等出土地)				
4	大社境内遺跡				
5	南原遺跡				
6	鹿蔵山遺跡				
7	稲佐遺跡				
8	ひろげ遺跡				
9	五反配遺跡				

遺物散布量疎　遺物散布量多

図 22　第 7 群　大社町域群の遺跡分布・消長

時代前期の土器には「出雲原山式」の名称が与えられ、当地方最古の弥生土器に位置づけられてきている。南東方向に位置する四絡遺跡群の矢野遺跡、第二群の保知石遺跡、第三群の三田谷遺跡、築山・角田遺跡共々出雲平野における稲作農業開始に預かった集団がここに居住地を構えたことが考えられる。朝鮮系無文土器や磨製石剣といった外来系遺物が採集されているが、これらも稲作集団来住との関わりで理解されよう。弥生時代後期には「配石墓」も築造されている。

菱根池の北岸には修理面本郷遺跡がある。南北約一五〇メートル、東西約三〇〇メートルの広がりを有し、弥生時代後期・古墳時代前期の土器が採集されている。一単位程度の集落址が想定されよう(田中・西尾 一九八八、松本 一九九二b)。また、出雲大社境内遺跡とこの遺跡の中間には真名井遺跡(命主神社遺跡)が存在する。江戸時代に社殿背後の大石の下から青銅器が発見されたと伝えられ、伝承の遺物の一部が現存している。青銅器は中細形b類銅戈、それに硬玉製勾玉である。現存しない青銅器は、記載史料により中細形c類銅剣三本分と判明している。荒神谷遺跡出土銅剣と同類である(近藤 一九六六、松本 一九九二b)。

鹿蔵山遺跡(片寄・黒谷他 一九八四、石原他 二〇〇五)

浜山砂丘南縁には南原遺跡(田中・西尾 一九八八、松本 一九九二b)と鹿蔵山遺跡(大社町杵築)がある。前者は弥生時代前期から、後者は弥生時代後期からの居住がそれぞれ認められ、さらに両者とも古墳時代から奈良・平安時代に及ぶ長期の継続性を有し、後者は古代の有力な集落であったことが確認された。貝塚も残されており、弥生時代以降に神門水海や日本海漁業を生業とした集落と考えられる。前面に日本海岸を控えた稲佐遺跡も漁業活動を主とした集落址とみられる(田中・西尾 一九八八、松本 一九九二b)。また、岩海岸に面した「ひろげ」遺跡は、弥生時代後期の祭祀遺跡とされている(松本 一九九二b)。

第七群の集落群は、出雲大社境内遺跡・五反配遺跡・真名井遺跡・修理免本郷遺跡等の北山山麓ブロックと原山遺跡・南原遺跡・鹿蔵山遺跡の砂丘ブロック、日本海岸の稲佐遺跡・「ひろげ」遺跡ブロックの三区に分けて観察することができるが、いずれのブロックも弥生時代以降は出雲大社境内遺跡と有機的に結びついて存続したと判断するのが至当かと思われる。この群域には古墳の築造が認められない等、ある種「聖地」的エリアに収斂される遺跡群ともいえる。

第八群　仏経山山麓群(3)**（簸川郡斐川町）**（図23）

斐伊川右岸の仏経山山麓地帯では、荒神谷遺跡の発見以来関連遺跡の有無が問われつづけてきた。右岸のこの地域は、近世期の「かんな流し」による大量の土砂の搬出・堆積があり、古代・中世の地形や遺跡の詳細はほとんど明らかにしえない状況にあった。

その後、後谷Ｖ遺跡（斐川町出西）等の調査を契機に当地域内には一〇カ所以上の弥生時代遺跡の存在が確認され、それらは仏経山山麓から大きく北方向に張り出す半島状の低丘陵地（仮称伊波野丘陵）を境にして、東西の集落ブロックに区分できる。

西側のブロックは、後谷Ｖ遺跡が所在する神氷・出西ブロックである。乱流する斐伊川の一支流が形成した北東方向の自然堤防と伊波野丘陵の間にはＵ字形の沼沢・低湿地があり、その沿岸に弥生時代集落が営まれたものと考えられる。東側のブロックは古宍道湾に面した北向きの細長い谷群からなる。荒神谷遺跡と西谷遺跡群の立地の仕方が典型例といえる。おそらく、奥深い谷間と谷口付近に成立した狭い沖積地を開発した弥生時代集落群が存在するものと推定される。以下、後谷Ｖ遺跡を中心に仏経山山麓域の弥生時代集落の消長を跡づけておこう。

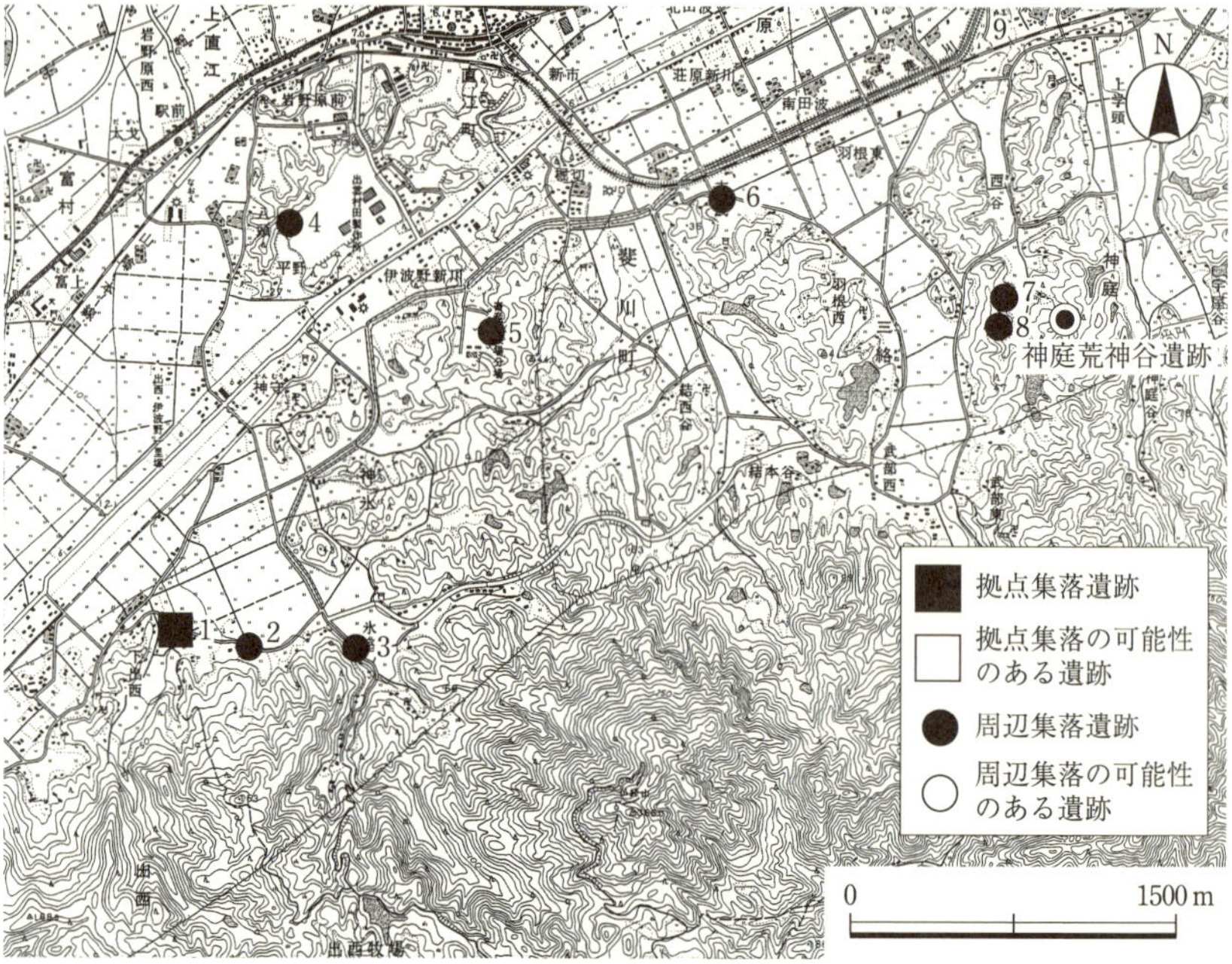

番号	遺跡名	弥生時代前期	弥生時代中期	弥生時代後期	古墳時代前期
1	後谷Ⅴ遺跡				
2	小野遺跡				
3	氷室Ⅳ遺跡				
4	平野Ⅰ遺跡				
5	杉沢・三井遺跡群				
6	宮谷遺跡				
7	西谷Ⅱ遺跡				
8	西谷遺跡				
9	神庭丘陵北遺跡				
10	大倉Ⅳ遺跡				

遺物散布量疎　遺物散布量多

図23　第8群　仏経山山麓群の遺跡分布・消長

後谷Ｖ遺跡（金築・宍道・池田他 一九九六[4]）

後谷Ｖ遺跡（斐川町出西）は仏経山の北西麓縁に位置している。本遺跡では、奈良・平安時代の大規模な倉庫址群が発見され、『出雲国風土記』の記載から出雲郡の郡衙に属する倉庫群と見なされている。出土した遺物には古代土器の他に大量の炭化米があり、それらに混じって縄文時代後期・晩期、弥生時代前期から後期、古墳時代前期の土器が見出されている。こうした事実は、第二群の古志本郷遺跡における神門郡郡衙址にみられたように、弥生時代の拠点集落を起点にした長期継続型集落が発展して郡域の中核集落に転化していく姿相を示すものといえよう。

後谷Ｖ遺跡の東南には小野遺跡や氷室Ⅳ遺跡（斐川町神氷）が知られ（金築・宍道・池田他 一九九六）、同じく北東方向の半島状に張り出した低丘陵上には平野Ⅰ遺跡（宍道他 一九九二a）がある。この三遺跡では後期弥生土器が採集されており、これら一群の遺跡は、後谷Ｖ遺跡を中心にまとまる一集落ブロックとしておきたい。なお、伊波野丘陵西縁には未発見の集落址の存在が十分予測されるところである。

宮谷遺跡、杉沢遺跡群（宍道他 一九九二a、金築・宍道・池田他 一九九六、陰山他 二〇〇一）

荒神谷遺跡は、右の西側ブロックとは丘陵を挟んだ東側の狭長な谷奥に存在している。銅剣等が発見された箇所の西方谷間には西谷遺跡群があり、弥生時代後期の土器が出土した（宍道 一九八八）。また、谷口には中期後半から後期の土器を出す宮谷遺跡（斐川町直江）がある。土器包含層の標高が一・八メートルと測定されたことから、付近一帯は集落立地可能な条件を備えていたことが考えられる。採集された遺物には中期中葉から後期前葉の弥生土器の他に塩町式系土器や分銅形土製品があり、看過できない。調査地付近にブロック内の有力集落址のあることがうかがえよう。

伊波野丘陵の中央に位置する杉沢遺跡（斐川町上直江）では径約一〇メートルに達する弥生時代中期末ころ

の大型住居址が発見され、隣接する杉沢Ⅲ遺跡と三井Ⅱ遺跡からも中期後葉の弥生土器が出土している。丘陵東側に一群の集落が存在した可能性は高く、形成期がまさに荒神谷遺跡に大量の青銅器が埋納される時期と重なっていて注目される。荒神谷遺跡が所在する丘陵の北端には神庭丘陵北遺跡（弥生時代後期・古墳時代前期）があり、東方の学頭地区では大蔵Ⅳ遺跡（弥生時代後期）が知られる。このように荒神谷遺跡の周辺には谷間・谷口に立地する弥生時代の集落址が転々と存在し、地域的には一ブロックの集落群をなしていたことが推定されよう。

以上、西ブロック（後谷Ⅴ遺跡他）と東ブロック（荒神谷遺跡他）を仮定して第八群集落群の構成を探った。未解明の部分が多々あり、今後の調査研究に期待するところが大きいが、古代の有力郡に数えられる出雲郡の郡衙所在地が当地域に比定されていることを敷衍すると二ブロック以上の集落群の措定は妥当かと考えられる。また、第八集落群が荒神谷遺跡出土の青銅器群の保有・埋納に直接的に関わった蓋然性は高く、このことにこそ本群の存在意義が求められるのではないだろうか。

三　農業集団の構成とその性格

1　四絡遺跡群（図24）

出雲平野は、いうなれば斐伊川と神戸川が生み出した新生の大地である。二河川の旺盛な沖積作用の進展に応じて広大な平野に八群の集落群（農業集団）が形成・展開している。各群は、分流する河川の中小流路や湿地によって分け隔てられた微高地を単位に、およそ二〜三キロメートルの帯状ないし塊状の生活空間を造設していたと考えられる。また、これら集落群＝農業集団には、縄文時代後期・晩期、弥生時代前期を起点として発展する集団と弥生時代中期後半ころから急成長する集落を核に展開した集団の二類例がみられ、両者が弥生時代中期後半以降に出揃って西部出雲の地域的農耕社会を形成していったことが考えられる。本節では地域的農耕社会の構成単位をなす集落群＝農業集団に説き及んでみることとする。

前節で説明を保留した第五群の四絡遺跡群（矢野町・小山町・大塚町・白枝町・井原町）を例として集落群＝農業集団の構造と性格を検討することから始める。この集落群は、斐伊川・神戸川の合成三角州最前方面（「三角州I面」と「三角州II面」の一部）に位置している。集落群の範囲は、およそ二キロメートル四方に及ぶ。群中には矢野遺跡（矢野町）、小山遺跡（第一〜第三）群（小山町・渡橋町）、姫原西遺跡、白枝荒神遺跡、井原遺跡がほぼ半環状に分布している。各遺跡は、神戸川本流と枝流によって適当に区分けされた微高地を占有しており、集落の境界は明瞭である。微高地の標高は現地表面で三〜四メートルである。以下、各遺跡の概要と特徴点について述べる。

矢野遺跡（池田 一九五六a、山本 一九五七、東森・西尾 一九八〇、田中・西尾他 一九八九、田中 一九九二b）

第五群の西北部微高地に広がる群内最大の集落址である。概略的な集落範囲は東西約四〇〇メートル、南北約六〇〇メートルを測る。ここへの居住開始期は縄文時代後期に遡るが、大規模な集落が営まれるのは弥生時代前期以降である。弥生土器は遺跡内のほぼ全域から出土し、また採集されているが、場所によって散布量・出土量に濃淡・多寡があり、この状況を参考にして遺跡内を第一地点から第六地点の六地点に区分けしている。

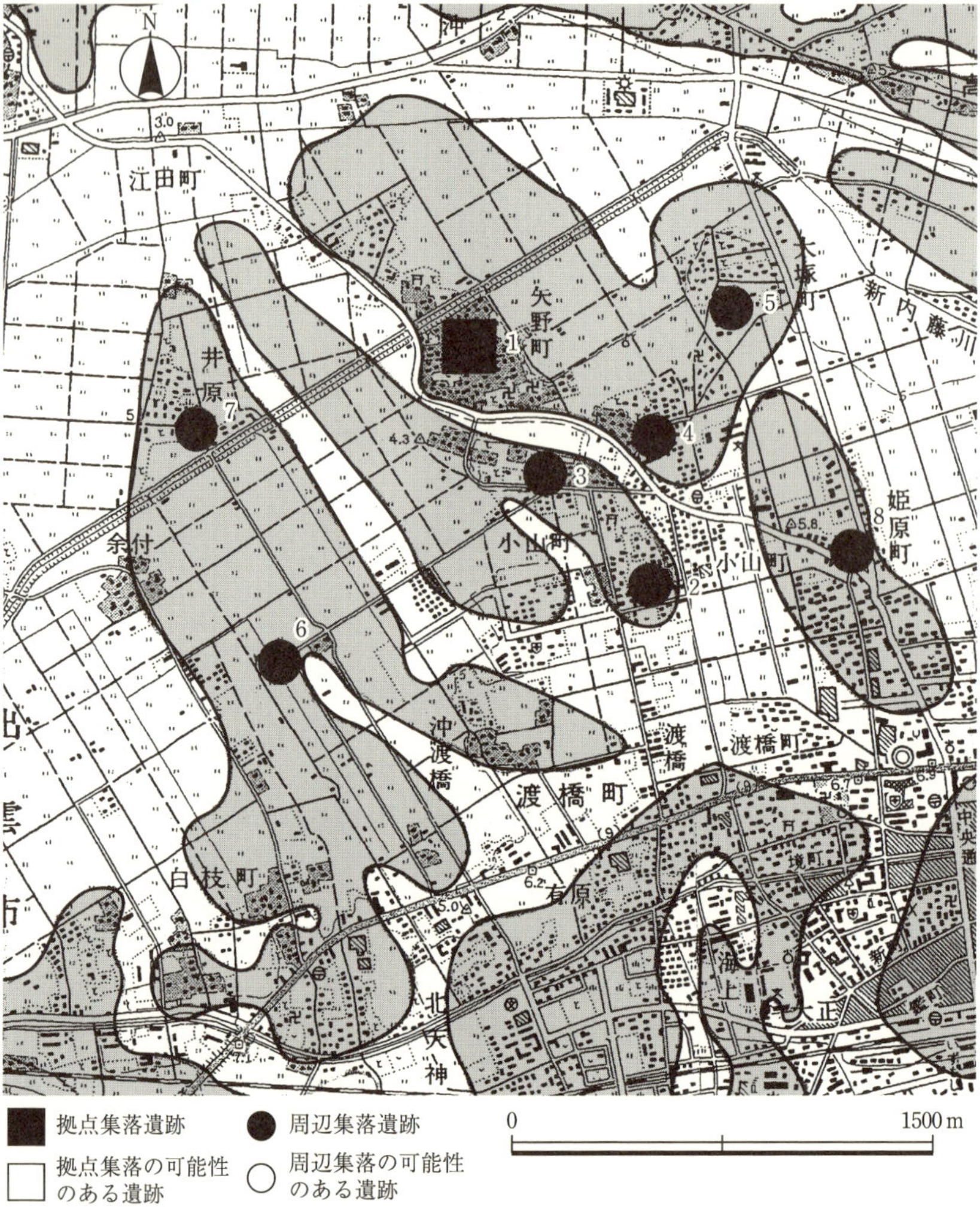

図 24-①　第 5 群　四絡遺跡群の遺跡分布

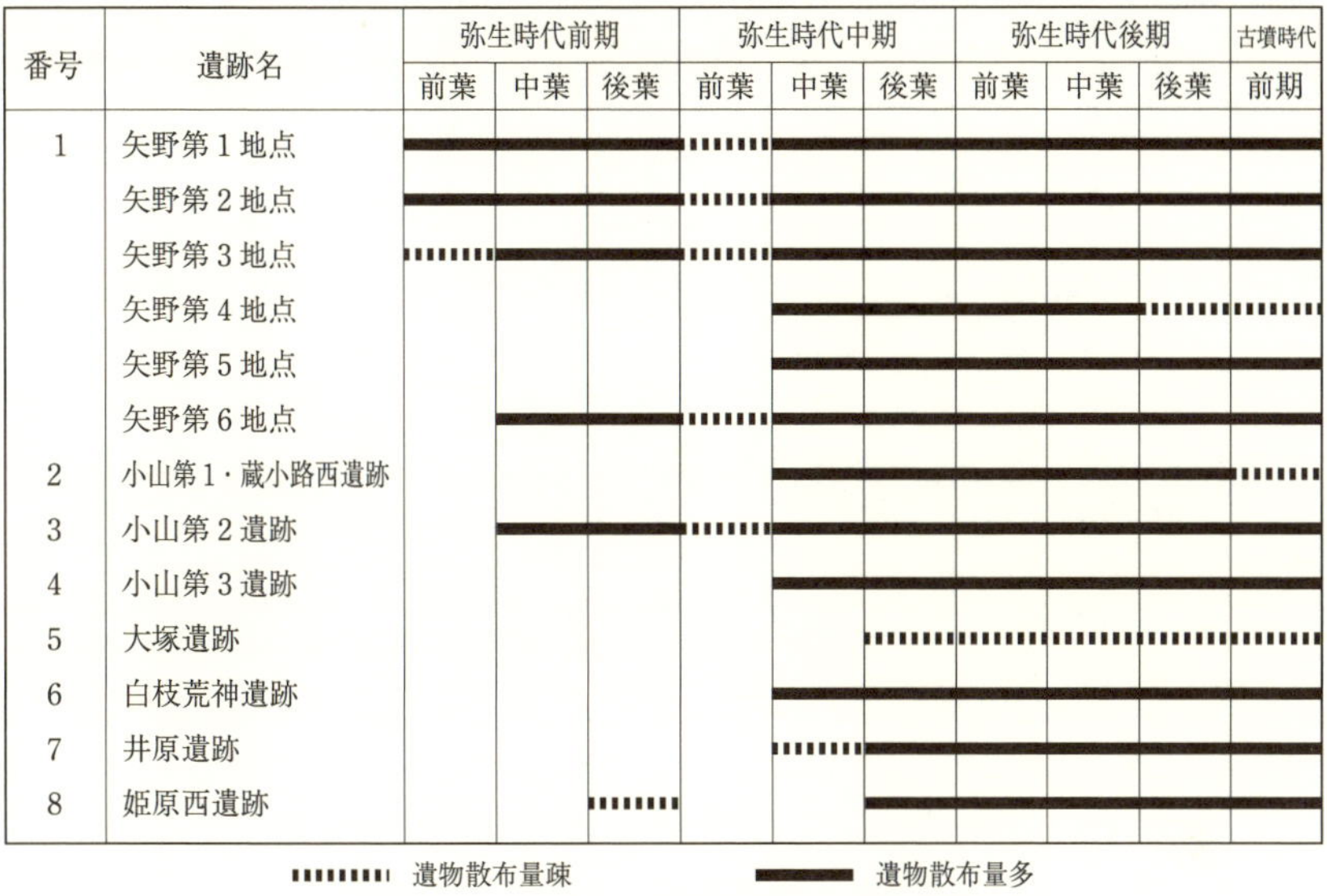

図24-② 第5群 四絡遺跡群の遺跡消長

ここでは、これまでに弥生時代の遺構と遺物が顕著にみられた第一、第二、第三の各地点を中心に矢野遺跡の集落様相について略記しよう。

第一地点は、遺跡のほぼ中央を占める。中期後半の住居址群や土壙墓群、イノシシの頭骨を石囲いした祭祀的遺構、後期前半の二段掘りの土壙墓（碧玉製管玉出土）と貝塚などが確認されている。第三地点は第一地点の北側にあり、一続きの集落域と考えられる。遺構としては前期の土坑・土壙墓、壕、中期の土坑が多数検出された。両地点の遺物には弥生時代前期から後期・古墳時代前期の土器の他、碧玉や緑色凝灰岩製管玉の完成品・未成品、石核・剥片、ハンマー、玉砥石等があり、玉作の行われていたことが判明している。

朝鮮系無文土器もみられた。また、吉備地方から搬入された大型特殊壺・特殊器台が複数セットで出土しており、大いに注目されるところである。右特殊土器は「立坂式」に属し、西谷三号墓などで出土した吉備系特殊土器と同型式に属する。かつまた、集落遺跡からの出土例としては矢野遺跡以外には知られていないことなどから拠点集落としての矢野遺跡を特徴づけるもっとも重要な遺物といえよう。

第二地点は第一・第三地点の北西に位置し、北外れには式内社の八野神社が鎮座する。北西方向へ半島状に延びる微高地上からは弥生時代前期の壕や土壙墓群、後期の住居址等が発見された。微高地西縁の神戸川旧河道にかかる包含層からは膨大な量の遺物が出土している。弥生土器の様式的サクセションに関していえば中期前半様式にいま一つ不明な部分がある。しかし、前期の土器（I―1～4）、中期の土器（III―1～2、IV―1～2）、後期の土器（V―1～4）は編年上の諸様式のすべてが出土しており、とくに前期土器群と中期・後期の土器群の出土量が顕著である。また、前期土器では松本I―1段階のものがまとまって出土し、第一・第三地点での出土例とあわせて矢野遺跡が出雲平野農耕集落の始原地の一つであることを示している。

さらには、朝鮮系無文土器・吉備系特殊土器・須玖式土器等の他地方からの搬入土器・ミニチュア土器群、土笛、大陸系磨製石器群、種々の木製品（農耕具類、容器類、祭祀具等）が出土している。土笛は一〇個を数え、鳥形木製品共々出雲平野では初現例となっている。瑪瑙や黒曜石の剥片、木製鍬の加工途上品の存在は、集落内で玉類、石鏃、農耕具類が生産されたことを物語る。その他、環状石斧が第二地点からも得られたことにより、従来、遺跡の南東端（第四地点）、東北端（第二地点東縁）出土例を併せて三例となった。これらが、あたかも集落域の縁辺を限るような分布状況をみせているのは興味深い。

第四・五地点は矢野遺跡の南から南東域を構成する。両地点からは弥生時代中期中葉から後期の土器が採集されており、この時期に矢野集落の外延が拡大されたことを示している。第六地点は神戸川の旧河道を挟んだ西対岸に当たり、小山第二遺跡が立地する微高地の北西部と繋がっている。本地点北端からは旧河口付近のシルト層に残された人の足跡が発見された。弥生時代後期のものである。付近に水田が拓かれていたことを予測させる事実と考えられよう。

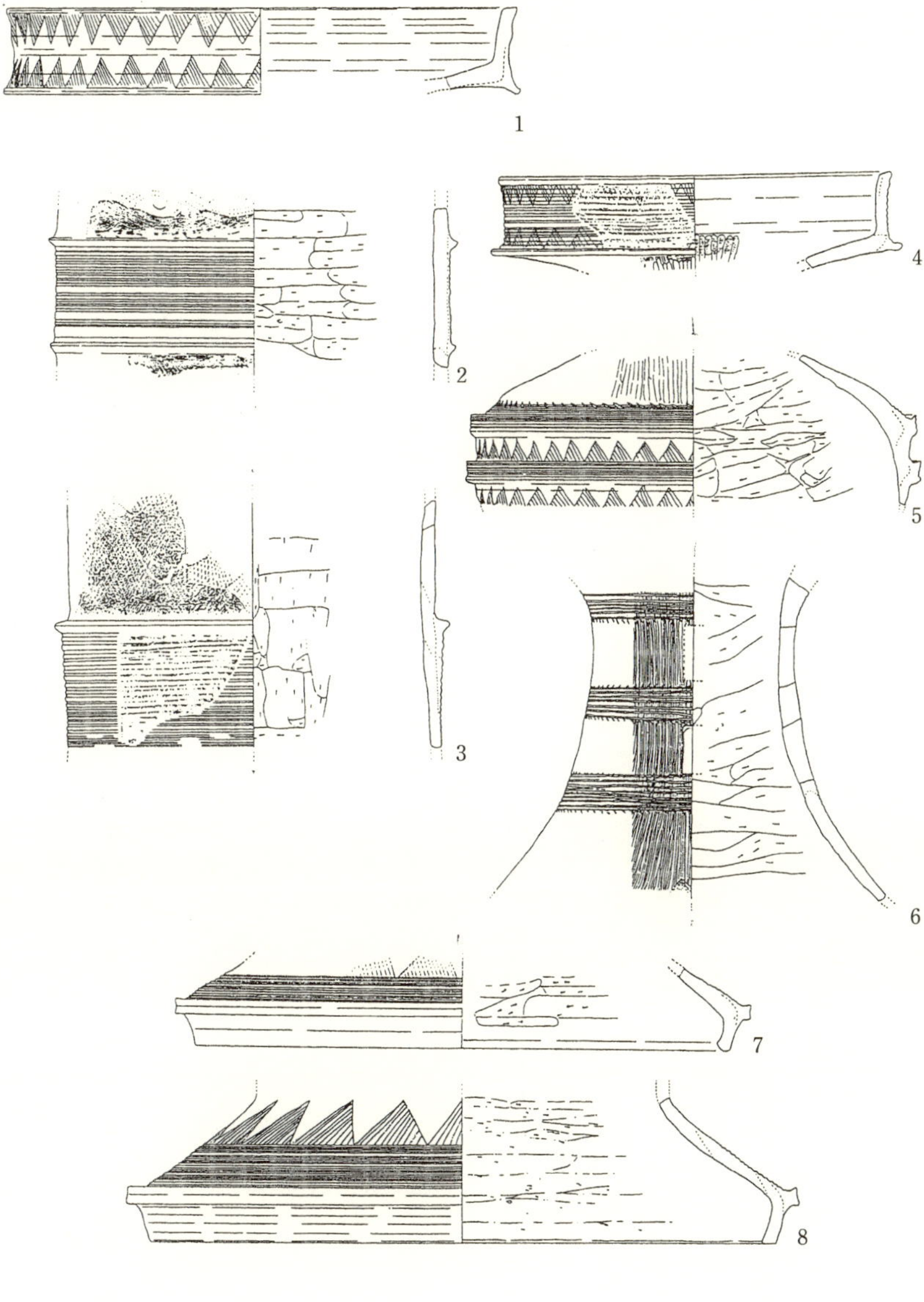

図 25　矢野遺跡第 3 地点出土の特殊土器・装飾普通器台実測

小山第1〜3遺跡群(5)（西尾他 一九八六、田中 一九九二a、三原 一九九六、遠藤 一九九八、間野他 一九九九、藤永 一九九九、園山 二〇〇二a、園山 二〇〇二b）

矢野遺跡の南側と南東側には神戸川の旧流路に沿う帯状の自然堤防＝微高地塊（仮称・四絡微高地）がみられる。それらの微高地のほとんどから弥生時代の土器が得られており、微高地を単位として小山第1遺跡、第2遺跡、第3遺跡（第1〜第3遺跡・小山町）に分けている。矢野遺跡に近い第2遺跡から記載的検討を行う。

第2遺跡は、矢野遺跡第一地点の南縁に残る北西—南東方向の神戸川の旧河道（河底の標高二メートル前後）を隔てた対岸に位置している。微高地の広がりは長さ約五〇〇メートル、幅約一五〇メートルを測る。微高地上からは壕の一部が検出され、弥生時代中期後半から後期の土器が出土した。微高地の規模から判断して、一単位程度の集落の存在が予測される。なお、旧河道の右岸（矢野遺跡の南端）からは幅二・二メートルの堰遺構（SD—01、底の標高三メートル）をともなう灌漑用水路らしき溝状遺構が検出されている。微高地の比較的高位部分を流れる神戸川（旧河道）を堰き止めて水位を上げ、微高地縁に設けた水路に用水を導き、周辺の水田に配水していたのではないだろうか。

第1遺跡は、第2遺跡と低湿地を挟んだ南東側に位置している。微高地の広がりは長さ約六〇〇メートル、幅約三〇〇メートルである。微高地の北寄りで弥生時代後期の壕が検出されている。付近には弥生時代後期の土器や古墳時代前期の土器がみられる。微高地南側は「蔵小路西遺跡」として別個に取り扱われてきた。しかし、微高地の続き具合からみて第1遺跡の範囲に含めるのが至当であろう。遺跡の南端からは縄文時代晩期の突帯文土器を伴う生活址が発見された。また、弥生時代末期に埋没したほぼ北→南方向の三条の小河道（河底の標高一・六メートル）が検出されている。その中の一条では井堰遺構が確認され、これらの河道が灌漑用水路として使用され、周囲に水田が拓かれていたことを推定させる。用水源としては先の神戸川の細流が想定される。旧河道の埋土などからまとまった形で弥生土器が出土している。時期別には前期後半から中期前葉・中葉・後葉のものがあり、さらに、後期土器も多く出土している。一〜二単位の集落が弥生時代前期中ごろ以来継続的に営まれ、後期には壕をともなう複数の小規模な集落が併存していたと考えられる。

第3遺跡は、矢野遺跡の第一地点の南東に近接する微高地上に立地し、長さ・幅とも約三五〇メートルの範囲に広がっている。ここでも旧河道に面した地のやや内側で北向きに延びる数条の壕が発見されている。弥生時代中期後葉ごろに掘られ、後期末ないし古墳時代前期に埋められた、とされる。前二遺跡同様、小規模な集落が存在したとみられよう。

大塚遺跡（山本 一九四八）

小山第3遺跡の隣には、狭い旧河道を境に北東部に延びる微高地があり、少量の中期後半から後期の弥生土器が得られたことから大塚遺跡（大塚町）と名づけられた。小規模な集落の存在が考えられるが、詳細はわからない。ここには「大塚」の地名の起源となった墳丘状の隆起箇所がある。弥生時代の墳墓の可能性もあり、精査が求められる。

白枝荒神遺跡（赤沢他 一九八三、田中・西尾 一九八八、米田・三原 一九九七、坂本 二〇〇二）

矢野遺跡の南西約六〇〇メートルに位置する遺跡（白枝町）である。神戸川三角州の西縁、神門水海沿岸（標高三メートル）に営まれた弥生時代集落址で中期中葉以降、後期、古墳時代前期の土器等が大量に出土している。土器の出土範囲から東西約三〇〇メートル、南北約二〇〇メートル内に一〜二個程度の小規模集落が存続したと考えられる。検出された遺構には小壕、土坑、「土器溜まり」等があり、墓址とみられる土壙群が西外れに集中して検出された。

弥生土器には中期後半から後期前半のものが多く、この期に集落としての繁栄期があったと考えられる。搬入土器に中期後葉の須玖式土器や塩町式系土器、後期の瀬戸内系土器がみられるのもこうした集落の活性が高まったことと相通じる現象であろう。特殊土器（小型高坏形器台）や分銅形土製品もあり、吉備南部方面との繋がりも認められる。また、サメが描かれた中期後葉の土器の出土も関心を呼んでいる。

井原遺跡（岸 二〇〇二、坂本 二〇〇二）

矢野遺跡の西方約八〇〇メートル、白枝荒神遺跡の北約八〇〇メートルの地に位置する遺跡（井原町）である。白枝荒神遺跡と同じように三角州の先端、神門水海沿岸に営まれた弥生時代中期中葉から後期末・古墳時代前期の集落址とみられる。微高地（標高二・五～三・〇メートル）の西縁に大小の壕が検出されている。集落の繁栄期は弥生時代後期末から古墳時代前期にあり、微高地南端で古墳時代前期の水田址が発見された。微高地の範囲から判断すると一個の小規模集落が存在したものと思われる。また、海退によって神門水海の縮小が進み、弥生時代後期末・古墳時代前期には、当遺跡付近までが水田化しうる土地になっていたことが知られる。

姫原西遺跡（足立 一九九九）

矢野遺跡の東南約一・六キロメートル、小山第一・蔵小路西遺跡の東方二〇〇メートルの箇所（標高五・三メートル）で発見された遺跡である。町名を採って姫原西遺跡と命名される。旧河道を挟んで東西の二地区から遺構と遺物が検出された。旧河道は、矢野遺跡と小山第二遺跡の間で確認された神戸川流路に繋がっている。

遺跡の推定範囲は、東西約三〇〇メートル、南北約二五〇メートルを測り、規模としてはやや小さい。

検出された遺構は、右岸から弥生時代後期の掘立柱建物群、井戸や土坑群と溝状遺構、左岸からヤマトシジミを主体とする小貝塚と土坑がそれぞれ検出された。加えて顕著な事実として両岸を結ぶ橋梁（歩道部中央の標高三メートル強）と護岸遺構が発見されたことを挙げておきたい。遺物としては、後期の弥生土器が多く、これに少量の前期・中期の土器が混在し、多彩な木製品の出土が注目される。木製品中には弩や三稜鏃をはじめとして農・工具類、機織具、運搬具、各種の食器・容器、武具類、楽器（琴板他）、祭祀用具類があり、本遺跡を特徴づけている（図26）。第三群の海上遺跡や鳥取県青谷上寺地遺跡の木製品の組み合わせに共通するところがあり、農業集団祭祀用具類とする見解を導くであろう。いずれにせよ、姫原西遺跡においては小規模な集落址ながら橋梁・護岸遺構や祭祀関係遺物が特徴的集中的に検出され、集落相互の結びつき方や集落群の祭祀について貴重な知見がえられたといえる。

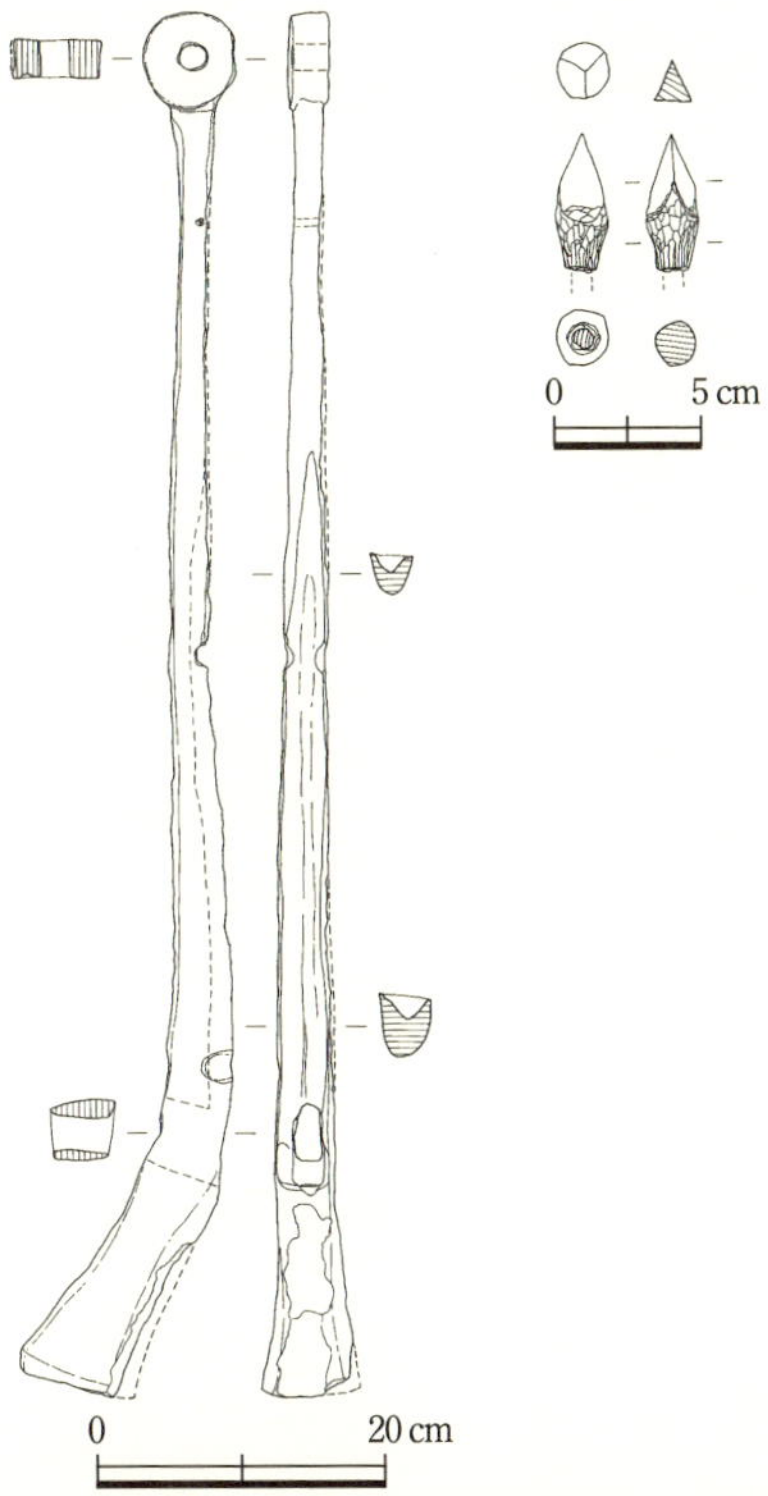

図26　木製の「弩」と「三稜鏃」（姫原西遺跡出土）

以上、矢野遺跡とその周辺には小山第一～第三遺跡群、大塚遺跡、白枝荒神遺跡、姫原西遺跡、井原遺跡の八集落が神戸川河口付近の微高地に半環状に並び、まとまった一個の集落群を形成していたと考えられる。

集落群成立過程を復元するならば、まずは弥生時代前期初頭に四絡微高地北西部（矢野遺跡第一～第三地点付近）に、おそらく西方からの移住農耕集団が居住地を設けて集落を営み始め、前期中ごろには第一～三地点からの派出集団もしくは新規の移住団が小山第一・蔵小路西遺跡、姫原西遺跡に集落を構えたと考えられる。小山第一・蔵小路西遺跡には、先にみたように、縄文時代晩期に先住集団が存在しているが、おそらくその後を襲う形で新規集団が居着くこととなったのであろう。

矢野集落自体は前期中ごろから活性化して親縁範囲を拡大し、四絡集落群の中核的位置を築いていったようである。ただ、中期前葉には集落規模がやや縮小したようであり、小山第一・姫原西集落でも同様な衰退傾向が認められる。縮小理由は判然としない。つづく中期中葉から後期前葉には繁栄期を迎えている。矢野遺跡の集落範囲は最大限に達し、出土遺物は膨大な量になり、内容的にも多種多様となる。同じく前期後半に居住が始まった小山第一・蔵小路西遺跡、姫原西遺跡において集落経営は活発化し、神門水海縁には白枝荒神遺跡と井原遺跡が出現してくる。東側では小山第二遺跡、同第三遺跡、大塚遺跡にも集落が営まれる。右の状況を要約すれば、神戸川下流三角州上に優勢な集落群として四絡遺跡群が存在感をもっとも高めた時期を迎えたということになるが、問われるのは集落と集落群に内在する人と集団相互の関係性である。

個々の小規模集落は、何よりも集落員の生命の生産・再生産の単位であるが、集落内成員の命の誕生と成長・維持の経済的基盤はいうまでもなく水田稲作に置かれている。同時に、菜園耕作、狩猟・漁撈・植物採集等の生産に負うところも小さくなかったであろう。蔵小路西・姫原西両遺跡の旧河道からは炭化米粒の他、ヒョウタン・ウリ属・ナス科・エゴノキの種子、モモやオニグルミの核などが検出されている。また、矢野遺跡第一地点と姫原西遺跡ではヤマトシジミを主体とする貝塚がみられた。両貝塚からは汽水性の魚介類に加えてサザエ等の外海岩礁性貝類が出土している。さらに、前者でイノシシ・シカの骨が発見されたことは先に述べた。こうした事実からすると個別的小規模集落は具体的な集落構成に不明な部分はあるものの、他の小規模集落址例から推して、なによりもまずは「イノチとクラシ」の日常的な共生・協働の共同体（世帯共同体）として機能し存続したことが想定されよう。

つぎに集落としての定在性に触れよう。矢野遺跡では弥生時代の全期間にわたる集落の継続性が認められた。他の七遺跡は中期中ごろ以降の連続的集落経営が明らかになっている。いわれるように水田稲作集団としての定着は土地と水に向き合う直接的な契機となって耕地の開発からコメ生産の継続拡大が絶え間なく進行したと考えられる。矢野遺跡第二地点のヒトの足跡や井原遺跡における水田址の検出にその間の事情が読み取れよう。

おそらく、四絡遺跡群全体で各集落の微高地を単位に緩傾斜面（三角州Ⅰ面）を利用した水田が拓かれ、そこへ高手を流れる神戸川の細流から灌漑用水を引き、最終的には神門水海の低地に排水するといった形の水田経営が行われたものと判断される。矢野遺跡南端のSD—01や小山第一・蔵小路西遺跡の堰をともなう旧河道の存在はそうした水田経営状況の一端を示すものといえよう。かくて八個の集落は、矢野集落を核に、耕地開発・維持、水利・灌漑を協力・共同して推進する農業集団＝生産共同体として連携していったものと思われる。そして、生産活動を通して向き合う自然への崇敬と信仰に基づく祭祀的集団としての性格も強めていったことが考えられる。稲作農業生産と共同祭祀の関係性を基軸に多重的、多層的な繋がりで結ばれた集団の農業共同体的特徴が認められるところである。

2　拠点集落と農業集団

これまでに第五集落群＝四絡遺跡群において矢野遺跡が拠点集落としての役割を果たしてきたことを述べた。その際、よって立つ拠点性は弥生時代のほぼ全期間にわたって集落が継続・維持されたこと、集落規模が大きいこと、出土遺物量が突出していることなどをあげた。さらに、石器、木器、玉類の生産が行われ、他地方との交流も行われていたことを加えた。農業集団内でのこうした拠点集落の様相は第二群の古志本郷遺跡、第三群の天神遺跡、第四群の中野美保・中野西遺跡、第六群の山持遺跡などでも認められたところである。古志本郷遺跡や中野美保・中野西遺跡においては弥生時代後期末ごろに鉄器が生産されたことが明らかにされている。そして、水田稲作農業をベースに種々の手工業的生産と他集団や他地方との交流の拠点として集落相が整うのは弥生時代中期後半ごろからであった。

これら拠点集落にみられるいま一つの特徴として集団内部の階層分化の進行が顕在化しつつあることを指摘しなければならない。矢野遺跡においては第一地点で碧玉製管玉をともなった二段掘り土壙墓が確認され、第二地点の前期土壙墓も世帯共同体内における家長層の有位性を示すと考えられる。中野美保遺跡では中期中ごろの墳丘墓と後期の四隅突出墓が重複状態で検出されていたし、青木遺跡では同じく中期末の四隅突出形貼石墳丘墓、後期の四隅突出墓群が存在した。中野美保・青木両遺跡における墳丘墓の出現は、それぞれの集落群内において小首長が集団指導者としての地位を定立したことを物語ると同時に農業集団の共同体的結び付きがいっそう強固なものになってきたことの反映でもある。数個の世帯共同体からなる集落群同志が水利を紐帯として結び合い、生産関係と共同祭祀を統合した農業共同体として自己存在を明示することとなったのであろう。

ここで、農業共同体的結合が顕現する場として独自の祭祀空間が創出される様子を東部出雲域に属する田和山遺跡を例に検討しておこう（落合他 二〇〇五）。この遺跡は宍道湖東南岸の独立低丘陵（標高四五メートル）に営まれている。猫の額のような狭長の頂上部には掘立柱建物（九本柱の「田」字状建物）があり、これを柵囲いする。四囲の急斜面には三重の環壕が巡らされ、最下段壕の北・西外側斜面には竪穴住居群・階段状遺構群がみられる。遺跡の性格については防砦址とする見方と祭祀遺跡とする見解があるが、筆者は、遺跡の規模・構造・出土遺物等から後者に妥当性を認めている。頂上祭祀空間の成立は弥生時代前期末葉で、その後中期前半ごろに一条環壕を巡らせ、さらに中期後葉に三重の環壕に囲まれた施設に整備され、周辺の建物群もこの時期に併せて設置されている。

右のように、田和山遺跡の成立と展開は、独立丘周辺の諸集落が地縁と水田稲作の水利関係を軸にして農業集団＝農業共同体を形成し、共同祭祀場を設け、共同体的関係の深化と当該期の地域情勢に併せて施設整備と強化を図っていったものと考えられる。田和山遺跡の北西には長期継続型拠点集落とみなされる欠田遺跡があり、北東には弥生時代中期後半の埋葬址の友田遺跡がある。この遺跡は長方形墳丘墓群からなる共同体首長層の奥津城と見なされている。

田和山遺跡と周辺の諸遺跡のあり方は、農業共同体的集団の形成とその内的発展について多くの示唆を与えている。要約的にいえば、宍道湖湖岸や出雲平野では、弥生時代前期後半ころから地域社会の単位となる農業共同体が形づくられ、中期後葉には右集団の首長墓と独立した祭祀的空間が固定・整備されて共同体としての枠組みが堅固になってきたように見受けられた。なお、中期後半には各地で墳丘墓の造営が顕著になるが、この問題については次節において触れることにする。ついでとなるが、東部出雲を代表する大型集落の西川津遺跡からは銅鐸片（外縁付き鈕式流水文）が出土している（中川他 一九九九）。農業共同体の祭祀が拠点集落においてもとり行われていたことを示すものであろう。

かくて、水田稲作農業が広く地域社会の共通・協働の日常的生産活動となり、そこから日照と水等に関わる自然畏敬の気風が生まれ、やがては集団的信仰として形を整えていったのであろう。併せて集団成員の信仰心を合一する祭祀とその司祭者層が姿を現わしてきたものと考えられる。弥生時代中期後半以降、出雲平野に展開した八個の集落群の様相を概念的に整理すれば以上のようになろうかと思う。

四　政治的広域集団　その成立と変遷

1　政治的広域集団の形成

出雲平野に出現した八集落群＝農業集団は、それぞれに弥生時代前期に成立した有力な集落を母胎に分岐・分村した複数の集落が水田経営を基礎に日常的協働の諸関係や共同祭祀を通じて農業集団としてまとまり、一個の共同体として自己展開を遂げていった。出雲平野のほぼ中央に位置した四絡遺跡群＝第五集落群では、西方からの来住集団の営村を起点とした矢野遺跡を核に八個の集落が半環状の村落的景観を形成していた。それぞれの集落は独自性と相互依存性を基に共同体的諸関係を保持して平野中の優勢農業集団としての存在を示したと考えられる。また、第二集落群・神戸川西群では、先住の食料採集集団に新来の水田稲作集団が加わり、弥生時代前期前半代には両者は一体化して有勢な集落を形成した。さらに、中期中葉以降において大規模な拠点集落と小規模な周辺集落群とを編成軸とする農業集団に発展・存続した。縄文時代晩期の食料採集集団に新来の稲作集団が合流することによって集落群形成の契機が生じ、弥生時代中期後半に農業集団として台頭する集落群としては第一群、第七群、第八群が相当するといえる。

こうした農業集団群の出現によって出雲平野一円の田園景観は弥生時代前半期とは大いに異なった趣を呈するようになったと考えられる。また、斐伊川・神戸川沿岸に散居するこれらの農業集団は、微高地間や三角州面を複雑に流れる大小の河川を制御して集落地の安全と灌漑用水源の確保・維持のために新たな協働関係を結ぶこととなったであろう。よく知られる「八岐大蛇」伝承は、出雲平野の諸集団が「暴れ川」斐伊川と対決する一連の物語との見方もある。最近の調査では、弥生時代を通じて平野の地質的構造が大きく変貌するような「イベント」は見当たらない[6]。しかし、三角州面を迷路のように乱流する斐伊川・神戸川を制御して灌漑用水を確保し、交通路として利用するために必要で可能な土木工事を行うことは関係諸集団の必須の事業であったと考えられる。

そうした事業が、いわれるように一農業集団のみの力量を越えた人力と物資の集積と投入を要したことは想像に難くない。具体的な状況は不明であるが、少なくとも第二～第五の諸集落群が斐伊川・神戸川・神門水海の水利の運用を介して恒常的に協働事業を展開していたことは十分想定できる。とはいえ、農業集団同士の連携を証するような直接的な手掛かりを見出すことは未だなしえていないのだが、傾聴すべき見解がみられないわけではない。たとえば、園山薫は出雲平野の弥生時代集落動向を検討する中で弥生時代中期後半に流布する大型の壺形土器に注目する[7]。この土器は、「ボーリングピン形」と呼称されるような特徴的な形状を示し、拠点集落を中心に数個程度が出土している（図27）。おそらくは、件の壺が内蔵される物質と形状

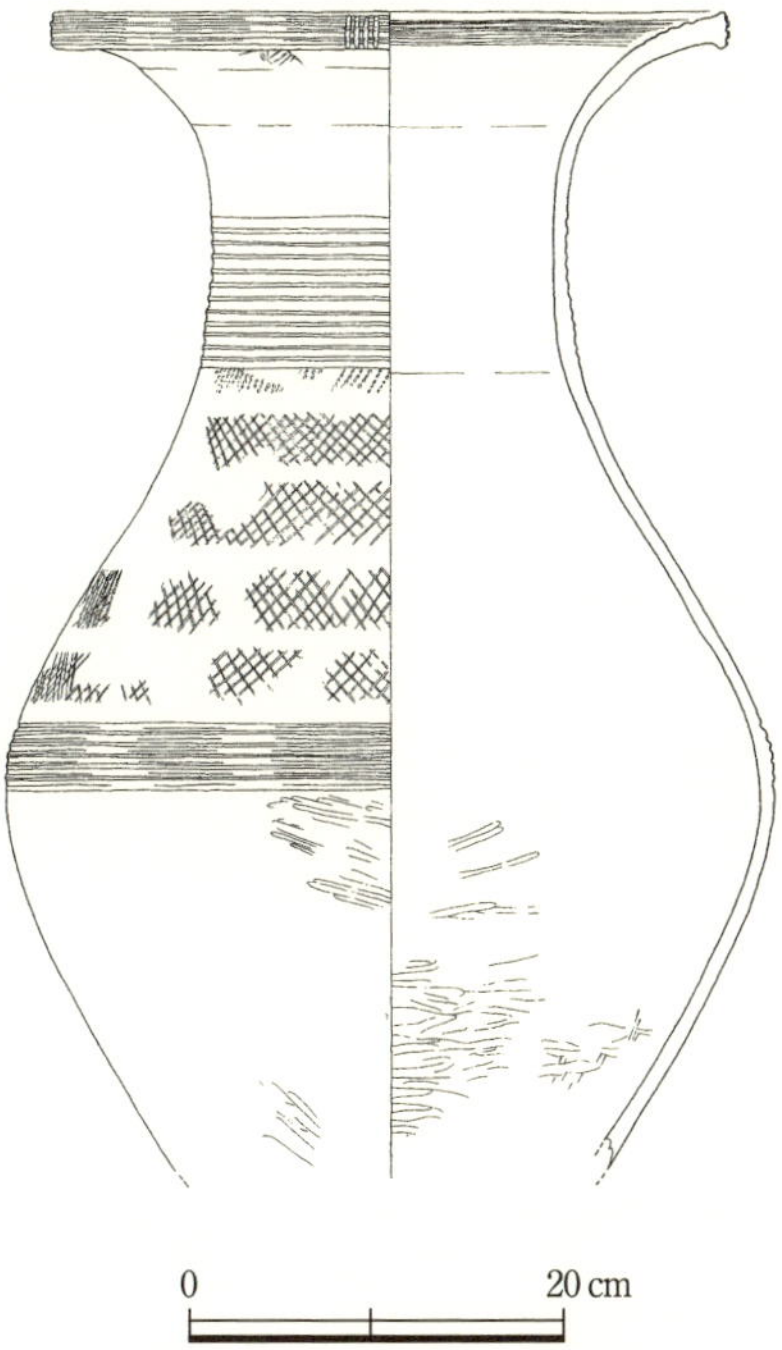

図27　ボーリングピン形壺形土器（下古志遺跡出土）

の特異性によって集団間の結び付きを象徴する器物として扱われていたのではないか、と推測するのだ。興味深い指摘といえるが、今後の検証が課題である。いずれにしても、農業集団間の協力・共同事業が不断に進行すれば、そこに事業の執行と運営を巡って広域の集団的結合が必然的に生じてくる。荒神谷遺跡や加茂岩倉遺跡発見の種々の青銅器の導入と当地生産が行われるようになるのは右のような地域事情に根差しているのではないだろうか。その意味から、以下弥生時代青銅器の出土遺跡を俎上に上げて青銅器と広域社会の関わりを検討してみよう。

その一として石見地方の中野仮屋遺跡（島根県邑南町中野）を取り上げる。一九一四（大正三）年に旧石見町中野の台地から二個の銅鐸が出土した。中野仮屋銅鐸（一号鐸＝突線鈕一式・流水文、二号鐸＝扁平鈕式・六区袈裟襷文）である。筆者らは、一九八九（昭和六四・平成元）年に出土地の調査を行い、右銅鐸の埋納坑を発見した（田中・三宅 一九九一、中田他 一九九一）。この遺跡は、於保地盆地（東西約六キロメートル、南北約一・五キロメートル）のやや東寄り、神奈備山・向歯無山の南山麓台地上にある。盆地周囲は山並に囲われ、中央を江の川の一支流の矢上川が東向きに流れる。

盆地内では一二カ所の弥生時代遺跡が確認されているが、その中で最大規模をもつ集落址は銅鐸出土地の西約〇・八キロメートルにある余勢の原遺跡である。弥生時代全時期と古墳時代以降の土器が多量に出土しており、拠点集落と見なされる（田中・三宅 一九九一、中田他 一九九一）。弥生時代の遺跡分布から矢上川の上流部にも集落群の存在が想定されるが、有力な農業集団としては余勢の原遺跡を含む下流の集落群を挙げるべきであろう。この集落群に対応する墳墓遺跡と考えられる中山墳墓群が矢上川下流南岸の丘陵上に展開している。これまでに、弥生時代後期から古墳時代前半の墳墓や古墳が多数発見されており、下流集団の優勢ぶりを示している。

弥生時代の於保地盆地内には、少なくとも二～三群の農業集団が存在し、これらの集団は矢上川を地縁帯として結合し、広域の地域集団を形成していたと考えられる。中野仮屋銅鐸は地域集団の保有品として余勢の原集落が直接的管理主体となり、地域的共同祭祀において使用したのではないかと推定される。

その二には志谷奥遺跡（松江市鹿島町）をみておきたい。佐陀川下流左岸背後の山腹から銅鐸二個（外縁付き鈕式・四区袈裟襷文、扁平鈕式・四区袈裟襷文）と銅剣（中細形c類）六本が小さな穴からまとまって出土している。これら青銅器群が一帯の狭い河谷平野を開発した農業集団群の祭器とすることに異論はないであろう。そして、管理集団内のもっとも有力な集落候補が恵曇《えとも》海岸に面した砂丘上の古浦遺跡であることも大方が認めるところである。この遺跡は、弥生時代の共同墓地として知られるが、墓域の広がりや長期にわたる造墓活動から背後に長期継続型の拠点集落が存在した可能性はきわめて高い（金関 一九六三、山本 一九九二・九五）。

志谷奥青銅器群を共有する農業集団としては佐陀川上流の佐太前遺跡、支流域の講武平野に位置する草田遺跡、堀部第一遺跡を核とする集落群が考えられる（赤沢 一九八七・八九・九二）。佐田前遺跡では各期の弥生土器が出土し、集落を限る弥生時代前期の壕が発見されている。また、堀部第一遺跡では大規模な壕で囲われた石積み土壙墓群が検出され、この墓地を営む集落が近辺に存在することをうかがわせる。いずれにしても、佐太前・草田・堀部の各遺跡は周辺に展開する小規模な集落を取り込む農業集団の拠点集落址とみて差し支えないだろう。そして、右の農業諸集団は沿岸部に陣取る古浦集団を核として広域集団として結集していったことが考えられる。志谷奥青銅器群は佐陀川の河谷平野と講武平野に跨る地域集団の成立（弥生時代中期後葉）を背景としてその共同祭祀を契機に集積されたものと想定しておきたい。

その三は、出雲大社東部の真名井（命主神社）遺跡出土の青銅器群について考える。この遺跡が大社境内遺跡や五反配遺跡と一群をなすことはすでに触れた。近世に山麓の大石の下から銅剣・銅戈と硬玉製勾玉が出土したとされる。銅剣は中細形c類とされ、銅戈も中細形に属し、勾玉とともに現存している。保有・管理集団所在遺跡を大社境内遺跡とするか、または原山遺跡とみるかは両遺跡の内容が相当程度判明しないと決し難い。しかし、真名井遺跡出土の青銅器が第七集落群の共有祭器として扱われていたことは想定してよいだろう。看過できないのは、件の銅剣が荒神谷遺跡出土銅剣と同一型式に相当するとの知見がえられたことである。とすれば少なくとも、中細形c類銅剣大量埋納の荒神谷遺跡が所在する第八群と数本埋納の真名井遺跡が含まれる第七群との間に同型式銅剣を媒体とした集団間の有機的な繋がりが存在したことを予測しうることとなる。つまり、荒神谷銅剣群の保有に直接的に関わったであろう第八集落群と当該第七集落群の間に農業集団の枠を越えた関係性の存在を想定することも強ち無理なことではないように思われてくる。

2　地域間交流と大型墳丘墓

さて、出雲地方において弥生時代青銅器の問題を考えるに当たっては、第一義的に荒神谷遺跡と加茂岩倉遺跡の両方に目配りする必要がある。荒神谷青銅器群の場合、第八群との関わりから要所要所で触れてきたが、ここで青銅器群の内容についてあらためて確認すれば、銅剣は中細形c類＝「出雲型」が三五八本の一括埋納、銅矛は中細形と中広形一六本、銅鐸は菱環鈕式一個、外縁付き鈕式四個の計五個の一括埋納。二カ所の埋納坑は横並びに接近して存在していた。また、加茂岩倉遺跡では、三九個の銅鐸が入れ子の状態で埋納坑に納められていた。銅鐸の型式は、概略外縁鈕付き式と扁平鈕式に含まれる。両遺跡とも埋納時期は弥生時代中期後葉ころと推定されている。田和山環壕遺跡の終焉とも重なる時期である。そうした「青銅器の世紀」ともいえる弥生時代中期後半期の地域社会の動向と関連して両遺跡の青銅器群をどのような視角から取り上げるべきかはかなり大きな問題であるが、差し当たり広域集団の形成と展開状況を軸に考えるならば、地域間交流の視点から検討することが肝要かと思われる。

荒神谷遺跡発見当初から出土青銅器の生産地問題が熱く語られた。この問題は、加茂岩倉遺跡で大量の銅鐸が出土したことを受けて、さらに解明を強く求められた。両遺跡の調査研究に深く関わってきた松本岩雄は弥生時代青銅器群の展開状況を三段階に区分し、その第二段階（弥生時代中期）を「外部の製品を入手するとともに、各地で特色ある青銅器が生産される段階」として特徴づけた。とくに、「出雲型」と称される中細形c類銅剣や加茂岩倉銅鐸一八号・二三号・三五号の三銅鐸が当地制作の青銅器であることを示唆しており、注目される。(8) 右のような論点を提示するに当たり松本は、各種青銅器の総重量を北部九州・近畿中央部・出雲の三地方ごとに算出し、その比較作業に立って第二段階における出雲の特異性を説いている。今日なお青銅器生産の直接的資料の発見をみない出雲地方ではあるが、生産地存在の蓋然性はきわめて高くなったのではないだろうか。

すでに示したように、弥生時代中期後半には出雲平野の集落遺跡群において土器をはじめとしてさまざまな外来系遺物が発見されてきている。出雲東部のことになるが、田和山遺跡出土の磨製石板片を検分した白井克也は、これが「楽浪硯」であることを明言し、併せて弥生時代中期後半に展開する「原ノ辻貿易」によってもたらされた「楽浪系遺物」の一つであることを明らかにしている。(9) 中野清水遺跡出土の鋳造鉄斧・貨泉や古志本郷遺跡出土の三稜鏃等をあらためて挙げておこう。関連して、米子市角田遺跡出土の壺形土器（中期後葉のもの）の肩に描かれた線刻画には「原ノ辻貿易」の実相を彷彿させるものがある。おそらく松本が指摘するように、弥生時代中期後半には出雲と北部九州、近畿中央部との地域間交流が活発になり、その一環として青銅器の原料と職人が招来され、当地生産の青銅器が誕生したことを、より確信的に主張しうるのである。そして、完成品が各農業集団に頒布され、農業共同体的祭祀の象徴的祭具として奉献されたとの考えにも行き当たる。

中海・宍道湖地帯は日本海沿岸に突出した小半島であり、広い内水域を抱える特徴的な地域となっている。このことが弥生時代の東漸文化滞留の要衝地を生み出し、特色ある地域的農耕文化の形成を促したと考える。また、活性化する東西交流を契機として農業諸集団の連携が進み、ここに広域集団が成立することとなった。こうした動向が顕著に現れたのが中期後半から後期にかけてであり、地域間交流の掌に当たる広域首長もこの期にその形姿を明確にしてくる。出雲大社背後の日本海岸にある猪目洞窟から発見された成人男性骨は、そうした首長像を語る貴重な一資料といえる。

猪目洞窟は岩海岸の海蝕洞窟である。弥生時代には墓地として利用されたらしく多数の人骨が出土している。注目されるのは、右手に六個の「立岩型」のゴホウラ製貝輪を着装した成人男性（一四号人骨）である。腹部には一個の甕形土器（Ｖ―１）が置かれていた[10]（山本　一九七三、松本　一九九二b）。この種の貝輪の右手着装の意味についてはすでに明らかにされている。顕著な事例として、福岡県立岩遺跡第一〇号棺、第三四号甕棺等がよく知られる。第三四棺中には右手に「立岩型」のゴホウラ製貝輪一四個を嵌めた男子人骨があり、その頭部に前漢鏡が、腹部に鉄戈が置かれていた。被葬者は「不弥国」の「王」と称される広域集団の首長層の一人であり、彼らは地域内農業生産と磨製石包丁生産等の掌握を背景に台頭して地域間交流を主導し、「王」座を占めることになった、と考えられている（岡崎他　一九八三）。

そして、こうした推論の延長線上に猪目洞窟一四号人骨の生前像を重ね合わせることが可能となろう。私見では、当一四号なる人物が出雲平野一帯を統括して北部九州や朝鮮半島との交流活動の先導的地位にある広域首長と考えている。弥生時代貝輪研究者の木下尚子によれば、「立岩型」貝輪は未成状態で入手された後に当地で研磨されて完成品となり、使用されたという。木下は、同時に「立岩型」貝輪の普及と武器形青銅器の広がりには相関関係がある、としている。きわめて興味ある指摘といえよう(11)。

出雲地方では広域首長層の出現の契機が弥生時代中期後半の地域間交流の広範な展開にあることを説いた。とりわけて玄界灘から山陰の海域における交流は広域集団における首長層の政治的役割を飛躍的に高めたことが想定される。出雲市西谷丘陵上に築造された大型の四隅突出墓群は、地域統合の頂点に立った政治的広域集団首長像とその地域支配、あるいは近隣地や遠隔地との交渉のありようを中身豊かに示唆している。

一九八三年に筆者らが着手した西谷墳墓群の調査は、四隅突出形墳丘墓が弥生時代の墳墓であることを確定し、その墳墓構造や墓上祭儀の解明の窓口を開くこととなった（田中編 一九九二）。中でも西谷第三号墓の調査では、その傑出した墳丘規模、貼石・列石を巡らす墳丘裾、木槨木棺の埋葬部、膨大な祭儀用土器の検出を通して、ここに埋葬された被葬者が「王」と呼称するに相応しい広域集団首長であることを明らかにしている（渡辺 一九九五a・b）。その後も調査が断続的に行われて現在国指定史跡となり、遺跡の整備公開が検討中と聞く。この事業と並行して四隅突出形墳丘墓研究も大きく前進してきた（松本他 二〇〇七）。詳細は現下の諸研究に譲るが、ここでは、そうした特大の四隅突出形墳丘墓出現の背景に鉄・鉄器の導入と普及があることを確認しておきたい。

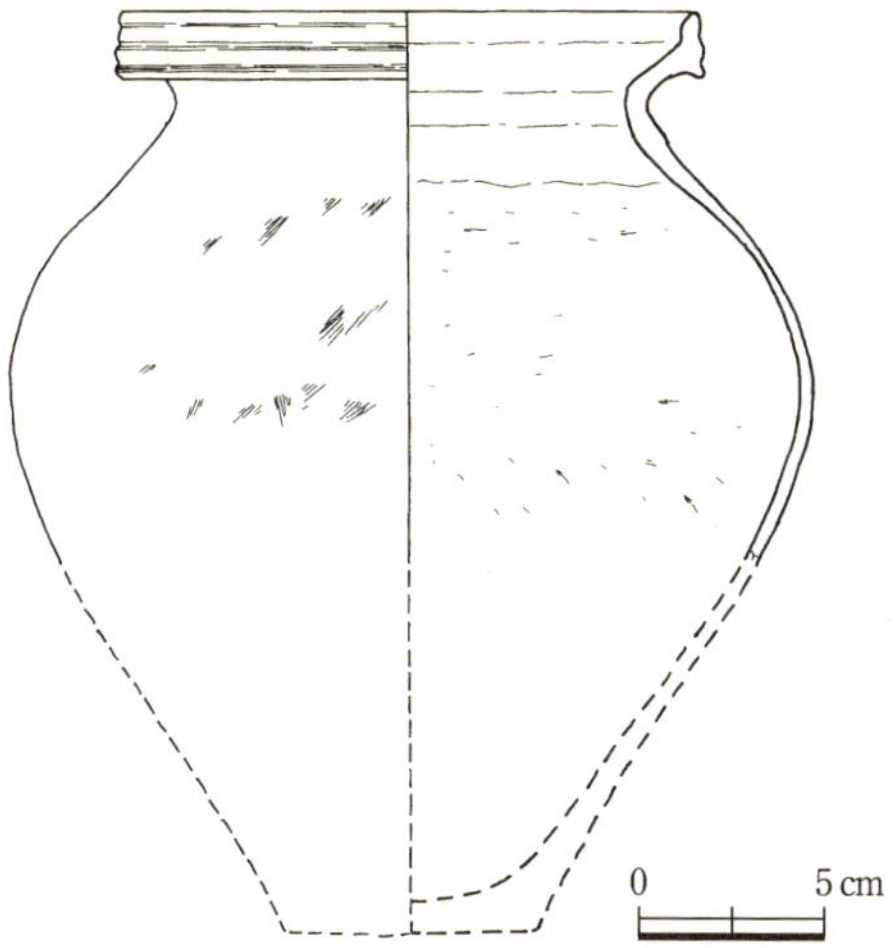

図28　猪目洞窟遺跡出土の壺形土器

出雲平野の拠点集落では弥生時代後期後半ごろから鉄器の出土例が増加し、中野美保遺跡や古志本郷遺跡では弥生時代末期から古墳時代初期に集落内での鉄器生産が認められた。これらは高温操業の鍛冶技術の伝来と定着を示すとみられている。[12] 他方、搬入鉄素材を簡単に延圧した鉄板から小型鉄製品を作成する手法も松江市上野II遺跡（久保田他 二〇〇一）や美郷町沖丈遺跡（牧田他 二〇〇一）で明らかにされている。後期後半には鉄器が出土する小単位集落も増大し、地域全体に鉄器時代化の様相が強まる。[13] 右のような動向もまた「西新町貿易」と称される朝鮮半島や北部九州との交流によって引き起こされた蓋然性が高く、あらためて地域間交流のもつ意義を再確認するところである。[14]

おわりに

山陰地方中央部に位置する出雲平野を対象地域として、当該平野の弥生時代における考古学的事象から拠点集落と周辺集落関係の消長、農業集団（農業共同体）の成立と展開、政治的地域集団の出現といった動向について一論を起こした。顧みれば、資料の増加に十分対応した論及となっているか、肝心なところで概念的な考察に終わっていないかの危惧がある。とりわけ、基礎的集団としての小規模集落＝世帯共同体と政治的地域集団の歴史的性格については論未だしの観があることは否めない。後続の諸賢に期待するところである。

なお、右の課題に関しては都出比呂志がすでに早く、弥生時代＝首長制・古墳時代＝初期国家・律令時代＝成熟国家の三段階展開とする明快な見解を提示している（都出 一九九六）。これに従えば、政治的地域集団は首長制段階の一過程として理解できることとなる。

他方、政治的地域集団もそれがよって立つ地理的歴史的条件によって集団性格に地域的個性が付与されたであろうことも想定しておく必要があろう。出雲平野をはじめとする中海・宍道湖低地帯とその周辺にみられた地域集団や地域集団群が水田稲作農業を基盤に日本海沿岸の交通要衝地に陣取ることでどのような地域特性を獲得しえたのかが興味ある問題として問われつづけている。

筆者は、漢代を中心に東南アジアに出現した「駅商国家」に求めるべきモデル的素材があると考えている。熱帯雨林地域の河川や沿海交通の要衝にみられる「ヌガラ」と称される政治的集団である。新田栄治は、東南アジアに分布する特徴的な青銅器の銅鼓がメコン河水運支配層の威信財と説いている（新田 一九九五）。また、宮崎市定は荒神谷遺跡の銅剣群に関し、これを「商品」と認識する見解を明らかにした。さらに宮崎は、「出雲政権」が日本海交易を梃子に台頭し、その衰微とともに没落の道を歩んだとした（宮崎 一九八六）。

新田・宮崎の所論には、細部に異論はあるが、総じて筆者が描く弥生時代の中海・宍道湖沿岸の集団諸関係像に近いものがあり、意を強くする。今後さらに東部出雲や斐伊川・神戸川流域全体の弥生時代集落動向の入念な点検と荒神谷遺跡・加茂岩倉遺跡の青銅器群の意義を重ね合わせてより具体的で説得性のある地域史像を構築していく必要があろう。本稿がその一捨石となることを念じたい。

註

（1）以下、遺跡・遺物群の時期については、松本岩雄「出雲・隠岐地域」・「石見地域」（一九九二a）によることとする。弥生時代中期後半とした場合は、松本Ⅲ〜Ⅳの範囲を指し、中期中葉＝松本Ⅲ、中期後葉・末＝松本Ⅳ―1・2、後期初頭＝松本Ⅴ―1、後期末＝松本Ⅴ―4等々に相当する。

（2）田中義昭・西尾克己「出雲平野における原始・古代集落の分布について」（一九八八）においては、出雲平野の大半の弥生時代遺跡の調査結果（当時約二〇カ所を確認）により、これらを微高地単位に六群に分かつことを提示した。以下ではその内容をある程度把握しうる遺跡例の紹介においては本論文を引用する。

（3）第八群の遺跡については宍道年弘から多くの教示と資料提供を受けた。

（4）穴道他『島根県斐川町史跡・埋蔵文化財所在地名一覧表』（一九九二b）中、遺跡番号一として平野遺跡（弥生土器・土師器出土）が記載されている。
（5）小山遺跡群については、微高地単位の遺跡立地を重視して第一地点を小山第1遺跡、第二地点を小山第2遺跡、第三地点を小山第3遺跡とした。
（6）中村唯史「小山遺跡周辺の古地理に関するコメント」（一九九八）所収。
（7）園山薫「矢野遺跡について」（二〇〇八）。他に園山の教示による。
（8）松本岩雄「弥生青銅器の生産と流通―出雲地域出土青銅器を中心として―」（二〇〇一）。
（9）白井克也「朝鮮半島の文化と古代出雲」（二〇〇四）。
（10）筆者調査による。この土器は、口縁部に松本Ⅴ―1に近い特徴を有するが、凹線がきわめて薄く（ナデケシか）、口縁直立部の幅もやや狭い。内外面共ナデ調整が認められる。よって松本Ⅳ―2段階新とも見なしうる。
（11）木下尚子「弥生時代における南海産貝輪の系譜」（一九八〇）。
（12）角田徳幸「中野清水遺跡の調査・総括」（二〇〇六）。
（13）池淵俊一「日本海沿岸地域における弥生時代鉄器の普及―山陰地方を中心に―」（二〇〇一）。
（14）註（9）に同じ。

第5章
弥生時代拠点集落としての西川津遺跡

一　松江市西川津遺跡の概要

近年、佐賀県吉野ヶ里遺跡や大阪府池上遺跡など弥生時代の大型集落遺跡の調査研究が進み、多くの注目すべき事実が判明しつつある。これらは弥生時代の地域社会構造の解明に重要な知見を与えるだけでなく、文明段階に移行する日本列島の政治的動向を探るうえでも貴重な手がかりを与えようとしている。

一方、「地方の時代」とでもいえる弥生時代には、全国各地に独自性をもつ地域社会が形成・展開しており、その動きと北部九州や近畿中央部のような先進地域社会との相互関係の総体を把握することが、弥生時代の全体相を明らかにするために必要となる。

弥生時代地域社会の構造をどのように捉えるかについてはいくつかの視点と分析方法がありえるし、また、実際にいろいろな試みが行われている。その中で有効な一つの方法に集落遺跡を対象とするアプローチがあり、周知のような諸成果が蓄積されてきた。筆者もその一翼に参画して考察を公にしてきたところである（田中一九七六・八二）。

本章では、かつて試みた「拠点集落」構想の具体化、検証の作業として、出雲地域の大型集落遺跡の一つである松江市西川津遺跡を取り上げて、当地の弥生時代拠点集落の諸様相と特性について考察し、もって、右記の全体課題解明の一助にしようと思う。

所在地　松江市西川津町字海崎・大内谷・宮尾坪内・原ノ前

立　地　松江市北東部にある持田平野の南縁に位置している。立地場所は、平野の南寄りを北東部方向から南西に向かって流れる朝酌川沿いの沖積地で、これまでの調査結果からすると、集落は丘陵裾部から平野の微高地部分に営まれたと考えられる。現状では、遺跡はほぼ南北に帯状に形成されていたとみられ、その広がりは、南北約一キロメートル、東西約二〇〇メートルと推定される。

遺構と遺物　朝酌川の河川改修工事にともない、島根県教育委員会により一九八〇年から九五年までに数次にわたる調査が実施され、現在も継続中である。この間検出された遺構群には、縄文時代前期の土坑群、弥生時代前期の溝、ウッドサークル、中期の掘立柱建物跡群、土坑群、ウッドサークル、貯蔵穴、古墳時代の船着場跡、奈良・平安時代と中世・近世の掘立柱建物跡などがある。また、遺物も各時代各種の多様で膨大な量のものが出土し、遺跡自体があたかも考古博物館のごとき様相を呈している。とくに注目されるのは、有機質の遺物の保存状態がすこぶる良好で、それぞれの時代の村落生活のありようの具体的究明に、新たな手がかりを提供していることである。

ここで分析対象とする弥生時代の遺構と遺物は、遺跡の北端部に当たると思われる海崎地区と、その南方の宮尾坪内地区一帯で検出されている。長期にわたって形成された本遺跡の出土遺物中でも弥生時代に属するものは全体の六〜七割を占めており、西川津遺跡が弥生時代の大規模な集落として存在したことを示唆している。これまで持田平野に関しては、考古学的調査が行きわたっているとは必ずしもいえないが、西川津遺跡に匹敵する弥生時代の遺跡は発見されていない。これらの事実をあわせ考えると、西川津弥生集落は平野全体の集落群の中核的存在、すなわち拠点集落であったと把握しうるように思われる。よって、以下にこのことを実証的に考察することにしよう。ただし、遺跡の調査範囲が河川改修部分に限られていることと、低湿地のために遺構の把握に制約があったことをあらかじめ考慮しておかなければならない。

二　海崎地区と宮尾坪内地区

筆者は、弥生時代の拠点集落を性格づける要素として、つぎのような諸点を考定するべきであることを述べた（田中　一九九三b）。すなわち、（a）複数の単位集落を内包すること、（b）集落に一定期間の継続性が認められること、（c）農耕具や金属器などの生産用具を制作した手工業的生産の場であること、（d）農耕祭祀の場であること、（e）首長とみられる人物の存在が想定できること、の五点である。

これらの諸点を、広大な西川津遺跡で弥生時代の遺構・遺物が多数かつ多量に検出された海崎地区と宮尾坪内地区の二地区について、それぞれの遺構のあり方と出土遺物の様相を検討することにより、拠点集落としての西川津遺跡の特性を追求しよう（図29）。

1　海崎地区

集落の範囲

北東から南西に帯状に広がる持田平野は、その北部が東持田丘陵によって二股に分かれている。西側の谷平野を持田川が南下し、東側は朝酌川が流れる。この二小河川は、笠無橋付近で合流し、蛇行を繰り返しながら下流に向かっている。合流点の南側には、北方に向かって指を広げたように張り出した丘陵の一つ、租子分丘陵（仮称）がある。川の流れはこの先端に触れて西方向に変わり、丘陵先端の西側には懐状になった沖積地が出現する。これが大内谷の北側に隣接する海崎谷（仮称）で、遺跡は、主として谷口の丘陵裾平坦部から前方の微高地上に形成されたと考えられる。ここには、現在でも西に開いた「コ」字形の旧河川跡が残っており、流速が緩く、蛇行がかなり激しかった状況を示すものであろう。近世には「海崎灘」と称された船着場があったとされているが（井上　一九八七）、その位置はこの海崎の「やと」の出口付近であったと思われる。

低い土地でも洪水の危険が比較的小さい箇所に初期農耕集落が立地することは、特徴的な事実といってよく、海崎地区の弥生集落もまさにそうした地点に意識的に占地されていたとみられる。問題となることは、先に（a）として示した点に関してである。右記のように、西川津遺跡では弥生時代の住居址群は捉えられていない。したがって、地形や遺物の出土範囲、あるいは若干の検出遺跡群から集落の広がりを推定することにならざるをえない。考えられる居住範囲は、丘陵裾の平坦部とその前方に広がる微高地上に求められる。そこでの遺物の出土と若干の遺構の存在を手がかりに集落の広がりを想定しよう。

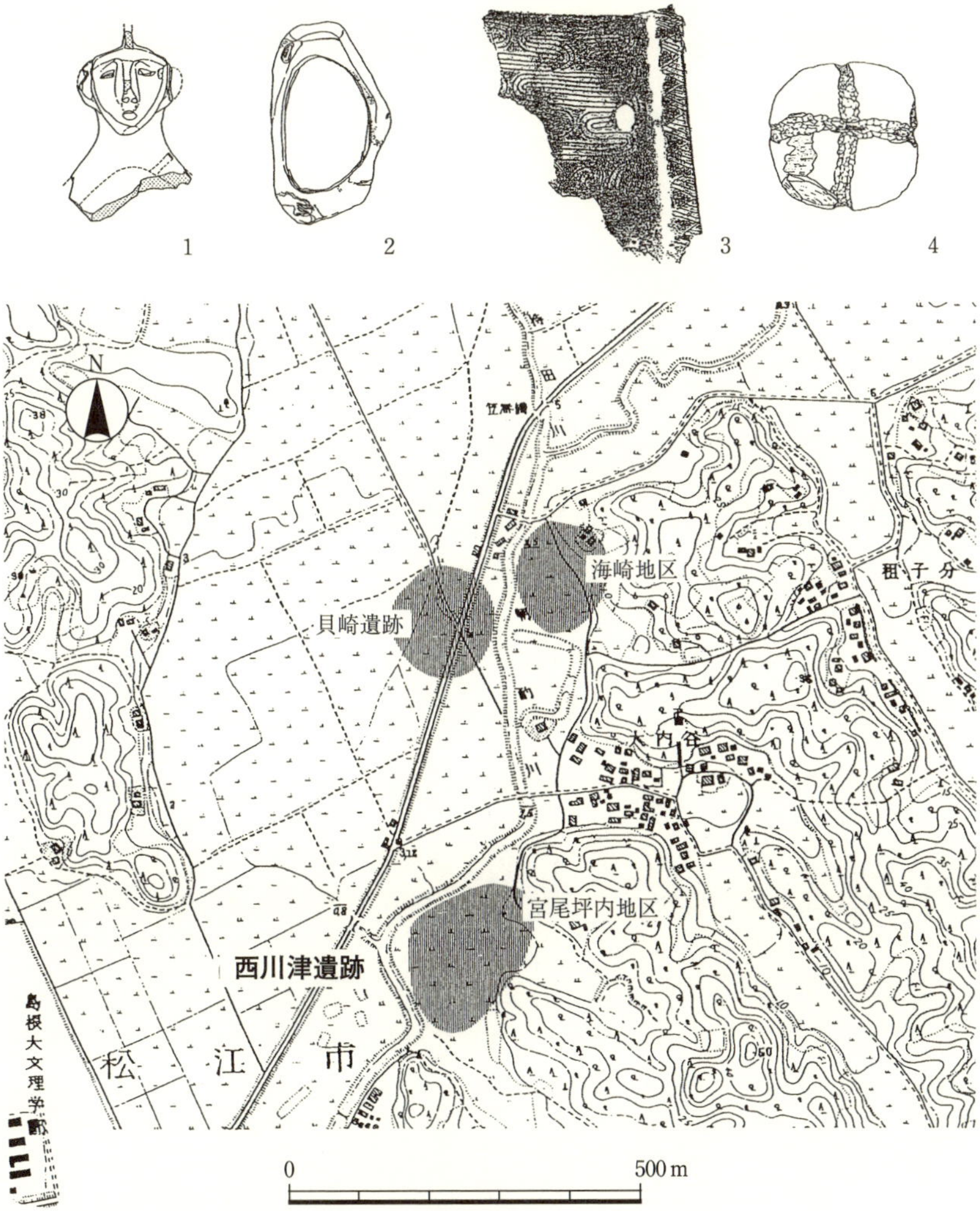

1．人面土器・面長５cm　２．ゴホウラ貝製腕輪・上下８cm　３．銅鐸片・上下20cm　４．石碇・左右22cm。宮尾坪内地区南西のアミ目部分は微高地。

図29　西川津遺跡の集落分布と出土遺物

まず、北限については、租子分丘陵の先端と朝酌川が近接する海崎橋付近にあることが一九八二年の調査で確認されている（内田他 一九八八）。一九八三年の調査区では丘陵裾平坦地（標高約三メートル）に掘り込まれた弥生時代中期のドングリ貯蔵穴が検出されている。

南限は、一九八五年に行われた調査の際、発掘区の南端近くにおいて、弥生時代前期・中期の掘立柱建物跡、ウッドサークルと貝層（小ブロック貝塚）が検出されたことや、朝酌川の旧河道とされる北北西―南南東方向の溝状遺構（弥生時代前期・中期）が検出されていることから、この一帯に求めうる可能性がある（内田他 一九八九）。なお、溝状遺構は弥生時代後期前半には埋没し、その南からは同期のものとされる貝層と列石遺構が検出されているので、弥生時代後期に集落範囲が拡大されたことが考えられる。

東限については詳らかにしえないが、一九八五年の調査区で検出された遺構群に手がかりを見出したい。これらの遺構群は、丘陵裾部前面の緩傾斜地上に残されている。傾斜面はやがて朝酌川の左岸に達しているものと思われるが、右のような状況からすれば、遺構群の存在する箇所は集落全体の南西縁に当たることが考えられる。したがって、集落の中心部分はより東から北東部分に存在すると判断される。とすれば、東限はほぼ丘陵裾近くに想定してよいであろうか。さらに、西限は朝酌川の流れによって限られていたとしてよい。

以上のように集落範囲を想定しうるならば、海崎地区の弥生集落の広がりは、径およそ一三〇〜一五〇メートルの略円形状の範囲に収まり、複数の小単位集落を内包することが可能な範囲といってよい（図30）。

なお、ここで注意されることとして、現在の国道四三一号線と島根町方面に向かう県道の交差点付近からかなりの弥生土器（前期・中期・後期のもの）や石器（太形蛤刃・柱状片刃・環状磨製石斧等）が採集されていることをあげておく必要がある。朝酌川の右岸付近に当たり、一九八五年調査区の西側で、旧河道の溝状遺構を越えたところになる。対岸に別の弥生集落が展開していたことを予測させる重要な事実と受け止めるべきで

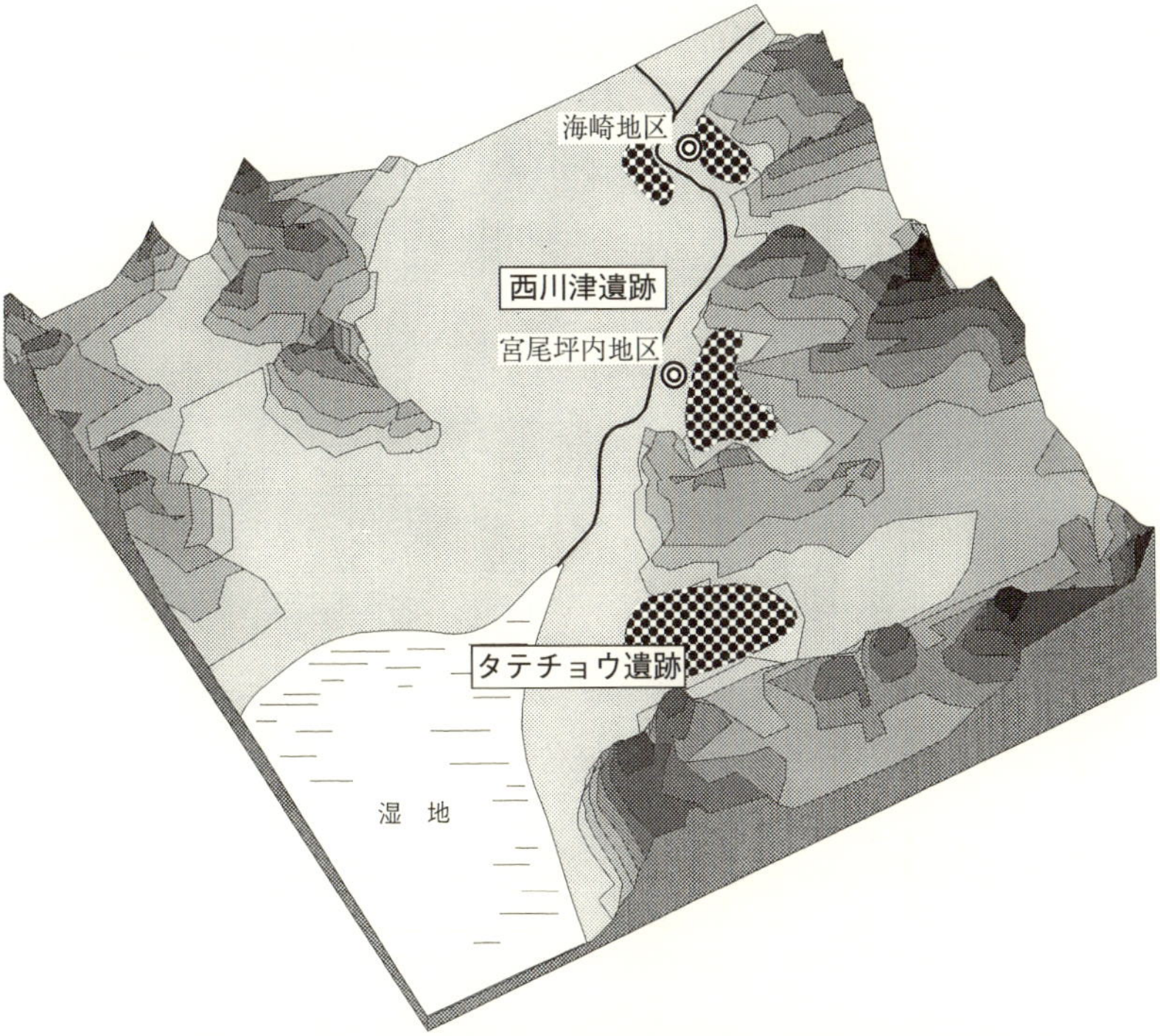

図30　タテチョウ遺跡・西川津遺跡の弥生集落群の分布

あろう。遺物出土地は貝崎遺跡と命名されている（内田他　一九八七）。

集落の継続性

本遺跡では、住居址などの遺構があまり検出されていないので、集落の継続性を測る手段は、土器型式の連続性から想定することになる。出雲地域における弥生土器の編年研究に関する最近の達成として松本岩雄の労作がある（松本　一九九二a）。これに準拠して、海崎地区出土の弥生土器の型式的連続性をみよう（図31—①②）。

弥生土器として当地域最古式とされるI—1様式の土器は未確認である。しかし、下流のタテチョウ遺跡では検出されており、将来、西川津遺跡で出土する可能性は大いにあると思われる。I—2様式以降V様式にいたる諸型式の土器はす

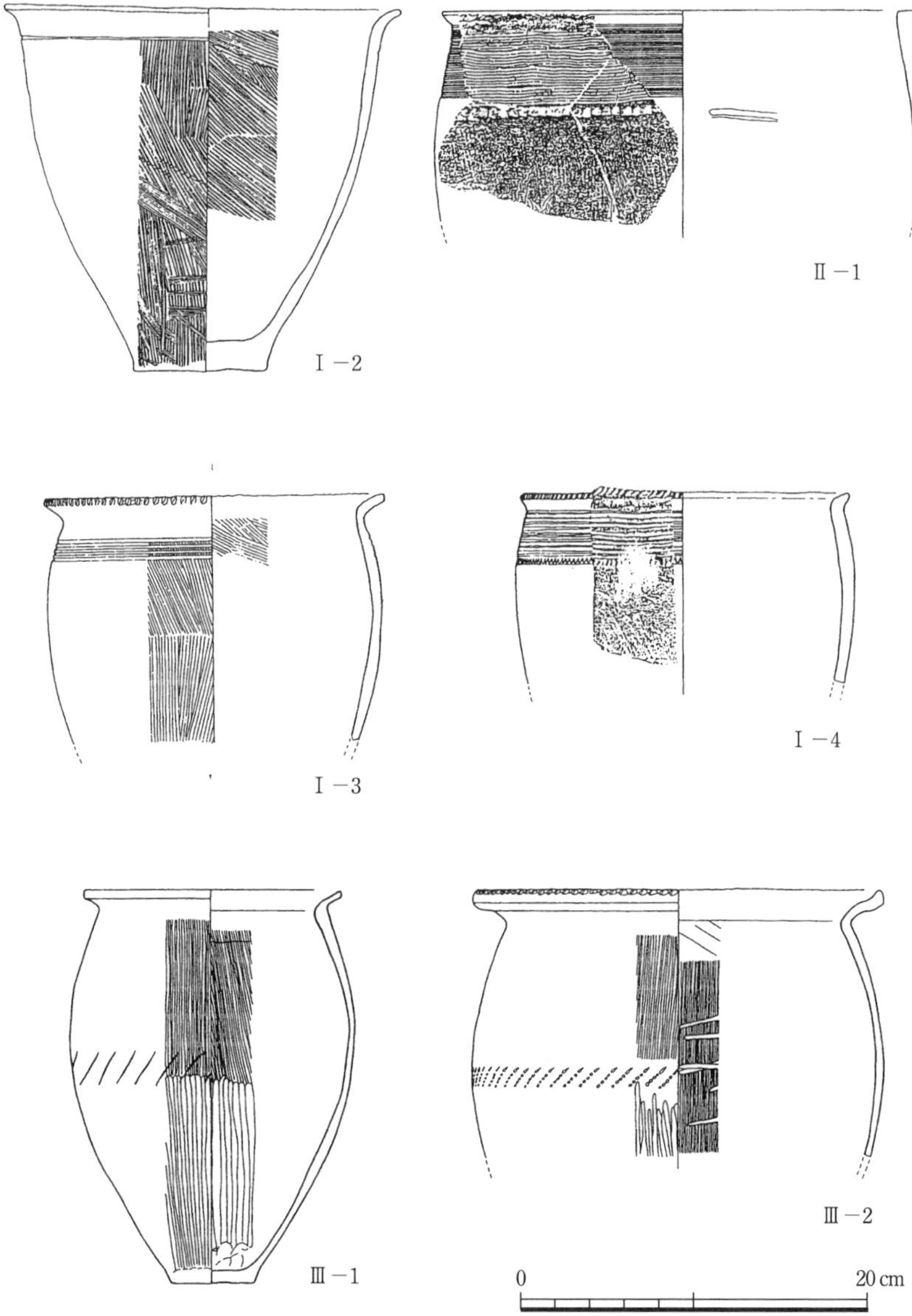

図31-①　西川津遺跡海崎地区出土の弥生土器（甕形土器）変遷1

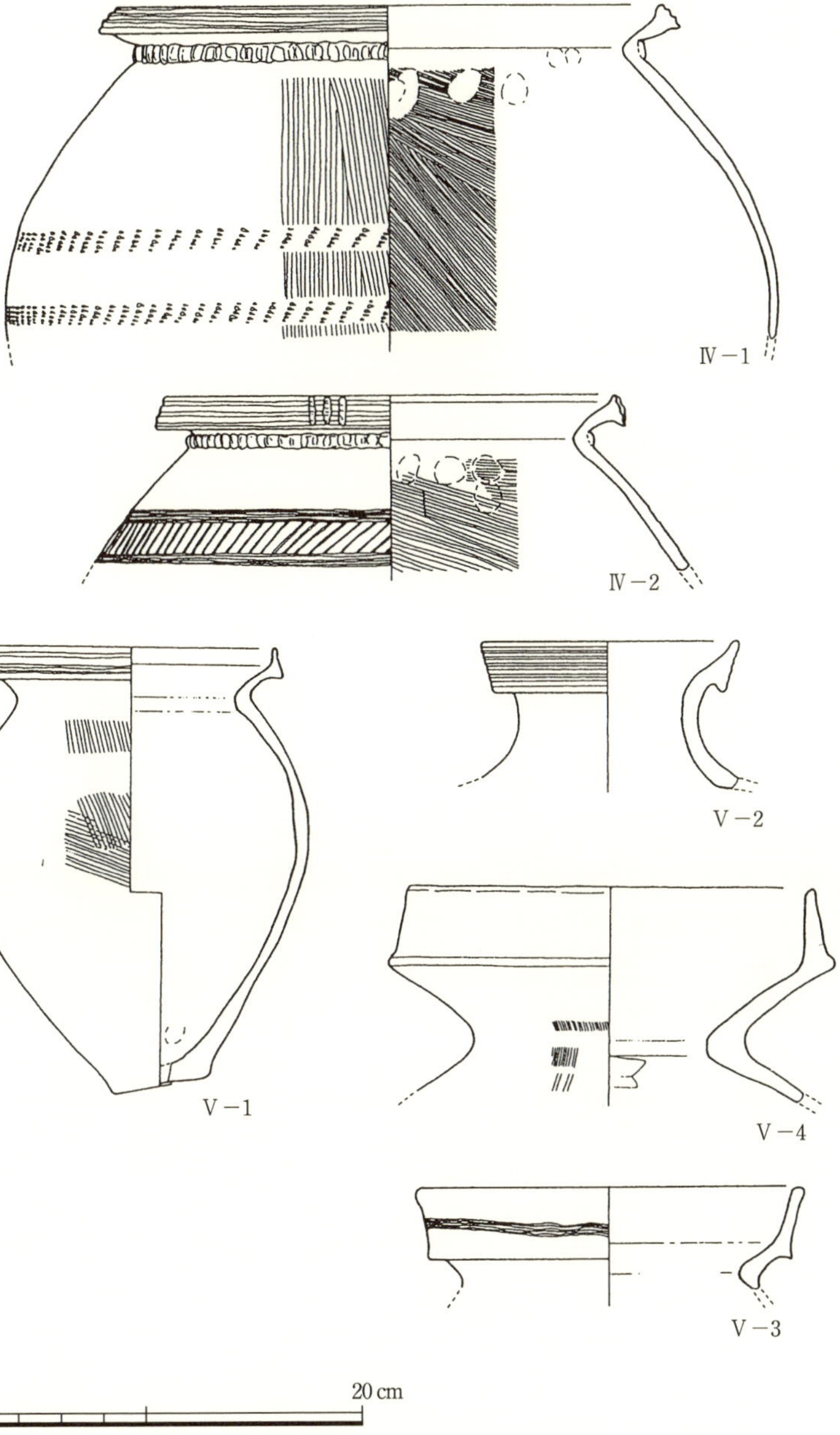

図31-② 西川津遺跡海崎地区出土の弥生土器（甕形土器）変遷2

べて見出され、様式間のつながりについてもほとんど中断状態は認められない。このことは、たとえば、I様式からII様式への展開についてみると、甕形土器の口縁部下に施される平行沈線文の多条化傾向（ヘラ描きからクシ描きへ）の中に、あるいは、IV様式からV様式への移行についても、やはり、甕形土器の口縁部の発達の状況にみてとることができる。少なくとも土器型式の連続的展開からすれば集落の継続性は、弥生時代の全期間を通じて保持されていたといえる。

手工業生産

西川津遺跡の顕著な事実として大量の木製品（未成品を含む）の検出されたことがあげられる。木製品の大部分は、弥生時代前期・中期に属し、木器生産の拠点であったことをうかがわせている。海崎地区では、原木、割材、半製品、完成品が多数出土している。木器の種類としては、農耕具類（広鍬、狭鍬、丸鍬、叉鍬、田下駄）、容器類などがある。これらの中には板材から製品化される諸過程を詳細にたどれるものがある。また、原木を貯蔵したとみられる土坑も存在する。このことから、当地区での木製農耕具の生産活動を具体的に把握することができる。木製品生産は、農耕具以外にも建築材、祭祀品、装身具類にも及んでいるが、当面注目されるのは農耕具類の大量生産であろう。

木器生産の工具となる各種磨製石器の出土量も豊富である。生産拠点との関わりでは、とりわけ太形蛤刃石斧の大量出土が目を引く。同時に、太形蛤刃、抉入柱状片刃等については、原石→荒割→研磨の製作過程を示す資料がえられ、磨製石斧類が海崎の集落内で生産されていたことが知られる。こうした基本的工具の生産も拠点性をうかがう重要な要件である。

そのほかに漁撈具（鹿角製釣針、刺突具等）の製作、緑色凝灰岩を用いた管玉の生産についても、材料から完成品に至る各製作段階の資料が出土しており、海崎の弥生集落を生産用具生産を中心とする総合的な手工業場として認定することができる。

集落内祭祀

海崎地区から土笛（図32）一六個が出土したことは、遺跡の特性を印象づける一要素となっている。そのほとんどが弥生時代前期のもので、一遺跡からの出土数としては日本列島最大である。また、穿孔されたイノシシの下顎骨も祭祀関係遺物として注目される。一二個体が出土している。鳥形木製品は祭祀もしくは習俗的性格が想定される遺物といえよう。ヒョウタンを利用した文様入りの容器、透し彫りのある装飾品の頭部、透し彫りを施した把手をつけた木製の鉢なども、日常的な器物とするよりは特殊な用途にも用いられた器具と考えるのが適当であろう。

とはいえ、現段階で、これらの祭祀的遺物から集落内で行われたであろう祭祀の具体像を復元的に考察することはできないが、少なくとも、ある種の農耕祭祀が実施されたことを想定するに足る遺物の出土があることを確認しておきたい。

首長定在

海崎地区出土のゴホウラ製貝輪（図32）の存在も西川津遺跡の名を広めている。弥生時代前期末を下限とする貝層から検出されたもので、「諸岡型」とされる。同貝層からは成人の左大腿骨も採取されている。調査時点では、埋葬施設のようなものは確認できなかったとされる。出土箇所が二次的変異を受けた可能性が考えられるにしても、貝輪と人骨の間に共伴関係を想定しうる蓋然性は高いと思う。

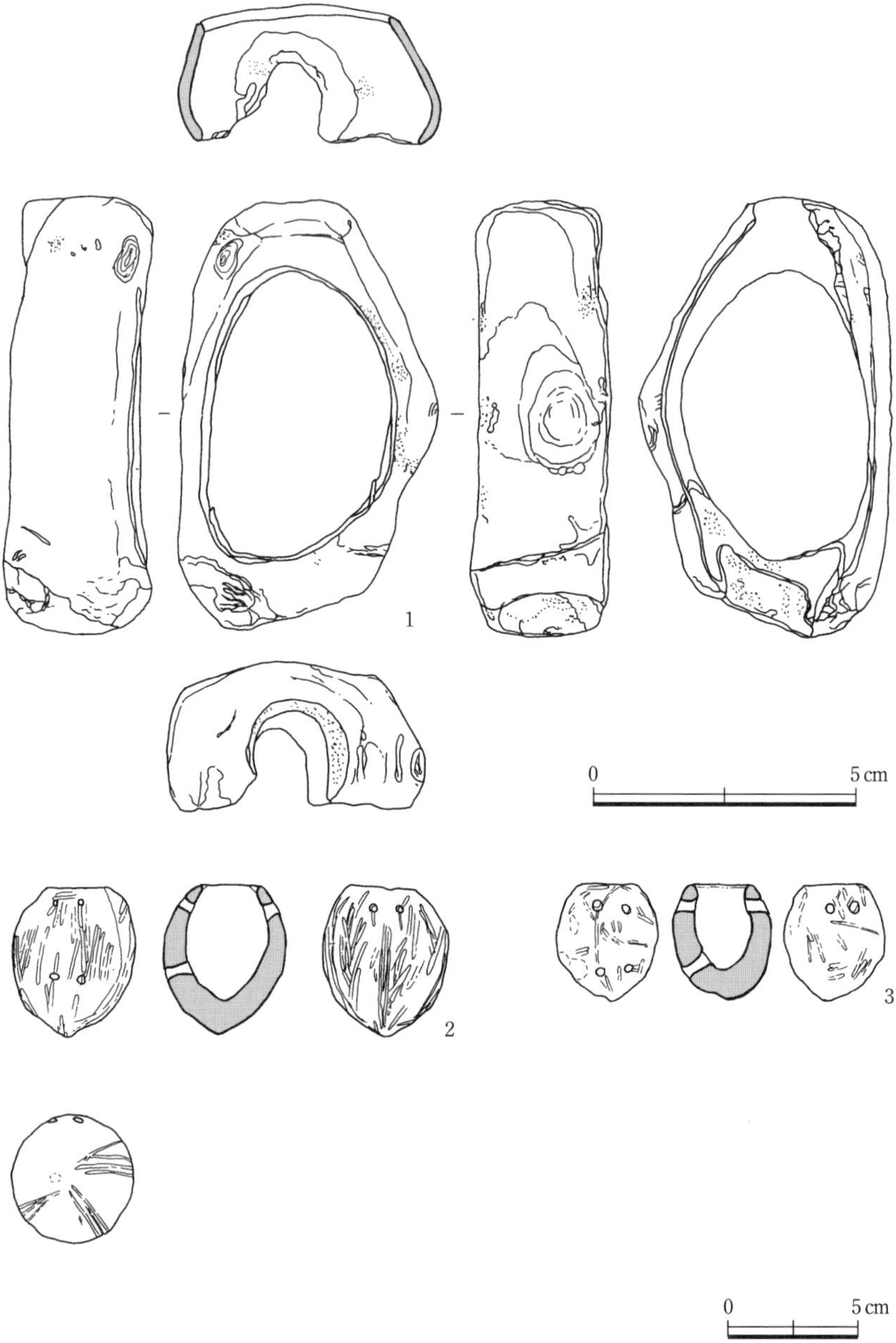

図 32　西川津遺跡出土のゴホウラ製貝輪・土笛

ちなみに、貝層Ｉからは貝製薄玉一四個が検出されている。他の貝層からもアカガイ製貝輪や多数の貝製薄玉が検出され、貝層Ｆからは成長途上の女性人骨と貝製薄玉一九個がえられた。こうした事実は、貝層の形成と埋葬地の選定に有機的な関連があったことをうかがわせる。時期は、いずれも弥生時代前期とされるが、中期の貝層からも同類の玉が採取されている。

ゴホウラ製貝輪の性格に関しては、木下尚子、高倉洋彰らの研究があり（木下 一九八九、高倉 一九七五）、この種の貝輪は南海産の貝を利用したもので、北部九州を中心に分布すること、着装する人物は弥生時代の地域社会の首長とみられることが説かれている。海崎地区出土のゴホウラ製貝輪も北部九州方面から入手されて、西川津弥生集落に居住する首長の腕にはめられていたことを示唆している。

交流・交易

ゴホウラ製貝輪とともに海崎地区からの出土遺物中で注目されるものに鋳造鉄斧がある。貝層Ｃ付近から発見されたようで弥生時代中期のものという。弥生時代の鋳造鉄斧は、北部九州を中心に本州西部から近畿地方に分布し、生産地として中国東北部から朝鮮半島西北部が考えられている（村上 一九九四）。西川津・海崎地区出土例も直接的か間接的かの判断は難しいが、かの方面から舶来されたものと考えられる。

右例のほかにも、石剣・石戈・扁平磨製石鏃等の武器、石鎌・石包丁等の農具、結合式釣針・アワビオコシ・石錘等の漁具があり、北部九州との直接・間接の交流・交易の様子をうかがうことができるという（下條 一九八九ａ）。海崎地区弥生集落が内外の交流・交易センターとしての役割を果たしていたものと考えられよう。

2 宮尾坪内地区

この地区は、一九七九～八一年に発掘調査が行われて、大量の弥生土器や農具などの木製品が出土した。さらに、一九九五年にも西川津遺跡の継続的調査の一環として発掘調査が実施されている。報告書は未刊であるため、ここでは一九七九～八一年の調査を中心に予察的な検討を試みる。

集落範囲

海崎地区と同様のやり方で集落範囲を想定してみる。北・西・南を限る最大の要件は、朝酌川の流れである。まず北限についてはつぎのように考えられる。大内谷の谷口付近で西側に膨らんだ流れは、蛇行して川津小学校北の丘陵先端に突き当たる。そこで再び西南向きに流路を変える。このコースは、弥生時代以降も大きくは変化していないことが調査で確認されている（西尾他 一九九五）。したがって、集落の北側への広がりは大内谷丘陵の先端から流れの屈曲部辺りに求めることができる。

西の限界は、大きく西側に湾曲する流れの内部ということになろう。一九七九～八一年の調査では、西に傾斜する砂利層を中心に遺物が検出されているが、この層は、朝酌川左岸に近い箇所に洪水によって形成された遺物包含層と判断されている。

南限は現在の学園橋付近とすることができる。西に膨らんだ流れは、また、南東方向に転じて学園橋南東の丘陵先端に突き当たる。そこで再び南西方向に流路を変えるのであるが、その屈曲部も一九九四年の調査で検出された。つまり、この宮尾坪内地区も先の海崎地区同様、朝酌川左岸で流れが弓状に西へ膨らむ箇所に集落が存在したと想定される。問題は東限であるが、現状では確認できない。しかし、海崎地区で推定したように、谷奥からの小流と朝酌川の流れによって合成された砂洲状の微高地と、それに続く丘陵裾部にあった可能性がある。集落範囲をこのように推定するならば、径約一六〇メートル程度として捉えることができよう。やはり、一～二の小単位集落の存立が可能な広がりとしてよいであろう。

集落の継続性

この地区では、調査区内において何らの遺構も検出されていない。また、遺物の出土は、砂利層を中心とするが、これは二次的な堆積層と判断されている。よって、集落の継続性を明確な形で考察することには困難がある。あえて海崎地区での試みを採用するならば、出土土器については、弥生時代前期から後期へと連続する状態を見出すことができるように思われる。ただし、Ⅰ—1様式は存在しない。

手工業生産

木製品、とりわけ農耕具類の大量出土が注目される。それらには加工途上のものが多数含まれる。丸鍬は数段階の製作過程を示す資料がえられている。宮尾坪内地区で木製農耕具の生産が行われたことは明瞭である。そのほかにも打製石鏃や石包丁が製作された可能性がある。なお、本地区でも鳥形木製品が出土していることを付記しておこう。

三　拠点集落としての西川津遺跡の検討課題

以上、朝酌川左岸で検出された二地区の弥生時代集落址について、その様相と特徴点を検討してみた。海崎地区では、筆者が弥生集落の拠点性として考定した（a）〜（e）の要件がすべて満たされており、かつ、交流・交易拠点としての性格も想定され、当地区の弥生集落が、持田平野に展開した地域農耕社会の拠点となる性格を帯びていたことは、かなりの確かさをもって認めてよいであろう。問題は、これらの諸要件が相互にどのように連動し、そのあり方が集落構成や地域特性の形成とどう関連するのかである。このような検討と考察をへて初めて拠点集落としての西川津遺跡の意義が明らかになると考えられる。当面検討すべき課題を以下に示して結語に代えたい。

①海崎地区の集落に拠点性が見出されることは右記のとおりであるが、近接する貝崎遺跡や宮尾坪内地区の集落との関連はどのように理解されるべきであろうか。朝酌川の流れをいわば共有するかのような占地をとる集落群が、孤立分散状態にあったとはとうてい考えられない。とすれば、一ブロックとして捉えることが必要になってくる。今後予定される宮尾坪内地区の調査に期待がもたれる。

②今後の調査の成果を受けてのことであるが、拠点性の内容が立体的に把握されるならば、拠点集落としての特性が、いつどのようにして形成されたのかも大いに問題となるところである。この点は地域性の評価にも関連してくる。

③海崎地区、貝崎地区、宮尾坪内地区のいずれも弥生時代後期の動向がいまひとつ不明である。出土遺物の種類・量ともに、この時期のものは少ないようにみうけられる。古墳時代前半期の遺物の量が比較的多いこととあわせて検討が求められるところである。

④弥生時代中期中葉以降の集落のあり方と関連して、また、拠点性をもっとも明瞭に示す要件として金属器生産の問題がある。この点はかなり目的意識的な追求が必要であろう。

中海・宍道湖低地に広がる弥生時代の集落遺跡は、有機物の保存度においてきわめて優れており、その調査研究は、当代の農耕生産と交流、あるいは社会生活のありようの具体的把握に画期的な解明の道を開くに違いない。小論がそうした研究へいささかでも貢献ができれば筆者の意図は達成される。

第Ⅳ部

弥生時代集落址研究の成果と課題

第6章
弥生時代拠点集落の再検討

一　神奈川県大塚遺跡とその周辺——拠点集落の諸様相（1）

神奈川県大塚遺跡において完掘された環壕は、壕内側の遺構群に二次的な変異がほとんどみられないなど、この集落址がもたらす情報にはきわめて注目すべき諸点がある（武井　一九九一・九四）。弥生時代の集落構成と構造に関心を抱く立場からすれば、それは言い尽くされているとはいえ、やはり当時の集落構成をどのように復元しうるのかという点に関心は向かう。このことについて筆者は、土器型式による時間的限定の大枠を設定し、それを住居址の重複関係と分布状態によって存続期間をさらに限定するという方法をとった（田中　一九七六）。大塚遺跡の集落構成を総括した調査者らも、ほぼ同様な手続きによって同時共存の住居址群を抽出し、群構成と存続期間の復元を試みている。異なるのは、右の分析が宮ノ台式土器の細分を基礎にして行われていることである。この点は、筆者がかつて課題として提起したことで、その後、調査者らの研鑽によって新たな到達点が築かれたわけである。提出された集落構成の考察をつぎに要約して示す。

まず、大塚遺跡出土の宮ノ台式土器については、北環壕の層位を基軸にして型式学的な検討が行われ、これを三期に区分することが新たに提示された。この作業を受けて各住居址の所属期を確定し、加えて重複関係、分布状態を勘案し、三期にわたる三群の住居址群を復元している。全体総括に当たった岡本勇は、これらの住居址群を南グループ、北グループ、東グループとする。各群は、一期九〜一一棟の住居址で構成され、南、東のグループに大型住居址が含まれることを明らかにしている。こうした住居址の分類は、結果的には、当初の観察と大きく相違することはなかったが、出土土器の詳細な分析によって三群三期の集落構成と変遷があらためて確認された意義は大きい。また、今次は各グループに高床倉庫をともなうことが追加された。一群の住居址が単位集落として結合する意味合いを、より明確にしたことも見逃せないであろう。

右のような分析に基づいて小宮恒雄は、大塚遺跡全体についてつぎのように述べる。「三つのグループがそれぞれにI〜III期の各時期の住居址を含んでいることからも、集落は当初から三つの集団で構成され、大規模な環濠集落として成立したものと考えられる。各群は各々が一〜二棟の高床倉庫を保有し、一集落を構成しながらも容易に他と融合することのない強固な結び付きを持った単位集団で、おそらくその実態は血縁紐帯で結ばれた個別世帯の結合体と考えられる」と。ここでの問題は「おそらく……」以下の想定の当否にあるだろう。与えられた考古学資料によるかぎりでは、「結合体」復元の蓋然性は認めねばならないにしても、やはり概念的な考察にとどまるとの感は否めない。課題は、依然として三期にわたる三集落群の成立と解体をどのような歴史的構成体の変遷過程として描き出せるかにある。

ところで、拠点―周辺関係の復元には、集落群の動態をどのように捉えて相関関係を設定するかという問題がある。拙論への批判の大半は、まさにこの点に集中しているのであるが、アプローチの方法としては、可能なかぎりの限定された小時間帯内で、想定できる集落の分布動態の類型を積み重ねることによって蓋然性を高めていくことが、与えられた資料のあり方からして必要で可能な方法であると考える。

そのような見地から、鶴見川流域の宮ノ台期を中心にした集落動態を追究した安藤広道の労作には少なからず関心がもたれる（安藤 一九九〇・九二）。安藤は、石井寛が折本西原遺跡の調査研究において示した宮ノ台式土器の三期区分を発展させてⅠ〜Ⅴ期の五期区分を設定し、そのうえに立って、鶴見川流域における当時期の集落の動態を三段階の変遷過程として跡づけ、集落群の相関関係に説き及んでいる。主要な要点はつぎのように読み取れる。

第一段階（Ⅰ・Ⅱ期）は、「移住者」による「短期的かつ小規模分散的な集落群構成が展開した段階」とする。そして、これらの小規模な集落は次段階に継続しないとみている。

第二段階（Ⅲ期）においては、その前半に鶴見川の本流筋で折本西原遺跡、支流の早渕川筋に大塚遺跡が、それぞれ環壕集落として出現する。後半になると本流筋に佐江戸宮原、谷津田原、早渕川筋に権田原、綱崎山、柚木台などの環壕集落が成立するとしている。具体的に触れられていないが、谷本川筋の朝光寺原遺跡もこの段階に属するのであろうか。さらに注意を喚起させられたのは、第二段階では「小規模集落」（筆者が「周辺型」とした集落址とかなりの部分で重なり合う）は存在しないとする点である。これはきわめて重要な指摘である。安藤の見解に従うならば、鶴見川流域における農耕集落は、すべて環壕集落という形で登場したことになる。さらに安藤は、折本西原遺跡がその構造からみて、右に列記した「等質的な環濠諸集落」群の中核としての役割を担っていたと推定している。

第三段階（Ⅳ・Ⅴ期）は、小規模な集落が「環濠集落群の間を埋めるように」して出現することで特徴づけられるようだ。その動向は、前半（Ⅳ期）には兆候であったのが、後半（Ⅴ期）に入って多数の小規模集落の成立が認められるとしている。つまり、環壕集落と小規模な集落が併存するという形で鶴見川・早渕川流域の集落分布を概括できる状況が生まれたものと判断してよいのであろうか。もしそうだとすれば、拠点集落（環壕集落の多くが含まれる）の解体・分散によって小規模な集落が成立する考え方に基本的な修正を迫る見解として魅力を感じる。

問題は、折本西原遺跡―等質的な環壕集落群―小規模な集落の相関関係を論理的、実証的にどのように考定し、説明しうるかにあろう。安藤は、折本西原遺跡―環壕集落を「社会集団」という通称的な集団概念で括っている。環壕集落―小規模な集落については前者の内部で蓄積された人口圧による後者の分岐として捉えようとしている。このような想定は、弥生時代の集落論で言い習わされた親村―子村ないしは母村―娘村といった分村現象として理解する従来の諸説の範囲を大きく出るものではないが、安藤の場合、両者の経営耕地（水田）面積を試算して、分岐の必然性を解明しようとした点が新しい（安藤 一九九二）。

右のように、宮ノ台式土器の細分を基礎にして進められた大塚遺跡の集落構成、鶴見川中流・上流域の集落変遷観は、かつて筆者が示した素描を動態的に、より詳細にしたものと受け止める。安藤らの分析に従えば、折本西原遺跡は継続型の拠点と理解できるし、環壕集落とされた諸集落はおおむね廃絶型の拠点とみてよいように思われる。ただ、この際、自説修正の必要性が認められるのは、こうした拠点型とした集落の重層構造についてである。安藤説に依拠していえば、各環壕集落は折本西原集落との関係では周辺型的であり、小規模な集落に対しては拠点型的となる。あるいは第三段階においては、折本西原遺跡は大拠点型とでも称しうる位置づけがなされている。

このような複雑さを整理するために、新たに一次拠点、二次拠点といった類型化を試みることも可能であろうが、それでは煩瑣な類型を生むことになりかねない。むしろ、拠点、周辺を固定的に設定するのでなく、与えられた地域と時間帯の中で弁証法的に捉えることが必要かつ重要ではないかと考える。その意味では、拠点型とするよりも拠点的と呼称すること、周辺型とするよりも周辺的とするのが、動態的な把握にとってより適切といえるかもしれない。今後の検討課題としておきたい。なお、周辺型についての用語としては、その形態的特徴と想定される集落の性格に相応しいものを採用すべきであるが、ここでは当面「単子的集落」と仮称しておきたい(1)。

横浜市港北ニュータウン地域における最近の達成から自説を顧みると、鶴見川中流・上流域においては、継続型拠点集落—廃絶型拠点集落—単子的集落（周辺型、以下同じ）の三層の集落構成が、累次的に形成されていったというように是正されることになろうか。とすれば、問題はやはりこれら三者の相関をどのように規定するかである。この点に関して安藤が、環壕集落と小規模な集落とは依拠する水田経営の規模による集落形態の差異であるとしたことは、その試算の是非はとにかくとして、この地域を対象にした従来の集落論を一歩前進させたものと評価できる。拠点性の内容を農業生産のありように求め、それを具体的に提示したことに注目したいのである。

しかし、環壕集落と小規模な集落が、水田経営においてどのような相互依存関係にあり、後者がいかなる側面で自立性を発揮できたのかは、なお実証的に語られていないように思う。実際問題として鶴見川流域の集落遺跡では、このことに迫りうる資料はあまり見出されないとするのが現状であろうか。ただ一点注意されるのは、大塚遺跡において個々の住居址出土遺物の詳細な記載的検証が行われたことにより、太形蛤刃石斧以下、抉入・柱状片刃・扁平片刃の各種石斧の完成品が見出され、ハンマー、砥石、石屑などの存在も確認された。

集落内でいわゆる大陸系磨製石器類が製作されていたことは疑う余地がない。これを敷衍すれば、当然、木製農耕具などの生産が当遺跡で行われていたことを予測してよいことになる。拠点性の内容には、そうした生産用具の製作と、おそらくは単子的な周辺型集落への手交・配分を想定できるように思われる。

二　島根県西川津遺跡——拠点集落の諸様相（2）

拠点性の内容・意義をより明確にするために、筆者が、目下フィールドにしている山陰地方の弥生時代集落遺跡を取り上げてみたい。山陰地方における弥生時代の集落研究は、大山山麓の低平丘陵地帯以外は、概して良好な集落遺跡の資料に恵まれないこともあってあまり活発とはいいがたい。しかし、近年さまざまな開発にともなう発掘調査により、日本海沿岸に形成された潟湖縁辺の沖積平野に立地する大型の集落遺跡が数カ所で発見されている。これらの遺跡からは、有機質の遺物をはじめとして、多様で大量の遺物が出土し、それらの検討を通じて拠点集落の性格に迫ることができるように思われる。また、集落の広がりや他集落遺跡との関連を考察できる例があり、そのような遺跡の様相に拠点集落の諸側面を読み取ることは不可能ではない。以下では、中海・宍道湖沿岸域の大規模な遺跡として知られる西川津遺跡（島根県松江市西川津町）、矢野遺跡（島根県出雲市矢野町）について、その様相から当地方の拠点集落の諸特徴について検討してみよう。

西川津遺跡（村尾他　一九七五・八二、内田他　一九八八・八九）は松江市北東部の小沖積平野南辺に位置する。遺跡は、中海に流入する朝酌川左岸から丘陵裾の間に帯状に広がり、その規模は南北約一キロメートル、東西約二〇〇メートルの範囲にわたると推定されている。遺跡内では縄文時代から中・近世に至る各時代の遺物が大量に出土するが、弥生時代の遺構・遺物は、やや上流寄り（海崎地区、宮尾坪内地区）に色濃く分布するようである。時期としては弥生時代前期から後期のものがすべて含まれているとしてよく、山陰地方の土器型式によるかぎり、遺跡の断絶や間断は認められない。

詳細にみると、海崎地区では弥生時代前期の遺構として、南北方向に走る溝（幅五〜七メートルで、西側では堤防状の高まりが検出されている）一条、円形〜方形のウッドサークル三カ所、ブロック状の貝層四カ所などが、四〇×二五メートルの範囲に密集状態で検出されている。これらの遺構群が立地する場所は、丘陵先端の低平部と河川堆積物による微高地の接点で、朝酌川岸にまで広がる集落の縁辺に当たると推定される。居住区はこれらの遺構群が所在する場所より奥の山蔭に想定される。

弥生時代中期の遺構は同じく海崎地区で二カ所検出された。一カ所は右の前期遺構群と重なるような状態で掘立柱建物跡四棟、円形〜楕円形のウッドサークル一四カ所、土坑三基、ブロック状貝層三カ所と前期から続く溝が掘り出されている。他の箇所ではウッドサークル九カ所、帯状に広がる貝層一カ所、ドングリの貯蔵施設一カ所が発見されている。

弥生時代後期の遺構は、溝状遺構の西側において列石と小ブロック貝層一カ所が見出されている。以上の遺構群は、丘陵先端部の出入りに応じて蛇行する朝酌川の川辺に沿って分布するものと思われ、遺構群と関連する住居群は、前期とほぼ同様に谷奥から丘陵斜面に存在することが予想されるのである。

これまで採取された遺物の量は膨大である。ここでは遺構にともなった遺物について取り上げることにしたい。第一に注目されるのは、ウッドサークル（SZ01〜SZ26）と称される、杭を円形、楕円形、方形、長方形の列状に打ち込んだ遺構の中側と、その周囲から検出された木材、木製品類である。弥生時代前期のウッドサークルは原木貯蔵の施設の可能性が指摘されている。中期のものでは、ＳＺ17のようにサークルの中に板状になった木材が横にして置かれていた例がある。他のサークルの周囲でも鋤・鍬などの未成品が大量に検出されている。後の出土品の整理段階では、これらの木材と加工途上品から、木製農具類（広鍬、丸鍬、股鍬、鋤、えぶり等）の製作工程を五段階に分けて考察することができ、それぞれの段階の資料の存在が確認されている。

ウッドサークルが溝岸に沿って検出されたことに関して、調査者は、これらが原木・材木・未成品・完成品を水に浸しておくための施設ではないかと推定している。これらの施設と接して設けられた土坑（ＳＫ01〜ＳＫ03）中からは、往時使用中の鍬と田下駄の未成品が採取され、また、ヒョウタンとその種子が検出されている。その他ドングリを大量に貯蔵した土坑もあった。

こうした木製農具類の生産には大陸系磨製石器類の使用が当然予測されるところであるが、石斧類としては、太形蛤刃石斧から扁平片刃石斧に至るまですべてのタイプの石斧が出土している。そして、それらの未成品が少なからず採取されていることから、これら石斧類も集落内で製作された可能性が強い。石鎌についても同様であろう。さらに骨角器、とりわけ精巧に加工された釣針の存在は、西川津遺跡の内容を際立たせる材料となっている。原料の鹿角の出土がみられることから当遺跡内で製作されたものと考えてよい。要するに、生産用具のほとんどが西川津遺跡内で製作されたとみられ、そのような原料調達と加工・製品化のシステムが、弥生時代前期から中期へ継続されていたと判断できるのではあるまいか。

精神的生活に関連するさまざまな遺物、あるいは、祭祀的遺物が発見されたことも西川津遺跡の特色としてよい（図32参照）。まず、注目されるのは土笛で、これまでに二〇個が出土し、数では日本列島最高である。土笛は、大・中・小の三類に分けられているが、いずれも、貝層や包含層からの出土となっている。筆者は、土笛は送葬の儀式に用いられたと推定するが、宗教的行事に際して使用されたものとすれば、その祭儀の性格が問題になろう。このことと関連して注目されるのがゴホウラの貝輪である。前期の貝層からの出土とされているが、同貝層では貝製の薄玉一二個と成人骨が発見されているから、この人骨にともなった可能性がある。とすれば、ゴホウラ製貝輪の性格に鑑みて、西川津遺跡の弥生時代前期の集落内に首長的身分の人物が、すでに居住していたことを肯定して差し支えないことになるのではないだろうか。

また、西川津遺跡の出土品には、北部九州、あるいは、当該地方を介して朝鮮半島もしくは中国大陸との繋がりを想起させる遺物がある。その一つは鋳造の鉄斧である。貝層C付近から出土したとされる。この鉄斧は、袋部に二条の突帯があり、側面には縦方向に鋳型の合わせ目痕がついている。福岡県稗田遺跡出土の鋳造鉄斧との類似性が指摘されている(2)。

さらには石器、漁具にも北部九州との関連性をうかがわせるものがある。磨製石鏃、大型石包丁、結合式釣針、ヘラ状鯨骨製品、九州型石錘等で、これらは山陰地方中央部と北部九州との間に、海上交通による直接的な結びつきがあったことを示唆しており、石器類の親縁性も間接的な交流関係の存在を物語るとされる。つまり、「山陰と北部九州との関係は、弥生時代全体を通して間接、直接の二重性の中で結ばれていた」との総括に要約されることになるのであるが(下條 一九八九a)、交流地は北部九州に限られない。弥生時代中期前半の土器の様相には、山陽地方との類似が認められるし、分銅型土製品の出土などにもこの方面との繋がりを暗示するものがある。

西川津遺跡について以上に述べてきた諸点を、拠点集落としての性格に関わって整理すれば、おおよそつぎのようになろう。第一には、集落遺跡としての規模の大きさと連続性を取り上げる必要がある。低湿地の遺跡であるため、時期ごとの集落範囲を正確につかむことはできないが、連綿と広がる遺物の散布域の広さは、この遺跡が位置する持田平野に所在する弥生時代集落址の中で飛び抜けている。中海・宍道湖沿岸の集落址としても最大級の規模をもっている。第二には、各種遺物の大量出土、わけても木製農具類、大陸系磨製石器の製作にみられたように、拠点とは何よりも生産用具生産の拠点として把握できる。第三には、対外交流の拠点としての性格を指摘したい。ここでは北部九州との交流を物語る顕著な遺物の存在を示した。朝鮮系無文土器が少なからず検出されていることも、右の特徴点を補強する。そして、第四には、かなりの推測を含むが、これらの諸活動を統括する地域首長の居住する集落であったとみられることをあげておく。言うなれば、西川津遺跡は生産と交流と祭祀において、平野の諸集落の農業生産経営において中核的な役割を担っていたと判断されるのであるが、こうしたあり方こそが弥生時代の拠点としての性格の主要な側面であったということができるであろう。

三　島根県四絡遺跡群――拠点集落の諸様相（3）

四絡《よつがね》遺跡群（山本　一九五七、出雲考古学研究会　一九八六、田中他　一九八七、田中・西尾他　一九八九、出雲市教育委員会　一九九一、田中　一九九二a）は出雲平野のほぼ中央に位置する。この遺跡群は、旧斐伊川と神戸川が形成した微高地（標高三～四メートル）上にある。縄文時代後期から中・近世にいたる長い期間にわたって集落が営みつづけられ、さらに、近・現代の集落が遺跡と同一箇所に広がるといった状態にある。出雲平野の大部分の遺跡と現在の街区の重なり具合は、四絡遺跡群の場合と相似た状況にある。遺構の複雑な重複が集落研究を困難にしている面もあるが、相互に独立してあたかも孤島のような形で分布する微高地と、そこに立地する各時代の集落址の範囲との一致によって、集落の広がりを限定できるという点は、考古学的な集落研究にとって有用な側面である。もっとも、近世の「かんな流し」による大量の土砂の供給によって、弥生時代・古墳時代の集落が、沖積地下のかなり深いところに埋没しているケースがある(3)ので、平野内のすべての遺跡が微高地上に見出せるというわけではない。

四絡遺跡群が立地する微高地の形状は、北に向かってY字状を呈し、その広がりの概略は、東西約一・一キロメートル、南北約一・三キロメートル、総面積約六〇ヘクタールと計測できる。この四絡微高地は、その高まり状態に微細な起伏がある。それによって西側の矢野町一帯の矢野地区、東側の大塚町一帯の大塚地区、南側の小山町一帯の小山地区に分かれる。そして、それぞれの地区に矢野遺跡、大塚遺跡、小山遺跡群が存在する。この三者をまとめて四絡遺跡群と総称している。各遺跡は、さらに土器などの遺物の散布量を手がかりにして数地点に区分されている。『出雲国風土記』に記載されている「八野郷」は、この四絡遺跡群に比定しうる。以下それぞれの遺跡の外観と集落址としての特徴点を示そう。

矢野遺跡は、四絡遺跡群の中で最も優勢な集落址である。土器片の散布の範囲と出土量によって第1地点から第6地点に分けられるが、弥生土器片が濃密に分布しているのは第1地点とその周辺の地点である。第1地点は矢野地区の西寄りにある。微高地としては比較的高位の箇所に所在し、これまでに大量の弥生土器が出土している。時期としては弥生時代前期前半から後期終末までにわたっている。弥生時代中期前半の土器の出土量は目下のところ少量で、この期の状況はややはっきりしないところがある。出雲平野において、前期前半の弥生土器が発見されているのは矢野遺跡の第1地点、第3地点と大社町原山遺跡だけである。矢野遺跡・原山両遺跡は平野全体の農耕集落発展の基点をなす集落として注目されてきている。

ついで、弥生時代中期後半からは土器量が急速に増加してきて、前期段階以上の集落の繁栄ぶりが想定されるようになる。実際、第1地点A区の調査では弥生時代中期後半の住居址数棟が重複状態で検出されている。住居址群に接して同時期の土壙墓群も発見され、居住域と墓域の存在が明らかになりつつある。さらに、弥生時代後期後半に入るとヤマトシジミを主体とする貝塚が形成されている。

右のように、これまでに発掘調査が行われた第1～3地点においては検出された遺構は竪穴住居址と土壙墓であるが、調査範囲が狭小なために詳細な集落構造は明らかでない。しかし、弥生時代中期後半の住居址が重複状態で検出されていること、これに接して同時期の土壙墓群の存在が明らかにされたこと、さらに、弥生時代後期の二段掘り土坑群（碧玉製管玉をともなう）を含む土壙墓群が、中期後半の土壙墓群の南辺に営まれていることなどを勘案すると、矢野遺跡第1～3地点一帯が四絡遺跡群の中心地区を形成していたとみて誤りないであろう。

このような推定をより強める事実として、第3地点で特殊土器群が発見されたことをあげておきたい(4)。この種の土器は、吉備地方を原産とするものであり、これらの出土品が彼の地から搬入されたものであることは動かしたがたい。採取された土器片には、特殊壺、特殊器台、装飾普通器台が含まれている。型式的には立坂型・宇垣第一型式に属する（宇垣 一九九二）。出雲地方では、吉備系の特殊土器とみられる搬入土器は一〇遺跡で発見されているが、特殊壺、特殊器台がセットで出土している遺跡は、大型の四隅突出形墳丘墓として著名な出雲市西谷3号墓、同4号墓と矢野遺跡だけである。

これらのほかに注意すべきこととして、つぎのような事実が知られている。第3地点から碧玉・緑色凝灰岩製の管玉の完成品や未成品、石屑、瑪瑙・玉髄・水晶等の石片に玉砥石が出土していて、当地点を中心に玉生産が行われていたことが判明した。また、第1地点と第3地点からは朝鮮系無文土器片が検出されている。

矢野地区南方の小山遺跡は第1～3地点に分かれる。第1地点は古墳時代から奈良・平安時代の土器片が相当量散布しているが、弥生時代後期の土器片もわずかながら採集されていた。ところが、一九九〇年の調査において、弥生時代後期前半の土器をともなう断面逆台形の溝状遺構が一条検出され、この時期の集落址が存在することは確実となってきた。後期前半の集落が基点となって後続の集落が展開することが想定される。また、第2地点では弥生時代中期後葉の土器片が採集されているので、ここでも中期後葉の集落址の存在を考定できる。さらに、後期にそれが継続されていくことも他例から推して想定してよいように思う。第3地点では古式土師器の出土が目立っているが、採集された土器には弥生時代の後期後半に含めるべきものがあるという(5)。

矢野地区の東に広がる微高地上の大塚遺跡からは中期後半の弥生土器片が採集されている。この遺跡の盛期は、古墳時代以降に下る可能性があるが、小山遺跡の例から考えても弥生時代後半期から集落が営まれるようになることは十分想像しうる。

右に述べた矢野遺跡を中心とする四絡遺跡群の集落構造とその諸特徴を、丹念に行われている分布調査と断片的な発掘調査でえられた知見をもとに考察すれば、大略つぎのようなことがいえる。遺跡分布は二〇四頁の図24-①参照。

第一に、弥生時代集落の成立と前半期の展開状況をみよう。矢野遺跡における集落の成立は、時期的には弥生時代前期前半に遡り、当初の集落の占拠範囲は第1〜3地点付近に限られた。そして中期中葉ごろまでにこのような状態が継続され、中核部分の形成が進行したものと思われる。この間には木製農具などの製作を含むいくつかの拠点性も獲得されていったのではないだろうか。弥生時代中期後半になると中核部分の密集化と集落構造の定形化が進み、加えて、第4〜6地点でこの期の土器片が採集されたことなどから、さらに集落の外縁が広がり、大規模な拠点集落への歩みが顕著になってきたと判断される。

矢野遺跡周辺の集落址についてみると、弥生時代後半期に入って、まず大塚遺跡や小山遺跡第2地点等に集落が成立し、続いて小山遺跡第1地点、第3地点にも集落が営まれてくる。このことは、通説的にいえば、親村から子村が分離したものと理解される。新集落は、矢野遺跡第1〜3地点の中核部分から分岐した単子的周辺型集落ということになろう。現象的には、矢野遺跡、大塚遺跡、小山遺跡を一まとめにする四絡遺跡群が成立するのであるが、ここでは地形的にまとまる微高地上に、中心ブロックと縁辺ブロックの重圏構成をとる大集落が展開していく状況を重視したい。そして、これら遺跡群によって構成される集落が、相互に一個の結合体としての諸関係を保持していたと理解しておきたい。そのうえで、あらためて中心ブロックに集落分岐の基点ないしは母体としての拠点の特徴を見出したいと思うのである。

第二には、矢野遺跡第3地点からの特殊土器の出土を取り上げるべきであろう。埋葬遺構にともなって検出されたものではないので、出土したことについては、幾通りかの解釈が可能である。すでに述べたように、山陰地方で最大級の規模を有する西谷3号墓、同4号墓における特殊土器の存在を想起するならば、これらの墳墓に埋葬された首長の居住地を矢野遺跡と関連づけて追求することは、出雲平野における拠点集落の実相とその特性を明らかにするうえできわめて意義のあることと考えられる。

四　弥生時代拠点集落の特性

横浜市北部の鶴見川流域における弥生時代中期後葉の集落動態を、最近の研究によりながら、拠点集落遺跡を中心としてみた。そこでは、折本西原遺跡・環壕集落を核として、周辺の小規模な集落との重層的な集落群構成の成立と展開状況が説かれた。小論の観点からすれば、折本西原遺跡は拠点集落の一典型として把握される。その拠点性は、安藤によれば、集落址の規模、継続期間の長さ、大規模な方形周溝墓の存在によって与えられているが、なお、折本西原遺跡を鶴見川中流・上流と支流の広域に展開する幾多の集落の拠点として理解するためには、弥生時代中期後葉から後期、さらには、古墳時代前半期にまでおよぶ期間の集落規模と継続性が問題となろう。折本台地では、弥生時代後期の集落は東方の大熊宮原遺跡などで捉えられている。このことをもって、弥生時代中期後葉の集落の中心が東寄りにシフトしたものとすることができるならば、折本西原遺跡の拠点的性格もより明確なものとなるであろう。いずれにしてもこの遺跡の拠点性は何よりも集落分岐の母体と認めうるかいなかにあるとみられる。

いま一つ問題となるのは、「等質的環濠集落」とされた大塚遺跡などの集落址である。これら諸集落址が環壕を備えた防塞的集落として機能するのは、土器型式（宮ノ台式）で示される時間幅内に限られるとされる。これに従えば、短期廃絶型集落とするのも可能であるし、一型式の時間帯内の継続性を認めて短期継続型集落とみてもよい。要は、一定時間内で拠点性がどのように発揮されたのかの判断である。「等質的環濠集落」が小規模な集落と地域を同じくして共存することが事実として認められるならば、繰り返しになるが、そこに集落分岐を想定しうるし、その母体としての性格を「等質的環濠集落」群に付与して差し支えないことになる。その際、大塚遺跡で明らかにされた複数の「単位集団」の併存、大陸系磨製石器群の生産などの事象が当然考慮されるべきであると考える。ただし、安藤も指摘するように、「等質的環濠集落」が簇生状態で出現し、短期間の存続の後ほとんどいっせいに廃絶される現象は、一種の地域性として理解すべきであるのかもしれない。今後の検討が待たれる。

拠点集落の拠点性を生産用具の生産に求められる事例として、説得的な様相を示しているのが西川津遺跡である。ここでは、木製農具類の原材、未成品、完成品の出土によって、それらの生産過程を具体的にたどることができる。また、これら木製品の製作に駆使される各種大陸系磨製石斧の生産もまた、遺跡内で実施されていたことが知られている。

西川津遺跡が位置する宍道湖北東岸の持田平野は、古代に島根郡の中心地域であったことが判明している。平野内には西川津遺跡を凌駕するような規模の集落遺跡は見出されてはいないし、これまでの調査に照らしても、今後同等の集落址が発見される可能性はほとんどない。西川津遺跡を持田平野の拠点集落とみる間接的な根拠の一つである。

西川津遺跡に拠点性を認めるもう一つの要素は、交易拠点としての性格である。実相の概略は先に述べたが、北部九州方面との交流を物語る遺物は生産面から祭祀に及んでいる。そうした交易の諸活動が、集落内の動向とどのように結びついて展開されていったのかを探ることが今後の課題であろう。また、土器の搬入事情から地域間交流の検討が進展している。西川津遺跡や矢野遺跡のほかにも鳥取県米子市目久美遺跡、島根県松江市布田遺跡、同仁摩町川向遺跡で朝鮮系無文土器が出土している。[6] これらの諸遺跡は各々が位置する沖積平野の拠点集落とみなしうるものである。また、矢野遺跡における吉備系特殊土器の出土は、交易拠点に有力な地域首長が居住していたことを関連づける事実として注目されるところである。

矢野遺跡における集落分岐の様相は、実証面で課題があるとはいえ、山陰地方における農耕集落の展開構造を解明するうえで看過できない様相を提示している。ここでは、集落群の中核ブロックと縁辺ブロックの形成、その相関関係のありようについて具体的に観察しうる状況が生まれつつある。今後の調査研究の進展によっては、横浜市北部域の集落群の展開状況と対比して地域的な特性に切り込む条件がえられるかもしれない。

弥生時代拠点集落の拠点性を顕著に示すこととして首長が居住していたことの問題がある。このことは、吉野ヶ里遺跡などの超大型の集落址で確認済みといってよいと思うが、北部九州や近畿中枢部以外の大小の地域の大規模な集落遺跡においても、右のことを想定しうる事実が捉えられつつある。西川津遺跡におけるゴホウラ製貝輪の出土、矢野遺跡における吉備系特殊土器の出土がその一端を示している。これらの諸相が大型の集落内の祭祀と統一的に解明されれば拠点集落の内容と特性はいっそう明確になるのではなかろうか。

註

（1）近藤義郎が設定した「単位集団」の枠組に加えて、分岐した「子」村の意を込め、かつ、それが「モナド」（自己運動体）的要素を有しているとの判断による設定である。

（2）この指摘は内田律雄によるものである。村上恭通がこの鉄斧を取り上げて同様の指摘を行っている（村上 一九九四）。

（3）JR山陰線斐伊川鉄橋の橋脚工事の際、川底から七メートルの深さ（標高三メートル）の箇所で弥生土器や古墳時代の土器が出土している。現地表よりかなり深い地中に遺跡が埋もれている可能性はかなりある。とくに、斐伊川が出雲平野に出た一帯にその傾向がある。

（4）これらの特殊土器はいくつかの時期の遺物が混在する層から検出されている。一九八六年と八七年に島根大学考古学研究室が行った第3地点の調査で二九点の土器片をえた。確認できた器種は特殊壺三、特殊器台一、装飾普通器台一以上であるが、器台の破片から七個体以上の存在を推定できる。同じ地点では出雲考古学研究会も数個の特殊土器と普通装飾器台の破片を採集している。

（5）池田満雄の教示による（池田 一九五六b）。

（6）一九九四年、福岡県小郡市埋蔵文化財センターの片岡宏二を案内して目久美遺跡、西川津遺跡、布田遺跡、矢野遺跡、川向遺跡で出土した朝鮮系無文土器を調査して確認している。

第7章
原史期集落の特性と類型
——山陰地方の大規模集落遺跡を例として

はじめに

二〇〇〇年に鳥取県青谷上寺地遺跡において、弥生時代人の頭蓋骨内に脳が残存するという稀有の発見があった。これに先立つ一九八四・八五年に島根県荒神谷遺跡で銅剣三五八本、銅矛一六本、銅鐸六個の出土があった。さらに一九九六年には島根県加茂岩倉遺跡で銅鐸三九個が出土した。その後にも鳥取県妻木晩田遺跡の発見、島根県では弥生時代祭祀にかかわる田和山遺跡の調査などがあり、いまや山陰各地の弥生時代研究には大方から少なからざる関心と期待が寄せられている。この際、個々の現象の特異性を強調して遺跡の意義を高らかに論じることも必要であるが、それにも増して重要なことは、これらの遺跡を国際性と地域性の統合体として評価する広義の集落論を構想することと考える。

さて、弥生時代を人類史の変遷諸過程においてどのように位置づけうるかは必ずしも明瞭ではない。かつては、原始社会から古代階級社会への移行期ないしは中間期として「原始社会の解体期」とされたことがあった。その後にもエンゲルスの人類史発展段階区分にならって「未開段階」として把握することも試みられている(1)（鬼頭 一九九三b）。考古学で、もっぱら「弥生土器の使用された時代」とか「稲作農業が本格的に始まった時代」として、この時代を特徴づけようとしているが、この時代区分には、前後の時代との境界分けについて種々の論議のあることは周知であろう。

いずれにしても、右のような諸遺跡を弥生時代という、列島史の枠内でのみ評価し位置づけるだけでは、その地域類型的特性と歴史的な意義を十分に解明したとは言い難いのではないか。その意味では、筆者がかつておおやけにした、いくつかの拠点集落論にも不十分で欠けるところがあることを認めざるをえなかった。そこで、まずはこの時期を原史期として扱う時間的枠組みを選択し、この期に展開する集落を原史期集落として課題に接近することを試みたい。原史期は、穀物生産を基礎として金属器生産をはじめとする分業の発達、遠近地との活発な交易、それらと密接に関わる王権の萌芽的成長を時代的特徴とする。

ところで、原史期集落の特性を地域性と国際性の両面から照射する方法としては、個別集落遺跡の諸事実から帰納的考察による仕方と、解明が進んでいる既存の集落遺跡をモデルとして、それとの対比的検討による仕方とがある。ここでは、広域集落論を展開する立場から後者の方法によることとする。既知の原史期集落のモデル例は、秦・漢帝国の領域拡大の影響を直接的、間接的に受けて文明化への道を歩んだ東南アジア地域と、同様に、ローマ帝国の政治的、文化的影響のもとで開明化が進んだ西北ヨーロッパの北海沿岸地域から選ぶ。ついで、これらと対比的に、山陰地方の大規模集落遺跡として知られる島根県の出雲市四絡遺跡群、松江市朝酌川遺跡（西川津遺跡）群、鳥取県の米子市目久美・長砂遺跡群、青谷町青谷上寺地遺跡を取り上げ、右の観点から広地域的集落の特性について検討して、これまで進めてきた集落論の総合的な点検を試みることとする（田中 一九九三・九六b・d）。

一　原史期集落のモデル

1　古代帝国とその周縁

弥生時代の展開期が、中国大陸における春秋・戦国時代から秦・漢帝国の設立と発展期に、おおむね重なることは認められよう。この歴史動向が周縁諸民族の急速な開明化を促し、東アジア世界に無数の地域個体を誕生させた。これらの個体は、中国古代文明に刺激されて共通の歴史圏を構成しながらも、それぞれが密接に関わる自然的・文化的環境に応じて古代国家の形成に向けての動きを強めていったことが知られている。稲作農業を基調とする東南アジア地域は、そうした歴史過程をたどった典型的地域の一つとすることができよう(2)（横倉 二〇〇一、新田 一九九八・二〇〇二）。

一方、ユーラシア大陸の東部における原史期集落の動向と相似た状況は、大陸の西端においても見出すことができる。北海に面したヨーロッパ北西部においては、前二千年紀の初めごろからゲルマン諸部族が移住し、前一千年紀の後半期には安定した定住集落を形成している。そして、紀元前後からは拡大するローマ帝国の影響を受けながら農耕・牧畜の小集落から分業と交易に根差した原史期の大集落へと飛躍している（三浦 一九八〇）。

まずは、これらについて比較史的観点から検分を試みよう。

2 東南アジア地域

中国大陸の南方に位置する東南アジアの大陸部は、高峻な山岳地帯・高原地帯・大河流域・沿海域を地形の構成要素とする特徴的な地域である。紅河、メコン川（欄滄江）、サルウィン川（怒川）などの大河は、その源を西蔵高原に発して中国雲南省を貫流し、さらに、インドシナ半島を南下して南シナ海、アンダマン海に注いでいる。大陸を東西に横断する揚子江（金沙江）も、最上流部はメコン・サルウィン両川と並流している。これらの大河は、ユーラシア大陸の南東部を活発に往来する文物の重要な交易路を提供してきた。東南アジア地域の文明化と地域特性の形成は、諸河川と沿海部の舟運を利用した交易に深く根差している。また、熱帯気候が支配するこの地域では、主要な栽培穀物としてイネを利用し、複雑な地形と気候条件に対応して、さまざまな耕作類型を生み出してきた。

東南アジア大陸部の北東方面（ベトナム北部、タイ東北部）において、稲作が開始されたのはおよそ紀元前一千年紀初とされている。しかも、それは揚子江中流・下流域からの伝播によるとみられている。受容された稲作は、ブタ・ウシなどの家畜飼養をともなって急速に発展・普及し、さらに、青銅器を標識とする初期金属器文化の段階に達する。年代的には紀元前一千年紀の前半代と考えられている。そして、中国南西部から東南アジアにかけて広く分布する特徴的な青銅器の銅鼓をともなうドンソン文化期には鉄器の実用化が進行するという。紀元前四世紀ごろとされている。

青銅器・鉄器の生産は、それ自体高度な加工技術と、組織化され、体系化された分業と協業の体制によって実現され、原史期集落を特徴づける重要な要素をなすといえる。東北タイのムーン川流域にあるバンドプロン遺跡では、紀元前三～二世紀に属する製鉄炉址一七基と厚さ数メートルに及ぶ鉄滓層が検出され、青銅器（腕輪、鈴）の製作も行われていたことが確認されている。生産された鉄は、集落内で器具に加工されるだけでなく、インゴットで他の消費地に供給されていたことが推定されている。遺跡は、東西一二〇〇メートル、南北八五〇メートル大の環壕を三重にめぐらした大規模な集落址である。鉄滓層下部からは集団墓地の一角が検出され、遺体群中に青銅製腕輪、ガラス玉、瑪瑙製管玉の首飾りを着装した例が見出されている。階級分化の兆候とみることが可能であろうか。かくて、環壕の掘削をはじめとする大規模な治水事業と、その日常的な管理、あるいは金属器の生産・交易などは、原初的な王権の誕生に深く結びつくことになる。

萌芽段階の王権と青銅器の繋がりを示唆する遺跡としては、ベトナム東北部のドンソン遺跡が著名である。この遺跡はソンマ川沿岸の低地に立地し、多数の埋葬遺構が検出されているが、むしろ、遺跡を特徴づけているのは銅鼓をはじめとする多彩な青銅器である。青銅器群には、銅鼓（ヘーガー1式）や「靴形斧」と呼ばれる当地域独自の遺物群と、銅剣、扁壺、貨幣（半両銭・五銖銭・貨泉）、漢式鏡等、中国古代帝国の文化の影響を直接・間接に受けたものとが共存している。内的には、公権を外来の先進文化で荘厳化し、外的には銅鼓などの威信財を共有する形で交易路の確保・拡大を目指す動きが現われているとみるべきであろう。同様の傾向を示す遺跡は、インドシナ半島の河川流域や沿海部でもいくつか知られているが、ベトナム南部では中国古代文明の影響に加えてインド文明の要素が複合して、この地域の特徴を醸し出している。

3　北海沿岸の原史期集落

紀元前後のヨーロッパ北西部では、北海に注ぐエルベ川、ヴェーザー川の河口付近に、ゲルマン諸部族の多くの定住集落が出現する。遺跡としては、オランダのエッチンゲ（Ezinge）、ドイツのフェッダーゼン・ヴィールデ（Feddersen Wierde）、同フレェゲーレン（Flogeln）、同オステムール（Ostemoor）、同トフィング（Tofing）などが知られている。その中で、ヴェーザー川の河口に位置するフェッダーゼン・ヴィールデ遺跡は集落の形成・展開・衰退の過程と、それぞれの段階における集落構成が判明した例として貴重である。

この遺跡は、「盛土定住」と表現されているように、河口の沼沢地に出現した微高地を核にして、そこに盛土を施しながら、嵩上げと拡張によって居住地（Wierde）を確保している。集落の形成期は、前一世紀から一世紀ごろで、発展期は二〜三世紀にあるとみられる。そして、四〜五世紀に衰退期に入り、この後、五世紀半ばに終焉を迎えた。形成期の集落は五〜一〇棟前後で構成されているが、発展期には二十数棟の建物からなる大集落に成長している。発展期の建物群は中央の広場に向かって放射状に整然と配置され、東南部には大型建物などが所在する特別区が置かれている（図33）。

個々の建物は、長方形のロングハウスとでもいうべきプランを示し、内部は居住区、作業区、畜舎に区分される。そして、各建物には穀倉が付属している。建物の規模は、形成期当初五・五×二〇メートル程度で統一されているが、発展期になると、大（六・〇×二五メートル）・中（五〜六×二〇メートル）・小（六・〇?×一四メートル）と、規模を異にする建物が併存するようになる。棟数の割合では、中規模が約五〇パーセントと半数以上を占め、ついで、小規模建物が約三〇パーセント、大規模建物は二〇パーセント強である。これら

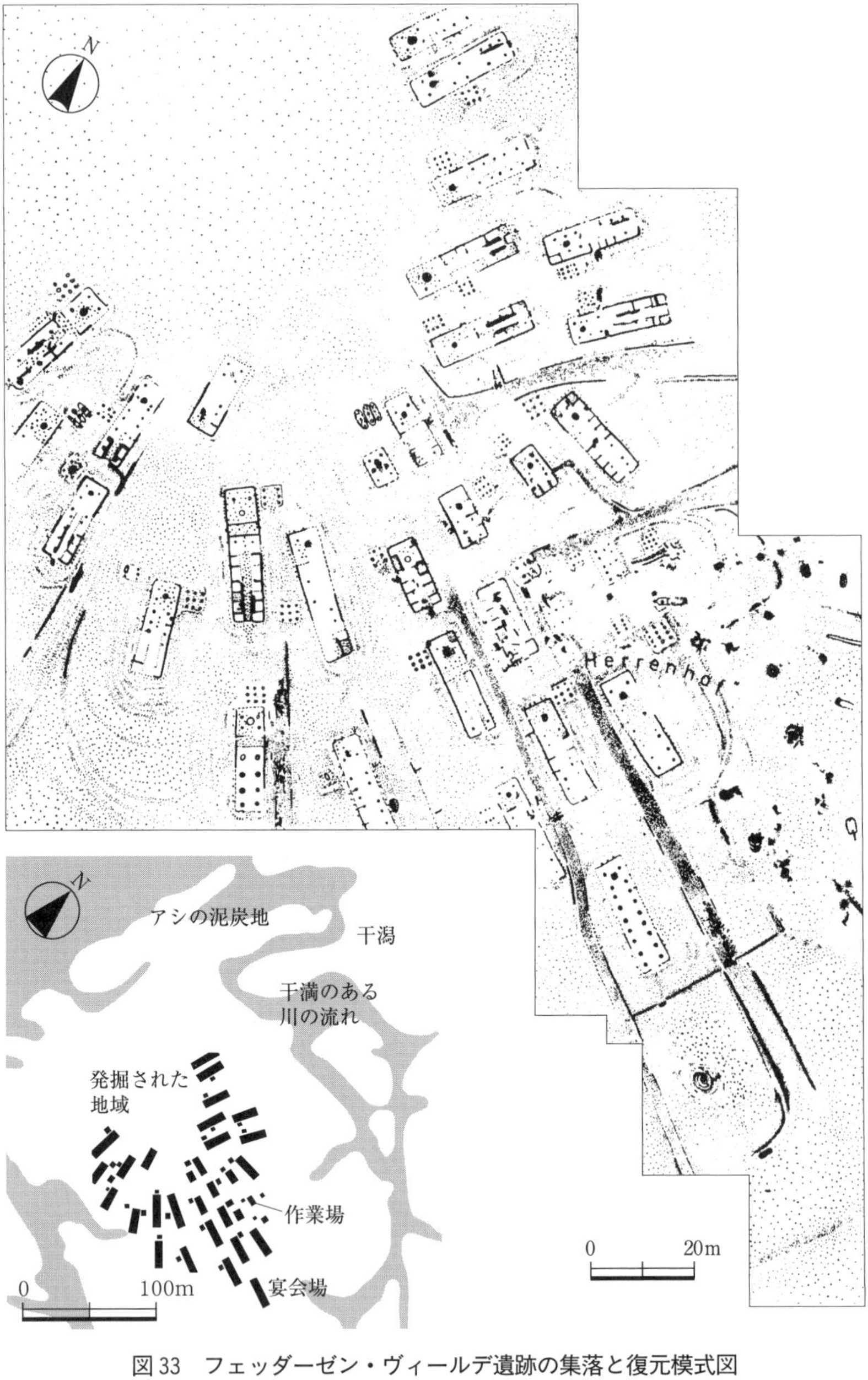

図33　フェッダーゼン・ヴィールデ遺跡の集落と復元模式図

は、個別農民的経営体家屋とされ、規模の差は当然ながら経営体の経済力の違いを示すと思われる。こうした農民的経営体建物とは別に、最小建物（五×一三メートル、穀倉なし）も少数存在する。独立した自己経営をもちえない隷属的小農民の建物とされている。

個別農民家屋と対極に位置するのが、溝と垣根で囲まれた特別区の大型建物（六・六×二〇・八メートル）である。カシの木の柱を主格にした堅牢な建物内部には、作業区や畜舎は認められず、首長とその一族の居宅とみなされている。また、この居宅に隣接して、もう一棟の集会場とされる大型建物（六・三～六・五×二三～二五メートル）がある。その他、特別区内には、製錬炉をともなう作業場や穀倉、穀物乾燥窯が見出されており、当区が集落の中核的箇所であることは一見して明らかであろう。

フェッダーゼン・ヴィールデ遺跡における右のような集落の発展と階級分化は、基幹産業としての農耕・牧畜の発達、金属加工等の分業的生産の進展、遠近地交易の活発化の結果であることは、容易に理解することができる。穀物遺物には、主穀としてのオオムギ、オートムギがあり、豆類、亜麻なども検出されている。穀物生産と不可分に結びつく家畜飼育は、各経営体の動産所有の状態を直接的に示すものとして注目されている。主要な家畜はウシであるが、ブタも飼育された形跡がある。形成期の初期には、集落全体で飼育頭数は七〇～八〇頭程度と推定される。発展期になると約四五〇頭の飼育が計測されている。家畜飼育は、自給的な意味合いをもつと同時に、皮革等が交易品として扱われていた蓋然性が高く、飼養頭数の増加自体が交易の拡大を暗示するともいえる。

集落南東部の特別区は、そうした基幹産業の発展に呼応して出現している。特別区には食品加工・金属加工などの二次的産業が集中し、日常容器類はもとより木車製作等の交通用具の生産まで行われている。また、ウシ市場が置かれたことなどから区内に交易場が存在したことも推定され、遠近地より往来する船舶の溜まり場が区外縁に設置されていたとされる。かくて、特別区は、フェッダーゼン・ヴィールデ遺跡の全体の生産・交易センターとして機能しており、諸産業に従事する労働者（手工業者、船乗り等）がここに集結していたことも容易に想定できよう。そして、これらを統括して社会的優越性を保持していたのがかの大型建物に居住する首長（Herren）であった。一帯から出土したローマからの大量の輸入品（貨幣、陶器、青銅製容器）は、首長と一族の身分的優位を示すと同時に、遠隔地貿易の性格を象徴的に物語っていて興味深い。

三〜四世紀にはフェッダーゼン・ヴィールデ集落は衰退期に入る。度重なる洪水と塩害が、耕地の荒廃を招き、集落地の保全も困難となったことが原因と考えられている。そして、六世紀には終焉を迎えるのであるが、時はすでに帝国の衰退とゲルマン諸族の大移動期にあり、そうした歴史動向と集落の廃棄は無関係ではないと思われる。

以上、洋の東西の古代帝国縁辺に出現した原史期集落の例について特徴的な様相を概観した。いま一度見直せば、これら集落は、活性化した水運の要衝に位置し、一次的基幹的産業（農耕・牧畜・漁業）の発達と安定を基礎として、外からの文明的要素を旺盛に吸収しながら、手工業と交易部門を拡大・充足させ、統括機関としての首長層を顕在化させて、地域の中核をなす集落に成長したことを、あらためて確認しておきたい。

二　山陰原史期拠点集落の諸例

前節での原史期集落モデルを意識しながら本節では山陰地方において拠点性を有する大規模集落の諸例をあ

げ、各々の特徴的な様相について検分しておこう。

1 四絡遺跡群（出雲市矢野町・小山町・大塚町・姫原町・白枝町・井原町）（図24参照）

本遺跡群は、矢野遺跡、小山第1〜3遺跡、大塚遺跡、姫原西遺跡、蔵小路西遺跡（小山第1遺跡と一部重複）、白枝荒神遺跡、井原遺跡の九遺跡で構成される。これらの諸遺跡は、斐伊川と神戸川の合成三角州の先端部に位置し、それぞれの立地箇所は、神戸川が枝状に分岐して形成した島状の微高地に相当する。往時、斐伊川は西流し、河口は矢野遺跡の北側に想定されている。また、遺跡群の北西から南西にかけては神門水海が広がっていたとみられ、本遺跡群はそうした水縁に展開した集落群とすることができよう。遺跡群の広がりは、東西約二キロメートル、南北約一・七キロメートルと推定され、群を構成する九遺跡は矢野遺跡を核として親縁性・地縁性による密接な連関を相互にもって存在していたことが想定される。そこで、以下、個々の遺跡の様相と性格を検討して遺跡群の構造と特性を明らかにしたい。

矢野遺跡

神戸川河口の広い微高地（標高二・〇〜四・五メートル）上に立地する群中最大規模の集落址である。北東側に斐伊川河口を控え、北から西側にかけては神戸川の流れを介して神門水海の湖岸低地に接していたと思われる。集落址の広がりは東西約四〇〇メートル、南北約六〇〇メートルに及んでいる。弥生時代の遺物はこの範囲全体で採取されている。地点によって分布密度に濃淡があり、微地形や遺物の散布状況を参考にして全域を六地点に区分する。その中で、遺跡北東部の第6地点は主として七世紀以降に集落が出現していて、弥生時代には居住範囲の縁辺部に相当することが判明している。以下、地点順に集落相を記載する。

第1地点は標高の最も高い遺跡中央部から西側の神戸川縁に至る範囲である。この地点では、多くの弥生土器の散布がみられ、数度の発掘調査によって遺跡群中最大量の遺物と住居址・土壙墓などの遺構が検出されている。土器には、弥生時代前期から後期、さらに古墳時代初期のものの存在が認められる。弥生時代前期と中期後半・後期のものが量的に目立ち、前期の土器では出雲原山式相当のものがあって、当地点が矢野集落の原基的位置を占めていたことを思わせる。分銅形土製品も記憶しておくべき遺物の一つである。弥生時代中期前半の土器は微量にとどまる。

遺構としては、中央部から弥生時代中期後半の竪穴住居址群と、これに接して中期後半〜古墳時代初期の土壙墓群がみられる。イノシシの頭骨を円礫で囲った祭祀遺構も発見されている。ほかに、中央やや南よりで細身の碧玉製管玉をともなった弥生時代後期の二段掘り土壙墓が、早くに発掘されている。矢野遺跡は「矢野貝塚」の名で知られているが、その貝層は第1地点中央部の南寄りに存在する。ヤマトシジミを主体とする弥生時代後期の貝塚である。

土器以外の遺物としては、太形蛤刃石斧、小型の鑿形石斧、磨製石鎌、砥石などがある。なお、第1地点では縄文時代後期の土器が採集されていて、この地点の最初の利用者は縄文人ということになる。

第2地点は、遺跡の北辺一帯の微高地縁辺部を占め、近年の調査では、地点北西部において微高地縁から神戸川の旧河口が確認され、また、北端部近くで弥生時代前期の溝状遺構も検出された。ここで出土した土笛は出雲平野では初めてのものである。出土土器の様相は、第1地点とほぼ共通するが、弥生時代前期の土器は中・後半段階のものが多く、当地点を第1地点を核とする集落拡大の第一次波及地区とみることができる。なお、地点南部では特殊土器片が、東部で環状石斧がそれぞれ採取されている。

第3地点は第1地点の北に設定されているが、発掘調査の結果、第1、第3地点は一続きの地区としてよいことが明らかとなった。すなわち、当地点は矢野遺跡の中核区である第1地点の北西地点に相当することが判明したわけである。検出された遺構には、弥生時代中期後葉に属する炭化物や灰の充満した土坑一基がある。遺物としては、弥生時代前期・中期・後期の土器や各種の磨製石斧、石鏃、砥石、緑色凝灰岩製細身管玉の完成品と未成品、玉砥石がえられた。弥生時代前期の土器では古相のものがみられる。朝鮮系無文土器も出土している。

これらとともに、とくに注目される遺物として特殊壺・特殊器台と銅滴が出土している。特殊壺・特殊器台は七個体以上がえられている。なかでも円筒形の大型特殊器台の存在は大いに注目すべきことかと思われる。第3地点では、以前にも大型特殊器台片が採取されている。二個体以上が確実に出土したことになる。このタイプの器台の集落遺跡における出土例は現状では知られていない。銅滴は二次堆積の層中より検出されたもので、時期を特定することはできなかった。銅分を九〇パーセント以上含んでいて、鋳造時に鋳型もしくは坩堝・釣瓶などの容器からこぼれ落ちたものと推定されている。

第4地点は遺跡の南東部より南部に当たる。この地点は、第1地点につぐ弥生土器の散布量が認められている。調査でも多量の土器が検出されている。時期的には弥生時代中期後半~後期末・古墳時代初期にわたっている。遺構の存在など詳細な事実は未確認である。矢野遺跡の南縁が第4地点の一帯に及んでいたこと、その拡大時期が弥生時代中期後半以降に求められることがわかる。本地点からも環状石斧の完成品がえられている。

第5地点は遺跡の北西部に広がる。標高が二・〇メートル前後で灰色のシルト状土層が基盤をなす。古墳時代前半の溝状遺構が数条検出されているが、弥生時代前期土器（出雲原山式を含んでいる）の出土も相当量にのぼり、初期の集落範囲が予想以上に西方に広がっていたことを推定させる。土器以外の出土遺物には各種の石器、木製鍬の未成品、土笛などがあり、注目されるところだ。

右のことから矢野遺跡の集落としての特徴点を整理するとつぎのようになる。

第一の特徴点は、この遺跡が標高二・〇〜四・五メートルの微高地全体に広がっていて、そこからおおその集落範囲を把握できる。東西約四〇〇メートル、南北約六〇〇メートルの楕円形状を呈する微高地面が矢野集落の最大範囲とみてほぼ誤りないであろう。集落規模としては、他地方の弥生時代の拠点集落遺跡に比して遜色ないものということができる。

第二に、集落遺跡としての継続性に注目する必要がある。確認できるかぎりでは、弥生時代前期の古相段階から後期末・古墳時代初期までほとんど間断ない集落の継続的な営みが捉えられる。

第三としては、一遺跡内における集落変遷の動態が大づかみながら推定できることを取り上げたい。現在、第1地点における出雲原山式土器の出土を起点として弥生時代前期後半には第2・3・4地点に集落の拡大がみられ、中期後半以降は遺跡全体に集落域の及んだことが知られるのである。ただ、弥生時代中期前半については出土土器量微少のため問題を残してはいる。ここでは、むしろ、右肩上がりの直線的な展開相をみとることよりも、弥生時代前期後半と中期後半〜後期の顕著な発展状況を正確に捉え、評価することが重要かと思われる。

第四には、第1・3・5地点と第2地点南半分部が、矢野集落全体の中で中心的位置を占めていたと認識しうる諸点をあげておきたい。これらの地点は、東西約三〇〇メートル、南北約四〇〇メートルの範囲に及んでいる。遺跡のほぼ中央で最も標高の高い箇所を中心に四方へ広がっている。第1地点では、一部ではあるが、弥生時代中期後半の集落址・土壙墓群、後期の貝塚・土壙墓などの遺構群が多量の土器と共に検出された。第2地点南部では溝状遺構、土笛、特殊土器の破片の出土が注目される。第3地点では土坑、特殊土器、玉作り関連の遺物が発見されている。第5地点の土笛、木製鍬の未成品出土も遺跡の性格を特徴づける遺物群といえる。

右記の諸事実を総合的に勘案すれば、おおまかにいって、矢野遺跡においては第1〜3地区を核として周縁に集落域を拡大させつつ消長を遂げたことを想定することができる。一遺跡内における集落構成とその動態がかなり具体的に捉えられていると理解する。

小山第1〜3遺跡

小山遺跡群は第1〜3遺跡からなる。第2遺跡は、矢野遺跡の、旧河道を隔てて東西に長い半島状の微高地に立地する。その南東の長方形状微高地に立地するのが第1遺跡である。ただし、遺跡南側は蔵小路西遺跡北辺と完全に重複している。つまり、両遺跡は同一微高地上に連続して所在していることから、本来一体の集落をなしていたと認識すべきであろう。ここでは実情を踏まえて両遺跡を小山第1・蔵小路西遺跡と仮称して記載する。矢野遺跡の南東部で第1遺跡と旧河道をはさんだ対岸の位置にある台形状微高地に立地するのが第3遺跡である。つぎに、各遺跡の概略について述べる。

小山第一・蔵小路西遺跡

神戸川の乱流によって形成された雲のような形の島状微高地に立地する。北側と東側は旧河道に面し、南西側でも旧河道が検出されている。その点を考慮して遺跡の広がりを推定すれば、北西—南東約六〇〇メートル、東西約三〇〇メートル程度。標高は四・七〜五・六メートルである。遺構・遺物としては、微高地南部（蔵小路地区）で、弥生時代早期（縄文時代晩期）の「火処」と突帯文土器、打製石鎌、石杵などが発見されている。旧河道からは、かなりの量の弥生時代中期後半〜後期の土器と少量の前期土器がえられている。弥生時代前期土器は中葉段階に属する。遺跡中央部の最高所（標高五・六メートル）では、弥生時代後期の溝状遺構と後期前半の土器が検出され、中期後半の土器も採集されている。古墳時代前期の土器も多い。以上から、この遺跡は弥生時代早期に居住が開始されたものの、本格的な集落形成・展開は中期後半以降から後期にかけてと推定できる。中心部に残された溝状遺構からすれば弥生時代後期前半に盛期があったとも考えられよう。

小山第２遺跡

矢野遺跡の南側で、旧河道左岸沿いに細長く延びる帯状の微高地に立地している。遺跡の広がりは、東西約五〇〇メートル、南北約一五〇メートルと推定され、標高は三・一～五・一メートルである。遺跡の中央付近で弥生時代中期後葉の溝状遺構と同じく中期後葉から後期の溝状遺構が検出されている。いずれも部分的な遺構で性格等は不明とせざるをえない。出土土器は弥生時代中期後葉から後期のもので、量はさほど多くはなく、この期間に集落が営まれたことを想定しうるにとどまる。対岸矢野遺跡との間にある旧河道（幅約七〇メートル）は、常時水流の豊富な小川ではなく、沼沢地に細々とした水が流れる程度の川であったことが判明している。

小山第３遺跡

矢野遺跡の東、旧河道をはさんで小山第1・蔵小路西遺跡の北、小山第2遺跡の北東に位置する。立地箇所は南向きに頂点をもつ正三角形状の微高地で、広がりは一辺約三五〇メートル。標高は四・六～五・三メートルである。検出された遺構としては、遺跡のほぼ中央部で南北方向に平行にして走る、断面逆台形状の溝二～三条がある。中期後葉に掘削され、後期末ごろに埋没したとされる。これら溝状遺構が、当該期集落においてどのような役割を有していたかはすぐには判断できない。土器は、弥生時代中期中葉から後期末に属するものが認められているが、その総量は矢野遺跡のそれに比すまでもない。

大塚遺跡

小山第3遺跡の北東に隣接する遺跡で、立地箇所は標高三・四〜三・九メートルのヒョウタン形微高地（約五〇〇×三〇〇メートル）である。弥生時代中期後葉と後期の土器片が採集されており、小山第3遺跡に繋がる集落址が存在する可能性がある。

姫原西遺跡

小山第1・蔵小路西遺跡の東、小山第3遺跡の南東部に位置している。矢野遺跡と小山第2遺跡の間を流れる旧神戸川が形成した微高地上に立地する。遺跡は、この旧河道をはさんで東西に広がり、その規模は、東西径約三〇〇メートル、南北約二五〇メートルの範囲に及ぶとみられる。地表の標高は、五・三メートル、包含層上面で四・三〜四・八メートルである。遺構は、主として右岸（A・C区）で検出され、掘立柱建物跡一四棟、井戸跡三基、土坑群、溝状遺構などがある。これら遺構の多くは重複しており、いずれも弥生時代後期に属するとされる。左岸（B区）では岸辺に後期の小規模な貝塚（ヤマトシジミを主体とする）と土坑が検出された。圧巻は、河道を横断する木橋遺構で五本の存在が確認されている。原形をよくとどめる1号橋は、長さ一七メートル、幅一・一〜一・四メートルと計測されている。また、右岸には橋と繋がる護岸遺構もみられた。

出土遺物では、大量の土器と各種木製品（農耕具、各種容器、日用雑具、武器、祭祀用具等）の存在が目をひいている。とりわけ、弩や刀・戈等の武具、舟形木製品、琴板などの祭祀具に関心がもたれる。掘立柱建物跡の群集するA地区が姫原西集落あるいは、四絡遺跡群全体の祭政域であったことを推定してもよい。あえていえば神門水海縁の集落群に相応しい祭祀の様相をうかがうことができよう。

白枝荒神遺跡

四絡遺跡群の西端で神門水海に面した集落跡。矢野遺跡の南西約六〇〇メートル付近に形成された微高地上に立地している。遺跡の広がりは、東西約三〇〇メートル、南北約二〇〇メートル程度。遺構面の標高は、二・八〜三・〇メートルと計測される。検出された遺構は、溝状遺構、土坑（貯蔵穴、墓壙、土器廃棄坑等）、ピットである。住居址など集落の存在を直接的に証するものは確認されていない。ただ、東外れから土器廃棄場と思われる箇所が、西側で墓壙群が、北西端で土器廃棄坑が、それぞれ検出されているので、居住区が遺跡の中央部に実在した可能性は高い。遺物は、多量の土器のほかに石器（太形蛤刃石斧、扁平片刃石斧、環状石斧、磨製石鎌、打製石鏃、砥石）、緑色凝灰岩製管玉等が出土している。土器の中には北部九州系（須玖式土器）・塩町式土器・吉備系の特殊土器、スタンプ文土器等が含まれている。時期としては、弥生時代中期中葉から後期末が考えられるが、集落展開のピークは、弥生時代後期前半期とみられている。そして数個の分銅形土製品が出土したことを加えよう。

井原遺跡

井原遺跡は矢野遺跡西方約八〇〇メートル、白枝荒神遺跡の北約八〇〇メートルの位置にあって、四絡遺跡群の一角を構成する弥生時代中期中葉から後期の集落跡であることがわかった。立地箇所の微高地の南縁とその前方を東西に流れる小河川の間からは古墳時代前半期の水田らしき遺構が発見されている。四絡遺跡群の土地利用、とりわけ水田開発について示唆するところがある。

以上、四絡遺跡群を構成する各集落遺跡について記載した。これらを要約すると、斐伊川・神戸川河口の三角州の微高地上、東西約二キロメートル、南北約一・七キロメートルの範囲に九個の集落が群を成して存在していたことが想定できた。やや詳細にみれば、北端の矢野遺跡を核として南に開く半円状に各集落遺跡が並び、それぞれが微高地縁辺の低湿地に拓かれた水田の経営に当たっていたことが考えられよう。同時に、これら諸集落は神戸川の水を用水源とする一種の水利共同体を構成していたことも容易に推定できる。

さらに、各遺跡出土の遺物からは近・遠地域との交流が少なからず行われていたことが知られ、遺跡群を特徴づける一様相として理解することができよう。『出雲国風土記』にいう「八野郷」が、この四絡遺跡群の古代における姿である蓋然性は高いと考えている。

2 朝酌川遺跡群（松江市西川津町）

西川津遺跡（図29参照）

西川津遺跡は松江市北東の持田平野南東部に位置している。平野の北部から流れ出て古宍道湾（湖）に注ぐ朝酌川沿いに形成された大規模な集落遺跡である。弥生時代の遺跡範囲は、東西約二〇〇〜二五〇メートル、南北約一・二キロメートル程度が想定される。西川津遺跡に加えて、下流南側につづく原の前遺跡、タテチョウ遺跡、南西の島根大学構内遺跡などをあわせて朝酌川遺跡群と呼称している。これらの遺跡は、朝酌川と周辺の山間から流れ出る小河川によって合成された三角州の微高地に立地する。標高はおよそマイナス一・〇〜二・〇メートル弱である。本項では、本遺跡中いくつかの特徴的な遺構、膨大な量の遺物が出土した海崎地区（Ⅴ〜Ⅵ区）と、同じく大量の遺物が出土した宮尾坪内地区（Ⅱ〜Ⅲ区）の様相を中心に、西川津集落の拠点性についてみてみよう。

海崎地区

西川津遺跡の北端に位置している。そして、北西方向から持田川と朝酌川の合流点付近より下流約三〇〇メートル辺りが南限である。東西の範囲は、左岸の丘陵裾より朝酌川左岸までの約一〇〇〜一五〇メートルと推定される。持田平野の東方丘陵縁に沿って南流する朝酌川は、突出する丘陵に遮られて蛇行を繰り返し、本地区付近では、西に開く円弧状に大きく膨らみながら流れていたことが考えられる。左岸には自然堤防を介して丘陵との間に沼沢地が形成されている。右岸にも流れに沿う幅広い微高地が南北方向に延びていて、そこから西の金崎丘陵裾までの間にも広い後背湿地が存在したようである。この微高地上の海崎地区対岸では、かつて弥生土器（I〜V期）や太形蛤刃石斧や環状石斧が採集され、さらに、遺跡の南端に近い学園橋下方右岸では、縄文時代末期の杭列が検出されているので、右岸一帯にも集落の営まれていたことが予測される。

さて、海崎地区は丘陵裾部の平坦部前面を河川堆積物がおおい、比較的広い扇形の緩傾斜地となっている。ここで検出された遺構には、ヒョウタンやドングリの貯蔵穴（中期中葉）、未成の木製品や容器類を保管するウッド・サークル（前期・中期中葉）、掘立柱建物（中期）などがあり、堅果類の廃棄場とブロック状に点在する貝塚（I〜II期、ヤマトシジミ主体）も検出されている。住居址の存在が認められないことからすると、当地区は、集落の中の作業場やゴミ捨て場のような場所として使用されていたことが考えられる。住居地は東側の山丘寄りに営まれていたと推定される。なお、扇形緩傾斜地の南端では、舟付場跡かとみられる杭を打ち込んだ石組遺構が検出されている。ここからは流水文銅鐸（扁平鈕）の破片が出土している。

海崎地区からの出土品は膨大な量にのぼる。その圧倒的部分がI〜V期にわたる弥生土器であることはいうまでもない。このことは、とりもなおさず集落の長期にわたる継続性を示す何よりの証拠ということができよう。土製品としての分銅形土製品が数多く検出されている。石器の出土は相当量になる。注目されるのは、大陸系磨製石器の中でも太形蛤刃石斧と抉入柱状石斧が多数出土していることである。同時に、多くの未成品の存在は、これらが当地区で生産されたことを端的に示している。同じことは木器類、とりわけ各種の農耕具についてもいえることである。代表格として、完成品とともに原木・割材・半成品が見出された鋤・鍬類をあげることができる。さらに、鹿角製釣針、刺突具といった漁撈具の生産も行われ、碧玉製管玉などの装身具も製作されていた。

つぎに看過すべからざることとして、集落外からの搬入とみられる遺物がかなり出土していることを指摘しておきたい。まず、孔列文土器・朝鮮系無文土器・松菊里系土器等の存在をあげ、ついでは、列島内からの搬入土器もしくはその模倣品としてⅤ期末の近畿系土器の顕著な出土に留意しておこう。石器については、石剣・石戈・磨製石鏃、大型石錘などの直接的・間接的交流による舶来品がみられ、搬入品の多くの原郷は、北部九州にあるとされ、わけても大型の結合式釣針、アワビおこしは、北部九州との繋がりを強く示唆する遺物である。柄の挿入部に二条の突帯をめぐらした鋳造鉄斧（弥生時代中期）の出土も特筆される。

こうした搬入品の中でも、貝塚Ⅰ（前期）から出土したゴホウラ貝製腕輪（諸岡型）には目をひかれる。同貝塚中からは成人骨も採取されているし、貝塚Fの中からは多数の貝製薄玉と女性人骨が出土している。西川津遺跡における首長層の定在を示唆する事実とみたい。このことと、関連して多数の土笛、穿孔イノシシ頭骨、鳥形木製品、人面土器など種々の祭祀的遺物の出土にも関心がもたれよう。先述の銅鐸出土とあわせて本遺跡における集落祭祀のありようが想起されるところである。

宮尾坪内地区

この地区（Ⅲ区、Ⅳ区）は、海崎地区より約五〇〇メートル下流域に位置する。ここでも朝酌川は、西方向に半島状に突出した山丘に遮られて、大きく弓状に蛇行している。左岸には扇形に遺物包含層（砂礫層）が検出されているが、複数の時代遺物が混在する再堆積層で、弥生時代の地形を詳細に復元することは困難である。せいぜい海崎地区で推定したと同様に、左岸の奥部、すなわち西に「U」字状に開く山丘の裾部から低地の縁辺に集落が営まれたことを想定するほかはない。その範囲は、およそ二〇〇×三〇〇メートル程度と想定される。

出土遺物も海崎地区のそれと相似た様相を呈しており、前～後期の弥生土器、各種の大陸系磨製石器、木製農耕具類等がみられる。これらの中には、たとえば、太形蛤刃石斧や未成品の木製鍬類、碧玉製管玉類が含まれているので、当地区でもこれらの生産が行われていた可能性は高い。外来系の遺物では、孔列文土器・松菊里系土器、磨製石鏃、九州型石錘があり、銅剣形・鉄剣形石剣も数点出土している。重さ九キログラムの大型石錘（中期）は碇とみられ、近辺に舟の係留場が設置されていたことを推定させている。

宮尾坪内地区の南に隣接するII区では、弥生時代の旧河道が検出され、岸辺からは縄文時代末期から弥生時代前期にかかる杭列が掘り出されている。出土遺物には、弥生土器、石器、木製品などが多くみられることから一帯に集落が存在したことを予測しておく必要がある。

以上、概略的に西川津遺跡の集落相について述べた。膨大な出土遺物にくらべて集落に関る遺構の存在が不明のため集落構造について詳しく述べることはできない。しかし、地形復元と遺物の内容から海崎地区を核（生産・交易・祭祀）として、朝酌川の流れに沿って数珠状に並ぶ集落群を想定することは可能であろう。そして、農業・漁業・狩猟といった生業活動における朝酌川遺跡群内での結びつきと、中海・宍道湖低地帯や日本海沿岸、瀬戸内方面との交流によって、この遺跡群が農業集団（農業共同体）としての存在感を大いに発揮していたことを推定しておきたい。

3　目久美・長砂遺跡群（鳥取県米子市目久美・錦町・長砂町他）（図34）

米子市西北に広がる行者山山塊の北東から東縁にかけて展開する遺跡群である。北端の錦町第1遺跡、中央の目久美・池ノ内遺跡、南方の長砂第2遺跡・東宗像遺跡等を含んでいる。北西部の陰田遺跡群もこの遺跡群の構成体としてよい。地形的には、東側に観音寺・長砂の低丘陵が南北に延び、西側は行者山山麓で限られ、山塊麓に沿って加茂川が北流する、東西約二・五キロメートル、南北約三キロメートル、北西向きのV字形ないしY字形に開いた浅い谷である。これらの諸遺跡の立地箇所は、山麓・河岸段丘・微高地、さらには海蝕棚から砂洲上といった具合に、大いに変化に富む。以下、各遺跡について特徴点を記す。

目久美・池ノ内遺跡

目久美遺跡と池ノ内遺跡は互いに隣接しており、一体の集落址とみなされている。目久美遺跡自体は、山麓から沖積地に広がり、東西約二五〇メートル、南北約二〇〇メートルの遺跡範囲が推定される。標高は一・〇～二・五メートル程度。検出された遺構としては、遺跡の西方で弥生時代中期の水田跡、貯蔵穴、墓壙、ピット群が、南東部で東西方向に延びる大規模な壕（環壕の一部か）などがある。弥生時代中期水田跡の下層には前期の水田跡の存在も確認されている。

出土遺物は大量かつ多種多様で、土器、石器、木製品、鹿角製品、鉄器などがみられる。土器は、弥生時代前期後半から中期のものが圧倒的に多く、この期に属する土錘も目立つ。後期の土器はやや少ない。石器には大陸系磨製石器群のセットに加えて環状石斧、石包丁があり、打製石器（石斧・石鏃・石匙・石錐・石錘な

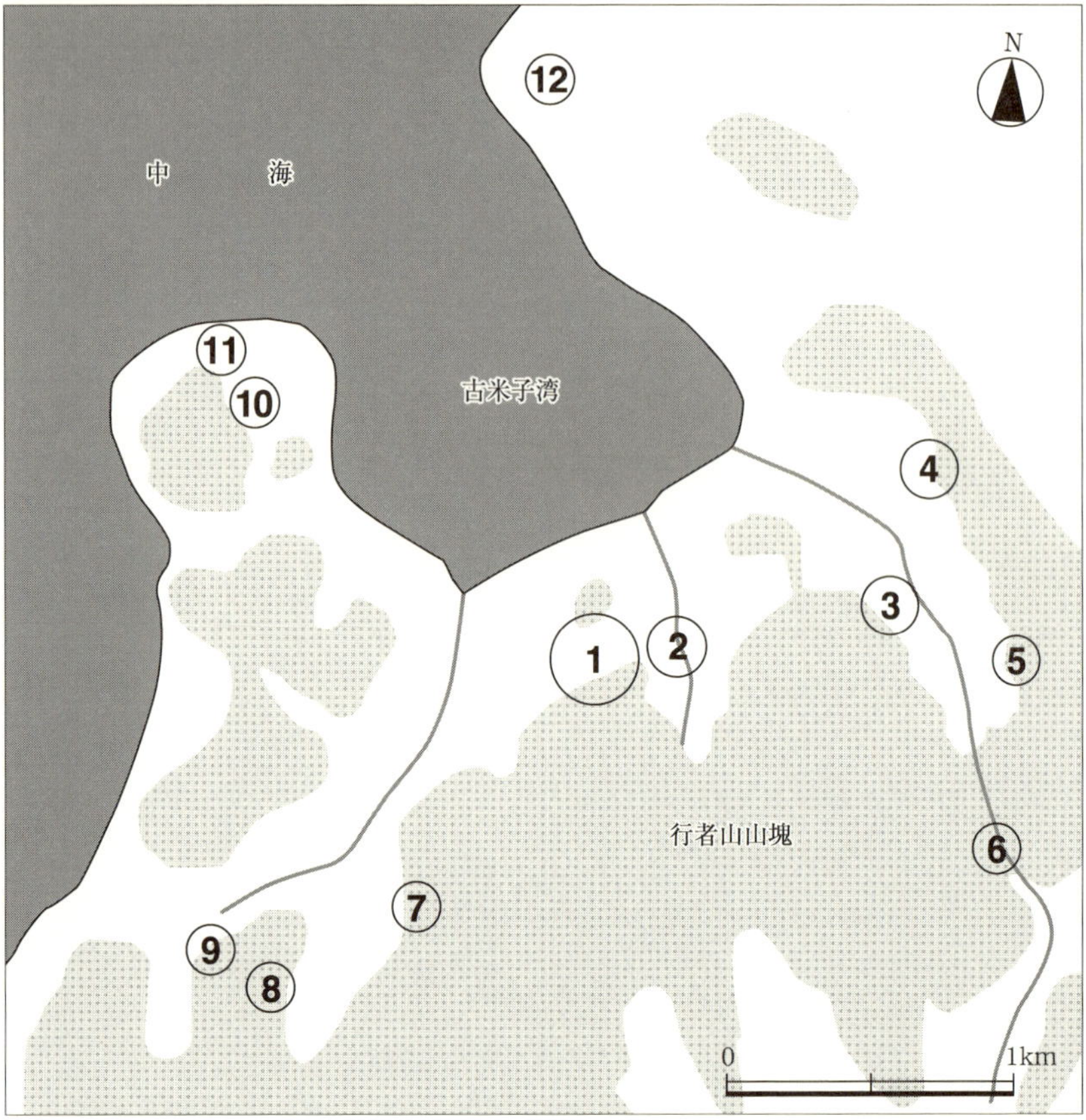

1．目久美遺跡　2．池ノ内遺跡　3．長砂第1・第2遺跡　4．長砂第3・第4遺跡　5．東宗像遺跡　6．宗像前田遺跡　7．陰田第1遺跡　8．陰田第6遺跡　9．口陰田遺跡　10．米子城跡第7遺跡　11．久米第1遺跡　12．錦町第1遺跡

図34　目久美・長砂遺跡群の集落分布模式図

ど）もかなりの割合で出土している。木製品としては、農耕具類（鋤・鍬類、田下駄・大足・杵・槌・木包丁）が顕著な存在を示し、加工途上品もみられる。そのほかに、弓、木鏃、容器類、建築部材などがある。鉄器の検出数は少ないが、弥生時代中期層から検出された鉄斧片は鋳造品の可能性があり、同一層出土の刀子ともども注目されよう。さらには、分銅形土製品、土笛、鳥形木製品、朱塗りの木製盾も本遺跡を特徴づける遺物の一群といえよう。

目久美遺跡で特筆されることは、一遺跡における初期農耕技術のありようが統一的に示されていることである。整然と区画された水田跡と用・排水の状況、これと密接に関わる各種の農耕具の出土は、水田稲作開始期の技術レベルとその系譜を語っている。同時に、木製農耕具の未成品が出土していることから、多くの農耕具が本遺跡において生産されたことがわかる。水田稲作の補完的位置にあったと思われる狩猟・漁撈活動や、畑作についても有益な示唆を与える事実が少なからず見出される。集落の拠点性との関わりでは、石器類の生産が注意をひく。太形蛤刃石斧の出土数は優に二〇個を超え、また、集落内に運び込まれた石器の石材は二〇種以上にのぼる。加工過程で生じる石屑も多量に発見されている。

右の諸事実からは、本遺跡が農業・漁業の第一次的産業や各種道具類製作の第二次的産業並びに遠近地との交易活動の拠点地であったことをうかがわせる。

池ノ内遺跡は目久美遺跡の東部に続く遺跡である。弥生時代後期の水田跡（標高一・六〜二・九六メートル）が検出されている。この水田は、東西方向に並行する畦を数条つくり、これに直交する畦を入れて方形ないし長方形の小区画（三・五〜四五・〇平方メートル、平均二二・二平方メートル）を設けたものである。注目すべき遺物として木製農具類があげられ、とくに鋤・鍬類に加えて田下駄、大足、田舟の出土は、遺跡としての特色を示している。土器には弥生時代前期末から後期のものがみられる。目久美遺跡とあわせて長期にわたる水田経営の実態を具体的に示す遺跡ということができよう。

長砂第1〜4遺跡

現在の加茂川は、池ノ内遺跡の東方約三〇〇メートル付近で南東方向に流路を変え、西側丘陵の裾付近を流れる。この変更点一帯に広がるのが第1遺跡、その南約二〇〇メートルに存在するのが第2遺跡、第1遺跡の北東約四〇〇メートルに第3・4遺跡がある。第1遺跡と第2遺跡は、標高四〜六メートルの自然堤防上に営まれていて、両者は一体の集落址とみられる。それぞれからは、水田跡（弥生時代前期末〜後期）や旧河道、杭列などが検出されているが、その中では、旧河道に設けられた堰の遺構、多量の炭化米と鳥獣魚骨などが出土した廃棄物集積土坑の存在が注目される。土器は、弥生時代前期末より中期前半のものが多く、この期間に集落としての繁栄期のあったことが知られる。そのほかにも土笛や松菊里系の壺形土器が出土している。

第3遺跡と第4遺跡は、西向きの緩斜面に立地する一続きの集落址で、前者からは、弥生時代後期の竪穴住居址が発見されている。出土土器では弥生時代前期のものが比較的多い。以上から、長砂遺跡群は、主として加茂川下流の中部に広がり、弥生時代前期の早い時期から居住と水田経営を行った集落址群とすることができよう。

東宗像遺跡

加茂川下流上部の丘陵西斜面に弥生時代中期後葉と後期の二時期に営まれた小規模な集落址である。弥生時代中期後葉の集落は、四棟の竪穴住居址と段状遺構・貯蔵穴などから構成され、これらが比較的大きな住居址を中心にコンパクトにまとまって小規模な集落を形成している。出土遺物には、弥生土器や大陸系磨製石器のほか鉄剣形石剣、多数のサヌカイト・黒曜石製石鏃などがある。この遺跡は、一単位の家族的集団の周辺型集落としてよく、単位集落内での石器製作や祭祀の様子を、やや具体的にみてとることができよう。

錦町第1遺跡

旧米子湾東岸に生成した砂洲上（標高約五メートル）に立地する。弥生時代の遺構は見出されていないが、弥生土器（弥生時代前期〜後期）、石器（太形蛤刃石斧・石包丁・石鏃等）、分銅形土製品などが出土している。人頭位の大きな円礫に十字の溝を掘り込んだ石器は、西川津遺跡に類例があり、碇と考えられる。遺跡の性格を示す象徴的な遺物といえる。

久米・米子城跡遺跡群

米子城山の北〜東麓一帯に分布する遺跡群である。波蝕台、低段丘、砂州等に立地する集落址と考えられよう。弥生時代の遺跡（標高約一〜三メートル前後）としては、久米遺跡群（前期〜後期）、米子城跡5・6遺跡（後期末）、同7遺跡（中期）、同21遺跡（前期、中期）、同23遺跡・同25遺跡（中期）が知られる。第5・6遺跡からは、弥生時代末期ないし古墳時代初期の近畿系土器がまとまって出土している。第21遺跡では弥生時代中期の土坑群と掘立柱建物が検出されている。旧河口調査の結果、日野川は本遺跡の北辺に所在することが知られ、旧米子湾（仮称）の入口を米子城跡群と本遺跡の間に想定できるようになった。かの碇とともに錦町辺りに港湾施設が営まれたと推定することへの裏づけと解してよいだろうか。

陰田遺跡群

目久美遺跡の西方、ＪＲ貨物基地西南の丘陵斜面から裾部にかけて立地する遺跡群である。第1遺跡では丘陵西斜面から弥生時代後期後半に属する竪穴住居址六棟、掘立柱建物一棟、竪穴状建物一棟が、階段状に配置された状態で検出されている。東宗像遺跡の小集落と同様に一単位の家族的集団を包含した周辺型集落とみることができよう。東宗像例と異なるのは、いくつかの住居址から鉄鏃・鎌などの鉄器が出土したことである。こうした小規模集落址は第6遺跡その他にも存在が確認されており、弥生時代後期後半に数個の家族的集団が陰田地域に集住していた様子をうかがうことができる。

宗像前田遺跡

加茂川の上流部、東西の丘陵が相接近する、喉首状の地形をなす箇所で発見された弥生時代中期の遺跡である。ここでは加茂川の流れに直交して千数百本の杭を打ち込み、杭列を数段の横木で止めた大規模な堰が発見された。堰の長さは約三〇メートルに及ぶという。加茂川中流・下流域の水田の用水施設として建設された可能性が高い。

目久美・長砂遺跡群は、加茂川下流と支流によって形成された、浅く狭い河谷を主たる生活圏とする遺跡群ということができる。同時に、加茂川などの水利による一種の共同体的関係を結んでいた可能性の高い集落群（農業集団・農業共同体）と認識しうる点に第一の特性を見出すことができる。目久美・池ノ内遺跡は、その中核となる集落であって、水利管理をはじめとして、種々の営農活動の主導権をもち、手工業的生産と近・遠地交流のセンター的役割を果たしていたことが考えられる。砂洲状に営まれた錦町第1遺跡、久米第1遺跡等はこの農業集団の外港的地位を占めていたと推測される。

4 青谷上寺地遺跡（鳥取県気高郡青谷町青谷字上寺地）（図35）

青谷の沖積平野（東西約二キロメートル、南北約一キロメートル）の中央に位置する遺跡である。勝部・日置両川にはさまれた三角形の微高地上に広がる集落址と思われる。遺跡規模は確認されていないが、検出された遺構の分布からは、最盛期には少なくとも東西約三五〇メートルに及ぶとみられ、屈指の規模を有する集落址として差し支えない。ちなみに、遺跡から日本海岸までは約一キロメートルで、弥生時代には周囲に潟湖が存在したと推定されている。確認された遺構としては、柱穴群・土坑群・方形区画溝・貝塚（弥生時代前期末〜中期前葉）、掘立柱建物・微高地縁の護岸施設と大溝（弥生時代中期中葉〜後葉）、高床建物・大溝区画溝（弥生時代後期）などがある。強い印象を与えるのは、護岸施設や溝の建設に使用された莫大な量の木材・杭等である。これらの中には、建設廃材も多数含まれていて、集落内に多くの建物が存在したことをうかがわせ、同時に、原材の確保と加工に投下される労働量や工具類の需要・供給・消費量が並々ならぬものであったことを偲ばせる。

さらに、この遺跡の特徴を、ことのほか大きく描き出しているのは膨大で多彩な遺物群である。土器は、弥生時代前期後半から後期末までのものが、型式の間断なくみられ、集落の継続性をうかがうに十分なものがある。また、土器群中には、集落外からの搬入品もしくはそれらの模倣の土器が少なからず含まれている。あるいは、土笛や分銅形土製品なども先例で述べたように等閑に付せない土製品である。

石器については、大陸系磨製石器の各種（太形蛤刃石斧・扁平片刃石斧・抉入柱状石斧・鑿形石斧・石錐・石包丁・石鎌・石錘・石剣）が揃い、環状石斧・石鏃・凹石・砥石などがえられている。骨角器（ヤス・離頭

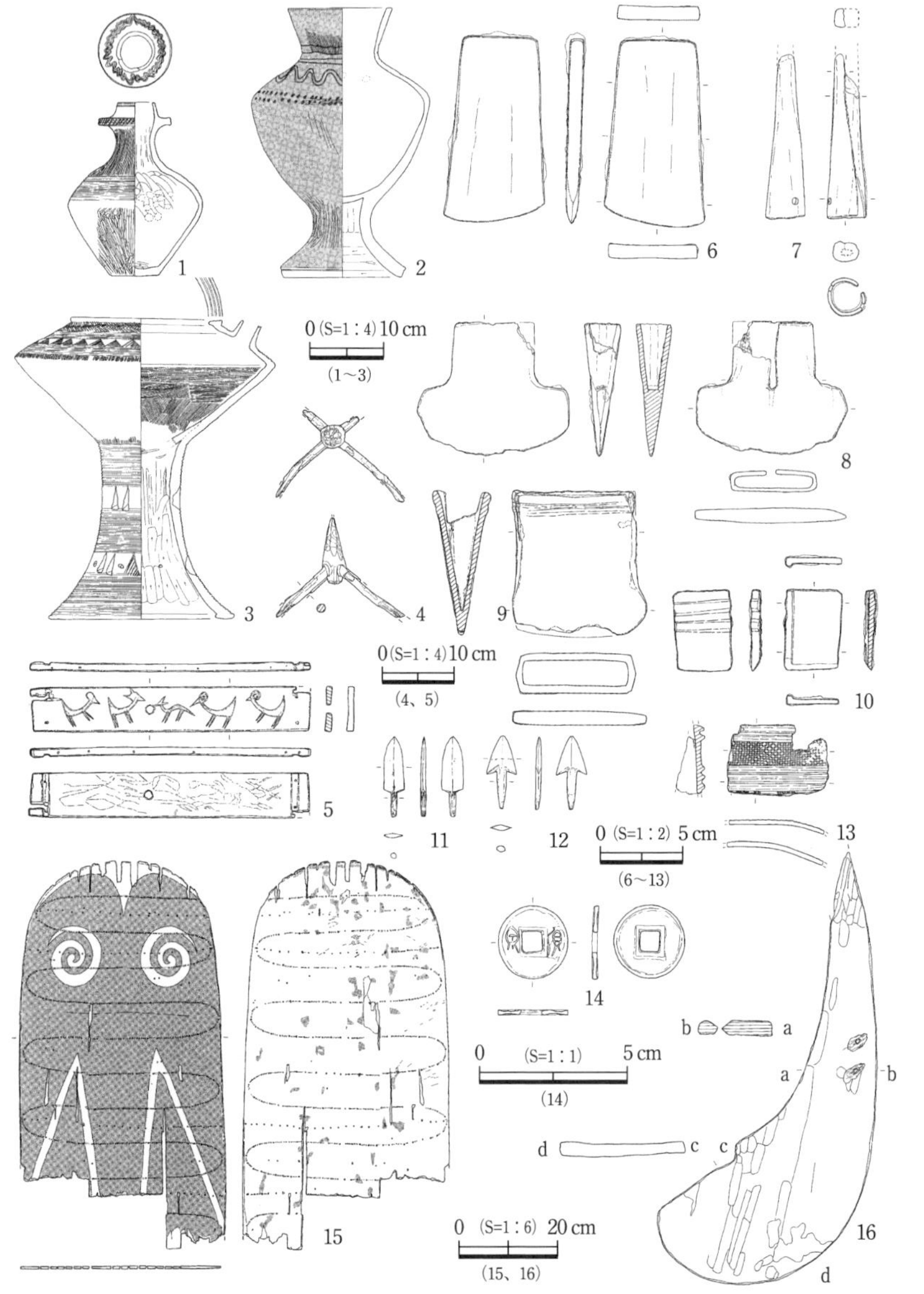

1～3．搬入土器　4．衣笠　5．琴　6．板状鉄斧　7．鉄矛　8．袋状鉄斧　9～10．鋳造鉄斧　11～12．銅鏃　13．銅鐸　14．貨泉　15．木製楯　16．舵形木製品

図 35　青谷上寺地遺跡出土の外来遺物（土器・金属器）と祭祀関連遺物

銛先・釣針・アワビオコシ・刺突具・ヘラ・針・骨鏃・剣・装身具等）もさまざまなものがみられる。石器・骨角器とも原材・未成品が存在することから遺跡内で生産されたことは明白であろう。装身具の管玉についても同様なことがいえる。

木製品の数々も注目度がきわめて高い。農耕具類（鍬・鋤、田下駄・木包丁・木鎌・竪杵等）、武器類（盾・剣・戈・刀）、食器・容器類（匙・壺・皿・高坏・槽・桶・曲物等）のほか、舟の部片・櫂・アカトリ・舵などの漁撈と海上交通に関わる品々がある。舵はかなりの大型品で、準構造船用とは思えない。祭祀具とみられる琴は、板材を箱形に組み合わせて造作されていて、逸品といってよい。総じて作者集団の技術水準の高さが存分に示されているというべきであろう。

ついで金属器をみる。青銅器（鏡・銅鐸片・貨泉）・鉄器（斧・鑿・鉇・矛・刀子・鍬鋤先・鎌・銛等）とも豊富な出土量があり、これらが遺跡の特性をよく表わしている。銅鐸は新段階に属し、この種の銅鐸分布の西限を示すことになった。鉄器の中では斧が注目される。鋳造品と鍛造品があり、前者は中国大陸製、後者の中、有肩鉄斧と大型の板状鉄斧は朝鮮半島製とされる。その登場は弥生時代中期後半期とされているが、そうした新鋭の工具類が海辺の大規模集落にいち早くもたらされていることを重視しなければならない。

多数検出された卜骨などは、集落祭祀のありようを雄弁に物語る遺物といえる。関連する遺物として、先の木製品中の赤色顔料を塗布した盾、武器類、琴等があり、銅鐸と共に祭祀の場に供せられたことが想定される。こうした習俗に関わる遺物にもまして話題を集めているのがいわゆる殺傷痕人骨である。その数は、一〇〇体を超えるとされ、大規模な抗争の裏づけとする見方が大方に受け入れられている。しかし、刑罰説にも説得性がある（湯村 二〇〇三）。

右のような多様で複雑な遺構群、膨大・多彩な遺物群を、集落構造とその変遷史の諸過程に位置づけ、それぞれの有機的連関をビビッドに描き出すことによって、稲作農業を基礎とした生産・交易センターとしての遺跡の特性が明確になるものと思われる。その可能性を高らかに指し示した点に青谷上寺地遺跡の意義があるといえる。

三　大規模集落遺跡の類型的特徴

ここでは、山陰地方の大規模な集落遺跡の個別的検討に立って拠点集落としての類型的特徴を考察しよう。

1　立地と規模

古代帝国の外縁に出現した原史期集落の特徴は、まず、その立地状況に示される。フェッダーゼン・ヴィールデ遺跡に典型的にみられるように、河川や海・湖沼の沿岸に集落造営がなされることを指摘できる。そこはまた、河川による内陸部との往来が容易な場所でもあった。水運は陸運と異なってさまざまな交易品を大きくパック状態にして、遠近を問わず一時に送致できる利点があり、この集積効果が集落内の生産や生活の内容と質を急速に高めていくことに結びつくと考えられる。矢野遺跡第1〜3地点において、弥生時代前期集落の早い拡大がみられたことなどは、右のような事情の反映であろうか。

こうした臨水性ともいうべき特徴は、基幹産業となる穀物栽培とは不可分の関係にある。水稲農業が用・排水管理機構の整備と拡張なしには発展しえないことは自明である。同時に、沖積平野の一角に営まれた原史期集落の多くが、概して大規模な集落域を確保していることもこの特性と無関係ではない。耕地拡大が比較的容易な沖積地の開発において、その実現は、まずは労働人口の増加と密接に関わって進行することで果たされる。加えて、つぎに述べるように、生産と交易のセンターを兼ねるという原史期集落の性格も、また否応なしに集落規模の拡大をもたらすことから、既述の集落遺跡が、それぞれに径約三〇〇~五〇〇メートル前後の規模を有することは偶然ではないであろう。ただし、穀物生産における耕地造成と管理の方式を異にする東南アジアや北西ヨーロッパと同一に論じえない、という問題のあることは十二分に承知しておかねばならない。

2 生産の多様性と集中性

原史期集落の規模がまずは労働人口の定在に関連することを説いた。この場合の労働人口は、食糧生産に携わる農・漁民層が主体である。同時に、各種の手工業的生産と交易活動に従事する労働層を含んでいることが理解されねばならない。原史期集落の形成段階における基幹産業と手工業的生産との分化が、どのようにして進行したかを知る手がかりはないが、西川津遺跡の海崎地区、目久美遺跡、青谷上寺地遺跡にみるごとく、大陸系磨製石器類の生産は、集落成立期から開始されていた公算が大である。したがって、当初から半専業的石器製作者群が集落に内包されていたと考えざるをえない。とすれば、急速な集落の拡大と分村化に応じて彼の技術者群は製作集団としてまとまり、専業性を強めつつ供給の能力と範囲を向上・拡大させていったものと思われる。

その際、注意されるのは、専業的に製作された石器が、太形蛤刃石斧、抉入柱状石斧等の木材の伐採から一次加工具として使用される大型石斧が中心をなしていることである。これらについで扁平片石斧が存在する。環状石斧の製作も拠点集落が製造元であった可能性がある。いずれにしても、手工業的生産において重きをなしているのは大型石製工具類であり、とくに太形蛤刃石斧は独占的に生産され、そのことが拠点性を高める一要因をなしたと考えられる。さらに、こうした利器の核をなす用具生産は、弥生時代中期後半以降、鉄器の導入と生産に引き継がれていくことも予測される。

青谷上寺地遺跡においては、集落域の造成と保全に莫大な木材が使用されていることを確認した。また、矢野遺跡、西川津遺跡、目久美遺跡でも木製農耕具類や日常容器類の生産が行われていたことが判明している。その加工技術の水準の高さは、青谷上寺地遺跡の木製品などから知ることができた。これらが専門的な技術者、すなわち、木工職人的労働者の存在なしに実現したとは考え難く、拠点集落内に木器製作集団が集住して生産に従事したことは容易に推定できることである。

骨角器生産についても西川津遺跡・海崎地区、目久美遺跡、青谷上寺地遺跡で確認される。製品としては、狩猟・漁撈に関わる器具の割合が高いが、それらが稲作農業を強く補完する生産要具である点を看過することはできない。そのほかに管玉などの装身具類製作も例示した四遺跡で共通して認められたところである。

以上、さまざまな分業生産が一次的産業と有機的関連を保持しつつ、集中的・独占的に行われた場としての拠点集落について、その特徴的様相を述べた。

3　交易センターとしての役割

西川津遺跡・海崎地区、目久美遺跡、青谷上寺地遺跡における鉄器の出現は、弥生時代中期後半期であった。

そして、これらの鉄器が舶載品であることもすでに知られている。その招来が大局的には中国大陸における鉄器文化の発展に関係することは大方の説かれるところである。興味深いのは、鋳造の鉄斧については、これが小型鉄器の素材とされたことである（大沢 二〇〇三）。弥生時代中期後葉期における鉄器生産については、鳥取県名和町茶畑山道遺跡の土坑中から鍛冶滓が出土したことによって蓋然性は高まってきており、中期後半期に拠点集落内で鉄器加工が行われた可能性は十分あるといえるのではないだろうか（辻 一九九九）。とすれば、最先端産業ともいうべき鉄器生産が、まずは拠点集落から開始されたとすることもあながち無理な想定でないことになる。

遠・近地との交流については、矢野遺跡を含めて四遺跡で、土器をはじめとして多くの外来品や模倣品が検出されていることから推定された。その際、遠隔地の北部九州方面や瀬戸内方面と、終末期における近畿中枢部との往来が注目されたところである。招来品の出土は彼の地からの人の来往を前提とする現象であることは論をまたないし、それらが交流・交易の結果であるとすれば、当然ながら反対供給品の存在を考慮しなければならないであろう。このことに関しては、弥生時代後期後半期の山陰系土器の流布が一つの解答を与えているが、実質的な内容は判然としない。出雲地方産の玉類を候補とする考え方は魅力がある。

また、中国大陸や朝鮮半島との直接・間接の交易についても同様である。中国王朝への入貢に際して、「生口」の献上があったことは史書の記載で知られる。この問題も早くから論じられてきてはいる。しかし、「生口」の実態不詳のまま棚上状態になっており、課題が依然として残されているといえよう(3)（生田 一九八六）。原史期集落の類型を特徴づける重要な論点ではある。

4　集落発展における継続性と跛行性

山陰地方の日本海沿岸では、第一次・第二次生産と交易中枢の機能を有する臨海性大規模集落遺跡が弥生時代の全期間にわたって存続し、かつ、その領域を拡大させていたことが判明した。本項では、その形成期・最盛期・終焉期が古代帝国の展開に、およそそっていることを確認しておきたい。ここに原史期集落の重要な歴史的意義がある。長期にわたる集落の継続は諸生産と交易センター機能を拡大・強化させることと相関し、集落の肥大化を招いたことが知られた。巨大な規模をもつ拠点集落の出現は、他方に多数の小規模・零細集落・周辺集落を輩出・在営することと表裏の関係にあるといえるだろう。そして、四絡遺跡群や目久美・長砂遺跡群にみられたように、両者が水利共同体的関係で結ばれた場合には、その格差は小さかったことが考えられる。そこには生産・交易センター的役割を存分に果たす拠点集落の吸引力の強さが大いに作用しているとみたい。ただ、狭隘な可耕地を存立条件とする山陰地方の臨水型拠点集落の場合、分業的生産の多様化と多角的交易が拠点性維持のより比重の高い要件となる。青谷上寺地遺跡にみられた遺物群の様相には、そうした側面が濃厚に表われているのではないだろうか。

5　首長の定在と祭祀

原史期集落が前後の時代のそれと対比される特性は、首長層の定在と政治的統合の場となる点にあるだろう。集落内部における首長層の定在と公権力行使の様相は、フェッダーゼン・ヴィールデ遺跡でかなり詳細にたどれた。しかし、矢野・西川津・目久美・青谷上寺地の諸遺跡ではそうした首長層の定在を明確に把握できる徴証はえられていない。わずかに、矢野遺跡における吉備系特殊土器、西川津遺跡海崎地区におけるゴホウラ貝製貝輪の出土にその片鱗がうかがえたところである。

近年、出雲平野の集落遺跡で貼石方形墓が発見されている。出雲市中野美保遺跡で弥生時代中期中葉の貼石方形墓と後期後半の四隅突出形墳丘墓が、同市青木遺跡で中期末と後期の四隅突出形墳丘墓が発見されたことである。さらに、矢野遺跡や青谷上寺地遺跡での玉類をともなう埋葬土坑の存在は集落群内首長層の顕在化が集落内の階層分化と連動して進行していることを教える。

西川津遺跡・海崎地区での銅鐸出土は、山陰地方弥生時代の拠点集落における祭祀について重要な示唆を与えている。また、この地区での土笛の集中的出土、青谷上寺地遺跡における琴、木製武器、朱塗盾などの出土もそうした一拠点集落あるいは集落群内での祭祀執行を雄弁に語る遺物であり、卜骨の大量出土は、祭祀の場における首長層の役割を具体的に描き出している。

かくして、拡大し、複雑化する諸生産と集落内外の人的組織を統括する任務が重きを増し、首長権の上昇と政治権力化を促進する契機が強められていったと判断される。各首長層は、そうした動きの中で公権の自己権力化を目指して青銅器をはじめとする先端技術による威信財の獲得に意を用いることになったのであろう。そして、首長層の開明化が一人歩きするような傾向を生み出したと考える。松江市田和山遺跡は、弥生時代前期末から中期末にいたる特異な環壕遺跡で周辺の農業集団＝農業共同体の祭祀場と考えるが、ここからは「楽浪の硯」とみられる石製品が出土している。是とされるならば、この時期の司祭者的首長層の威信財獲得の方向性が奈辺にあったかをうかがわせて興味深い（瀬古他 二〇〇一、白井 二〇〇一、松本 二〇〇二）。古代帝国との直接・間接の交渉、北部九州との交流は、台頭しつつあった山陰原史期拠点集落定在首長層の強い希求であり、営為であったことが知られるのである。

註

(1)なお、鬼頭は『日本古代史研究と国家論—その批判と視座—』(一九九三)においてエンゲルスの三段階区分の今日的意義を説いている。

(2)『岩波講座　東南アジア史1　原史東南アジア世界』(二〇〇一)において、「原史」期の設定が明確に述べられている。以下、東南アジアの記載は新田栄治他「大陸部の考古学」(一九九八)等の論著による。

(3)「生口」を献上奴隷とみる学説は一九五〇年代ごろに藤間生大らによって主張されている。

第V部

生産・葬制・祭祀をめぐる問題

第8章 弥生時代以降の食料生産

はじめに

日本人の体質と政治・文化の特性は、「コメを作り、コメを食べる」生活に深く根差したものである。コメ作りの起点は、中国大陸における春秋戦国時代から秦漢統一帝国の成立という、東アジア世界の激動期に起きたヒトと文物の大規模な移動の一結果である。日本列島においては、水田農業を核とする農業生産が弥生時代に開始された。「弥生時代以降の食料生産」について語る場合、なによりもまず、こうした水田農業開始期のイネの栽培技術のあり方や生産構造、とりわけ、生産主体の内容と性格が問われることになろう。本章の主題の一つは、弥生時代「以降」に展開する水田農業の技術の具体的な様態や生産構造のありようを可能なかぎり追跡し、各々の諸現象を総括して発達段階を画し、経営主体の歴史的な発展の様相を集約点として、古代農業の特色と歴史的な規定性を通観することである。したがって、対象とする時代の下限は平安時代の中葉前後となろう。

ところで、弥生時代以降の食料生産という場合、そこには当然、水田農業以外の食料生産についても論及することが求められる。「縄文農耕」の問題、あるいは中世史の側からの問題提起等もあり、いわゆる畑（畠）耕作の実態の解明と水稲栽培の関わり方の追究が古代農業研究の大きな課題となっている。すでに、朝鮮半島南部の農耕社会を母体とした初期の農業生産は、系譜的にも水田農業と畑作をセットにしていた可能性があり、また、縄文時代終末期の「原始的栽培」の伝統の存在とも関わって、弥生時代以降の古代農業に畑作経営の視点を導入することはきわめて重要である。しかしながら、この方面の考古学的研究方法の開拓は非常に遅れており、まとまった成果を提示することは困難である。本章では、現在の到達状況を可能なかぎり明らかにすることによって課題解明の前進に資することにしたい。

古代農業の生産主体ないし経営主体は、一般に家族的な結合を遂げている世帯共同体とみられている。これが中世・近世農業の主体となる小経営農民と歴史的にどう関連するかは明確ではないが、前近代の営農活動の生産構造から考えても、古代農業の経営主体が水田農業にのみ専心し、コメだけに依存する消費生活を営んでいたとは到底考えられない。というよりも、コメ以外の食料の調達と摂取がむしろ食生活全体に大きな比重を占めていたとみるのが順当である。

右の畑作解明は、その意味で注目されるのであるが、同様に海辺や湖沼岸に居を構える集落にとっては、漁撈活動も決して小さくない業であったと思われる。弥生時代以降の古代の食料生産を取り上げる場合に、漁業の問題の位置づけや役割を正当に評価することの必要性はさまざま指摘されている。要は、古代の生産構造を水田稲作・畑作・漁撈、その他の複合的な営為活動として捉えることであろう。ただし、この際注意すべき問題は、「何をどのようにして食べたか」ということと食料生産の全体構造を歴史的に把握することとを、混同しないことである。水田農業が日本列島の歴史発展を根底において規定する生産であったことは否定しようのない事実だからである。

一　水田農業の成立と展開

1　水田農業の生産力構造

日本列島への水田農業の伝来が縄文時代晩期にまで遡ることは確定的である。佐賀県菜畑遺跡、福岡県板付遺跡で発見されたこの時期の水田跡は、一定の区画をもち、灌漑施設をともない、原理的にはすでにできあがった姿を示している。この事実は、故地において高度に発達し、体系立てられた水田農業が多数の移住者によって北部九州の一角に持ち込まれたことを示している。また、一九七〇年代後半から、北海道と沖縄を除く全国各地で多数の古代水田跡が発見されたことは、従来、登呂遺跡の水田跡をほとんど唯一の拠り所として立論されてきた古代農業の生産力の評価を再検討し、この問題をあらためて具体的かつ歴史的に考察する素材と機会が与えられたことを意味している。いわば生産の場と集落跡と墓地を統一的に捉えて、立体的な古代農村および農業構造を復原しようとする、年来の宿望を果たす条件が満たされつつあるといってよい。

従来の古代の農業生産と社会構成の関わりの理解は、鉄製農耕具の発達・普及を軸に、耕具・収穫具の所有状況と共同体的諸関係から個別経営の自立との相関関係の把握、という視角から進められてきた。このような分析方法は、日本列島に展開する古代世界の歴史発展と特質を解明するうえで、きわめて有効かつ十分意義あることであった。しかし、全国的な規模で多数検出される水田遺構を、古代の農業生産力を体現する要素として正当に評価するためには、右の方法とは異なった視角と力点の設定が必要となってくる。すなわち、農業において「作物よりも土をつくることが第一」とされる所以を、発掘された水田跡を素材として検討することによって課題への接近が可能になるであろう。

一般に生産力は、労働力・労働手段・労働対象によって構成される。これを農業生産力として三者に各々含まれる項目を列記すれば、およそつぎのようになる。

労働力＝直接生産者（奴隷・農奴・農業労働者・その他農民家族など）とそれらの労働編成
労働手段＝土地・水・農具・役畜・農業機械など
労働対象＝土地・作物・肥料など

右の分類において注目されることは、土地が労働手段と労働対象の二要素に帰属していることである。農業は、ある種子が水・空気・植物栄養と光合成することによって自己増殖を遂げる過程を、人為的に連続して再現する業といえる。その自己増殖の人為的な再現過程＝労働過程は、耕地において収束され、現実化する。これは農業生産の一特性として把握されている。つまり、耕地は作物を光合成によって養成する場という点では労働手段としての役割を果たすが、同時に連続的・効果的に増殖を実現するためには「土をつくる」こと、すなわち、施肥や土地改良などによって土地の生産性＝地力を保持し、高める努力を不断に払われねばならない。その意味では、耕地はつねに農民労働の産物であり、働きかけの対象なのである。「土地は、まず作物に対する養分供給機能および、肥料や水分を保持し、かつ養分素材を作物が吸収しやすいような形態に変えたり、養分吸収を容易にしたりする機能的容器的性格の二側面をもつ。この養分供給機能（肥力）と機能的容器的性格（狭義の地力）との相互作用が、肥沃度（広義の地力）であり、土地という労働手段の能力を示すものである」（三好 一九七七）と規定されるのである。このことを直接生産者の側、あるいは農業技術の立場からみれば、「労働対象であり労働手段でもある土地は、主に労働の精度にかかわる栽培技術の場面と、主に労働の能率にかかわる作業技術の場面との両側面において不可欠な生産手段として機能し、両者を相互に結びつける結節点的な役割を果たしている」（八木 一九八三）ことになる。[1]

右に示したことは、耕地のもつ容器としての生産手段という基本的な性格に関する問題である。水田農業においては、水田に用水を引き入れて一定時間これを湛え、必要に応じて排水するという操作が繰り返されるわけで、まさに水田は水を保持し、排水する容器そのものということができるし、その機能こそが水稲栽培における水田の第一の意義であることは明白である。

ところで、水と結びつくことによって水田の容器性が発揮されるということは、用・排水という水の動きの物理的な転換によって触発・促進される水稲の育成効果という側面も重要な評価対象となってくる。灌漑用水もまた一種の労働手段であり、労働対象ということになる。水田農業の発展を労働手段としての土地のあり方からみれば、水田をいかに用・排水が自由に行える容器体に変革するかということ、つまり、乾田化と乾田農法の確立にある。「水を湛える」ということは、水田の耕耘・調整・除草などの作業を容易にするというだけではなく、用水の肥料的効果も大いにあるといわれる。日照と水があれば水田農業は成り立つ、とされる所以もこのことにある。こうした「水を引き、湛える」という水田農業成立・発展のモメントを経営的な観点より見据えるならば、このことには共同性・社会性という性格を付与することが可能となる[2]（八木 一九八三）。灌漑・水利のあり方に水田農業発展の歴史的な段階を画することの妥当性は、右の事情に裏づけられたものである。

つぎに、農業生産における農具の位置づけの問題がある。農具は土地とともに中核的な労働手段であって、農業労働の場において、労働者と労働対象を結合させる生産の骨格・筋肉系統として存在している。農具のさまざまな種類とその組合せ、個々の農具の形態や機能、あるいは、材質の変化は、作業技術体系に影響を及ぼし、農業生産力の全体的な変革を引き起こす場合がしばしばある。農具の変遷の過程に農業発展の画期を見出す試みは、その限りにおいて合理性を有することになる。しかし、農具も生産力構成の一部であるから、農具のみで発展段階の全体像を規定することには問題があるとする見解もある（高橋 一九七七）[3]。農業技術の複雑な分岐とその連関の仕方が、多様化する中世以降の水田農業においては重要な視点として評価できる。問題は、古代の農業生産において、その一部性を生産力全体にどのように位置づけうるかである。この点は先に示したように、共同体と個別経営の関係にも直接的な関わりをもつ問題である。

2 水田の諸形態と灌漑技術

水田の容器としての性格を決定づける一つのモメントは耕地を区画することにある。水稲にとって、最大の栄養源となる水を一定量湛え、かつ、その状態を一定期間保持するためには、畦畔によって水田を区画することが必要となる。もちろん、水田区画は耕地造成の土木技術水準や用水供給のあり方、あるいは、水田経営の担い手のあり方などによって空間的時間的に異なった形態をとることが考えられる。日照と水の供給の仕方によって水稲の成育が決定的に左右されることから、用水と排水を合理的に調節する灌漑施設とその技術のあり方が、水稲栽培の技術体系において最も重要な意義をもっているということができる。そこで以下においては、各時代の代表的な水田遺跡を取り上げて、水田形態と灌漑のありようを中心に検討を加えることとする。

弥生時代の水田形態と灌漑技術

弥生時代の水田跡の発見例は、九州から東北北部に及び、時期的にもⅠ期からⅤ期にまたがっている。

佐賀県菜畑遺跡では、縄文時代晩期後半の山ノ寺期から夜臼期、夜臼・板付Ⅰ期、板付Ⅱ期、弥生Ⅱ・Ⅲ期の水田跡と水路が重層的に検出されている（中島 一九八二、中島ほか 一九八二、高島 一九八三）。夜臼期には矢板や杭を使って土留めした水路が現われ、井堰も設けられている。水田跡は、最古期の段階から小規模に区画され、そこへ谷間の湧水を水路に導き入れて用水とすることがすでに行われていた。

早くから弥生時代Ⅰ期の環壕集落址として知られた福岡県板付遺跡（山崎 一九七九・八二）では、夜臼期と夜臼・板付Ⅰ期の二時期に営まれた水田跡・水路・井堰などが発見された。夜臼期の水路は、幅二メートル、深さ一メートルで、中途に井堰が設けられている。水路と並行するようにつくられた細長い長方形水田は、面積が五〇〇平方メートル以上にもなる。水路と水田の間は、矢板などで補強した幅広い畔で区切り、その一部を切断する形で水路と水田を結ぶ取・排水口がつくられていた。

夜臼・板付Ⅰ期の水路（自然流路）・水田跡は、構造的には夜臼期のものと似ているが、一段と大規模になっている点が注目される。水田の用・排水は、やはり取・排水口に設けられた堰で調節する仕組みである。水田面は、上下で二枚確認され、上水田が四六八平方メートル以上、下水田が二八六平方メートル以上と算定されている。

稲作開始期の北部九州においては、谷間の湧水を利用する小区画水田と沖積平野の微高地の縁辺で小川の流れを用水源とする広大な水田の二類型がすでに存在していることが注目される。

岡山平野南東部の操山山塊の北麓から平野部にかけて広がる百間川遺跡群は、旭川が枝状に乱流してつくった微高地や、旧河道が埋まって平地化したところに立地している（岡山県教育委員会 一九八一・八二、岡山県文化財保護協会 一九八五）。遺跡群は、微高地を単位に分かれており、西側から原尾島遺跡、沢田遺跡、兼基遺跡と続き、操山山塊の東端に位置する当麻遺跡が東限になっている。

原尾島遺跡においては、弥生時代III期ごろの水田跡が微高地と微高地の間の低地部分と谷頭部分から検出されている。小畦で区画された水田跡は、水路に沿って並び、形状は、不整な方形ないし長方形をなし、面積は、約一四～二一八平方メートルとやや大小の差が大きい。水路には大型の幹線水路らしきものと中・小水路がある。大型水路は、並行して二本検出されているが、二本ともほぼ同位置に、角材・板材・自然木を使って井堰を設け、その間に、小水路を掘って井堰と井堰の間を連結している。したがって、この二本の幹線水路は、主水路として独自に機能することもあれば、相互補完的に主水路と副水路、あるいは補助水路として役立てられたことも十分に考えられよう。幹線水路から中・小水路への分水は、井堰中央部の樋門の開閉によって行われる。井堰の堰堤は、幅広い水路の横断道として利用された可能性も考えられている。なお、この幹線水路は、弥生時代I期のものを踏襲、改良したもので、周辺には同時期の水田跡の存在が推定されている。約四〇枚ほど確認された水田跡で水口が付設されたものは二枚だけであったことから、各水田への配水は比較的高い北側からのオーバーフローによったと思われる。

弥生時代V期の水田は、同III期ごろの水田を覆い、微高地を削平して広範囲に造成されている。検出された水田区画は三一六枚。発掘区は、一部が居住区になっている微高地部分を除けば、すべて水田跡と関連遺構で占められる。水田の形態は、同III期ごろのものと比較すればかなり整ったものになっていて、一枚当たりの面積は、約三五～八七平方メートルで、平均は約五三平方メートルとなる。このように、水田の区画がある程度整い、面積のうえでのばらつきも小さくなってくるのは、水田造成が一定の範囲で統一的な企画のもとに実施されたことの表われと解釈される。

いわゆる「島状高まり」と呼ばれる遺構は、微高地の削平の際に長い帯状ないし円形に削り残した箇所を指し、百間川遺跡群の弥生期水田を特徴づける顕著な構造物となっている。これを一つの基点または基準として、そこから放射状に、あるいは並行して大畦畔を東西・南北方向に走らせて大区画をつくり、その中を小畦で方形・長方形・台形に区切っている。ほぼ完掘された大区画を例として説明すると、南側は水路をともなう東西方向の島状高まりで限り、他の三辺に大畦を配して台形様の大区画(面積九二〇平方メートル)をつくる。続いて、東西の大畦をほぼ三等分する形で東西方向に小畦を二本入れ、さらに、南北方向の小畦をその間に設けて方形・長方形などの一四枚の水田区画を完成させているようである。

これらの水田への用・排水のメカニズムは必ずしも明らかではない。東西方向の水路のほかに、南北方向の畎畝二本が認められているが、いずれもIII期の水路・畎畝と関連させて設定されており、水田造成企画の連続性・継承性が注目される。ただし、これらの水路の位置・構造からは、数百枚の水田の灌漑を想定することは困難で、おそらく、より上流部に用水施設があって、そこから基本的にはオーバーフローによって用・排水したことが推定される。

東端の兼基遺跡では二四枚のV期水田が微高地の西側で発見されている。これらの水田は、ほぼ西から東に走る畎畝の両側に、区画の一辺を水路の方向に合わせて広がっており、形状は、方形・長方形・三角形を呈するが、いずれもやや不整備である。面積は約四〇～二五〇平方メートルと大小の差がかなり大きい。

百間川遺跡群の水田跡と灌漑に関連する遺構と方式は、概略右のとおりであるが、なお付記すべき重要な事実として、原尾島遺跡のV期水田面に遺された無数の小判形小孔の問題がある。調査者は、これを稲株痕と認定し、さらに一区画内の小孔の分布を詳細に検討して、これが数名の農民による田植えを示していると考察している。百間川遺跡群の弥生V期水田跡は、低湿地から微高地上面までを耕地化したものであること、大畦・水路・島状高まりによる大区画と、その内部を大小さまざまに仕切り、微地形に合せて巧みな用水体系を整えている。このような様相には、弥生期の水田造成の到達点が示されているといえよう。そして、ここに沖積平野に広がる大規模な水田開発の典型をみることができよう。

群馬県日高遺跡では、扇状地面を流下した小河川が、浸蝕・涸渇して形成された小谷から、弥生時代V期に属する約四〇枚の水田跡が検出されている（平野 一九七八・八二）。区画の仕方は、谷地形を考慮してか、不規則に畦で区切って一単位の水田とし、区画面積が比較的広いものは、内部を小畦により二〜三枚の小水田に区分するというやり方をとっている。水田跡の中央部にある半島状と楕円状の高まりは、百間川遺跡群で認められた島状高まりと同類の遺構ではなかろうか。水田耕土とされる土層は、黒色粘質土で、厚さは一五〜二〇センチメートルとされている。日高遺跡の水田跡は、弥生時代V期段階における谷地形に営まれた小規模な水田類型の存在を教えている。

青森県垂柳遺跡は、浅瀬石川が形成した扇状地に立地している。水田跡は、東西に延びる微高地の縁辺部から検出されている（青森県教育委員会 一九八四）。発見された水田跡の総数は、六五六枚という厖大な数に及ぶ。水田域は、その分布の状態から大きく三つの地区に分けられている。一地区内は、大畦や水路によって大区画に分割され、さらに、その内部を方形・長方形・台形・不定形状などに区画している。方形と長方形の中間形のようなタイプが最も多く、一区画の面積は、一・一一〜二二・四三平方メートルと、著しく小規模で、平均面積も八平方メートル程度である。これを規模別に分類すると、一一平方メートル前後のもの、九平方メートル前後のもの、四平方メートル前後のものの三つに区分でき、数量的には四平方メートル前後のものが多い。用・排水に関していえば、水路は大小の規模のものがある。それぞれ異なった機能をもっていたとみられる。大水路は、用・排水の幹線的機能をもち、水田と微高地の間の湿地帯が遊水池的に利用されていたようである。大畦と水田の境目の小水路は、溝底のレベルにほとんど差がないことから、大水路との水門の調節によって水流を調整していたものと考えられる。水田との間は水口を設けて通水しているが、扱い方では、このような小水路は用水の温め場所ともなりうるであろう。大畦にともなう大小の水路のほかに微高地を横断する、両岸に土手状の盛土をした長大な水路が発見されている。流水方向は、東→西で、西側の大ブロックなどに送水する幹線水路であろうか。なお、水田から水田への送水は、水口をもつ水田が少数であることからオーバーフローによったものと思われる。

垂柳遺跡の水田土壌は火山灰質の黒泥質重粘土で、土壌構造による分類によれば、地下水土壌型（Gi―gi型ないしAi―gi型）の半湿田である。湿地帯は常時湛水の強還元層の分布域である。こうした土壌地帯が、開田対象から外されていることは、他の多くの弥生期水田の立地に関して指摘されている。いずれにしても、冷涼な東北北半の地において、弥生時代Ⅲ・Ⅳ期段階に、右にみたような超小型水田が広範囲に一円的に造成されているという事実は、そこに駆使された農業土木技術のあり方、投下された労働量・労働編成、あるいは耕作・経営の形態などに関して新たな問題を提起せずにはおかないであろう。

以上、弥生時代の水田遺跡の立地条件、水田形態と規模、灌漑のあり方をみてきたが、これらの諸項を整理して弥生期水田の特徴を示しておこう。

第一に水田の立地地形ないし立地条件についていえば、菜畑遺跡から垂柳遺跡に到るまで、概して台地縁や微高地の緩斜面より沼沢地辺にかかる地帯に水田が造営されている点を指摘しなければならない。腐植質シルト層が分布し、地下水位が湿潤地よりも低く、かつ保水性に富むことが弥生期の水田開発・経営に適合していたということになろう。しかし、弥生時代Ⅴ期になると百間川遺跡群、群馬県小八木遺跡（高崎市教育委員会 一九七九a）のように、微高地上面や低台地上まで水田造成域が拡大された例も出てくる。これは湿田・半湿田から半乾田へという図式で捉えられている。

第二は水田形態と規模についてである。おおまかにいえば、不定形なものから整備された方形・長方形に移行する傾向が指摘できる。このことに、水田が造成される地形や地点によっても異なるという面もある。水田規模についても同様で、垂柳遺跡における一平方メートルほどの超小型水田から板付遺跡の六〇〇平方メートルに及ぶものまである。一遺跡内でも百間川・兼基遺跡では、最小規模の水田と最大規模の水田では六倍以上の差が認められた。要は、水平な耕作面をつくり出す土木技術と、それを利用する栽培方法の問題ということになる。垂柳遺跡の広汎な超小型水田の存在は、後者の点から地域差を考慮する必要があるのかもしれない。

第三には、水の問題を取り上げねばならない。第一、第二の事項も、結局は、水の問題に帰着する事柄である。保水性が比較的高い半湿田系水田では、地力保持と効果的な育稲のためには排水が用水取得よりも優先的な課題となる。しかし、各遺跡で検出された遺構を瞥見するかぎりでは、滋賀県服部遺跡（滋賀県教育委員会 一九七四）のように、排水専用の水路と考えられているものもなくはないが、特別な排水施設のごとき遺構を広く散見することはできないように思われる。むしろ、水田面の涸渇を防止するために一定量の用水を常時確保し、水路と水口による導水・通水やオーバーフローによって広範囲に速効的な配水を行うことが、弥生期における水のコントロールの、主要な側面をなしていたとみるのが実情に合っているのではなかろうか。つまり、少量の用水を地下水位との関連でより効果的に運用するということに水田管理の基本点があったと考えたい。

ところで、弥生期の水田において排水よりも配水に重点がおかれたということは、地下水のレベルが相対的に高い水田土壌の性質と矛盾を来すかにみえる。半湿田の地力維持ないし再生産保障の条件は、どのようにして獲得されたのかも当然問題になろう。これらについては、施肥のあり方なども含めて、より実態的な検討が必要であるが、結論を先取りしていえば、新規の耕地造成を可能なかぎり追求して経営面積の拡大を絶えず図ること、それに合わせて既存の水田の一部を休耕状態におく、といった仕方で土壌の再生産能力を維持・回復する手立てが講じられた可能性を想定しておきたい。

なお、弥生期水田の立地地形を通観すると、大まかにいって二つのケースの存在を指摘できる。一つのケースは、菜畑遺跡や日高遺跡の例のように小支谷の谷間・谷口に営まれるもの、その二は、百間川遺跡群、服部遺跡のように沖積平野の後背湿地縁辺から微高地上に展開する場合である。板付遺跡、垂柳遺跡なども後者に属している。この二つのケースは、より原理的には用水源の取り方の違いを表わしてもいる。すなわち、第一のケースは主として谷頭の湧水を、第二のケースは大なり小なりの河川を水源として、そこからの直接・間接の引水によって灌漑を成り立たせている。そして、両者は菜畑遺跡・板付遺跡から考えられるように、稲作農耕の開始期から併存しており、弥生時代を通じて稲作圏全体に広がっていたことが推定されるのである。

古墳時代の水田形態と灌漑技術

古墳時代前半の水田形態は、基本的には百間川遺跡群の水田区画のあり方を継承しているが、水田開発が台地上に拡大されることによって灌漑の方法が大規模になり、多様化していく。また東西日本で区画法による相違がみられるようになるが、いずれも整然とした幾何学的な水田になっていく点では共通している。

福岡平野の中央、御笠川と諸岡川にはさまれた低平地に位置する那珂君休遺跡では、灰黒色粘土層面に造成された古墳時代前III・IV期以降の水田跡が四四枚（面積一五～一〇〇平方メートル）検出されている（福岡市

教育委員会 一九八五)。立地地形は、南側から北側に緩く傾斜しており、北端には南西から北東に流れた旧河川が存在している。水田跡は、このような地形に合せて区画され、その位置と規模によって三類に分けられている。Ⅰ類はほぼ方形・長方形に区切られている。Ⅱ、Ⅲ類には方形・長方形状もあるが、多くはかなり不定形で、全体の分布図は蜘蛛巣状とでもいいうるような様相を示している。灌漑の仕方については、高位から低位の水田へ水口と畦越しの二様によって用水を送り、最後は水路で河川に排水している。

那珂君休遺跡の北東に隣接する那珂久平遺跡でも、弥生時代Ⅴ期の大規模な井堰と古墳時代前Ⅰ・Ⅱ期の水田跡約四〇枚が検出された。水田の形状・面積・分布状態・灌漑方式などは、那珂君休遺跡で判明したものときわめて似通っていて、そうしたあり方が、北部九州における古墳時代前半の一般的傾向であったことを推察させる(横山 一九八五)。

また、諸岡川の対岸にある那珂深ヲサ遺跡(福岡市教育委員会 一九八一・八二)では、古墳時代前Ⅰ・Ⅱ期に属する大溝に全長一六メートルにも及ぶ柵状遺構が設けられており、同じく、諸岡川岸の三筑遺跡(福岡市教育委員会 一九八〇)では、小河川に数カ所の堰を設け、堰止めた水を水路や水口によって水田に引き入れていたことがわかっている。水田跡は、不整な方形に区画され、一枚当たりの面積は、約三二〜一六一平方メートルとなっている。これらの時期は五世紀代と推定されている。中小の河川の支流などを積極的に利用し、自然地形に即して水田を開き、経営する仕方が、古墳時代に入って広汎に展開している様子を読み取ることができる。

淡路島西南の小平野で発見された志知川沖田南遺跡は、瀬戸内海に注ぐ河川の堆積物が潟湖を埋めて形成された三角州の浅い谷地形に位置している(兵庫県教育委員会 一九八〇・八二、松下・高橋 一九八三)。水田面の存在は、五層にわたって確認され、すべて古墳時代前Ⅰ・Ⅱ期の所産である。旧河川の氾濫によって耕地の埋没と可耕地の拡大が進むたびに、新水田がより広汎に、つぎつぎと造成された経過が示されている。水田域が最も広がった最上層の水田跡をみると、少々傾斜度のある東側には小区画の水田跡が分布し、平坦部には比較的大型のものが配置されている。一区画の面積は、五・七〜一三〇・五平方メートルで、かなり大小の違いがある。また、その形状は方形・長方形・台形状ともいえるが、かなり不整形であり、とくに緩傾斜部の小水田跡にそうした傾向が目立っている。これは、北西の旧河道と北東から南西に向かってわずかに傾斜する地形を巧みに利用した結果で、東西方向の大畦を基準として、微地形に合せて順次蜘蛛巣状に小畦で区切っていった様子をうかがわせている。用・排水は、水路・畎畝・水口を使って行っている。特異な様相としては、北大畦の端に溜池とみられる楕円状遺構（八・八メートル×四・三メートル、深さ〇・八メートル）が設けられていることである。おそらく、旧河川の水を河道沿いの水路に導き、畎畝と大畦沿いの水路を使って、また、大畦に沿って水口をつけた通し田を並べることによって、各水田への用・排水がなされたものと考えられる。溜池状遺構の機能については、水量調節が第一に考えられるが、その位置と規模からすれば、貴重な用水を効率よく利用するための施設とみるべきと思われる。

大阪府長原遺跡は、河内平野の南部に位置する東西一・五キロメートル、南北二キロメートルに及ぶ広大な複合遺跡である（大阪市文化財協会 一九八二・八三）[4]。これまでに弥生時代、古墳時代、奈良・平安時代の水田跡が多数発見されている。とくに、六世紀末から七世紀代のものとされる三面以上の水田跡は、その立地、一区画の形状、水田の配置、灌漑方法のあり方などについて、古墳時代後Ⅲ期における近畿中枢部の水田経営の実態を知るうえで重要な事実を提供している（図36）。三面以上の水田跡は、古・新水田跡がまず確認され、続いて両者の間に中水田が検出されるという経過をたどって認定された。そして、古水田下層と新水田上層にはさらに数面の水田跡が存在するとされている。遺跡は低い台地上に位置し、七世紀代の水田は先に造営された古墳群の空閑をすべて埋めつくす形で広く造成され、その範囲は、現状でも一平方キロメートル以上にわたると

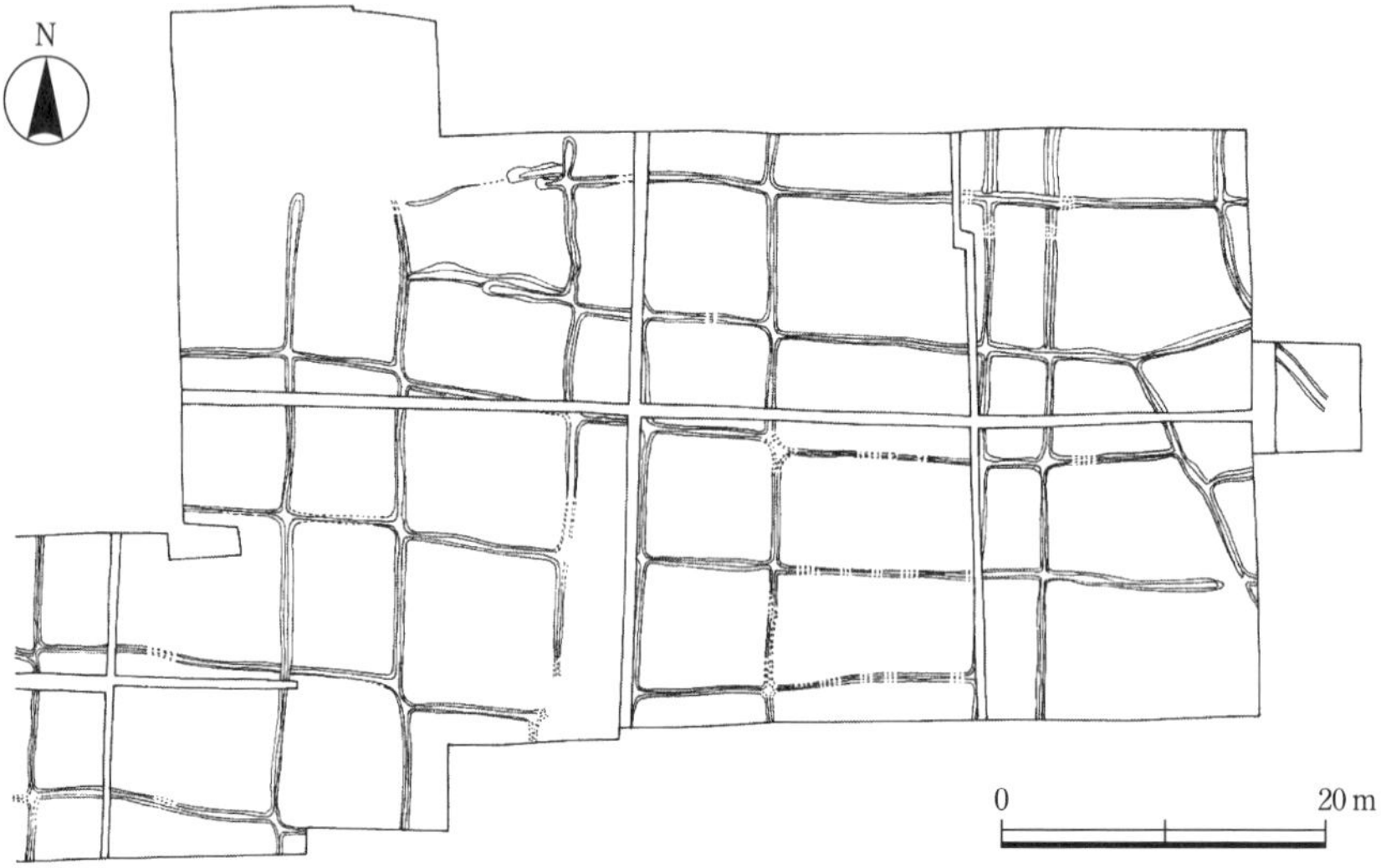

図36　長原遺跡の水田跡

推定されている。

古水田は方形・長方形・台形と形状がさまざまである。区画は比較的整然としていて、面積は、三三～一〇三平方メートル以上となっている。水口を設けた水田跡はみあたらないので、高位の水田から畦越しに灌漑された模様である。水源は、台地上を北流する旧東除川と推定され、それより用水路を開削して灌漑用水を引いたのではないかと考えられている。中水田とした水田跡は、北東方向にわずかに傾斜するところに造成され、古水田と同様、オーバーフローによる灌漑方式をとる。水田区画の原則も、傾斜度が緩やかな部位は広く仕切り、やや急なところは狭くという仕方で一貫され、面積は、約二二～一三一平方メートルと較差が大きい。また、水田跡の形態は方形・長方形・台形とあるが、いずれも整った形を呈している。これは微地形の変化を考慮した企画性に富んだ区画によって生み出されたものであろう。新水田は、中水田を覆う厚さ約二〇センチメートルの粘土質シルト層を耕土にしている。畦畔の位置は、中水田のものをほぼ踏襲し、一部には埋土層から頭を出した中水田の畦畔を再利用した箇所もあるという。また、中水田にみられた台形状の水田跡が方形・長方形に修正されたり、広い区画を二分割するような動きがあるとも指摘されている。なお、これらの水田跡は、半湿田ないし半乾田とされ、耕土の厚さは約二〇センチメートル前後とみられる。

七世紀代に河内平野の南部台地を開いて造成されたこれらの水田群は、洪水による埋没を克服して、広く連続的に経営されたものと思われる。そのような営みを可能にした一つの条件として、安定した水利環境の実現ということがある。台地の高位部を北流する旧東除川は、以前にはより西側を流れていたことが、開析谷の存在によって知られ、台地上の水田開発にあわせて、河道をより東に人工的に移すことによって灌漑用水取得の道が開かれたのではないかという。旧東除川は上流で古市大溝と結ばれていたとする考え方もある。

長原遺跡の東に隣接する八尾南遺跡では、古墳時代前Ⅲ・Ⅳ期の水田跡が発見されている（八尾南遺跡調査会一九八一）。水田区画が少々不揃いで、地形に制約されて大畦が湾曲していることなどは、長原遺跡の水田跡と異なる点であろう。耕土の厚さは、一五〜二〇センチメートルという数値が得られている。八尾南遺跡は長原遺跡と一体の遺跡で、前者の水田が六世紀前半に廃絶した後に長原遺跡で大規模な水田開発が進行していたものと考えられる。

静岡県道場田遺跡は、大井川などの河川と駿河湾流によって形成された海岸砂丘の後背湿地縁辺部に位置している（焼津市教育委員会一九八四）。発見された水田跡は三〇〇枚にも達し、一区画の面積は、約六〜一〇〇平方メートルとばらつきがかなり大きい（図37）。これを規模別に整理すると、小区画（六〜一二平方メートルを中心とするもの）、中区画（三〇〜四〇平方メートルを中心とするもの）、大区画（一〇〇平方メートル前後）の三つに分かれ、小区画タイプが全体の九〇パーセントを占めている。水田跡の区画は、いわゆる田の字形を基本に整然となされ、方形・長方形水田が碁盤目状にきちっと配列されている。区画の仕方は、作業路を

図 37　道場田遺跡の水田跡

兼ねる大畦で枠をつくり、その内部を小畦数条で中区画規模に分割した後に田の字状に細分するという方法をとっている。大区画・中区画は、その意味では未分割の水田跡ということにもなろう。

灌漑方法は、比高の高い西から東に用水を流すことが基本で、各水田へは水口と東西の畦の中央に浅い通水溝を刻んで送水している。畦越しの方法から一歩進んだ灌漑の仕方といってよい。湛水と排水を小区画の中で統一的に行う工夫の表われでもある。水口を設けた水田が列状に配置されているのは、用水の通し田を意識したのであろうか。発掘区の南側には、中央に水路を掘り込んだ大畦・畎畝が東西に走っている。東側にも水田跡が広がっていることを推測させる事実である。調査者によれば、水田跡の広がりは周辺の約三万五〇〇〇平方メートルに及ぶという。水田跡に与えられた年代は五世紀後半である。

群馬県下で浅間山Ｃ軽石層下で発見され、古墳時代前Ⅰ期に属すると考えられる水田遺跡としては熊野堂、同道、芦田貝戸、御布呂の諸遺跡がある（平野　一九八二、能登　一九八三ａ）。

同道遺跡は、井野川左岸の沖積微高地に位置し、Ⅰ期水田が北東から井野川に向かってきわめて緩やかに傾斜する地形面に造成されている（能登　一九八三ｂ）。検出された水田跡は、約九四〇〇平方メートルの調査区内で二七〇枚が数えられている。一区画の形状は、方形・長方形・台形・三角形と多様であるが、著しいのは短冊形の区画がかなりまとまって配列されていることである。これは、緩傾斜の地形での灌漑を念頭においた巧みな水田区画法によって生み出されたものである。Ｔ字形に大畦を配し、傾斜に沿って短冊形に区切られた水田跡の並びは、地形の変化を計算に入れた、巧みで企画性に富む水田造成法の存在をよく示している。

ところが同じ浅間山Ｃ軽石層下検出の水田跡でも、御布呂遺跡などの水田は、やや様相を異にしている。御布呂遺跡は、井野川右岸縁に位置し、扇状地端の微高地部分に営まれた集落跡や水田跡が発見されている（高崎市教育委員会　一九八〇ａ）。確認された水田跡は不整形な区画が多い。大畦で囲った内部を小畦で仕切り、区画をつくるという原理は貫徹されているようであるが、大畦の一部が、地形の変化にとらわれて湾曲したり、北西―南東方向の畎畝型水路と縦割りの長い小畦の配置とが、一体性を欠いているなど、かなり不規則な区画がなされたように見受けられる。

六世紀前半代の年代が与えられている榛名山FA層下水田跡の特徴は、徹底的な小区画化にある。御布呂遺跡では、右の水田跡の上層において、約一万平方メートルの範囲からじつに二六〇〇枚の水田跡が検出された。一区画当たりの面積は、最小で一平方メートル強、最大約七・七平方メートル、平均三・七平方メートルで、水田というイメージからはかなり掛け離れている。しかし、これが火山灰土壌という特殊な条件のもとで、用水効率の上昇を求めつづけてきた条里制以前の水田造成法の一つの到達点であることは間違いない。

このような超小型区画造成は、およそ以下のような方法によったと思われる。まず、南―北の緩傾斜面の等高線(東―西)方向に堅緻な大畦を配し、これに直交ないし斜交する大畦を併走させ、さらに、下方に東―西の大畦を入れることによって大区画が成立する。大区画の規模は、一部で確認されただけであるが、東―西三六・五メートル、南―北九〇メートルの長方形をなしているという。注意されることは、小畦の入れ方が地形の制約を排して、正確に東―西、南―北両方向直交という形で一貫していることで、その結果、碁盤目状の見事なまでの区画が現出したものといえよう。灌漑の経路は、より高位の大区画から下位の大区画へと配水され、大区画内でも北側のレベルが高い小水田跡より下方へ送っているようである。東―西の大畦には水口が切られ、南北方向の通水は、小区画ごとの水口やオーバーフローによったものと考えられる。

右のような水田区画と灌漑の仕方からうかがえることは、大畦による大区画が水田における用水頒給の一単位をなし、小畦はその内部の用水面調整の役割を主とする補助的な構造物であり、水田跡の超小型化によって、弥生時代以来の水田区画における大畦・小畦の役割と機能が、一段と明瞭になったということである。なお、御布呂遺跡、芦田貝戸遺跡（高崎市教育委員会　一九八〇b）では、大区画の内部が小畦によって細分されない箇所の存在が注意されている。低平地を一円的に耕地化したところで、部分的に休閑地とされた箇所があったのであろうか。

榛名山FP層は、六世紀中葉に堆積したと考えられ、テフラ層の下からは、同道（同道III期水田）遺跡、芦田貝戸遺跡、御布呂遺跡、宮田遺跡などでさらに小型化された水田跡が検出されている（平野　一九八二、能登　一九八三a）。このような小区画化の徹底は、すでに指摘されているように、火山灰性土壌をベースにした水田の漏水対策に主眼があったとみられ、湧水から河川の水に用水源を変更するなど総合的な用水措置がとられている点に注目する必要がある。いずれにしても、火山灰土の分布する広大な低平地を水田化し、たび重なる火山災害を越えて耕地を維持し、耕作の継続性を保障するということは、個別の農民経営では到底なしえない事業であろう。

以上、古墳時代前半には弥生時代V期からの水田造成方法が継承され、微地形に合せた水田区画が行われている。傾斜変換線に大畦を配したり、水路や畎畝を走らせて大区画の基準をつくり、大型・中型・小型で方形・長方形・台形等の水田区画を巧みに配置している。古墳時代後半には、全国的に水田の企画化が進行し、大畦と小畦の統一のとれた組合せによる整然とした水田区画が実現するが、その過程は、東西日本でやや様相が異なっている。東日本における広域・超小型水田化の端緒は、垂柳遺跡の弥生期水田にすでに現われている。それがより整った形で定着するのは古墳時代後半である。そうした超小型水田の企画的造成は、一種の保水・保温対策として東日本で普及し、定形化されていったような節がある。群馬県下の超小型水田は、その最も特殊化された例とみたい。西日本で整然とした幾何学的な区画が出現するのは、いまのところ七世紀代で、広い範囲を超小型水田化する動きは認められない。

右のような水田形態に示された動向は、古墳時代になって低湿地はもとより、微高地や低台地上にまで耕地が拡大されていったことと不可分の関係にある。それはまた、新たな水利条件の獲得によって実現し、前進したものと思われるが、とくに注目されるのは、古墳時代になって中小河川の利用が積極的に進められたとみられることで、この点は堰の設置の仕方、池溝の開発とも関連することである。

奈良・平安時代の水田跡と条里制

これまで取り上げてきた水田遺跡のいくつかでは、弥生時代・古墳時代の水田跡の上層に奈良・平安時代の水田面の存在が確かめられている。しかし、弥生時代・古墳時代の水田跡のように、一定の広がりのある面として捉えられた例は非常に少ない。木原克司の整理によれば、奈良・古墳時代の水田関連遺構が検出された遺跡は、全国で五〇カ所以上にのぼるが、そのうち水田跡の区画や灌漑構造などが判明したものは数例にすぎないようである（木原 一九八二）。

一方、古代律令国家の土地制度である条里制が、今日の沖積平野にみられる水田畦畔に生きつづけているとして、遡源的研究によって条里の地割りを解明することも盛んである。問題は、考古学的方法による実態分析とそうした景観遡源的研究とをどのように結びつけるかにあろう。以下では数少ない奈良・平安時代の水田遺跡の実例から問題の接点を探っておこう。

長原遺跡では、先の古墳時代水田跡の上層から奈良・平安時代の水田跡が二地区で発見されている（大阪市文化財協会 一九八三）。まず八～九世紀ごろのものと推定される水田面から二六枚の区画が検出され、一区画の面積は、約六～六七平方メートル、形状は方形・長方形・台形となっている。畦畔の方向は東西・南北にとられ、企画性に富む下層の新水田群と一致してはいるが、概して一区画の面積が狭く、形状も不整形なものが多い。水田域全体の広がりもそう大きくはないと推定されている。

別地点発見の水田跡は、一〇世紀から一三世紀ごろまでの用益が考えられているものである。検出された水田区画は一八枚で、最小の水田跡は四八平方メートル、最大のものは五五四平方メートル以上と超大型である。一区画の全体が捉えられた例が少ないので確かな平均面積は不明である。検出範囲に限って算出した平均値でも、一区画当たり優に二〇〇平方メートルを超えるという非常に大規模な水田跡群である。畦畔は、東西・南北にほぼ正確に配置されているが、その基準となっているのは、水田跡の東側で検出された南北に走る溝と考えられる。おそらく、この溝の位置と方向を起点として、ほぼ等間隔（九～一二・三メートル）に南北の畦を配し、さらにその間に東西方向の畦を入れて縦長の長方形区画にしたものと思われる。

注目されることは、右の溝が現地表にある条里の坪境とみられた溝と位置・方向が合致することであり、同時に、水田跡の畦の方向も条里地割りの遺存と考えられる現在の畦の方向に一致することである。調査者らは、このような事実を踏まえて、平安時代に長原遺跡が旧丹北郡条里の「八条四里」から「五里」に位置していたこと、大水田跡群が「八条四里」の一七坪と一八坪にまたがる長地型の条里水田である、と説いている。

群馬県下では、一一〇八（天仁元）年の降下が考えられる浅間山B軽石層下から、奈良・平安時代に相当する水田跡がいくつかの遺跡で発見されている。井野川右岸の大八木遺跡では、後背湿地縁の緩傾斜面からおよそ一町四方の区画を含む水田跡が検出されている（高崎市教育委員会 一九七九c）。一一四メートル×一一〇メートルのほぼ方形を示す水田跡は、南北方向に畎畝型大畦を配し、これに直交する東西方向にも大畦を入れて区画されている。大区画の内部は、小畦によりほぼ一〇等分し、その間を直交する小畦で区切って方形・長方形の小区画をつくり出している。灌漑用水は、畎畝の水路に付設された分水路から導入され、傾斜に従い、水口を通じて送られたとみられる。用水の流れは、大区画内で完結したと判断されているから、方一町規模のこの区画は灌漑区域の一単位をなしたともいえよう。

このような方形大区画は、連続して数枚認められるが、南側の一例は内部の小区画の様相が異なっており、内部の小区画設定が地形などの制約によって必ずしも同一企画でなされなかったことを示している。先の同道遺跡では、B軽石層下からⅣ期水田が見出されているが、大畦による大区画は認められず、小畦による方形・長方形区画が等高線に沿って並んでいる。

日高遺跡のB軽石層下水田跡は、弥生期水田跡群が存在した谷地形部分と、その南辺の低平地帯で検出されている（高崎市教育委員会　一九七九b・八〇a）。谷地形部の水田跡は長方形が多く、方形・台形・三角形状のものが部分的に認められ、面積は約二〇〜三二二平方メートルと大小の差が相当ある。これらは、谷の中央部に大型の区画、両側の傾斜地に小型区画という形で配置されている。水田区画の原理は、谷筋に合せて南北方向に畦を配し、その間を直交する畦で仕切るというやり方で、全体に直線状の畦による企画的な水田区画の様相がうかがえる。低平地帯では、ほぼ方一町の大区画が数単位と、大区画内を小畦で仕切った長方形・台形・方形などの水田跡が多数検出されている。一区画の面積としては、四〇平方メートル足らずの小型水田もあるが、多くの区画が一〇〇〜三〇〇平方メートルの間に収まるかなり大型の水田で、なかには六〇〇平方メートルを超える特大の水田も知られている。水田跡の下層には、先行する水田の埋没は認められず、おそらく、平安時代になって一円的に水田が拓かれ、微地形的な凹凸箇所は小畦のとり方で調整したものと思われる。

以上から、奈良・平安時代の水田跡にみられる顕著な事実として、一小区画の大規模化と整然とした畦畔の組合せによる水田造営の統一性・企画性が指摘されるであろう。これは条里水田的な特性にほかならないのであるが、その歴史的前提として、長原遺跡の七世紀代水田跡、あるいは、群馬県下発見の古墳時代水田跡が示した整然とした幾何学的な区画法の存在を確認しておく必要がある。そして、大畦による大区画を先行させ、小畦による小区画水田を造成する仕方も、灌漑用水の引き方と配り方の工夫の中から生まれたもので、祖形は、早く弥生期水田に求めることができるのである。おそらく、条里水田は、このように既存の水田と灌漑施設を制度的に再編成し、拡大したものということができるであろう（八賀 一九八四b）[5]。それが実現されるための歴史的条件としては、律令国家による水利権の掌握、大規模な労働編成、そして、大陸輸入の先進的な測量知識・土木技術が考えられる。方一町を、用水配分の単位として確定するということは、古代水田の制度的完成を意味するとしてもよい。もっとも、その内部の小区画については、長地型・半折型の存在は十分予測されるが、水田の造成される地形あるいは地域によっては、「第三の地割型」を考慮する余地もあろう[6]（稲田 一九七八）。

ところで、景観的な条里の地割りと地下に埋没した条里関連遺構とが合致する例が現われている。この面での研究は前進したかにみえるが、ここに一つの難点がある。長原遺跡、大八木遺跡などこれまで発見された水田跡と関連遺構が、平安時代中ごろ以前には遡りえないという年代の問題である。しかし、八賀晋は、大規模な条里遺構で知られる長野県更埴市の条里の埋没遺構を再検討して、これが九世紀代に属する可能性を示し、また、岐阜県高屋条里遺跡の事実などから考古学的にも奈良時代の所産としてよい条里遺跡が存在することを説いている（八賀 一九八四b）。問題は、班田制の展開とも関わる重要な内容を含むものであるが、結論は、今後の研究の進捗にまつところが大きい。

なお、長原遺跡の調査では、条里地割りの中には未開拓地があり、農民の屋敷地や畑（畠）地の混在したことが明らかにされている。このことは、条里が耕地の区画にのみ限定される制度ではなく、農民と耕地をセットにした一種の地域区分として機能していたことを予測させる。

3　農具の発達とその特質

農具が耕地とともに農業生産の基本的な労働手段をなすことは自明である。これを水田の容器性との関連において捉え、作業技術体系の中に位置づけて評価することが必要とされる。このような視点からまず問題になるのは、耕具と収穫具のあり方であろう。弥生時代以降の耕具は、部分的に鉄製品もあるが、大部分は木製のもので占められている。収穫具は石・木を素材としたものから鉄製品に移行している。本項ではそうした木製耕具と収穫具の種類と変遷を概観し、さらに、鉄製農具の発達と普及状態、畜力利用の耕耘の存否などの問題にも触れて、古代農業生産における農具発達の様相と特質を明らかにしたい。

木製耕具の種類と変遷

耕具の基本をなすのは鍬と鋤で、これを農業労働の過程に即して分類すれば、開墾土木用具、耕起用具、砕土・攪拌用具、調整用具、中耕用具などに区別される。鍬は刃部の形態から、広鍬、狭鍬、股鍬、横鍬に分けられている（黒崎 一九七〇、根木 一九七六、町田 一九七五）。広鍬は、刃幅が一五〜二〇センチメートル程度のもので、現在、唐鍬、板鍬、平鍬の名で呼ばれる鍬に似ている。耕起・砕土・攪拌などに多用され、形状を変えながら中世以降にまで及ぶ一種の万能鍬といえる。狭鍬は、刃部幅一〇センチメートルぐらいのやや身の長い重厚な鍬で、開墾土木用と考えられる。股鍬は、刃部を二本から数本のフォーク状に削り出した鍬の総称で、時期と地域によって異なった形状のものが見受けられる。耕起から調整・中耕まで広く使い分けられている。水田耕作に最も適した鍬である。横鍬というのは、身丈に対して身幅が大きい鍬の名称である。主として水田面の調整に用いられる。丸鍬、えぶりといわれているものがそれであるが、櫛状に数本の歯を削り出した幅広の股鍬もこの類に含めて考えたほうがよいかもしれない。

鋤は開墾土木用か水田耕起用に限定される耕具である。一木造の長柄式と、柄・身を別個に製作して緊縛結合させる着柄式の別がある。身の形状や着柄の角度によっては、いわゆる踏鋤となるものと、スコップのように掘削・掬い・浚えの道具として使われるものに分けることもできる。

このような鍬・鋤の各タイプは、弥生時代の前半にはすでに出揃っている。弥生前半段階の耕具類は、種類が豊富でつくりは堅牢、材料も精選されるなど、木製耕具としては、ほかのどの時代のものよりも優れた特徴を有している。このことは、水田農業の故地における伝統の継承として理解されるが、実際には、耕具の複雑な分化が耕耘過程の分化を直ちに意味するとは限らない。大阪府池上遺跡では、一二五点の耕具類が出土している。その内訳は鍬七四、鋤四九、えぶり二となっている。鍬では広鍬が八割近くを占めているから、全体的には鋤と広鍬の使用範囲や頻度が広くかつ高かったと判断される（大阪府文化財センター 一九七八）。また、北部九州では諸手鍬が弥生時代前半の代表的な耕具として存在している。これに直刃のえぶりや櫛歯状の横鍬が調整用具として共存している（山口 一九八三）。おそらく、この段階では用水路の開削・整備補修、畦畔の配置などの土木作業が相当のウェイトを占め、ついで、田面耕起と調整を軸にした作業体系が編まれていたものと思われる。

弥生時代後半になって、それもV期に入るとこうした木製耕具類は大きく様変わりする。この変化は、耕具の漸次的な変遷上に生じた累積的な結果ではなく、農法そのものの入替りとして捉えられている。変化の諸相を示せばつぎのようになろう。

まず、在来の耕具の中心であった広鍬がその重厚さを失い軽量の鍬へと変化する。また、開墾土木用具の狭

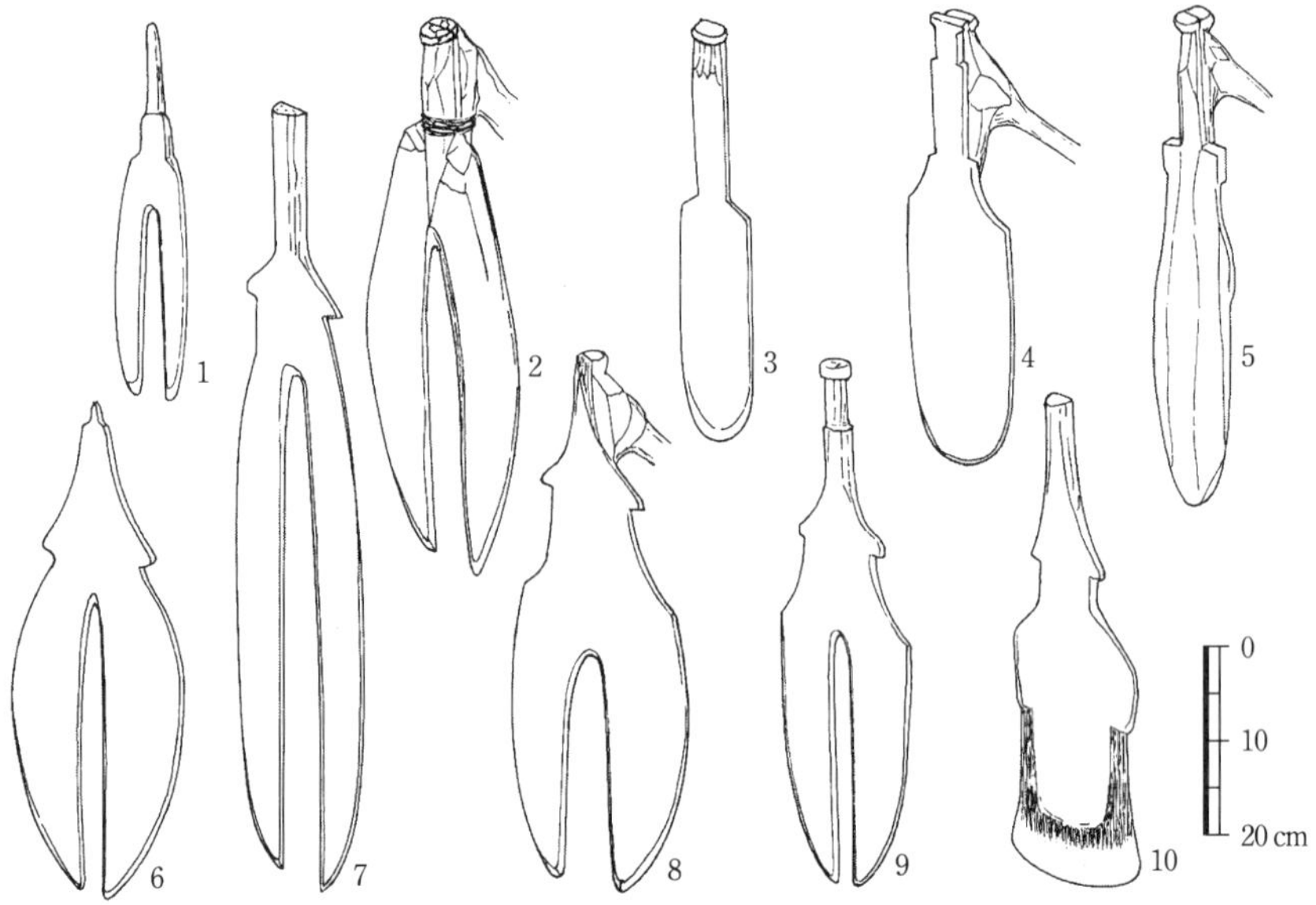

1, 2．膝柄股鍬Ａ　3-5．膝柄鍬Ａ　6-9．膝柄股鍬Ｂ　10．膝柄鍬Ｂ

図38　膝柄鍬と膝柄股鍬の模式図

鍬や膝柄式の鋤の一部が姿を消していっている。代わって登場するのが、かつて、「なすび形」の名称を与えられた膝柄式の着柄鍬である。この鍬は、着柄部の形状に特徴があり、Ａ・Ｂの二種類に分けられる（図38）。それぞれは刃部の形状によって鍬と股鍬に分類されている。弥生時代Ｖ期に現われるのは、膝柄鍬Ａ、膝柄股鍬Ａ、それに膝柄股鍬Ｂであり、膝柄鍬Ａと膝柄股鍬Ｂは、古墳時代前半にも中心的な耕具としての位置を保っている。このような膝柄式で薄手の刃部を備えた鍬は、粘質土の耕作に効力を発揮するとされ、弥生時代Ｖ期には北部九州から関東に及ぶ広い分布圏をもっている。弥生時代後半に起こった耕具の変化は、軽くて能率よく耕せる鍬の創出という方向をとったことが考えられる。

右のような耕具の変革は、近畿・瀬戸内地方と北部九州との交流によって遂行されたと考えられている。北部九州では、弥生時代Ⅲ期あたりからその前半期とは異なった板状長身の股鍬が普及しはじめ、多くの歯を削り出した櫛状のものは、古墳時代後Ⅲ

期まで使用されている。こうした股鍬の多用は、北部九州の一つの地方色と考えられるのであるが、そのうちの二股鍬と近畿・瀬戸内の膝柄鍬Aの合体によって膝柄鍬Bが成立したとみるのである（町田 一九八〇）。

弥生時代Ｖ期から古墳時代前半にかけては、これらのほかにも鋸歯状の刃部を有するえぶりが現われ、新たな耕具として大足が普及している（兼康 一九八五）。あるいは、小型の一木造鋤が顕著な発達を遂げるのもこの段階である。弥生時代Ⅲ期に登場したフォーク状木器がこのころには広汎な地域で用いられた。

木製耕具の変貌は、鉄製農具が加わることによって、いっそう明瞭な画期的現象となる。この動きを漢式農法の新規導入の結果とする町田章は、一連の耕耘・育稲過程において、北部九州の股鍬や瀬戸内以東に分布する膝柄股鍬Bが、条植されたイネの中耕除草と株間の整理に有効な役割を果たしたとしている（町田 一九八〇）。百間川遺跡群の弥生時代Ｖ期水田面に残された株痕が想起されよう。

古墳時代後半に広く行きわたるのは、膝柄鍬Bで、膝柄鍬Aの発展型式とみられるが、そのいくつかには鉄刃が装着され、古墳時代後Ⅰ期以降の耕具の中心的位置を占めるようになる。この段階は従来、乾地農法の導入・普及期とされ、鉄製のU字形鍬・鋤先と曲刃鎌の浸透で特徴づけられてきた（都出 一九六七）。そうした評価については、やや詳細な検討が必要であるが、視野を木製耕具に限った場合、前段階ほどの活発な製作と使用は認められない。おそらく、広鍬・膝柄鍬Bを主軸に鋤類を併用する耕作が行われたのであろう。

八世紀前葉の丹波国氷上郡春日部里の里長居館跡と考えられる兵庫県山垣遺跡では、鍬、鋤、えぶりなどの木製耕具が出土している（兵庫県教育委員会 一九八四）。鋤は一木造で、身の下半には鉄刃を装着するための切込みが施されている。えぶりは鋸歯状の刃部をもつもので、両肩に丸味がある。基本的な形態は、鋤と同様に古墳時代のものが引き継がれているといえる。福岡県拾六町ツイジ遺跡でも奈良・平安時代の木製耕具としては、広鍬、股鍬、一木造鋤、フォーク状木器、えぶり（鋸歯状刃部）などが知られている（福岡市教育委員会 一九八三)。

奈良・平安時代の農具の資料は、量的に乏しいので立ち入った検討は困難である。しかし、右の事実によるかぎりでは、当代の耕耘作業体系は古墳時代とあまり異なったものではなかったことが推定される。静岡県下藪田遺跡で発見された一〇世紀の水田跡では、U字形鉄刃をつけた鋤による耕作痕が検出されている(鈴木・磯部 一九八四)。痕跡の深さは、二~七センチメートル程度とされていることからすれば、深耕よりも連続的に速く耕すことが留意されていたように思える。

鉄製農具の普及

鉄製農具は、農業の作業技術体系そのものの変革に繫がる優れた機能を有している。鉄製農具の種類、組合せ、普及状態は、農業生産の発達段階を画す重要な指標である。とくに耕地の造成や運用に直接関わる耕具の鉄器化がもたらす効果には、きわめて注目すべきものがあろう。

弥生時代の耕具の鉄器化は、木製鍬・鋤の先端に鉄刃を装着するという仕方で始まっている。長方形の鉄板の両端を折り曲げて木製の鍬・鋤先に装塡するもので、鍬・鋤先鉄刃と呼ばれている。その出現は、弥生時代Ⅳ期であるが、普及するのは弥生時代Ⅴ期以降とみられている。岡山県上東遺跡では、鉄刃を装着するために先端部に削り込みを入れた着柄式鋤の身が出土している(岡山県教育委員会 一九七七)。現状では、北部九州での出土例が多く、住居址からの発見品もある(川越 一九八三)[7]。しかし、一遺跡当たりの出土数はきわめて少ない。拾六町ツイジ遺跡では、古墳時代前Ⅲ・Ⅳ期の包含層から二〇個の広鍬が検出されたが、鍬・鋤先鉄刃を装着可能なものは一点だけといわれる(福岡市教育委員会 一九八三、高倉 一九八四)。同時期の鋤にも鉄刃が装着されたと思われる例は見当たらない。

一方、古墳時代前II〜III期の古墳には、この種の鉄刃を大量に納めた例がある。奈良県新沢五〇〇号墳では、二一個が副葬されており（橿原考古学研究所　一九八一）、同県ウワナベ古墳の陪塚大和六号墳からは、一七九個という多量の鍬・鋤先鉄刃が発見されている（奈良県教育委員会　一九四九）。こうした大量副葬の例は、近畿中枢部の古墳に限られている。他地方の前II〜III期古墳でも一〜二個を副葬した例はかなり知られている（岩崎　一九八五）[8]。弥生時代V期から古墳時代前半には、都出比呂志が指摘するように、鍬・鋤先鉄刃は農耕集団の首長層に保有され、彼らの主導する開墾土木事業において、駆使されたと考えるべきであろう（都出　一九六七）。通常の農作業では木製耕具が一貫して用いられた状況は先に示した。

北部九州では、弥生時代II〜V期に鋳造の鍬先と考えられる鉄製品の存在が知られている。同時代IV・V期には青銅製鋤先が普及している。前者は数が少なく舶載品とされ、後者は小型の木製鋤に装着されて、墓穴掘りなどに使用された特殊な金属製耕具と考えられている（柳田　一九八〇）。鍛造の鍬・鋤先鉄刃の出現に先だって、金属製の耕具刃を使用する段階のあったことがわかる。また、古墳時代に入ると大阪府紫金山古墳の副葬品にみられる鉄製馬鍬（股鍬）が登場している。開墾・耕起に最も適した鍬である。

耕具とともに鉄器化が早くから進むのは収穫具である。弥生時代前半には、大陸系の収穫具である石庖丁の系譜をひく外湾刃半月形石庖丁が北部九州で、近畿地方では、外湾刃半月形から直線刃石庖丁がそれぞれ使用され、これに石鎌、打製石庖丁が併存していた。加えて、弥生時代III期ごろから木製穂摘具が普及したことも最近明らかになってきている（工楽　一九八五）。

右のような状況の中でまず北部九州に鉄鎌が現われる。弥生時代III期のことである。型式的には曲刃と直刃の二タイプが認められ、大型品と小型品の別もある。時期的には大型品が先行し、小型品は弥生時代V期後半に出現するという。そして大型直刃鎌の系列から古墳時代前半に直刃鎌が生み出されたと推定している。用途としては大型の鎌はつくりが頑丈なこともあって鉈鎌・薙鎌として用いられ、小型のものがイネの収穫用であったとみなされている。ただし、その場合でも根刈りとは直接関係しないとされている(9)。

多様な石庖丁などの穂摘具に取って代わるのは、手鎌といわれる小型の鉄製収穫具である。形状は、鍬・鋤先鉄刃同様に長方形の鉄板を折り曲げ、刃と反対の長辺に木柄を着けたものである。弥生時代V期末ごろ北部九州に広く行きわたっている(寺沢 一九八五)。出土遺跡が、周囲に環壕をめぐらせた拠点大集落であることから「蓄稲の『管理者』による保有」が想定されている。このことは、手鎌が前II・III期古墳に大量副葬される事実との間に整合的な関連が存在することをうかがわせる。弥生時代終末期から古墳時代前半段階においては、鉄鎌・手鎌もまた首長層の占有にかかる動産であったことが推定されよう。

古墳時代後半あるいは奈良・平安時代の鉄製農具としては、U字形鍬・鋤先と曲刃鎌が知られている。U字形鍬・鋤先は凹字形、U字形、両者の中間形などに形態分類され、凹字形が鋤先、U字形は鍬先とされてもいるが、厳密な区分は難しい。時期的には凹字形が先行し、U字形は八、九世紀ごろに多用されるという。木製耕具の項で触れたように、膝柄鍬B、一木造鋤に着装されて開墾土木用具、あるいは、耕起・砕土用として使用された。

曲刃鎌も、着柄の角度に直角に近いものと鈍角のものの別があり、大きさにも大小の違いが存在する。都出比呂志は、直角着柄鎌を稲刈り用に、鈍角着柄鎌を草木の薙払い用と考えた。また、土井義夫は鎌身の形態を四類に分け、それが時期的推移を示すとしている(都出 一九六七、土井 一九七一・八二)。

関東地方ではこのような刈り鎌のほかに、「摘み鎌」と称される半月形の鉄器の存在が知られている。外湾刃で身の片側に木柄をつけ目釘を打って固定したもので、奈良・平安時代に急速に広まった特異な鉄器である。アワ・ヒエなどの雑穀の穂の刈り取りに使用されたと考えられている(山口 一九七九)。

さて、古墳時代後Ⅰ期からそれ以降の鉄製農具の普及状況についてであるが、まず、鍬・鋤先についてみると、六〜七世紀ごろには群集墳の副葬品に認められるほか、住居址からの発見例も少なからずある。とくに奈良・平安時代には、集落遺跡から出土するケースが増えている。ただ、一遺跡単位でみると、平安時代に属する神奈川県鳶尾遺跡では、竪穴住居址一六三棟、掘立柱建物址一一六棟という大規模な集落であるにもかかわらず、鍬・鋤先は一個検出されただけである（神奈川県教育委員会　一九七五）。この事実が例外現象でないことは、つぎの事例で知られる。千葉県日秀西遺跡では、六〜七世紀ごろの竪穴住居址一七七棟が発掘され、一〇〇個分以上の鉄器が得られているが、鍬・鋤先はわずか二点という少数にとどまっている（岩崎　一九八五、岩崎他　一九八〇）。

一方、曲刃鎌の出土率は、鍬・鋤先にくらべると相当高く、鳶尾遺跡では五点以上、千葉県村上八千代遺跡では一四点となっている（千葉県都市公社　一九七五）。しかし、鉄鎌の普及率が上昇するのは、奈良末・平安時代のことであって、古墳時代後Ⅰ〜Ⅲ期の出土頻度はかなり低い。東京都中田遺跡の場合、六世紀代の竪穴住居址は三八棟で、これらが東・中央・西の三群に分かれて集落を構成している。発見された鉄鎌は西群の大型住居址で一点だけとなっている。なお、中央群の大型住居址からは凹字形の鍬・鋤先一点が出土している（服部　一九七九）。中田遺跡とほぼ同時期の神奈川県長谷遺跡は、竪穴住居址三〜四棟の小規模集落跡であるが、曲刃鎌一点が出土した（田中ほか　一九六七）。

右のような鉄製農具の出土状況を捉えて高橋一夫は、鍬・鋤先を集団的所有から富豪層の集中的所有へ、鉄鎌を家父長制的世帯共同体単位の所有の拡大としている（高橋　一九七六）。おそらく、鍬・鋤先が有力集団の特定グループの手にあり、鎌などが小規模集落単位で所持されたことは認めねばならないし、その動向が古墳時代後Ⅰ期には現われ、八世紀後半前後から急激に進行したことも十分想定できるであろう。

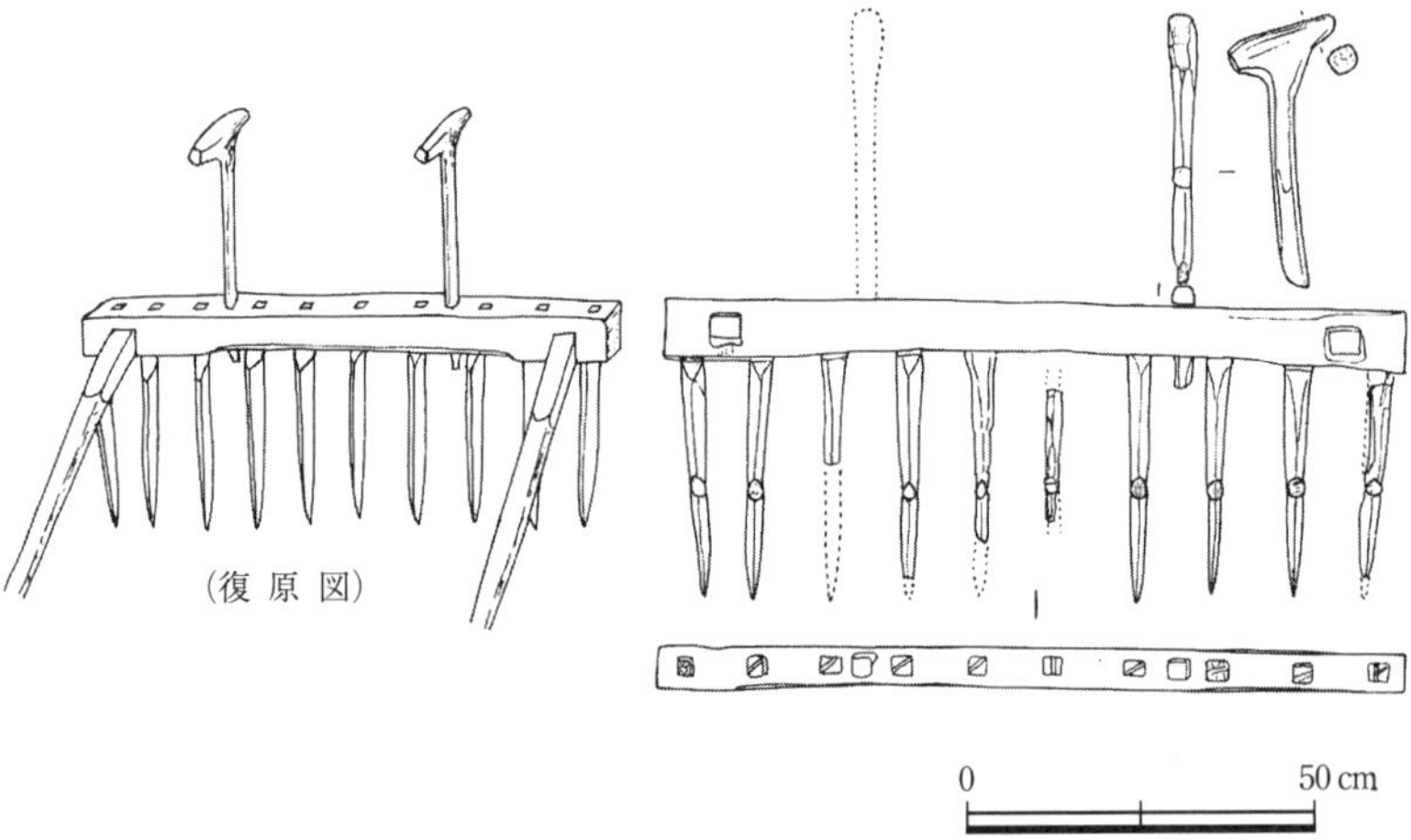

図39　上田部遺跡出土の馬杷と復原図

特異な農具について

弥生時代以降の水田農業において、鍬・鋤などの農具と鎌、その他の収穫具のあり方が、稲作の展開を大きく左右することを述べてきたが、それら以外に、古代の水田農業の発達程度を考えるうえで看過できない農具がいくつか知られている。顕著な例としては、香川県下川津遺跡から出土した唐犂があげられる。古墳時代後II期の遺物とされるこの犂は、長床犂の系統に属するとみられ、刃部先端に鉄刃を装着して使用されたようである。

古墳時代後I期ごろから、畜力利用の耕耘作業が行われていたことを示す資料は、このほかにもある。北九州市のカキ遺跡では、六世紀後半の年代が与えられる七本歯の大型馬杷が発見されている。[10] 大宰府跡からも七世紀代とみられる小型で九本歯の馬杷が出土している（埋蔵文化財研究会 一九八三）。また、近畿地方では大阪府上田部遺跡で八世紀前半ごろの馬杷が二点（図39）、兵庫県吉田南遺跡では八世紀後半から九世紀のものとされる例がそれぞれ出土している（町田ほか 一九八五）。いずれも一〇本歯の中型品である。

これらの唐犂・馬杷などが、本来、牛馬に牽引された耕具であることには疑問の余地はない。問題は普及の程度で、すでに判明している水田跡の規模なども含めての検討が必要であるが、少なくとも、古墳時代後Ⅰ期から畜力利用の耕作が行われていたことは認めねばならないし、そのことがまた、六世紀以降の農業生産をそれ以前と画する指標の一つになりうることを指摘しておく必要がある。

つぎに取り上げるのは、「槌の子」と呼ばれる木製の錘である。細い丸太材を短く切って中央部に円錘状の削り込みを施したもので、弥生時代Ⅴ期以降の各地の低地遺跡からかなり検出されている。その形状からみて蓆編みなどに用いられる紐巻き錘と思われるが、先のカキ遺跡では、槌の子が編台の一部と共存した事実が確かめられている。渡辺誠・寺沢薫らによれば、槌の子の出現は弥生時代Ⅲ期ごろで、同Ⅴ期以後には数量が急増して奈良・平安時代へ続くという。寺沢薫らは、槌の子の盛行とあわせて横槌の増加も問題にしている（寺沢薫・寺沢知子　一九八一）。このような編具によって、藁を材料にした編物が製作されたとすれば、当然丈の長い藁が要求されるから、イネの根刈りの存在を想定せざるをえないであろう。このこともまた、弥生時代後半に現われた農法変革の中味の一つとして記憶されねばならない。

ところが弥生時代Ⅴ期になっても手鎌などによる穂首刈りが行われていたことも確かであるので、仮に根刈りがあったとしてもそれは編物の材料となる藁をえるために選択的に行われたと解すべきかもしれない。

ここで穂首刈りとも関わって「大足」の問題を取り上げよう。大足の問題については、これを代踏みや緑肥の踏込み具として、弥生時代農業生産力の一側面を解明しようとした木下忠の研究がある（木下　一九八五）。現在、この種の農具は、板型（ナンバ）、下駄型（タゲタ）、枠型（オオアシ）の三類に分けられている。板型と枠型には輪樏付きのあることが判明している。時期的には、板型が弥生時代Ⅰ期に現われているが、三類が出揃って広汎に普及していくのは弥生時代Ⅴ期以降であり、形態的に多少の時期差や地方色を示しながらも、奈良・平安時代から、さらに、中世・近世に引き継がれている。使用目的としては、板型・下駄型が湿田での作業用に、枠型が代踏み、緑肥の踏込み用と考えられている（町田ほか 一九八五）。兼用された可能性もあるだろう。たとえば、穂首刈りで生じる残稈は、刈取り作業の際に同時併行的に踏み込まれたかもしれない。緑肥などの踏込みの実態については、八尾南遺跡の水田跡で小樹枝などの混入が認められた程度で詳細は不明であるが（八尾南遺跡調査会 一九八一）、右のような残稈踏込みも、施肥効果を生んだのではないかと推定される。耕土一〇～一五センチメートルぐらいの水田では、作業時の足の沈み込みはそう深くはないので、田下駄と総称される農具の効用は、代踏み、稲刈り、残稈・緑肥の踏込みなどの作業を広く迅速に進めることにあったと思われる。

二 水田農業の諸画期

これまで水田形態、灌漑のあり方、木製農具・鉄製農具の種類と発達状況などから、弥生時代以降における古代農業の諸側面の様態と特徴をみてきた。本節では、おのおのの特徴点の相互連関を捉えて、古代水田農業の発展段階を検討しよう。

まずは古代農業の段階設定に関わる主要な見解をみておこう。

（a）古代農業の展開を、水田の土壌構造の分析からたどろうとしているのは八賀晋である。八賀は、地下水の水位の高低による土壌構造の変化に着目して、水田類型を、グライ土壌・地下水型、灰色土壌・中間型、灰褐色黄褐色土壌・表面水型に区別し、地下水型の湿田経営が弥生時代Ⅰ期に、中間型の半湿田・半乾田経営が弥生時代Ⅲ期以後に、そして表面水型の乾田経営が古墳時代に行われるとし、さらに、多くの古代水田遺跡が発見されたことを承けて自説を補強している。第一段階（地下水型水田）には、低湿地に大区画の水田が造成され、これに排水路が付設される。第二段階（半湿田・半乾田型水田）で微高地縁辺の開発が進み、微地形にあわせた水田の多様な区画が、用水路・大畦・小畦・水口・貯水池などを巧みに配置した水田経営が行われる。そして、第三段階（表面水型・乾田型水田）では、台地、微高地上に広大な面積をもつ水田が拓かれるようになるとし、その時期を四世紀から五世紀にかかるころと想定している。そして、群馬県下発見の水田跡はこの系列下に属する水田としている（八賀 一九八四a）。

八賀の説は、土壌構造に視点を据えて農業生産の展開論理を打ち出した点に意義が認められる。しかし、乾田経営の開始期の確定には問題があるとされ、湿田、半湿田・半乾田、乾田という類型が、果たして段階差を示すのかどうか再検討が必要だという批判がある（広瀬 一九八三）。

（b）都出比呂志が、製鉄農具の形態、機能、所有状況の分析によって、古代農業の展開過程に二つの画期を設定したことはよく知られている。都出の所論の特徴は、鉄製農具のあり方に農業生産力の表徴を求め、それと農業共同体の関わりを一貫して解明しようとする点にあると思われる。

さて、都出もまた多出する水田遺跡について、これをA・B二類型に分け、B類型をさらに三つの型に細分して古代水田の発展相とその系譜や特質を明らかにしようとしている。A類型は、板付・登呂型ともいい、大区画のみで、その中を細分しない型である。平坦な低湿地に立地し、杭・矢板を使った畦畔、用水路が存在する。これに対し、B類型は、大区画内を小畦で区切って小区画を設定しているタイプである。B1型は服部・百間川型と仮称し、緩傾斜地に大畦による大区画をつくり、地形に合せて長方形・方形・台形などの小区画を設けるもの、B2型は群馬県の榛名山FA層下の水田跡を典型とするもので、御布呂・芦田貝戸型と称される。大区画内を極端なまでに細分する型である。B3型は、同じく群馬県下の条里地割りの水田跡にみられるもので大八木・日高型と命名している。このような分類から都出は、A・B二類型の併存とそれぞれの類型に対応する農業技術の存在を示唆し、また、両類型が水稲農耕開始期にすでに認められることにより、原型が中国大陸に求められることを説いている（都出 一九八三）。

都出の段階区分は、右の水田類型化と灌漑遺構・鉄製農具の新資料の検討に立って耕地開発の画期としてつぎのように示される。第一画期（弥生時代V期後葉）には鉄製開墾具の普及を基礎に沖積平野の水田拡大が進むとする。第二画期（古墳時代前IV期ごろ）では、U字形鍬・鋤先、曲刃鎌と土木技術の伝来、畿内王権・地方首長による大規模な開発労働の編成により、洪積台地の水田化・畑作化が進行する。そして、第三画期（古墳時代後III期）は溜池灌漑の拡大、条里以前の方格地割りの出現で特徴づけられるとしている（都出 一九八四）。

右の段階区分は、耕地開発に限定されているとはいえ、農具、灌漑技術、労働編成などをおさえたうえでのものである。古代農業の発達段階区分とほぼ整合するといえる。ただ、奈良・平安時代までを視野に入れた場合には第四の画期の設定が必要になるかと思われる。

（c）古代における灌漑のあり方の検討から、開発の諸段階を論じた広瀬和雄の所説も大いに注目される。広瀬は、灌漑施設の仕組や構築の仕方から四段階を設定する。第一段階は、小河川に直立型堰を設けて取水する段階で、灌漑システムの景観は個別分散状態を呈するとする。第二段階は、人工流路開削により自然河川が結合され統一的な灌漑域が拡大する段階とする。奈良県纒向遺跡の長大な水路が例示されている。この段階では、愛媛県古照遺跡、兵庫県長越遺跡などで検出された大規模な合掌型堰が登場している。第三段階には、築堤によって自然河川を人工の流れに変えることが行われる。大阪府亀井遺跡発見の堤防に、この期の特徴をみている。第四段階としては、長大な人工流路の掘削と溜池灌漑の普及により、洪積台地などが計画的に大開発されることをあげている。長原遺跡の水田跡と旧東除川が検討の対象になっている。

広瀬は、このような灌漑施設とシステムの検討を踏まえ、あらためて開発の段階区分を行っている。それによると第Ⅰ期（弥生時代Ⅰ〜Ⅴ期）は第一段階の灌漑技術による開発が進行した段階。百間川遺跡群をこの期の開発の到達点とみている。第Ⅱ期（弥生時代末期〜六世紀末）は、第二・第三段階の灌漑技術が駆使されて、沖積地の開発が進むが、全体的様相としては、異なる灌漑技術が錯綜し、不均等発展が促進されたとしている。第Ⅲ期（七世紀初頭以降）は第四段階の灌漑技術が実施される時期で、大規模な人工流路による沖積地と洪積台地が統一的・計画的に開発されたとする。そして、開発の性格からその主体者は国家であったとみて、国家主導型の開発と名づけている（広瀬 一九八三）[11]。

水を引き、水を湛えることに水田農業の成立する重要な契機があるとすれば、灌漑技術とその施行のあり方はある段階の農業生産の特質を規定する決定的な要素となる。広瀬の所論の妥当性と説得性は、この点にあると考えるが、なお、考察対象が先進地域の近畿中枢部にほぼ限られていることから、その論点をどこまで普遍化しうるのかという課題があろう。

水田の容器性を高め、豊かにするためには二つの方向が考えられた。一つは、施肥や土壌改良の積み上げによって地力を豊かにし、耕地の労働手段としての能力を高めることである。その二は、容器体の容量自体を大きくすることである。第一の方向は、主として栽培技術に属し、第二のそれは作業技術に関わることであった。もちろん、二つの方向は、相互に関連性をもっているのであるが、相対的に重点のおかれるのが、いずれの側にあるかということによって、所与の農業生産の特質が規定されると考えられる。

古代の水田跡にあっては、大畦と小畦による大小の区画が行われ、水田類型としては、都出が指摘するB類型が基本型として存在したのではないかと思われる。この類型は、弥生時代先I期より存在するとはいうものの、その類型としての形が整うのは弥生時代V期以降ではないか。すなわち、灌漑用水路の設置と大畦による給水単位としての大区画が統一的に整然と配置されて基礎区画が成立するのである。その後の展開は、一貫して用益単位ともいわれる大区画内部を用・排水の効率を上げるためにさまざまに区分する形で進行した。都出・B類型1型から3型への推移は、東日本におけるその辺の事情を示しているように思える。

右のように、大区画内を多様な形態に細分することは、一面では耕地が低湿地から微高地や台地に拡大されることと符合するのであるが、これを湿田から乾田へという図式に載せて古代に乾田経営が成立したとすることには躊躇を感じる。長原遺跡では、洪積台地に拓かれた七世紀代の新水田は、半湿田ないし半乾田とされているし、仮に表面水型の土壌が存在したとしても、そのことが即乾田経営の実在を意味しない。また、古代の水田農業に乾田経営を想定することは、中世以降の農業経営との関連からいっても無理があると思われる。[12]

ところで、大畦で囲われた大区画は、都出のA類型も含めて弥生時代先I期から現われ、弥生時代II〜V期から古墳時代を通じて、整然としたものに整えられた後に、方格地割りとして完成するとみられる。そして、内部を徹底的に小区画するということ、あるいは、緑肥や藁の踏込みによる施肥などによって土地生産性の上昇を図ろうとする傾向は、存在するけれども、たとえば、水田耕土の厚さを取り上げた場合、床土を含めて一五センチメートル前後といったあたりが一般的である。鉄製農具の普及で深耕が可能になったとはいっても、藪田遺跡の鋤跡が示すように、深さ一〇センチメートル以上には及んでいない。一方、鉄製農具の所有階層が限定され、一般農民の木製農具に対する依存の度合が高いとすれば、古代の水田耕作には、深耕と施肥による土づくり農業には、かなり距離のある粗笨な経営を想定せざるをえない。つまり、栽培技術を相対的に重視する経営はまだ実現されていないと判断されるのである。作業技術に対して、栽培技術の側面が強調されるようになるのは、小農経営の自立化が進行する中世以降のことであろう。

古代水田農業の特質の一面を、右のようにみることができるとすれば、いま一つの面としての作業技術の問題は、どのように捉えるべきであろうか。「水を引き、水を湛える」ことに、水稲耕作が成立する最も基本的な要因があることは多言を要しない。このことが専ら農業経営の中軸に据えつづけられたことに、古代水田農業の最大の特色があるといえる。したがって、弥生時代の水田が低湿地に拓かれ、古墳時代後半には洪積台地上に水田造営が拡大されたとはいっても、床土は自然に形成された粘質土であることに変わりはない。低湿地に耕地を開発するのは、用水が得やすく保水性のあることが期待されてのことである。排水の調整によって土地生産性を向上させるという方法は、古代には実現されていなかったと考えるのである。

しかし、湿潤過多の土壌の低生産性を超えて生産力を増大させるためには、より高乾な地に耕地を拡大する以外にないが、このことは直ちに用水獲得の問題に行き当たる。問題を解決する道は、開発にかかる資材・用具の集中と大規模な労働編成にある。弥生時代V期段階にそうした条件が充たされて、沖積平野の後背湿地縁から微高地上面までが水田化されたことは、百間川遺跡群の水田跡に認められたことである。そうした人と道具の集中、事後の統一的管理を通じて、地域を統合する首長権力が生み出されていくのである。

農業生産力上昇の主要な方向が、水田の容器性の枠を広げることに向けられているかぎり、作業技術大系が肥大化することは避けられない。かくて、新来の道具や技術が優先的に開発に投入され、労働編成の規模が拡大する。そのような流れの到達点が条里制であったと結論するのは、やや乱暴な論理展開ではある。しかし、その間の事情は古墳の築造や古代都市造営の問題で詳細が語られるであろう。

ところで、湿田経営の限界が右のような形で克服されたとはいっても、湿田耕作そのものまでが放棄されたことを意味しない。そのことは古墳時代以降の水田跡の実態に照らしても明らかである。おそらく、耕地の拡大・新設にともなう用水系統の改変にともなって、旧耕地は再編成されたことであろう。新旧耕地が併存し、土壌構造の劣弱による連作不可という条件下では、休閑地を設定して耕作者に公平な耕作条件を保証するためにも耕地の割替えが必要となる。このような視角は、容器の量の増大が主要な側面をなす古代水田農業の展開の内的必然性を解明するうえで重要と思われるが、実証の域には達していない。ただ、垂柳遺跡の広大な水田跡が、いっせいに連年耕作されたとは到底考えられないし、群馬県下の芦田貝戸・御布呂遺跡などで、内部を区画しない大区画が存在することも同様に注意されることである。

以上のような認識に立って古代水田農業の発展期を画すならば、第一の画期は弥生時代V期に求めることができる。町田章が指摘するように、新しい漢式農法の定着・普及を内容としている。第二の画期は、五世紀代に求められる。U字形鍬・鋤先、曲刃鎌の導入に象徴される農法の伝来と波及が基本的な動向である。第三の画期は、七世紀代に設定しうるであろう。在来の水田開発を条里水田として統一的に再編・拡大したことを主内容とするが、それを可能にした技術的・制度的条件の導入の様相が不明であるが、主体的条件の形成は、都出・広瀬の指摘したところである。広汎な普及は別として、畜力利用もこの段階から認めてよいと思われる。そして、八世紀後葉ごろに第四の画期を設定しうる可能性が、関東地方の集落動向や鉄製農具の普及状況により考えられるのであるが、それを確かなものとするためには西日本での耕地と集落跡のより詳細な分析が必要である。

三　畑（畠）作と漁業の様相

弥生時代以降、水稲農耕・米食の時代が展開されたといっても、それが農村生活をあるいは日本列島の全土を覆ったわけではない。稲作が畑（畠）作や漁業その他の捕採活動によって補完されてきたことは紛れもない事実であり、稲作卓越地域が山の幸、海の幸を他地域に求めたことも知られている。ここでは、弥生時代以降の畑（畠）作と漁業についての知見を渉猟して、古代の食料生産のもう一つの側面を探ることにする。

1　畑（畠）作農業の様相

畑と畠作

弥生時代から古墳時代にかけて利用されたイネ以外の植物性食料の種類はきわめて多く、初期の農耕民が食用になる植物を積極的に摂取したことを物語っている。寺沢薫らの整理によれば、その数は一七五種に及び、知名度の高いものを拾い上げて例示すると、穀類ではムギ、ヒエ、アワ、キビ、ソバ、モロコシなどがあり、豆類ではアズキ、ダイズ、ササゲ、リョクトウ、エンドウ、ソラマメなどがあげられる。マクワウリ、ヒョウタンの遺存体も多数発見され、カボチャ、スイカの類も食用に供されているという（寺沢薫・寺沢知子　一九八一）。また、モモの出土例も比較的多く、栽培種と認められている点でも注目されよう。

これらの食用植物のうち、何がどのようにして栽培されたかを具体的に知る手立てはみあたらない。西日本に割合に多いムギ、マメ類出土の遺跡について出土状況などを検討すると、弥生時代I期の綾羅木郷遺跡では、コムギ、モロコシ、キビ、アズキ、モモなどの出土とともに打製石鎌が発見されている（下関市教育委員会　一九八二）。堅いムギ類の茎を刈り払う収穫具として、石鎌が使用された蓋然性は高い。福岡県馬場山遺跡では弥生時代II期の袋状竪穴形の貯蔵穴群からは、炭化米などとともにマメ、ハスの遺存体が検出されている（北九州市教育委員会　一九八〇）。

大阪府亀井遺跡でも多数の食用植物の種子が発見されている。その中で栽培植物と認定されたものにはイネのほかモモ、ウメ、ナスビ、マクワウリの仲間、ヒョウタンの仲間などがある（大阪府文化財センター　一九八三a）。ヒョウタンの仲間やメロンの仲間の種子は、大阪府下の十数カ所の遺跡で検出されており、時期的にも弥生時代から平安時代、さらに中世・近世にも及んでいる。近畿中枢部の農村で早くから一貫して栽培しつづけられた植物らしい（藤下　一九八三）。

こうした栽培植物が雑穀類、豆類、蔬菜類、果実に分けられるとすれば、弥生時代以降の古代農村では、集落に接して小規模な菜園(13)（畠）が拓かれ、その縁辺に果樹が植えられ、やや広い雑穀栽培の畑地が拓かれていたのではないかと想像される。営農は、「田主畑（畠）従」の形態をとったものと思われる。都出比呂志はこのような営農形態を「水田・畑結合型」と仮称している（都出　一九八四）。群馬県日高遺跡では、浅間山C軽石層下の弥生時代V期住居址から炭化米、ヒエ、マクワウリ、ヒョウタン、モモ、シイ、クリなどが検出されている（平野　一九八〇）。右の営農形態が広く行きわたったことを示す事実であろうか。仮に、この想定が当たっているとすれば、弥生時代V期を画期とする農業生産の発展は稲作のみに限定すべきでないようにも思われる。天竜川流域の下伊那地方では、河岸段丘上に弥生時代V期になって特徴的な打製石器をともなう集落が発達している。神村透は、この打製石器を土掘り具（石鍬）、土掘り具（有肩石斧II）、石庖丁として捉え、高燥地に畑作主体の農耕が展開したことを明らかにしている（神村 一九六四）。天竜川流域に分布する弥生時代V期の座光寺原・中島式土器は、このような畑作地域を背景に成立したもので、独自の領域を形成しながら北信地方の水稲農耕地域（箱清水式土器の分布圏）と交流していたことが考えられる。

大分県大野川上流の竹田盆地にも、弥生時代V期から古墳時代前I・II期にかけて大規模な集落群が展開している。肩部にエ字状の突帯をもつ尖底の長甕が地域集団を表徴している。盆地一帯には火山灰台地が広がっており、高燥な台地に畑を開拓することで形成された大集落群とみられている。石皿、磨石、打製石鏃の出土からは山の集落の特性がうかがわれる。磨製石鏃、各種の鉄製工具が豊富なこと、後漢鏡などが集落跡で発見されることから優勢な開拓集団の大挙移・集住が想定されている（竹田市教育委員会 一九七七〜八四）。こうした畑作専業集団の成立もまた、下流の沖積平野に定着した水稲農耕集団の存在を前提にしているのであろう。都出はこのような専業的畑作を畑卓越型と呼称している（都出 一九八四）。

香川県紫雲出山遺跡（小林・佐原 一九六四）、大阪府芝谷遺跡（寺沢薫・寺沢知子 一九八一）でもアワ、ヒエが発見されている。いずれも、高地集落として著名な遺跡で、前者は小規模な貝塚をともない、後者では個々の壺に納められたコメ、アワ、ヒエが確認されている。軍事的な任務を帯びた小集団が自活的に畑耕作を行って兵糧を自給していたのであろうか。

畝状遺構

群馬県下の諸遺跡では、浅間山C、榛名山FA・FP、浅間山Bの各火山物降下層下から畝状遺構と呼ばれる特徴的な条溝遺構が検出されている。渋川市有馬遺跡では、浅間山C軽石層、仮称有馬火山灰層、榛名山F

A・FPF1の三層の各降下層下にこの条溝遺構の存在が認められている。遺存状態が良好なFA層下のものについてみると、溝と溝の間の畝幅は一メートル、長さは二〇〜三〇メートルで、このような畝が緩傾斜地に併行して数十条並んでいる。畝の方向によって水田跡の大区画に相当するような区域がみられ、その間には道跡や細い溝があって境の役を果たしている（佐藤ほか 一九八四）。芦田貝戸遺跡ではFA層下に先の水田跡と畝状遺構が間に大溝をはさんで存在していて、ほぼ同時期に水田と畝状遺構が並行して使用されていた可能性がある（高崎市教育委員会 一九八〇b）。平野進一の指摘によると、畝状遺構は水田造成が不可能な箇所で発見されるという。また、プラントオパール分析でイネの花粉が認められたことから陸稲栽培の可能性があるともしている（平野 一九八二）。

先に示した福岡県那珂君休遺跡では、一二世紀ごろの水田跡にこのような条溝が残されていた。裏作の畝跡か秋耕の鋤跡と考えられているが、前者であれば条溝の意味を明かす一つの例証ともなろう（福岡市教育委員会 一九八五）。

丘陵型集落

関東地方南部の低丘陵地帯では、奈良時代後葉から平安時代にかけて多数の集落遺跡が発見されている。かつて、「離れ国分」としてその性格が問われたことがあるが（中山 一九七六）、構造的特徴は、枝分れした支谷谷頭の丘陵斜面に、食いつくような状態で竪穴住居が存在するという立地の特異さと、二棟一単位で分散的にあちこちの谷頭に分布していることである。安孫子昭二らは、このような小集団の疎らな分布状態を捉えて散居集落の名称を与えている。

鶴見川上流域でも、多摩丘陵の小谷に面した斜面に二棟一単位の極小の集落遺跡が点々と分布している。これらは、八世紀後葉から一一世紀末葉にかけて、谷奥深くに断続的に居住した小集団の軌跡として捉えることができる。そして、生業形態としては、狭小な谷頭で水稲栽培が行われた可能性も否定できないが、立地の特異さからは、むしろ猫の額のような平坦部での畑作や山仕事に重点をおいた生産活動を考えるのが妥当であろう（町田市小田急野津田・金井団地内遺跡調査会 一九八四）。

一方、奈良時代末期から平安時代には、山間の小平野や盆地に大規模な集落遺跡の出現することも知られている。神奈川県鳶尾遺跡はその一例である。この遺跡では、一六三棟の竪穴住居と一一六棟の掘立柱建物址が発見されている。すでに触れたように、鍬・鋤先、鎌・摘鎌のほかに鑿・鉇・鎚・斧・錐・刀子・紡錘車などの鉄製器具が出土している。小平野に面した有力な大規模集落とみることができる。注目されるのは、多数のモモの炭化核とアワと推定される穀類が検出されていることである。田主畑従で果樹林をもった大型の集落が想定される。なお、この遺跡では小鍛冶遺構も確認されている（神奈川県教育委員会 一九七五）。

こうした少量の鍬・鋤先に鎌・摘鎌の鉄製農具に加えて、工具類に刀子・鏃・紡錘車などの鉄製品をもち、小鍛冶の施設を備えた大規模な集落遺跡は各地で発見されている。大坪宣雄らは、これを「平地型」集落とし、先の小集落を「丘陵型」集落と名づけ、両者を関連的に把握することによって奈良時代後葉以後の在地動向を探ろうとしている（大坪他 一九八四）。いずれにしても、こうした集落論において畑作の実態を明かすことは避けて通れない問題になっているように思われる。

水田耕作と畑（畠）作は、弥生時代先I期にすでに一体になって導入されたものである。右の断片的な資料からも知られるように畑（畠）作は水田農業を補完する形で広く展開されている。[14] 古代水田農業が概して粗笨な経営であったとみられることからも、畑作ないし畠栽培が農業経営に小さくない比重を占めたであろうことは十分に想定できる。その意味で、畑（畠）作農業の経営実態をさらに詳細に明らかにする課題が重視される必要があるが、研究を一面的に水田中心史観の克服として強調することには疑問がある。「畑作と水稲との比重を含めた相互関係の解明」(都出 一九八四)という基本視点に立った究明こそが古代農民の実相を豊かに捉えることを可能にすると思うからである。

2 漁業の展開と捕採活動

日本列島の農村・漁村を称して半農半漁という用語が使用される。文字どおり半々ではないが、海の幸ともいわれる水産資源の獲得が、食料生産において高い比重を占めていることを示す表現である。弥生時代以降の食料生産における漁業の展開は、縄文時代以来の在来的漁法と水田農業とともに招来された漁法との一体化、農耕社会の発展にともなう専業化といった経過をたどったと考えられる。詳細な過程は、必ずしも明確にされているわけではない。しかし、いくつかの資料から展開の局面と特徴をうかがうことは可能であろう。肉食用の家畜飼養部門を欠いた前近代の食料生産において、魚が動物性蛋白質源として重視されたことはいうまでもない。一方、山の幸入手の狩猟が続けられ、植物採集もなお、食料獲得手段としての地歩を保っていた。以下、漁業を中心に自然物獲得の状況もあわせみていくことにする。

拠点集落の漁業と狩猟・採集

山口県綾羅木郷遺跡が、水田農業に加えて雑穀・豆類・果樹栽培を行う「田主畑(畠)従」の農耕集落であったことは先に示したが、じつは、こうした生産形態のほかにいま一つ重要な食料生産が実施されていたことが知られる。この遺跡では、各種の動物遺存体がかなり検出されている。その中にはマダイ・キジヌなどのタイ類にサメ・エイ類の魚骨が少なからず含まれている。クジラ・アシカの骨も存在する。また、淡水・汽水・海水域に生息するタニシ・カワニナ・ヤマトシジミ・ウミニナ・ヘナタリ・ハマグリ・イガイ・アワビ・サザエなど六四種の貝類・腹足類が発見されている（下関市教育委員会 一九八一）。これらの水産資源を捕獲する用具としては、五種一三類の土錘に二種類の石錘とアワビおこし・やすなどがある。土錘は、和田晴吾の分類する管状土錘に属するものが多い。しかし、他例も何種か認められ、一遺跡でこれだけ多様な形態が併存することはめずらしい（和田 一九八二・八五）。後背湿地と丘陵に接し、淡水・汽水域と前方に広がる響灘を場として展開される多面的な生産活動が想定されよう。動物遺存体にはイノシシ・シカ・カモなどがあり、イチイガシ・シイ・クリも採集されている。

綾羅木郷遺跡では、居住域は確認されていないが、約一〇〇〇カ所の密集した貯蔵穴の存在から推定されているように、綾羅木川の河口付近に陣取った中核的な集落が存在したとみて誤りはない。そして、「田主畑（畠）従」の集落は、じつは、「田主畑・漁・狩従」のいわば総合生産的拠点集落であったことが知られる。

島根県西川津遺跡は、湖岸に位置した拠点集落に相応しく木製農具が大量に発見されている。ここでは、綾羅木郷遺跡で未確認であった弥生時代Ⅰ〜Ⅲ期の釣漁法の一端が判明した。鹿角・猪牙でつくった釣針が一五個検出されている。注目されるのは、結合式の大型品が六例も含まれていることで、鉤部の基部には擬餌用の小孔が穿たれているという。そのほかの釣針も入念に細工された鋭利な優品である。他の漁具には、銛・やす・アワビおこし・たも網の枠がある。貝塚の貝類はヤマトシジミがほとんどで、獣骨にイノシシ・シカ・魚骨はタイ・フグが多いとされている。大型の土錘・石錘も検出されているから網漁の存在も確実である[15]（内田 一九八六）。おそらく、西川津遺跡の住人たちは、水田耕作の労働体系と密接に結合した漁業と狩猟などの生産活動を展開していて、それは余暇に漁り・狩りを行うといった偶発的な労働ではなかったことが推定される。

そして、漁撈形態としては湖岸の根付的漁業から日本海まで乗り出して外海の大型回遊魚や底物の捕獲を目指す灘漁業を遂行したものと思われる。

大阪湾の巨大な環壕集落として知られる池上遺跡では、管状土錘・瀬戸内型の有溝石錘、大型のたも網の枠などが出土し、マダイ・クロダイ・ハモ・スズキ・フグ・ヒラメのほかコイなどの魚骨とクジラの骨・サザエ・アワビ・ハマグリ・カキ・アカニシ・サルボウ・ウミニナといった海産貝類にタニシも検出されている。また、大阪湾岸の諸遺跡で発見される特徴的な漁撈具のイイダコ壺が大量に出土したことも、この集落の漁業にかける比重が小さくないことを示すものである。

狩猟・採集に関していえばイノシシ・シカの遺存体が相当量えられていることで、イノシシの飼育が行われたのではないかとさえ想像されている。家犬の骨が検出されており、組織的な狩猟の展開されたことが考えられよう(大阪府文化財センター 一九七三)[16]。同様の現象は河内潟に臨む大阪府亀井遺跡でも認められ、弥生時代III～V期に属する遺構群からイノシシ・シカの遺存体と一四頭の家犬骨が出土している。そのほかヘビ・ネズミ・モグラなどの骨も検出されているが、食用に供されたのであろうか(大阪府文化財センター 一九八二)。河内潟に面した他の諸遺跡においては、淡水魚の魚骨がかなり認められ、山賀遺跡では、弥生時代I期の層から蔓で丹念に編んだ筌が発見されている。ウナギ・ドジョウ・コイ・フナを漁る器具である(大阪府文化財センター 一九八四)。

こうした海や湖水に近い沖積地の巨大な拠点集落では堅果類の採集が盛んで、水田耕作における労働組織を基礎にして「田主畑(畠)・漁・狩・採従」の総合的な食料生産の体制をつくりあげていたことが推定されよう。

網漁法の発展と漁撈集落の分立

和田晴吾によれば、弥生時代以降の土錘の変遷には二つの画期が認められるという。第一の画期は、弥生時代III期ごろから同V期にかけて、第二の画期は、古墳時代後I期ごろにあるとしている。そして、第一画期の内容としては、管状土錘の定型化、大型化に加えて棒状土錘、有溝土錘が登場し、管状土錘自体も分化することなどがあげられている（和田 一九八二）。これらの土錘群の変化の動向は、主として大阪湾岸を中心に東部瀬戸内、紀伊水道方面でたどられていて、この地域が網漁法の変革に主導的役割を果たしたことが考えられる。

弥生時代V期から古墳時代前I・II期にかけては、石錘も特徴的な発展を遂げる。福岡県御床松原遺跡は、海岸砂丘上に位置する漁村的性格が濃厚な集落遺跡で、ここからは、九州型石錘と命名された独特の形態の石錘が多量に発見され、ほかにも打欠石錘や大型管状土錘が出土している。それらの重量と個数は九州型石錘を上まわっている。命名者の下條信行は、石錘の形態的特徴と他の錘のあり方の対比から沈子として用いられたと想定し、外海での大型回遊魚の一本釣漁が行われた可能性を示唆している（下條 一九八四）。御床松原遺跡では、マグロ、カツオ、サバ、マダイ、フグ、スズキなどの魚骨が検出され、弥生時代V期の鉄製の釣針とアワビおこし、古墳時代前半の鉄製釣針、アワビおこし、銛、刀子も出土している。大規模な網漁法と一本釣漁法を中心に根付的漁法も旺盛に展開した漁業集落の出現をみてとることができよう。

九州型石錘は、玄界灘沿岸を中心に山陰から若狭湾沿岸に及んでいる。一方、太平洋岸の東海地方には棒状石錘・有頭石錘と呼ばれる大型の石錘が分布している（和田 一九八五）。静岡県藤井原遺跡では、御床松原遺跡と同じように、有頭石錘が大型管状土錘、打欠石錘と共伴していた（埋蔵文化財研究会 一九八六）。こうした特定漁具の分布圏形成は、おそらく回遊魚の捕獲を通じて広い漁業交流圏が形成されたことを示すものであろう。

大阪湾沿岸でイイダコ漁が発達するのも弥生時代III期から古墳時代前I・II期にかけてとみられている。コップ形・丸底で上部に孔を穿ったイイダコ壺が多くの遺跡から発見されている。その出土状態は、いくつかのタイプが認められる。先の池上遺跡のように一括大量に出土する例としては、兵庫県田中遺跡のピット中より七十数個の出土がある。別の例としては、兵庫県東溝遺跡の住居址のピット中より九個という例がある（真野一九八六）。類例の増加がまたれるが、少人数の小規模なイイダコ漁と組織的な協業体制で臨む場合とがあったのではないか。大阪府西岩田遺跡、久宝寺遺跡では弥生時代Ⅴ期に属する準構造船が発見されているが、船を操る漁業の普及も同時に考えられる（大阪府文化財センター 一九八三b）。

こうした漁撈集落の分立専業化への傾斜が強められていく背景には、弥生時代Ⅴ期が水田農業発展の第一の画期に当たり、水稲耕作の拡大にともなう大規模で半ば恒常化する協業編成と労働時間の増大という事情がある。そうした状況の下で、農業集団の内外に食料生産の領域分化が進行しはじめたことが推定される。在来の「田主畑（畠）・漁・狩・採従」の総合的な食料獲得形態をとった拠点集落から漁業・畑作に重点をおく小規模集落が分出するのも右の動向の一環として理解される。具体例を示すとつぎのようになる。

和歌山県笠嶋遺跡は、南紀海岸の陸繋島の一角に立地する弥生時代Ⅴ期の小漁撈集落と考えられる。出土遺物には、船材の一部と銛・やす・浮子・土錘・石錘などの漁撈具・弓・横槌がある。魚骨は、ブダイ・カツオ・サメ・エイなど外海の大型魚のもので、ほかにサザエなども採取されている。磯海岸に進出した小漁撈集落の様相が看取されよう（安井 一九六九）。

神奈川県の三浦半島先端部にも洞穴などを利用した小規模漁撈集落が点在している。いずれも弥生時代Ⅳ・Ⅴ期に属し、とくにⅤ期の例が多い。漁撈具としては、釣針・銛・やす・アワビおこしに各種鏃（骨・角・石製）がある。三〇種前後の魚類・貝類の捕獲・採取が認められ、イノシシ・シカなどの獣骨、鳥骨もかなり出土している。岩礁地帯での漁撈と丘陵での狩を組み合わせた生活形態が想定される（剱持・西本 一九八六）。漁期により春から秋の間の一時的居住が考えられている。しかし、この間が水稲耕作の時期と重なることからしても、偶然の漁撈・狩猟活動とは思えない。背後には、水田農業に生産の基礎をおいた拠点集落の赤坂遺跡がある。洞穴を基地にした右の半専業的小規模集落が赤坂拠点集落の一時的分村であることは容易にうかがえよう。

専業的漁業集落の形成

千葉県上ノ台遺跡は、東京湾の台地上に広がる六〜七世紀の大規模な集落遺跡で、三三二棟の竪穴住居址と掘立柱建物跡六棟が検出されている。出土土器や住居址の複合状態によって五期に区分されるという。機械的に算定して、一期六〇棟以上という規模は、この時期の集落跡としてはずば抜けている。注目されるのは、集住の規模だけではなく大量の土錘が出土することである。総数千数百個ともいわれる土錘は、小型・中型の管状形で集落内で自給されたものという。土錘が発見された竪穴住居址は一四三棟を数え、一棟で六三個出土した例もある。また約六〇棟から魚骨・貝類が検出されたことも要注意である（石井 一九八二）。

このような大規模な集住が、居住地の足下に広がる浅海性の海岸での網漁業と貝類の採取を直接の目的として行われたであろうことは十分に予測される。しかし、それを促進した地域的社会の事情はなお不明というほかはない。古墳時代後Ⅰ期に専業的大漁業集落の成立の一様相をこの上ノ台遺跡にみようと思う。

古墳時代後Ⅰ期に土錘のいっそうの大型化・須恵質化によって、第二の画期が設定できるとされることは先述のとおりである。イイダコ壺が須恵器生産の窯元で製作されて供給されるようになり、漁法の画一化と漁業集落の専業性が強化されていくことも重要な指標であろう。そうした専業化を促進するいま一つの条件に、鉄製漁撈具の普及がある。

北九州市貝島古墳群は、下関沖の小島に営まれた小規模な群集墳で、年代は六世紀中葉から七世紀にかかる

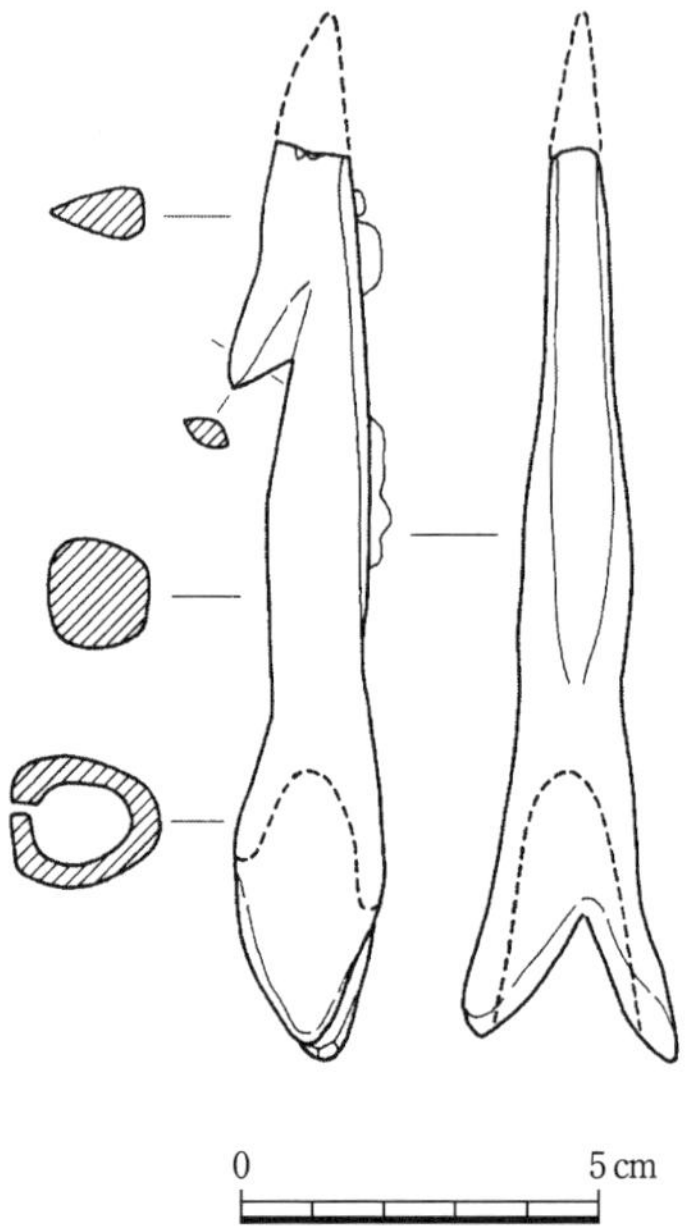

図40　貝島１号墳出土の離頭銛

とされる。ここでは鉄製の離頭銛先（図40）、大型の銛、釣針、刀子、鎌が副葬品に含まれていた。被装者集団は、南三〇〇メートルの藍島に居を構えた漁撈集団の有力者層と考えられている。対馬海流に乗ってくる大型の回遊魚と底物を専門に狙う漁民の存在が推定されるが、それも小規模な集団で果たせることと鉄製の刺突具などの入手とが深く関連していると思われる(17)（北九州市教育委員会　一九七八）。

山中英彦によると、五世紀以前の鉄製漁撈具は、大部分が古墳から出土し、六世紀以後には小規模な古墳や集落跡からも発見されるようになるという（山中　一九八〇）。古墳時代前Ｉ・II期の段階で御床松原遺跡や鳥取県長瀬高浜遺跡において、いくつかの鉄製漁撈具がえられたのは地域的特性ということであろうか。いずれにしても、六世紀代には海岸部を中心に群集する中小古墳や集落跡からも鉄製漁撈具が出土する。こうした鉄製漁撈具の普及によって漁業集落の定着が促進されたとみてよいであろう。なお、この間の専業化の深まりについては、漁撈と結合して進行した製塩業の展開に顕著に示されている。

奈良・平安時代の漁業集落跡としては福岡県海の中道遺跡を取り上げる。この遺跡は、志賀島と九州本島を結ぶ砂嘴上にあり、貝塚、竪穴住居址、掘立柱建物跡、製塩跡が一体になった長期にわたる漁業集落跡である。検出・確認された貝類七〇余種、魚類二四種にイノシシ・シカなどの獣骨も出土している。種類だけではなく、量も厖大で、漁業に専従した古代集落の実態が具体的に示されている。漁撈具としては、各種の網錘（石製・

土製・鉛製)、釣針と錘、刺突具、海藻刈用の鎌、魚解体用刀子がある。貝類・魚類の遺存体との対比によって網漁・釣漁・突漁・海藻採取・貝の採集・製塩とおよそ漁村で行うすべての労働形態が復原されている(山崎 一九八四)。しかし、ここでの生産物がどのような形で消費経路に載せられたかは、発掘の事実だけでは容易に想定できない。そこには内面的な専業志向だけでは捉え切れない古代の政治体制の問題が横たわっている。

四 食料生産における経営の二者

弥生時代以降、古代における食料生産の中心が水田農業にあり、これを補完するものとして畑(畠)作・漁業・狩猟・採集の諸生産が行われ、それらが食料獲得に占める比重が予想以上に大きく、投下される労働量にも並々ならぬものがあった。補完的な諸生産の営みは、水田農業における労働編成の外延上にあり、基本生産部門の発展に相応して分化・専業化の過程をたどったことが知られた。

こうした古代の食料生産をその基底において担ったのは、一単位集落・世帯共同体として認識される数棟の家屋からなる小集団であった。この集団の様相は、岡山県沼遺跡をはじめとして各地で多くの例が明らかにされているように、居住用の建物数棟に作業場・倉庫(貯蔵穴)などを付設する一個の自己完結的統一体として現われている。内部の紐帯に強い血縁関係が想定されるならば家族共同体と呼ぶことも可能である。

弥生時代以来、集落形態には、二つの基本的類型の存在することが指摘される。一つは拠点集落とし、他は周辺集落とした。この二類型は存続の時間幅によって、長期継続型、短期廃絶型、断続型にさらに細分できるのであるが、その際、周辺集落とされるものは一個の単位集落・世帯共同体的構成をもつものが圧倒的である。しかも廃絶型もしくは断続型に属するものが多いことが判明している（田中 一九八二）。

一方、拠点集落は一般に長期の継続性を特徴としている。近畿中枢部の諸遺跡例は、池上遺跡にみられるように、巨大な環壕をもつ大規模な集落を形成している。そして拠点と周辺の対応関係は、大阪府安満遺跡と周囲の小集落群に典型的にみられるように、一個の統合体をなしていたことが想定された。その紐帯が、水田農業遂行上不可欠とみられる治水灌漑にあることから、右の拠点と周辺で結ばれた統合体を農業共同体と認識したのである（都出 一九七九b）。

さて、古代の水田農業は概して粗笨で、生産力の拡大の方向として耕地の増大ということが絶えず希求された。そのことは木製農具主体の水田耕作と家畜飼養部門をもたない農業経営の相対的貧困性にあったと思われる。別の視点からすれば、水田の容器性の質的変革を不断に推進しえないことに要因があったとみるのである。

水田農業の発展が、水を引くことと排水することの矛盾の展開過程として捉えられるならば、古代は、水を引くことに主要な側面があり、耕地の拡大と大規模な治水灌漑とが相即的に進行した点に特色がある。それによって広く新耕地が造成されると同時に旧耕地の地力回復のために休耕措置がとられるといった形で拡大再生産の諸条件が保障されたのではないか。

こうした開発のあり方は、沖積平野とその縁辺部における展開を想定してのことであるが、問題は、谷田的な分散的耕地においても同様であったと思われる。谷間の低地は、湧水利用によって比較的容易に耕地が拓かれるとはいっても、低温多湿という不利な条件は除きがたい。そこを耕地化したと考えられる集落のほとんどが、短期廃絶型の周辺類型に属するということにその間の事情がよく示されている。谷間の狭小な耕地にも、一定の休耕措置がとられないかぎり再生産は困難ということになる。さらに、いったん休耕した水田の再開発は、これまた容易ではなく、おそらく、このことも農業共同体やさらに上位の共同組織によって解決が図られねばならない問題に属していたであろう。

いずれにしても、こうした水田開発と用益の仕方においては、分割された耕地を適宜割替えることによって個別経営としての世帯共同体に平等の耕作を保証することが要請されてくる。具体的立証は、まだ十分ではないが、治水灌漑を契機に成立した農業共同体の存続が、右の割替え耕作によっても条件づけられていたことは論理的に首肯されよう。

ところで、大規模な地域開発（長原遺跡周辺の旧東除川開削の場合など）がいくつかの農業共同体の共同事業として取り組まれたであろうことは想像に難くない。群馬県の井野川両岸の低台地上を広汎に開発して造成された榛名山ＦＡ層下の小区画水田群は、共通する区画法と水利のとり方からみて、複数の農業共同体の大規模協業の結果として差し支えないだろう。このような地域開発を遂行して諸農業共同体の頂点に立った首長が宏壮な屋敷地を構えていたことは、井野川左岸の三ッ寺遺跡で発見された大規模な居館址によって知られた（下城他 一九八二）。

右のような地域全体を取り込む大開発と、その後の水田経営において、世帯共同体の個別経営がどのような状況におかれたかが問題になる。一つの見通しであるが、すでに農業共同体内の優勢な世帯共同体に鉄製耕具と収穫具が保有されていたことは先述のとおりである。これらを紐帯核として共同体機能の保持といっそうの徹底化が図られたのではないか。したがって、群集墳や一部の集落跡から鉄製農具が出土したといっても、そのことが即、農業共同体や上位の共同組織からの個別経営体の分離・独立を意味しないことは明白である。

古代を終焉させる歴史的主体の構造、形成の時期およびその歴史的条件について多くは述べないが、関東地方を例にとれば、いわゆる国分期の大規模集落の出現、山間集落の濃密な分布、そして小鍛冶をともなう鉄製農具の新たな普及には問題を解く鍵が含まれているように思われる。水田の高度利用を目指して、労働手段体系が個別経営の側から変革されていくことを通じて生産力の上昇は実現される。古代の農業生産もその例外ではありえないであろう。

註

（1）八木宏典『水田農業の発展論理』（一九八三）において展開されている水田農業の生産力構造に関する分析視角は、三好正喜の提起（三好 一九七七）とも共通するところがある。土地・労働力・農具の一体的・連関的把握と農業技術の二体系の位置づけについて興味深い論点が示されている。

（2）水田農業の展開を「水を湛える」ことと「水を排除」することの矛盾運動として捉える視点・方法は、田中洋介「クリーク水田農業の展開過程」（一九七九）によっている。本章は、田中の規定により展開しているので、規定内容について若干触れておきたい。田中によれば、水田農業の規定〔Ⅰ〕は水保持＝湛水であり、水田農業の規定〔Ⅱ〕は〔Ⅰ〕の肯定的否定とする。水田農業は〔Ⅰ〕により成立・維持され、〔Ⅱ〕によって展開するとしている。

重要なことは〔Ⅰ〕・〔Ⅱ〕の相互依存・相互対立の視点であって、〔Ⅰ〕のみを一面的に強調すれば、かのウィットフォーゲルの「水の理論」に行きつくことになる。田中は〔Ⅱ〕の規定を乾田・乾田農法確立へのプロセスとし、これを農民労働と労働手段の体系のあり方として問題にしている。

（3）高橋昌明は、生産力を労働力＋生産用具として理解してきた従来の生産力観・規定の問題性を指摘し、三好正喜の提起によりながら、水田構造・施肥・品種などの諸要素を総合的に捉え、中世の農業生産力の再評価を試みている。

（4）報告の『Ⅲ』においては、7A層上面水田は報告『Ⅱ』の「古水田」に対応し、6A層上面水田が同様に『Ⅱ』の「新水田」に対比できるとしている。報告『Ⅲ』の直線的で整然と区画された6B層上面水田には、こうした名称は付されていないので説明の便宜上、仮に「中水田」としたことをお断りしたい。

（5）八賀晋は、「条里と技術」（一九八四b）において条里制が「制度的な規制のなかで、原水田を再整理したもの」と説いている。同論文七四頁参照。

(6)稲田孝司は群馬県大八木遺跡の調査によって「第三の地割型」の存在を想定している。奈良・平安時代の水田跡調査例は、その後多出しているわけではないが、稲田の指摘するように、第三の地割型、つまり土地の条件などに応じた変形地割りが存在する可能性は高いであろう。

(7)川越論文(一九八三)中に弥生時代の鍛造鉄刃一覧表が掲載されている。川越は、鍬・鋤先鉄刃の普及を畑作農業の発展と関連させて捉えている。この場合の畑作の内容が問題であるが、いわゆる、山間の焼畑的耕作には鉄製耕具は不向きだという意見もある。砂礫の多い土地では鉄製耕具は消耗が激しいので、木石を素材とした簡単な土掘り具が使用されたのではないかというのである(橋口尚武の教示による)。畑作にとっては耕具よりも伐採具の鉄製品がまず求められたのではないだろうか。

(8)岩崎論文(一九八五)に鉄製鍬・鋤先出土古墳の一覧表が掲載されている。

(9)鉄製収穫具の分類と特徴づけは以下の論文によった(森・寺沢 一九七四、川越 一九七五、松井 一九八五、寺沢 一九八五)。

(10)北九州市教育文化事業団の小片泰宏の教示による。未公開資料の使用を許されたことに感謝する。

(11)広瀬の画期設定にとって一つの重要な拠り所になっている資料に古市大溝がある。これを七世紀以後の開削とみる広瀬の主張には検討の余地があるとする見解もある(都出 一九八四)。

(12)ここでは乾田をどのような条件を備えた水田とみるかが問題となる。「非カンガイ期に地下水位が田面よりかなり下にあり、作土の土壌水分が畑と同じ程度になる水田。多収の可能性を備える一方地力消耗的な性格をもっているから地力の培養に注意を要する。また浸透抑制のため床締めなどが必要である」(農業土木学会 一九七〇)という見解によれば、地下水位のレベルが乾田成立の第一条件ではあるけれども、地下培養とか床締めが付帯の条件となっている点も見逃せない。

つまり、乾田経営とは灌漑用水の施肥効果だけではなく、別途の肥培管理によって「土をつくる」ことが含まれ、保水対策のために床締めを行うことが条件づけられている。これは農業経営において水稲栽培に畑作を加え、それを同一耕地で実現すること、すなわち二毛作以上の作付方式を実施することと有機的に関連している。二毛作の初源は一二世紀の初頭(河音 一九七一)が考えられており、田中洋介によれば床締めは黎耕による黎床の形成と密接な関係がある(田中 一九七九)とされている。

(13)黒田日出男は「中世の「畠」と「畑」―焼畑農業の位置を考えるために―」(一九八四)において、畠は屋敷地に近接し田地と並列して位置づけられるもの、畑は焼畑を指すとして両者を区別して扱う必要のあることを説いている。弥生時代前半には、栽培種子の遺存体検出によるかぎりでは、畠・畑未分化の状況にあると思われる。少なくとも、弥生時代V期以降に畑作地域の分化と相対的自立が考えられるが、焼畑であったかどうかは不明である。しかし、農業共同体内の個別経営に畠的な菜園地が付属することを重視すれば、弥生時代から畠・畑の区別は一応考慮しておくべきであろう。

(14)水田農業を補完する畑(畠)作とするだけでは古代の畑(畠)作の歴史的位置づけとしては不十分であろう。基本的には湿田ないし半湿田の単作経営であった水田農業は、それ独自では食料生産の全体を担えなかった。この点は、たんに水田農業の生産力が低位にあったことにとどまらない。コメ+雑穀・蔬菜+果樹+魚介類は食生活の類型をなしており、したがって、水田農業が畑(畠)作や漁業と補完関係にあることは食料生産の構造性に関わることであったと思われる。古代においては作付方式上、水田稲作と畑(畠)作は分離され、経営的には相対的に未分化であった点が特徴と考えられる。

(15)西川津遺跡についてはは島根県教育委員会の好意により実見する機会をえた。また、調査担当の内田律雄から多くの教示を受けた。記して負うところを明らかにしておく。

(16)そのほか石部正志より教示をえた。

(17)渡辺誠によれば、燕形回転式離頭銛頭は暖流系の大型魚用の漁具で、仙台湾を中心に発達したものが弥生時代V期には西日本に及ぶとされている(渡辺 一九八五)。鳥取県境港市港外の海底遺跡から骨製品が出土しているが、古墳時代以後には鉄製になり、貝島古墳群出土品はその一例とされる。外海漁法が遠隔地と交流している様子がうかがえる。

第9章 古代馬杷一試考

はじめに

『新猿楽記』の一節に「三君夫、出羽權介、田中豊益。偏耕農爲業、更無他計。數町戸主、大名田堵也。兼相水早之年、調鋤鍬、暗度腴迫之地、繕馬杷・犂。（以下略）」という語りがある。この一文は、一〇～一一世紀ごろ「大名田堵」といわれる有力な在地領主（私営田領主）の農業経営ぶりを、具体的に表現した史料として知られている。

筆者がここで注目するのは「繕馬杷・犂」の件である。ある解説には、「馬杷は馬に引かせて水田をならす農具で、鉄製の歯を用いる。犂は牛にかけて田畠を耕す鋤である。いずれも平安時代にはいって普及し、家畜の力で固い土地や広い耕地を一挙に耕すのに適している」とあった。おそらく、一九八〇年代前半ごろまではこのような解釈に取り立てて異義を唱える者はなかったであろう。

しかし、八〇年代に入って古代馬杷が全国各地の遺跡から相当数発見され、現在では右のような捉え方はかなり修正する必要がある。同時に、これら畜力利用の農耕具が、古代という時間帯の中でどのように使用されたかを、耕地形態、労働編成などと関連させて具体的に検討しなければならない研究段階に立ち到っている。

実際、八〇年代後半には出土した馬杷を題材にした論考も現われている。問題は、古代における畜力利用農耕の存否を問うことではなく、畜力利用のあり方、その歴史的性格と意義を明らかにすることが求められているのである。

筆者は、かつて弥生時代以降の農業生産について概観した際、五〜六世紀ごろから顕著になる鉄製U字形鍬・鋤先、曲刃鎌などの鉄製農具の普及とほぼ一体で畜力利用の耕耘作業が展開したことを想定した。しかし、問題を概括的に捉えたにすぎず、実態を時代の特性に照らして考察するまでには到らなかった。本章では、古代馬杷の諸例を、その形態的特徴と出土遺跡の性格に焦点を当てて検討し、歴史的意義の一端をうかがうことにしたい。

一　古代馬杷論小史

筆者は、「弥生時代以降の食料生産」において、古墳時代から奈良・平安時代にかけての畜力利用の耕耘作業のあり方に触れた（本書第8章）。そこでは、香川県下川津遺跡出土の唐犂（七世紀）、北九州市カキ遺跡出土の大型の馬杷（六世紀後半）、大阪府上田部遺跡、兵庫県吉田南遺跡出土の馬杷などを取り上げ、「これらの唐犂・馬杷などが、本来、牛馬に牽引された耕具であることには疑問の余地はない。問題は普及の程度で、すでに判明している水田跡の規模なども含めての検討が必要であるが、少なくとも、古墳時代後Ⅰ期から畜力利用の耕作が行われていたことは認めねばならないし、そのことがまた、六世紀以降の農業生産をそれ以前と画する指標の一つになりうる」とした（本書第8章）。この指摘は、一九八五年秋にカキ遺跡において件の馬杷を実見した際に受けた強い印象と、従来、牛馬耕が平安時代以後に普及するとした通説的な理解に是正を求めることを意図したものであった。

ほぼ同時期に、主として考古学の側から古代馬杷の導入時期と分布に関し、散発的ではあるが、いくつかの見解の披瀝があった。早くから原史・古代の農業技術の解明に努めて実績を積んできた木下忠は、下川津遺跡の唐犂やカキ遺跡などの馬杷資料に、静岡県伊場遺跡出土、山形県上浅川遺跡出土の馬杷例を加え、牛馬耕の初現期（六〜七世紀）を確認し、早期に馬杷が東日本へ伝播した事情について考察している（木下 一九八六）。

また、多出する弥生時代以降の水田跡の発見状況を概括した工楽善通は、水田耕作のありように触れた際に、滋賀県堂田遺跡出土の馬杷例などを引きながら、日本列島における畜力利用農耕の起源が五〜六世紀にあり、それが華北系の乾田農法の一環として朝鮮半島よりもたらされたことを示唆した（工楽 一九八七）。木下・工楽による古代馬杷の考察は、その導入期と初期の普及状況、あるいは系譜に論及して、実相解明の突破口を切り開いたものということができる。

右の木下・工楽の発言と相前後して、小長谷正治が東京都石川天野遺跡から出土した馬杷の考察から出発して既出の資料との比較検討を試みている。小長谷は、古代馬杷の構造上の諸特徴を明らかにしつつ、奈良時代には牛馬の所有と畜力使用は「国家の直接管理下あるいは豊裕階層以上に限られていた」と指摘する。同時に、大型馬杷が二頭立てで使用された可能性に触れるなどの注目すべき見解をも提出した（小長谷 一九八六）。また、一九八八年には、福島県大森A遺跡出土の馬杷を紹介した吉田秀享が、水田跡のあり方と対比して古代馬杷の使用の実態を説いている。

小長谷・吉田の論考は、小論のため十分意を尽くさない嫌いもあるが、相つぎ発見される古代馬杷を捉え、その使用状況や使用者の特定から、進んで古代農業史上に具体的に位置づけるための重要な視点を提示したことに注目すべき点がある。

右のような研究を受けて、一九八〇年代の終わりから九〇年代の初めには古代の畜力利用農耕と馬杷に関して総括的な考察が行われるようになる。山田昌久・河野道明の諸論考がそれである（山田 一九八九・九一、河野 一九九〇）。山田の場合は、「畜力利用農耕開始とその歴史的意義を明らかにする」とあるように、古代の牛馬耕問題を正面に据えて論じている。主要な論点はつぎのように整理することができる。

まず、畜力利用農耕の開始期について、これを古墳時代後期の水田跡の区画の仕方、代掻・犂・首木・鼻木などの遺物、埴輪馬、家畜小屋、牛馬の足跡などの検討から六世紀代とし、五世紀後半まで遡る可能性を示唆する。つぎに牛馬・大型家畜が集落単位で保有されたと論じ、こうした大型家畜の導入による一連の稲作農耕の進展を渡来人の移住に触発された技術革新として捉えている。

また、右述のような変革相を、中国を中心とするアジア地域の農耕事情に照応させながら、技術革新の断行者としてヤマト王権を想定している。考察の対象が資料のあり方に制約されてか、古代東国に重きをおいたものとなっているが、畜力利用の開始期を確定し、その歴史的意義を牛馬の集落単位保有と農耕技術革新の断行者を措定することによって説いて、従前の存否論の枠を超えた新しい地平を構築したことが評価される。

民具研究の立場から日本の農耕具史を追究する河野は、「馬鍬」の歴史像全体の解明に積極的に取り組み、多大な成果をあげている。とくに古代馬杷については、馬杷の伝来と展開の問題として論及している。まず、語義の検討から始め、馬杷が本来、馬に牽引させる耕具であることを明らかにしたうえで、日本列島への伝来が五世紀ごろに中国江南地方からであったことを論証する。また、古代馬杷の多くが、把手を台木の側面に水平に装着している点に注意を払う。そして、古代から中世への転換期に馬杷の日本化が進み、鳥居形の定型馬杷が成立するとした。さらに、この転換期には木歯から鉄歯に移行すること、そしてその変革を担ったのは田堵百姓であったと述べる。

右の河野の古代馬杷論は、列島における馬杷の全史を東アジア諸地域のそれと比較検討する仕事の一環として位置づけられており、説得性に富む。馬杷研究の一つの峰を築いたものと評してよい。

一九八〇年代から全国各地で頻出する木製遺物の集成と類別化、ならびに、それぞれの意義を追究してきた町田章・上原真人らは、古代馬杷についても集成・図化し、古代馬杷がもつ農業史上の意義を明らかにしている（町田他 一九八五、上原ほか 一九九三）。そこでは、農書による歴史上の馬杷に関する民俗学的考察を引きながら、個々の資料の細部にわたる検討を通じて古代馬杷の形態と機能の特徴を具体的に解明している。この成果もまた、今後の馬杷研究の基礎的な仕事として評価される。

右の諸研究によって古代馬杷研究で解明すべき課題はおよそ出揃ったと判断する。しかし、なお出土遺跡の性格、山田がいう断行者の具体的措定、古代における変遷過程、地方色などの検討といった問題が残されていると考えられる。

二　古代馬杷の実例

管見によれば、古代馬杷の出土は三三遺跡・四二例になる（図41）。遺跡の内容と出土状況および馬杷の全体像をある程度推測しうる事例について、西の出土地から順に、遺跡の性格、馬杷の特徴などを以下に摘記する。馬杷の部分名称は奈良国立文化財研究所編集・刊行の『木器集成図録　近畿原始編』「fig. 69」の呼称に従う（図42）（上原ほか　一九九三）。

1　カキ遺跡（北九州市小倉南区横代）（小方ほか　一九九二・九三、上原ほか　一九九三）（図43）

遺跡の性格　東流して周防灘に注ぐ竹馬川の一支流が開析した南北方向の小谷に所在する。低丘陵裾の微高地上に広がる縄文時代から中世にいたる複合遺跡である。古墳時代の遺構としては、八条の溝と堰、土坑などが検出されている。遺跡の全容は不詳であるが、居住域は検出遺構群の近辺に予測されている。竹馬川下流域は、玄界灘沿岸から瀬戸内海方面への関門地とされ、北九州市内では、この地だけに前方後円墳の分布が認められている。ここでは、交通の要衝地に含まれる先進的な集落域の存在を想定しておきたい。

馬杷は、水路と目される南北方向の第4号溝（検出長九七メートル、幅三・五〜四・〇メートル、深さ約一メートル）中から水平状態で出土している。出土地点の下流約八メートル付近に木材を組んだ堰がある。この堰を埋める砂層の年代は、六世紀後半とされている。馬杷はこの層に含まれるが、他所から流入したものと判

1福岡県カキ遺跡　2兵庫県辻井遺跡　3兵庫県出会遺跡　4兵庫県吉田南遺跡　5兵庫県山垣遺跡　6大阪府上田部遺跡　7滋賀県堂田遺跡　8滋賀県斗西遺跡　9愛知県勝川遺跡　10静岡県伊場遺跡　11東京都東京・石川天野遺跡　12福島県大森A遺跡　13山形県上浅川遺跡　a兵庫県坂井・寺ヶ谷遺跡　b滋賀県西河原森ノ内遺跡　c三重県橋垣内遺跡　d静岡県祝田遺跡　e静岡県神明原・元宮川遺跡　f長野県川田条里遺跡　g島根県西川津遺跡　h大阪府今池遺跡　i滋賀県石田遺跡　j滋賀県大戌亥遺跡　k岐阜県柿田遺跡　l静岡県御殿・二之宮遺跡　m静岡県曲金北遺跡　n静岡県岳美遺跡　o静岡県池ヶ谷遺跡　p山梨県宮の前遺跡　q神奈川県宮久保遺跡　r東京都下宅部遺跡　s千葉県江田条里遺跡　t富山県稲積川口遺跡

図41　古代馬杷出土遺跡分布

断されている。

出土馬杷　長さ一三三センチメートルの方柱状の台木に八本の歯を装着する。材料はカシ。形状については、台木下面の歯装填部を少し削って刳り込みにし、結果として、両端が太くなるようにしている点に特徴がみられる。両端の太い部分に引棒を差し込むための方形孔がある。柄孔は、台木上面に穿たれている。位置は両端から第二歯と第三歯の中間（以下、台木両端から第○歯と第○歯の中間という表現で位置を示す）で、それぞれ長方形の柄孔を貫通させ装着させたのであろう。柄形が鳥居形になるかステッキ形になるかは不明である。

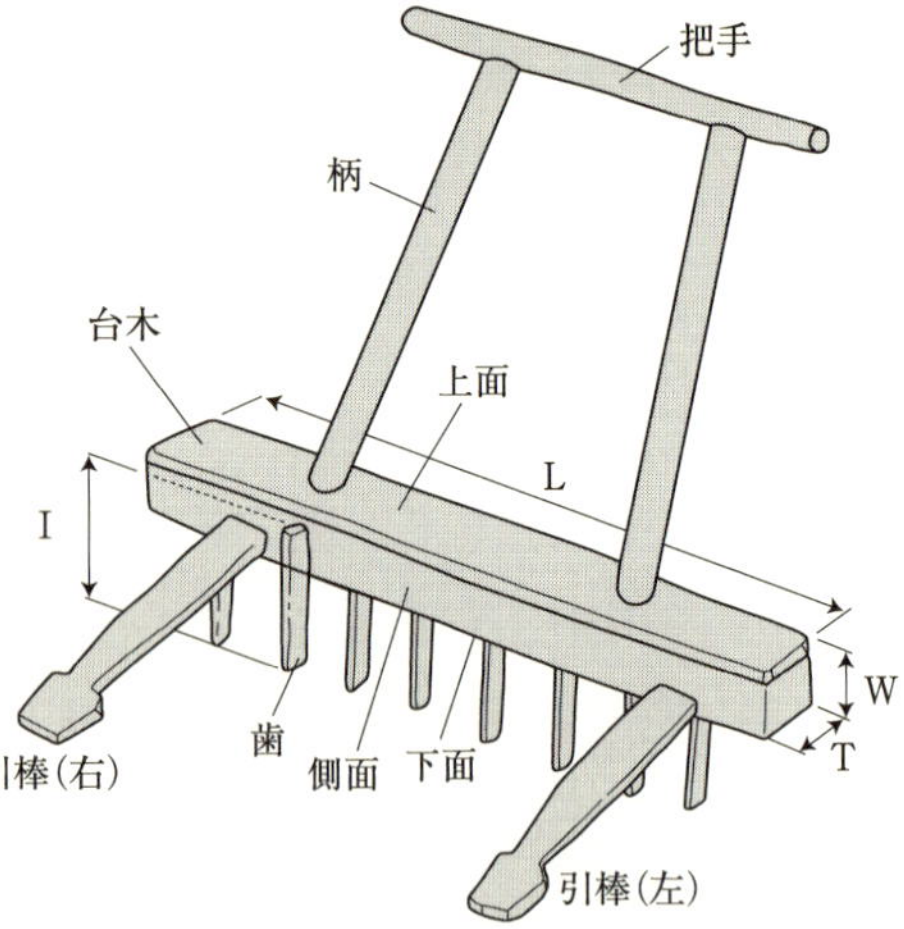

図42　馬杷の部分名称

歯は先端を篦状に尖らせた剣形ともいえる独自の形状を示す。歯面を平らに仕上げたものや、鎬状に削り出したものなどがみうけられる。すでに先端が磨耗したもの、鋭く尖るものがあり、歯を交換して使用されたことがうかがえる。歯の基部は台木の上面で揃えられ、楔が打ち込まれていた。本例の特徴は、引き方向に広い面が直交するように歯を装着していることであろう。全体に重厚な印象が強い。

2　辻井遺跡（姫路市辻井一丁目・五丁目）（山本・秋枝　一九八六など）

遺跡の性格　姫路平野を北から南に貫流する夢前川左岸に位置する。縄文時代中期から中世に至る大規模な

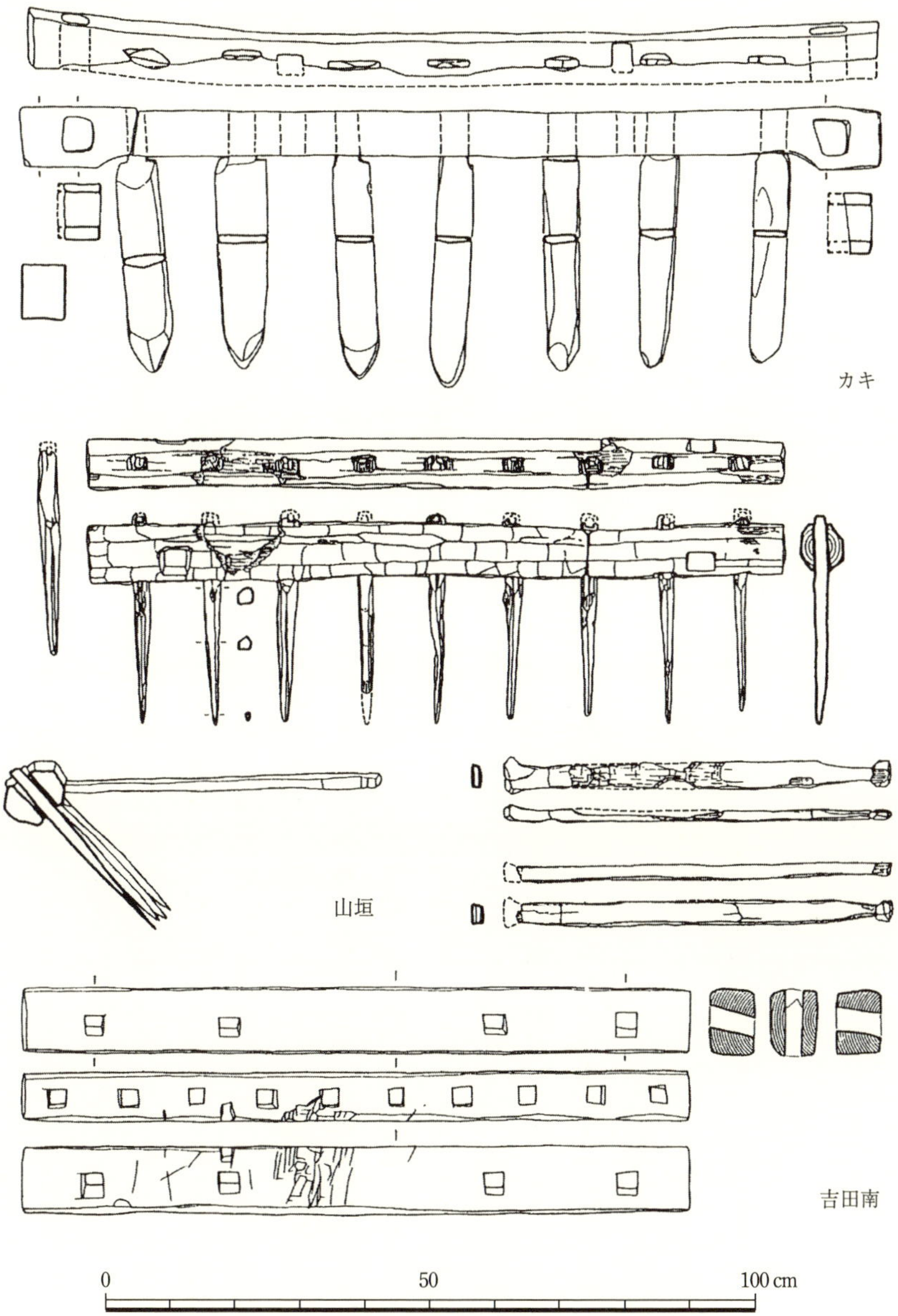

図 43　カキ・山垣・吉田南遺跡出土の馬杷実測図

複合遺跡である。これまでに縄文時代・弥生時代の集落跡、飛鳥時代の豪族居館跡、白鳳期創建の寺院跡（辻井廃寺跡）などが確認されている。とくに後二者の存在が注目されている。平野中で屈指の遺跡とされるが、ここでは右記の飛鳥・白鳳時代に着目して、本遺跡を地域の中核となる拠点集落跡としておきたい。

馬杷は一九八五年の調査で検出されている。出土地点は、夢前川の大規模な旧河川跡（幅一〇メートル、深さ約三メートル）とみられ、河川内に堆積した灰色シルト層の下部が包含層とされる。包含層の年代は伴出した須恵器・土師器の型式から七世紀初頭と判定されている。上部には、八世紀、一〇世紀、一二～一五世紀の遺物を包含する層が堆積し、間断的な遺物層を形成している。

注意されるのは七～八世紀の包含層である。ここからは、農耕具類や日常什器類などが多数出土したほか、木簡と多量の斎串などの祭祀具が発見された。付近で水辺祭祀が営まれたことが推測されている。

出土馬杷　全長一一五センチメートル、断面方形状の台木に一一本の歯を装着している。両端から約一〇センチメートル内側に引棒を装填する大きな円孔がそれぞれ穿たれる。また、両端より第三歯の装着部から下面に浅い刳り込みを施す。カキ遺跡例に共通する細工であろうか。さらに、両端から第三歯と第四歯のそれぞれの上面中間に柄孔があり、柄の一部は台木を貫通して下面から突き出たまま残存していた。ただし柄の上部は不明。

本例は台木下面に刳り込みを施していることなどが特徴点としてあげられる。断面を円形にして細長く尖らせた歯は、長さ（約二七センチメートル）の割に径が小さく華奢な感じを与える。柄の一部が残存していたことは貴重である。

3　出会遺跡（神戸市西区玉津町出会）（鎌木・亀田 一九八六、亀田 一九九三など）

遺跡の性格　明石川右岸の沖積地から台地上にかけて広がる弥生時代から近世の大規模な複合遺跡である。古墳時代の集落跡は沖積地にあり、これまでに古墳時代中期から後期の竪穴住居址が多数検出されている。また、台地上には六世紀前半を中心とした時期の古墳群がある。ほかに八世紀後半ごろの大型掘立柱建物跡群などが確認されている。

遺物は、豊富かつ多様で、なかでも五世紀代の年代が与えられている溝の下層からは、馬杷をはじめ初期須恵器や韓式土器群が出土している。台地上の遺構群からは、木簡、墨書土器、転用硯、斎串などが出土していて注目される。こうした事実から、明石川流域の拠点集落がここに存在したとみなされ、そこには渡来人集団が居住していたこと、あるいは、八世紀代の建物遺構について郡司級の豪族の邸宅に比定しうるとする考えが提示されている。

出土馬杷　この馬杷も特徴のある形状を示している。台木長一〇一センチメートル、断面長方形の角材の短辺を上下にして六本の歯を装着する。両端より第一歯と第二歯の間に引棒を装塡する円孔がある。また、台木中央の歯間に歯と直角方向に長方形の柄孔が穿たれている。側面からL字状に一本の柄を差し込んだのであろう。ステッキ形の柄と考えられるが、大型のゴマザラエの可能性もあろう。この点に加えて、カキ遺跡例と同様に剣形の歯面が引き方向と直交するように装着されていることが注意される。馬杷とすれば年代がもっとも遡る例として注目される。

4　吉田南遺跡（神戸市西区玉津町吉田ほか）（図43・44）（田辺・花田 一九七九、田辺 一九九二、町田他 一九八五）

遺跡の性格　明石川右岸の沖積地に立地する。河口より二キロメートル遡った標高五〜八メートルの低平地

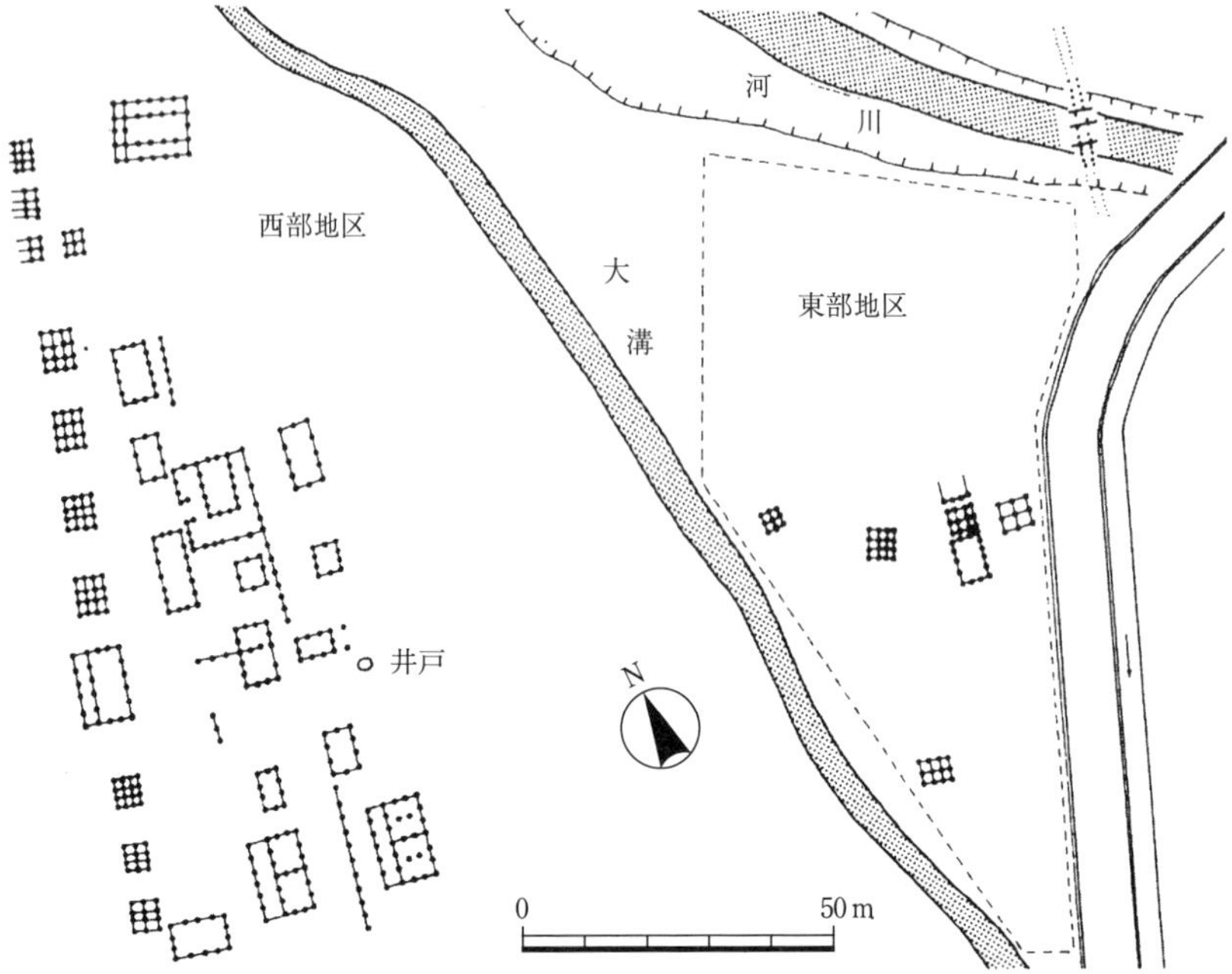

図 44　吉田南遺跡のII期遺構分布

の南北一キロメートル、東西〇・五キロメートルの範囲に広がる弥生時代から中世に至る大規模な複合遺跡である。弥生時代後期から古墳時代に属する竪穴住居址一〇〇棟以上、つづく飛鳥時代から平安・鎌倉時代（I〜III期に分けられる）にかけての多数の建物跡群がある。とくに、奈良時代後半から平安時代初期（II期）の整然と計画的に配置された掘立柱建物跡は三四棟以上と多い。また、建物群の中央を南北に走る大溝（II期）がある。集落址の東では、幅約四〇メートルの河川跡とそれに架けられた木橋（II期）の遺構が検出されている。

注目されるのは、馬杷をはじめとするII期の遺物群である。ヘラ描き・墨書土器が一〇〇点以上、大量の陶硯類、多種多様の木器類、荷車の車輪のような木製品、漆紙文書片など一般の集落跡ではみられない遺物が出土し、多くは、溝や河川跡の堆積層より発見された。

こうした遺構群と遺物群の様相から本遺跡を明石郡の郡衙跡に比定する研究者は多い。

出土馬杷　長さ一〇三・二センチメートル、断面長方形のやや太目の台木のみである。短辺を上下面におき、歯の装着孔一〇個がほぼ等間隔に穿たれる。引棒孔は、両端から第一歯と第二歯の間にあり、ほぼ方形を呈する。柄孔は側面にある。位置はいずれも両端より第三歯と第四歯の中間である。

5　山垣遺跡（兵庫県氷上郡春日町棚原字山垣）（図43）（加古・平田 一九九〇）

遺跡の性格　由良川支流の竹田川左岸の微高地上に立地している。東西約四五メートル、南北約五〇メートルのほぼ方形に堀（幅二〜五メートル、深さ一メートル弱）をめぐらせた館跡である。堀の内側からは、掘立柱建物跡と柵列が、東側では入口の橋状遺構がそれぞれ検出された。遺跡の存続期間として七世紀から八世紀前葉に至る時間幅が与えられている。

馬杷などの遺物は溝を中心に出土している。内訳は、墨書土器を含む大量の土器群（供膳形態の須恵器が多い）と多数の木器（容器類、農具類で未使用品を多く含む）、「丹波国氷上郡」「□春日部里長等」などの記載のある木簡などである。

右のような遺跡の構造と出土遺物の様相から、本遺跡が春日部里の里長居館跡の蓋然性はきわめて高いというべきである。

出土馬杷　特徴のある完存馬杷である。全長一〇八・五センチメートルの台木は、断面八角状に仕上げられ、これに九本の歯が装着されている。細目の歯はやや長く（三三センチメートル）、引き側が鎬状に鋭く削り出され、先端も尖る。引棒は、両端から第一歯と第二歯の間に装塡されているが、歯との角度が鋭角になるように差し込まれる。さらに最も注意されることとして無柄であることを指摘しなければならない。

6　上田部遺跡（高槻市桃園町五一〇一帯）（図45）（原口 一九七三、町田他 一九八五）

遺跡の性格　芥川が形成した扇状地に立地する弥生時代から中世に至る複合遺跡である。最盛期は、奈良時代で、この時代の掘立柱建物跡、井戸、水田跡が検出されている。この地は摂津国の官田がおかれたとみられ、「田子」と記した墨書土器が出土している。

遺物の大半は水田跡より出土し、内訳は、木器（農具類、日常什器類）と大量の土器、和同開珎、「天平七年」と記載された木簡などである。馬杷は二点あり、所属年代は木簡の記載から西暦七三五年ごろとされる。牛の可能性が考えられる大型獣骨も出土している。

出土馬杷　馬杷の一は、断面長方形の台木で長さ九九・五センチメートルを測る。長方形の短辺を上下にして一〇本の歯を装着している。両端から第二歯の基部より下面に浅い刳り込みが施され、第一歯と第二歯の中間にほぼ方形の引棒の挿入孔が穿たれる。同じく両端から第三歯と第四歯の中間にほぼ方形の柄孔が上面から貫通しており、右側の孔には柄の一部が残っていた。その先端は、下面より突き出た状態になっている。また、ステッキ形をした柄（長さ四九・五センチメートル）の把手部分も残存していた。歯は引側を鎬状に削り出しており、長めでやや華奢な感じを与える。台木の樹種はアカガシ亜属である。

その二は、台木と歯五本が切損状態で出土している。長さ一一五・五センチメートルで断面長方形の長辺側を上下にする。引棒の挿入孔は両端から第一歯と第二歯の中間にあり長方形を呈する。歯数は一〇本とみられる。残存する歯は、長さ三八・五センチメートルと長く、断面は菱形に近い。柄孔は両端から第三歯と第四歯の中間に側面から長方形状に穿たれている。L字状の柄が装塡されたのであろうか。かなり使用されたのか、全体に損耗度が進んでいるようにみうけられたという。

このように、同一遺跡で歯の間隔と柄の形状の異なる馬杷が出土したことについては、農書などの記述を参

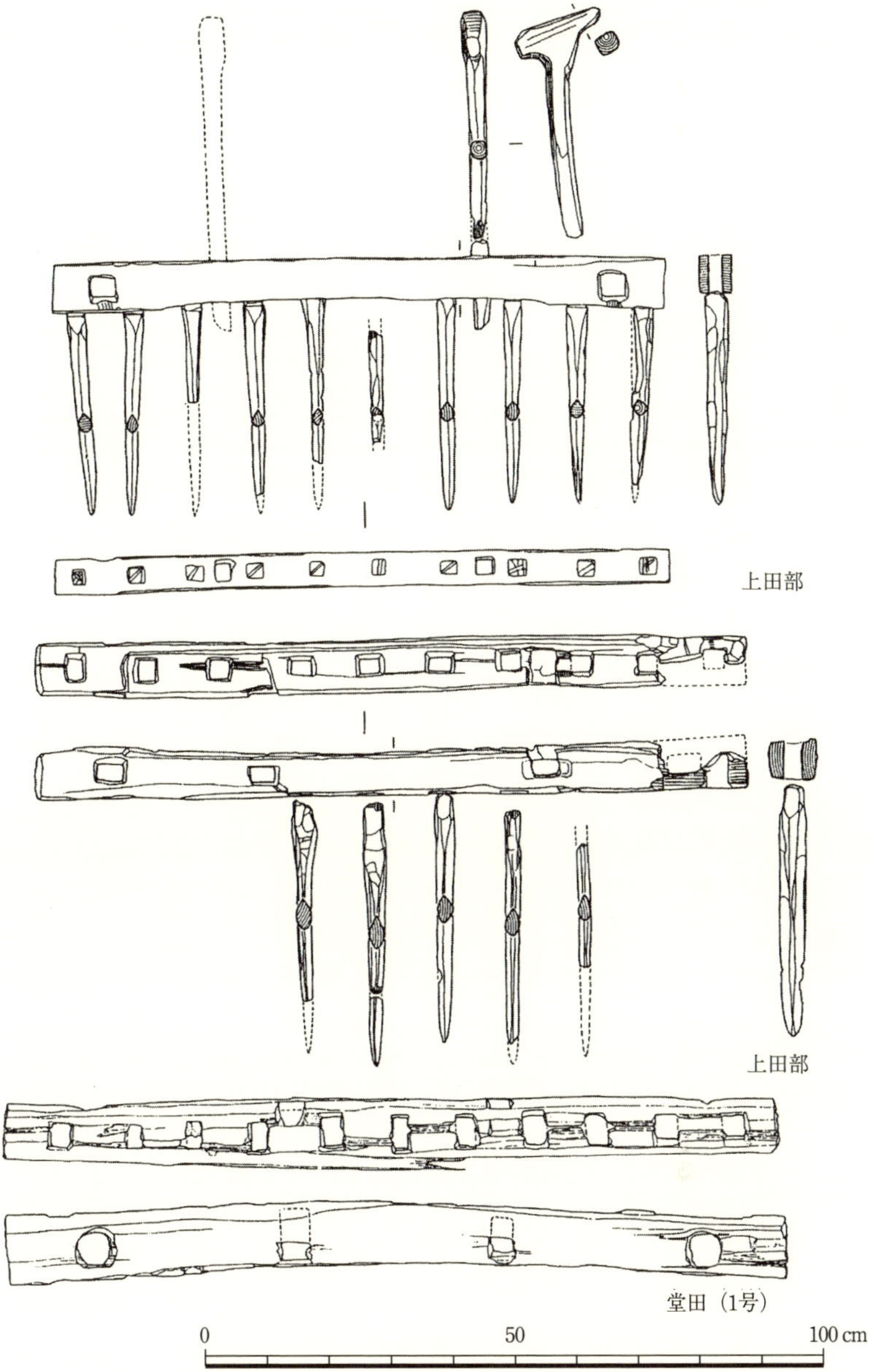

図 45　上田部・堂田遺跡出土の馬杷実測図

考に、耕耘作業過程での使い分けを考慮すべきとの指摘がなされている。

7　堂田遺跡（滋賀県蒲生郡蒲生町市子沖・市子松井・鈴）（図45・写真6）（宮崎・岡本 一九八九、上原ほか 一九九三）

遺跡の性格　遺跡は、琵琶湖に注ぐ日野川中流にあり、日野川と支流の佐久良川にはさまれた平地に広がっている。弥生時代から中世にかけての遺構と遺物がおよそ一平方キロメートルの広範囲にわたって検出されている。きわめて大規模な複合遺跡とみなされる。集落の最盛期は、古墳時代中期から後期にあり、自然流路、溝、竪穴住居址、掘立柱建物跡などの遺構が検出されている。

遺物には多量の土器、木器類がある。馬杷は四点あり、いずれも自然流路（ＳＤ01〜02・04）中から出土した。そのうち3号馬杷は、大量の祭祀遺物群に近接して出土している。水辺祭祀との関連がうかがえる。

出土馬杷　1号馬杷はＳＤ01から出土している。六世紀後半以前の年代が与えられている。台木のみで、長さ一二七・五センチメートルとやや長く、弓状に少し湾曲している。角材を使用しており、歯の柄孔は一一個穿たれる。引棒孔は円形で、両端からそれぞれ第一歯と第二歯の中間にある。柄孔は、両端から同じく第四歯と第五歯の中間にあり、側面より穿たれ、後方から少し傾斜させて穿孔しているのが注意される。把手の形は不明、樹種はヒノキ科である。

2号馬杷もＳＤ01出土で、年代も1号と同じである。本例も台木のみで、長さは一二三・〇センチメートルを測り、歯孔は九個を数える。1号と比較すると歯と歯の間隔が少し長い。引棒孔は円形で、両端からそれぞれ第一歯と第二歯の中間に開けられている。柄孔も1号同様の箇所で上面から穿たれている。同じ位置には、さらに側面にもやや小さ目の方形孔が貫通しており、柄を固定するための楔孔とみなされる。台木は少しねじれ気味に湾曲する。樹種はヒノキ科である。

3号馬杷はSD02より出土している。年代は1号、2号と同じである。台木の端部分で二本の歯が装塡されたまま残っている。円形の引棒孔が歯と歯の中間位置にある。歯は引側に鎬状に削り出す。

4号馬杷はSD04から出土している。年代は六世紀中ごろまでとされる。長さ一二六・〇センチメートルの台木のみで、断面は長方形に近いが短辺側の上下面は丸味をもたせている。歯の柄孔は一〇個ある。引棒は1号・2号と同様の箇所に円形に穿たれる。柄孔は両端からそれぞれ第三歯と第四歯の中間に上面から開けられる。樹種はヒノキ科である。

堂田遺跡の場合は、一遺跡でほぼ同時期と目される四体の馬杷の出土したことに留意すべきである。さらに、3号以外の馬杷がいずれも台木のみで、しかも歯の残部が認められないことから、廃棄段階で柄、歯、引棒を抜き去り、馬杷としての機能を故意に失わせた疑いがある。水辺祭祀との関連性が推定されることとあわせて検討すべきであろう。

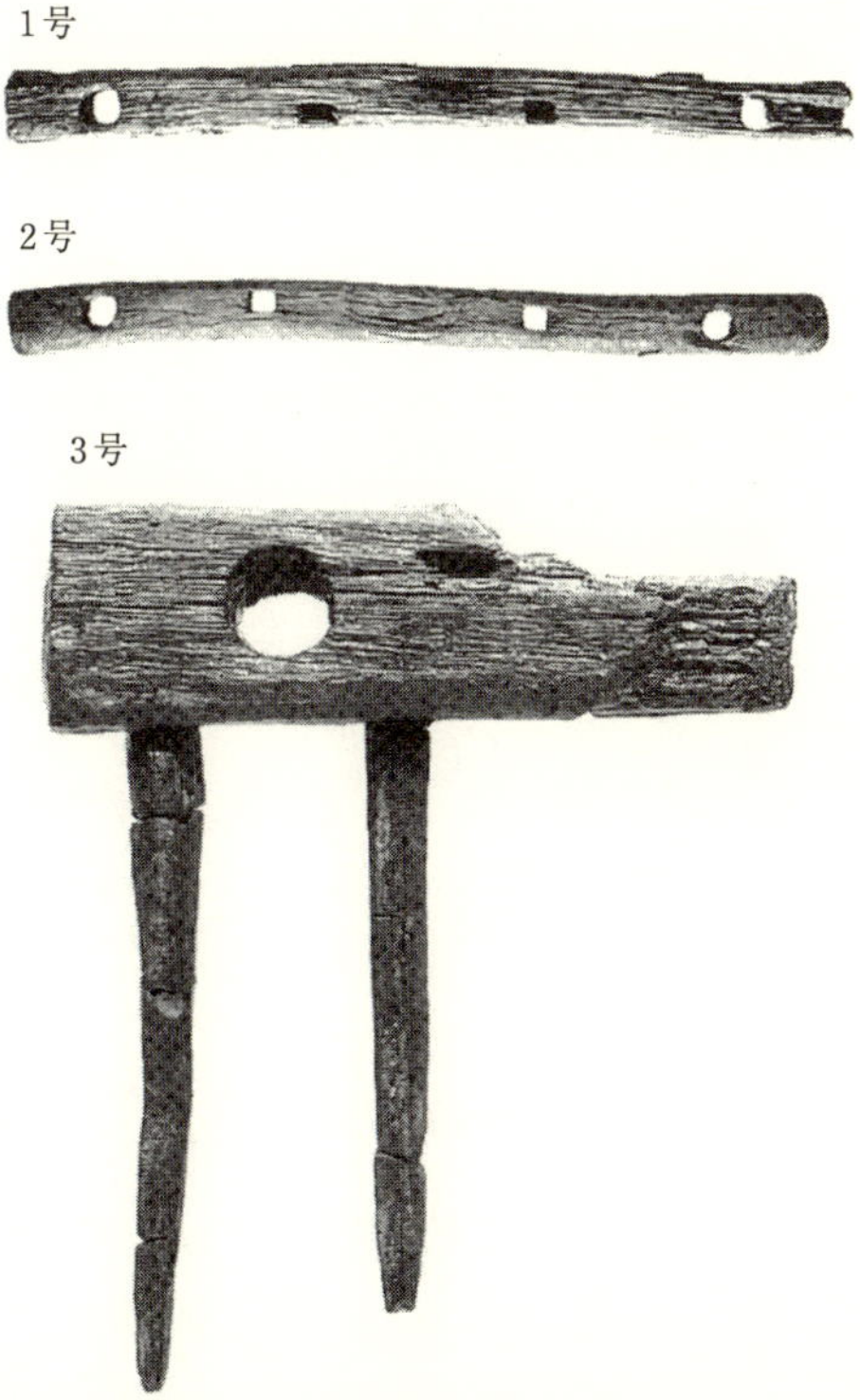

写真6　堂田遺跡出土の馬杷（縮尺不同）

8　斗西遺跡（滋賀県神崎郡能登川町佐野先）（植田ほか　一九九三）

遺跡の性格　愛知川下流左岸の自然堤防上に立地する遺跡である。西方には琵琶湖の湖岸流によって形成された砂洲との間に後背湿地が広がっている。遺跡の範囲は、約七〇〇×三〇〇メートル程度と思われるが、同一自然堤防上には大規模な集落址が踵を接して分布している。相互の境界は表面的には明瞭でない。調査者が、西隣の中沢遺跡とあわせて斗西・中沢遺跡と呼称しているのはそうした事情の表われであろう。

検出された遺構群は、出土した遺物群により弥生時代後期から古代末期に及ぶ集落址と判断される。その最盛期は、六〜八世紀ごろといえる。とくに斗西一二期（八世紀前半代）には、多数の掘立柱建物が群立しており、官衙的集落の様相が認められる。「大家」、「厨」などの文字を記した墨書土器が大量に出土したことから神埼郡神主郷の郷家と推定されている。

馬杷などは集落の南縁をなす大溝ＳＤ01（幅約二〇〜三〇メートル、深さ約一・五メートルの旧河川）から出土した。溝中では、古墳時代から奈良時代の各層に膨大な土器と木器、鉄器、瓦片などがブロックをなして遺存し、四世紀後半代の水辺祭祀遺物群も検出されている。馬杷は四層（五世紀後半）から一点（Ａとする）、四層上位〜三層（六〜八世紀前半）から三点（Ｂ１〜Ｂ５とする）出土した。

出土馬杷　馬杷Ａは歯孔一個と方形の引棒孔一個をもつ台木端部片である。断面五・三×三センチメートルの細身で、材料はスギである。農耕儀礼用と推定される。Ｂ１〜Ｂ５はいずれも長さ約三三センチメートル程度の方形断面の台木片である。その一つは、端部で方形の引棒孔を穿ち、下面をこの付近から浅く刳り込んでいる。歯孔は大き目の長方形。用材はクリとされる。

これら三片は、歯孔の形や大きさ、破片の長さが似ているので一本の台木が故意に切断されて破棄された可能性を想定しておきたい。

9　勝川遺跡（愛知県春日井市勝川町・長塚町）（図46）（樋口ほか　一九九二）

遺跡の性格　庄内川下流の右岸に位置し、低位丘陵の先端から沖積地にかけて約三〇〇～四〇〇メートルの範囲に広がる。旧石器時代から縄文時代・弥生時代・古墳時代から奈良・平安時代、さらに中世・近世に至る大規模な複合遺跡である。奈良時代の勝川廃寺跡が遺跡内で検出されてもいる。馬杷は、勝川Ⅲ―1期（飛鳥～奈良期）とされる溝状遺構（ＳＸ04）から出土した。共伴遺物には、供膳形態の土師器・須恵器や人形、曲物などがある。墨書土器も出土し、これは他の同時期の遺物ともあわせて律令祭祀に関連する遺物群と判断されている。

出土馬杷　本例は大型馬杷の台木の一部である。一〇本歯（断面菱形）のうち三本と柄（断面円形、長さ約四四センチメートル、直径約一五～二〇センチメートル、端部が少し細る）の片方が装着状態で遺存する。引棒孔は第一歯と第二歯の中間に、柄は第三歯と第四歯の中間に後面斜め方向から挿入されている。挿入角度は三〇度程度で、操者の手元はかなり低い位置になり、窮屈な作業姿勢が想定されるが、なお、別材を付加して使用された可能性も考えられる。台木の両端が少し下がり気味であるのも特徴点であろう。

10　伊場遺跡（静岡県浜松市東伊場二丁目～浜名郡可美村東若林城山）（図47）（斉藤・向坂ほか　一九七七・七八）

遺跡の性格　遺跡は三方原台地南端の沖積低地（砂堤）に立地する。範囲は東西約八〇〇メートル、南北約二〇〇メートルで、縄文時代・弥生時代・古墳時代から古代、中世に及ぶ大規模な複合遺跡である。多数の遺構群は、調査区の中央やや西寄りを緩やかに蛇行しながら南北方向に走る大溝（幅一二～一六メートル、深さ一・〇メートル以上）の東側・西側に分布している。伊場式土器で知られた弥生時代の遺構・遺物群は、主として東側で発見されている。とくに三重の壕をめぐらす集落址が注目された。古墳時代の遺構群は、溝の両側

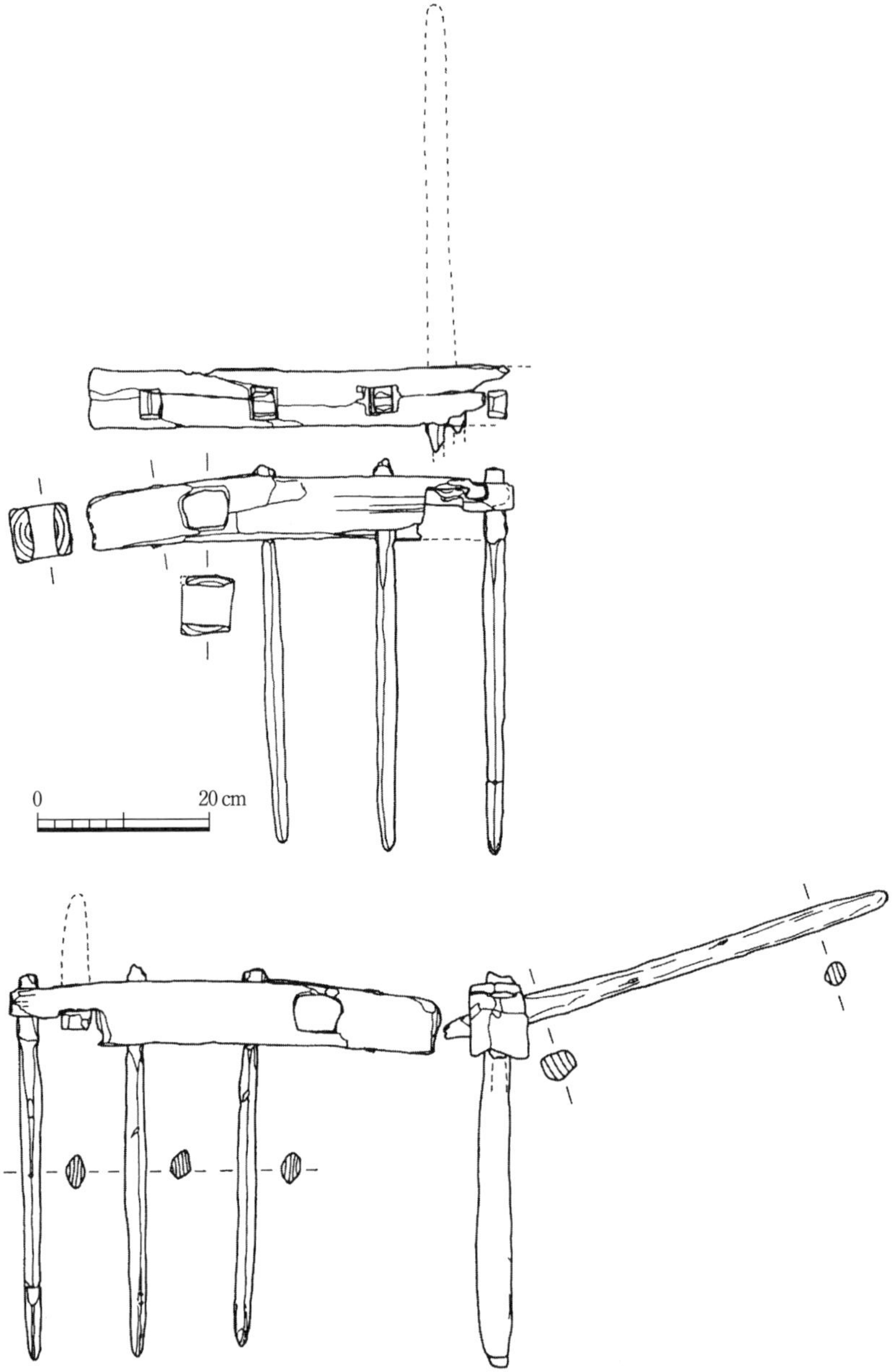

図 46　勝川遺跡出土の馬杷実測図

に、そして、律令制時代（およそ七〜九世紀）の掘立柱建物跡群などは、溝の西岸付近から西に隣接する城山遺跡にかけて見出されている。

律令期の遺物のほとんどは大溝から出土し、代表的なものとして木簡一〇八点、墨書土器四一二点がある。ほかに馬杷などの農具、機織具、厨房具、祭祀用具と多彩をきわめる。城山遺跡からも木簡四〇点、唐三彩陶枕が出土した。こうした遺構群と遺物群の検討から本遺跡は遠江国敷智郡の郡衙跡と栗原駅家跡に比定されるという。

出土馬杷　馬杷は五点あり、いずれも大溝からの出土である。うち図示された四点（その1〜4とする）に加えて実見しえた一点（その5とする）について形状を記そう。その1（C16aa—V出土）は一端を少々欠くが、ほぼ完形を保っている。全長は約一二〇センチメートル。断面方形の台木に一〇本の歯を装着する。枘孔は台木側面に穿たれる。位置は両端から第三歯と第四歯の中間である。引棒孔は円形で、第一歯と第二歯の間を台木の長軸に対し少し内向きに貫通させる。また、両端近くにそれぞれ円孔が穿たれているが、機能は不詳である。台木前面下側の角や引棒孔縁に使用による磨耗が認められた。八世紀のもの。

その2（イ4—Ⅶ出土）は、全長一二二・五センチメートルの完存の台木に二本の歯が装着されたまま遺る。歯数は九本。断面は、ほぼ方形としてよいが、引き方向下面が少し膨らんでいる。これが、粗い木取りの結果なのか、あるいは、台木前面の補強のために意図的に厚みをもたらせたのかは即断できない。枘孔は側面にあり、位置は両端から第三歯と第四歯の中間である。孔形は楕円形。引棒孔の位置は第一歯と第二歯の中間で、形は円である。台木前面の下角が磨耗していて、ある程度使用されたことを推察させる。本馬杷は、七世紀中葉相当の層から検出されており、五点のうちではもっとも早い時期のものといえる。

その3（Dハ—V下出土）は全長一三一・五センチメートルの台木のみ。端の一部を欠く。丸太材を加工し

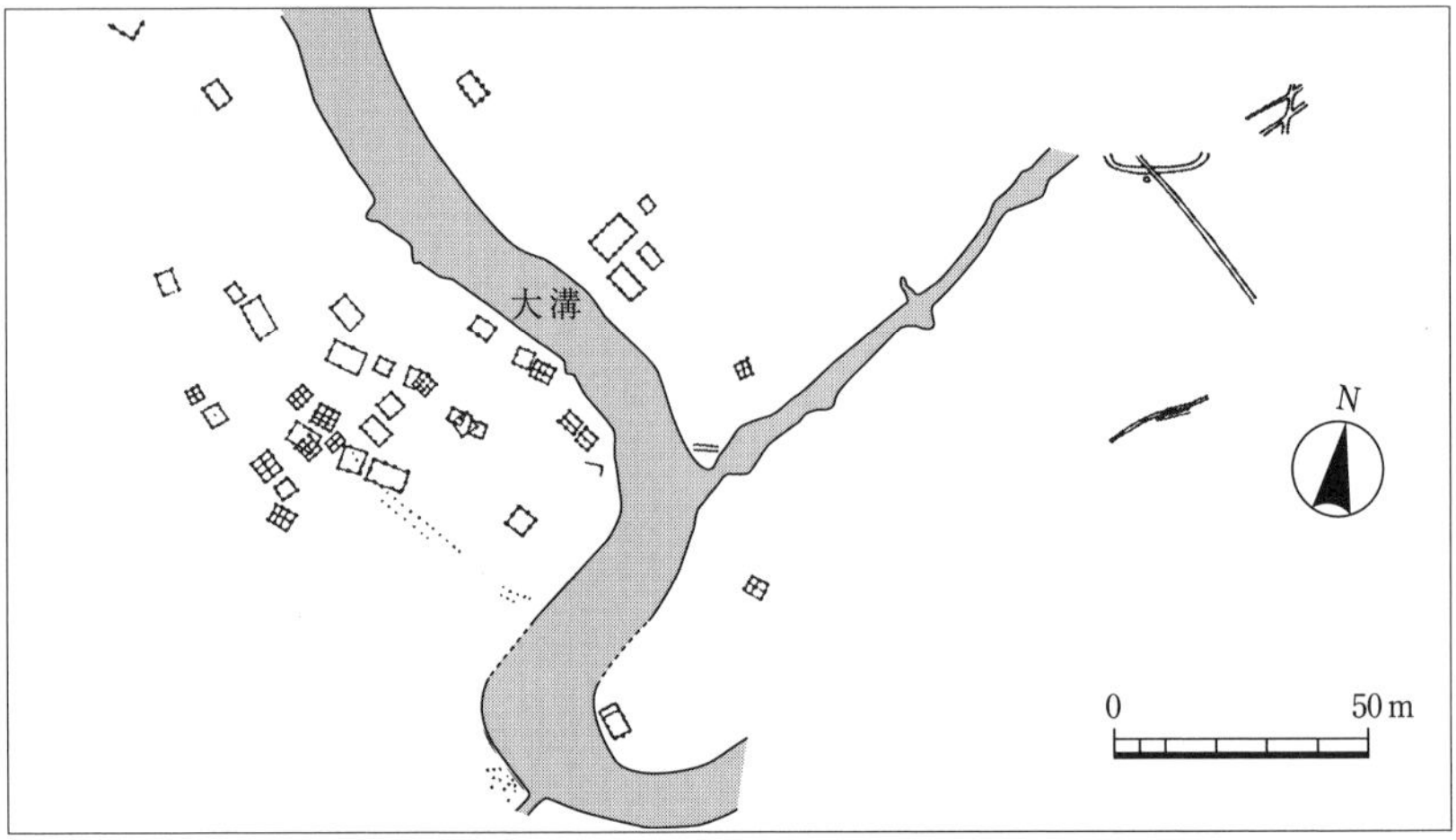

図 47　伊場遺跡の律令時代遺構分布

たもので、前面と後面を平坦にし、上面・下面は原材の丸味を残す。歯数は九本であろう。歯孔には歯基部に打ち込まれた楔が認められた。楕円形の柄孔が両端より第三歯と第四歯の中間にある。引棒孔も円形で、第一歯と第二歯の間に穿たれる。八世紀初頭のものか。

その4は、検出時の保存状態が悪く、計測不能であったものと思われる。出土状態からうかがうと、その1と同型同大のようである。歯は一〇本とみられ、枘孔が側面に位置するタイプである。孔形は長方形、後面では上面近くから穿孔されているので、柄は水平ではなく、少し斜めに差し込まれているように思われる。引棒孔は、台木端に穿たれていたようで、円形を呈する。八世紀とする。

その5（ロ5―W―V2出土）は長さ約六〇センチメートル、断面方形の台木片である。歯孔が四個と枘孔と思われる長方形孔一個が残る。この孔は台木上面では後面寄りから斜め下方に貫通している。柄が真上からではなく、鈍角に装着されていたことを物語る。時期は八世紀中葉から後半である。

11　**東京・石川天野遺跡**（**東京都八王子市石川町・大谷町**）（図48）（倉田・小長谷他　一九八六、上原ほか　一九九三）

遺跡の性格　東京都西郊にあり、地形的には関東山地の東縁に張り出す加住・日野丘陵の先端付近に位置する遺跡で、約四〇〇×三〇〇メートルの半島状をなす台地全体に広がり、旧石器時代から中世に至る各時代の遺構・遺物が出土している。

馬杷は台地の南方から東方に延びる開析谷の一角から検出された。出土層の時期は七世紀前半とされる。近接する台地斜面には、同時期の竪穴住居址が多数存在したが、集落の性格は詳らかでない。古墳時代後期に活性化するこの地域において、農業開拓を旺盛に進めた一有力集団の居住を想定しておきたい。

出土馬杷　この馬杷は、全長一七〇・八センチメートル、歯長が五二〜五三・三センチメートルを測る大型品である。歯数は一〇個、うち七個に歯が遺存していた。台木はやや弓なりに反り、中央部が少し高くなる。歯先を揃えるために反り部分の歯は少し長めのものを装着しているという。歯は基部が方形、中央は六角形、先端付近は剣状になる。柄孔は側面に方形に穿たれ、第四歯と第五歯の中間にある。引棒孔は円形で、第一歯と第二歯の間にある。台木の材料はニガキ、歯はアカガシ類、柄材はアスナロと鑑定されている。

12　**大森A遺跡**（**福島県相馬市長老内字大森**）（図48）（吉田ほか　一九九〇、上原ほか　一九九三）

遺跡の性格　阿武隈山地の先端低丘陵から立田・地蔵両川が形成した沖積平野の縁辺にかけて広がる縄文時代から近世に至る複合遺跡である。とくに古墳時代後期は、丘陵緩斜面上に集落が営まれ、前面の沖積地に水田が開かれるなど、本遺跡の最盛期とみることができる。

水田跡は、上・中・下の三面（LⅢa、LⅢb、LⅣa）が確認されているが、馬杷の使用と関連するのは二面目＝LⅢb（六世紀後半ごろ）の水田跡である。東西一四五メートル、南北八〇メートルの範囲から東西

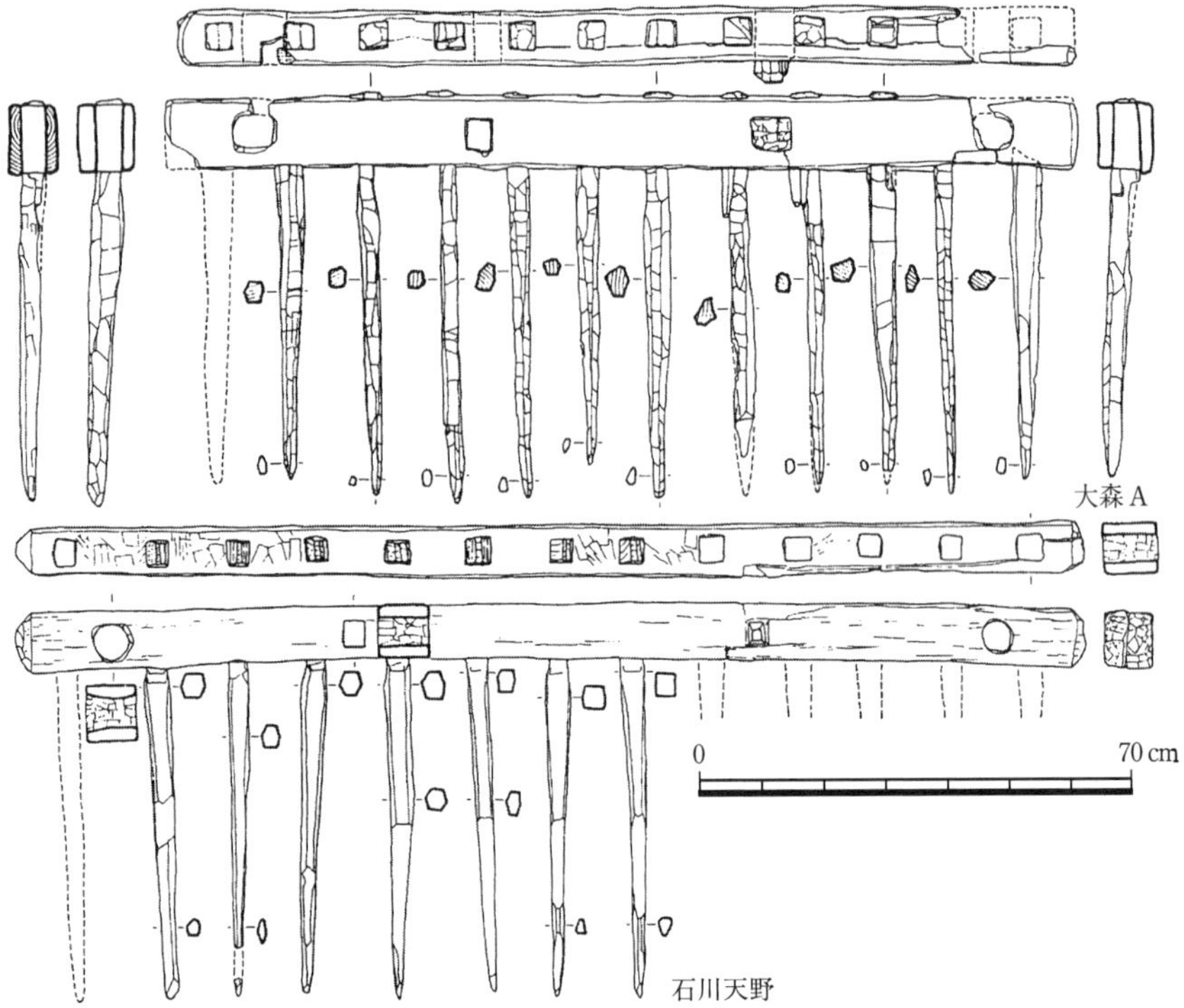

図48　大森A・石川天野遺跡出土の馬杷実測図

に走る二本の幹線水路に沿って、計画的に造成された八五八枚の小規模水田（一区画の平均面積二・三三平方メートル）が検出されている。馬杷は1号水路の砂層から出土している。遺跡の性格は未詳であるが、水田跡との関連を直接的に考察しうる点が貴重であろう。

出土馬杷　馬杷は全長一四六センチメートル。断面長方形の台木に一二本の歯を装着する（一本欠損）。歯長は、台木下面から五〇～五三センチメートルを測り、全体に重厚な感じの大型品といえる。柄孔は側面にあり、第四歯と第五歯の中間に穿たれる。その一孔には、柄の一部の先端が台木前面より突き出た状態で遺存していた。引棒孔は第一歯と第二歯の中間にある。形はほぼ長方形。柄孔と歯孔が接触するところでは、歯孔に下からも楔を打ち込み固定を強化している。歯の断面は他例に似るがほとんど磨耗していないという。台木、歯ともにクリを使用する。

13　上浅川遺跡（山形県米沢市大字上浅川・長手）（図49）（手塚ほか 一九八六、上原ほか 一九九三）

遺跡の性格　戸塚山（標高三五六・六メートル）の東麓に広がる扇状地に立地する、総面積約二〇万平方メートルとされる大規模な遺跡である。縄文時代と古墳時代、古代・中世・近世・近代と長期にわたる遺構・遺物が出土、確認されている。大量の遺物が出土した奈良時代の大溝（幅六・〇～一〇・四メートル、深さ〇・八～二・五メートル。蛇行する自然流路）付近から掘立柱建物跡、倉庫址が検出された。墨書土器などの出土も注目され、これらの諸事実を総合して本遺跡が官衙址であった可能性が主張されている。馬杷は大溝から出土した。

出土馬杷　この馬杷も台木の全長一五二センチメートルの大型品である。歯数一四本で、長さは四四・五センチメートルを測る。他例と大いに異なるのは、歯の元部が台木上面から突出していて、残存歯ではその高さは一三・〇センチメートルと計測された。また、引棒孔と思われる長方形孔が二個一対で第一歯・第二歯・第三歯のそれぞれ中間に穿たれているのも特異なありかたといえよう。枘孔は台木側面にあり、長方形孔が第四歯と第五歯の間を貫通している。台木は少し弓状に曲がり中央部が高くなるが歯先は揃えられている。本例も特異な形状の馬杷といえよう。原材はクリ。時期は八世紀中葉とされる。

以上の一三例以外に(a)兵庫県坂井・寺ヶ谷遺跡、(b)滋賀県西河原森ノ内遺跡、(c)三重県橋垣内遺跡、(d)静岡県祝田遺跡、(e)静岡県神明原・元宮川遺跡（及川・鈴木 一九八八）、(f)長野県川田条里遺跡（伊藤他 二〇〇〇）などで古代馬杷が出土している。(c)橋垣内遺跡の例は全長一一八・〇センチメートルの台木のみ。歯数は九個、枘孔は側面、引棒孔は円形。台木下面に浅い刳り込みが施される。自然流路から検出されており、多数の土器や

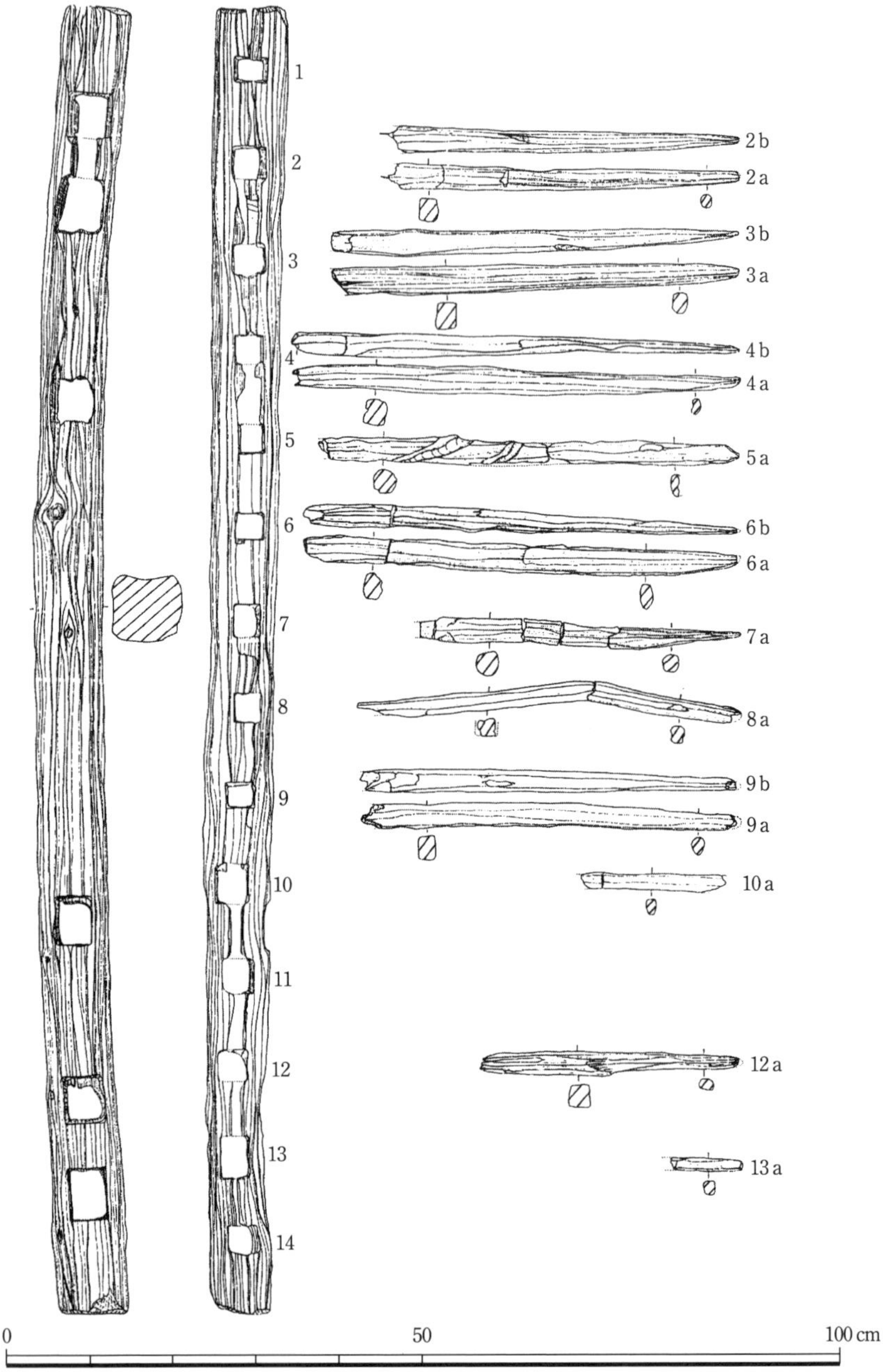

図 49　上浅川遺跡出土の馬杷実測図

農耕具が共伴している。六〜九世紀とされる。(e)神明原・元宮川遺跡の例は自然流路から大量の土器や祭祀関係遺物とともに検出されたもの。台木の一部に歯四本の装着が認められる。年代は六世紀末〜七世紀。(f)川田条里遺跡の例は、台木の一部のみで四個の歯孔と端部の引棒孔、側面に穿たれた柄孔が認められる。台木が弓状に湾曲することと歯を目釘で側面から固定する点が注意される。六〜九世紀とされる。

なお、管見に入った古代馬杷の資料として以下の諸例を加えておきたい。

(g)島根県西川津遺跡（松江市）（中川他 一九九九）、(h)大阪府今池遺跡（堺市）（野田 一九九五）、(i)滋賀県石田遺跡（能登川町）（能登川町埋蔵文化財センター 二〇〇〇）、(j)滋賀県大戌亥遺跡（長浜市）（重田 一九九七）、(k)岐阜県柿田遺跡（御嵩町）（岐阜県教育文化財団文化財保護センター 二〇〇五）、(l)静岡県御殿・二之宮遺跡（磐田市）（折原他 一九九五）、(m)静岡県曲金北遺跡（静岡市）（藤巻他 一九九七）、(n)静岡県岳美遺跡（静岡市）（山本 一九九六）、(o)静岡県池ヶ谷遺跡（静岡市）（藤巻他 一九九六）、(p)山梨県宮の前遺跡（韮崎市）（韮崎市教育委員会 一九〇二）、(q)神奈川県宮久保遺跡（綾瀬市）（国平他 一九九〇）、(r)東京都下宅部遺跡（東村山市）（下宅部遺跡調査団 二〇〇六）、(s)千葉県江田条里遺跡（館山市）（玉口 一九七五）、(t)富山県稲積川口遺跡（氷見市）（広瀬他 二〇〇九）。以上、総計で三三遺跡・四二例となる。

これらの中で馬杷構造が比較的鮮明な例としては、(h)今池遺跡の例、(n)岳美遺跡の例、(t)稲積川口遺跡の例があり、台木の一部に歯の装填が認められた例として、(i)石田遺跡の例、(s)江田条里遺跡の例がある。そのほかの例は、いずれも台木のみの出土となっている。(g)西川津遺跡の例は唯一の鳥居形把手・柄の実例として貴重である。

三　出土遺跡と馬杷の構造および年代・地域性

1　出土遺跡について

遺跡の立地と規模

古代馬杷が出土する遺跡はほとんど沖積低地に立地している。厳密にいえば、沖積平野の自然堤防上からその縁辺、丘陵裾から低地に移行する箇所、あるいは狭い谷平野の中であり、当然ながら一帯は湿性に富む。このような環境が、他の木製品ともども馬杷の保全に役立ったことは十分考えられる。しかし、馬杷出土を立地条件がもたらした偶然の結果とのみ理解するだけでは、片づかない問題があるように思われる。

というのは、ほとんどの馬杷が、地域を代表するような広大な集落遺跡の一角から出土していて、馬杷所有・使用の主体を考定する際、この事実を重視する必要がある、と考えられるからである。判明した集落遺跡は、ほとんどの遺跡が、径数百メートルを超える範囲に広がり、同時に、弥生・古墳・古代の各時代遺物を大量に出土するという特徴を有している。たとえば、(g)西川津遺跡は出雲東部の代表的集落遺跡であり、東西約三〇〇メートル、南北約一キロメートルの範囲から縄文時代以降中世に至る各時代の多種多様な遺物が大量に出土している。一帯は山口郷に比定されているが、古代島根郡衙の外港的機能を果たした集落跡とも考えられる。

右の一例でも明らかなように、馬杷出土の諸遺跡は、筆者の見解に従えば典型的な拠点集落であって、小規模な一家族的集団の集落から出土例をみないこととは対蹠的である。

遺跡の性格

典型的と述べたのは、当該遺跡が地方官衙的性格を多分に備えていることによる。たとえば、10伊場遺跡は遠江国敷智郡の郡役所および栗原駅家の跡とされている。また、4吉田南遺跡における八世紀から九世紀の建物配置などには地方官衙の様相がみてとれるし、琵琶湖東岸の諸遺跡についても、墨書土器や木簡あるいは祭祀的遺物の集中的出土を手がかりとして郷クラスの役所跡が想定される。あるいは、官衙の具体像は明確ではないにしても、13上浅川遺跡などには同様な想定が成り立つと思われる。このように、東西にわたる馬杷出土遺跡の多くが、それぞれ地方官衙的要素を備えていることは、古代馬杷の意義を考えるうえできわめて示唆的であり、注目すべき事実である。

さらに有力な事例を追加する。まず、5山垣遺跡と6上田部遺跡をあげよう。前者は、出土木簡から「□春日部里」の里長を務める土豪層の居館跡とみられ、特徴的な馬杷などは彼らの管理下にあったことが推定される。後者では「田子」と記された墨書土器などから、ここに摂津国の官田がおかれたことが知られる。まさに、その田圃から馬杷が出土したわけである。「天平七年」と記載された木簡や、牛かとみられる大型獣骨が共伴したことも見逃せない。これらのほかに、有力土豪層を管理・所有者に見立てることのできる例として、2辻井遺跡や9勝川遺跡がある。いずれも、遺跡の一部か近隣地に土豪層の私寺と見られる寺院跡が存在する。また、(r)下宅部遺跡では瓦質の五重塔が多くの墨書土器などとともに出土している。関連して、(f)川田条里遺跡と(s)江田条里遺跡で、条里水田跡から馬杷が検出されたことも関心を呼ぶ。水田開発の主体と馬杷の関係を暗示する事例といえようか。

2　構造について

馬杷は、図42に示したように、台木、歯、引棒、把手・柄からなる。機能的に重要視されるのは台木とこれに櫛形に装着される歯である。引棒は牽引力を馬杷に伝える装置といえる。そして、水田面の調整過程をコントロールするのが把手・柄で、作業者の意思と牽引動力がここで一体化される。この両者を結合するうえで中核的な役割を果たすのが台木であり、歯ということになる。もちろん、これらの部分が有機的に関連しあって馬杷全体の機能が発揮されることはいうまでもないが、その効力を直接的に左右するのは台木・歯と考えられる。したがって、構造観察の第一要点は台木と歯のありように向けられる。

台木・歯

渉猟した古代馬杷として把握できた資料は四二例になるが、その中で、完全な形で検出された馬杷は一例もない。しかし、6上田部遺跡出土の一例は台木が完存し、装着された歯も一〇本中七本が完存、残りの三本も原型を十分うかがうことができるものであった。さらに、台木の上面に直立状に差し込み、先端をステッキのグリップ形に加工した把手一本が残っている。全体の形状を把握しうる貴重なものである。2辻井例、5山垣例、(n)岳美例も台木と歯が完存する。ただし、山垣例には把手が装着されていない。無柄馬杷とでも称すべきであろうか。

これにつぐものとしては、台木が完存し、歯も七～八割方が装着された状態で検出された諸例がある。1カキ例、2辻井例、6上田部の他の一例、10伊場の一例、12大森A例、13上浅川例などである。11石川天野例は一三本中七本が残っている。これら以外は、台木のみか、二本程度が装着状態で見出された例で、全体的には台木のみの例が六〇パーセント強を占める。

台木の素材樹種はカシ類が圧倒的に多く、クリ、ヒノキがこれについでいる。こうした堅緻な素材が選ばれているのは、台木に最も強い圧力がかかるからであるが、同時に、弾力性・耐久性が加味された結果とも考えられる。木取りには辺材と芯材の二法がみられるが、前者の割合が高い。仕上げは、断面方形ないし長方形例が多く、円形の丸太状は少ない。クリ・ヒノキは7堂田例、8斗西例にみられ、いずれも六世紀代の年代が想定されていて興味深い。5山垣例はケヤキの芯部を素材とし、丸太状に仕上げている点で特異な存在といえる。

さて、馬杷の作業能率に関係する要素として台木と歯の長さが関心を呼ぶ。完存する台木の測定値では11石川天野例の一七三・五センチメートルが最長で、これに13上浅川例（一五一・二センチメートル）、12大森A例（一四六・〇センチメートル）、(r)下宅部例（一四三・〇センチメートル）が続く。推定復元長では(s)江田条里例が一七九・〇センチメートルとされ、(d)祝田例の一五二・四センチメートルも目立つ。10伊場の一例の一四一・〇センチメートルも見逃せない。以上の諸例が東日本に多いことは注目すべきで、とくに関東・東北地方に長大な台木がみられるのは顕著な地域色といえようか。ちなみに、近畿以西の西日本では1カキ例の一三三・〇センチメートルが最長で、他例は一〇〇～一二〇センチメートルの範囲に収まる。なお、1カキ例は、台木の両端を太く仕上げている点で特異な存在といえるが、2辻井例、8斗西A号例にも浅い刳り込みがある。また、7堂田1号例、11石川天野例、13上浅川例、(e)神明原・元宮川例では台木が少し湾曲していた。同一趣向とみうる可能性がある。

ついで歯長（台木下面から歯の先端まで）をみる。最長は11石川天野例の五三・六センチメートルである。

続いて、(d)祝田例（復元長四七・〇センチメートル）、12大森A例、(i)石田例などをあげることができる。これらは台木長においても群を抜く存在であることは先述したところである。(t)稲積川口例の長大な歯も看過できない。7堂田の一例、10伊場の一例などは三五センチメートル前後で一群を構成する。やや短いのは、(n)岳美例の二六・二センチメートル、(c)橋垣内例の二五センチメートルである。さらに、5山垣例は二〇・八センチメートルと現状で最も短小であり、馬杷の全体構造上の特徴ともあわせて考察する必要があるように思われる。

付記すると、歯の樹種は台木のそれとほぼ同様である。しかしながら、平安時代以降の馬杷の歯の多くは、鉄製である。その発現はすでに八世紀代にあり、九世紀代に入って普及することが知られてきた（松井二〇〇四）。初期の鉄製歯長は二二センチメートル前後とされる。これに従えば、短小例が近畿地方に散見されることは、長大例が関東・東北地方に多いことと共に注意すべきであろう。さらに、目を惹くのは1カキ例である。本例が台木の形状に特色が認められたことは先に記したが、歯も特徴的な形状を示す。すなわち、大半の例が断面を円形から菱形などに整形しているのに対して本例は剣形に整え、しかも、平面を推進方向に向けている。水田泥土の抵抗を真正面から受けることになり、きわめて不合理な構造というほかはない。歯長が二四・〇センチメートルと短いことも注目される。似たような歯形は3出会例にもみられる。

引棒と把手

引棒が装着状態で検出されたのは5山垣例のみであるが、他例において、台木に穿たれた装着孔により、ある程度の考察は可能である。引棒は、牽引力を無駄なく台木に伝える媒体装置で、その効果は台木との角度で左右される。一般的には直角位置に装填されており、三九例中で判明した装着孔から想定される角度も、直角

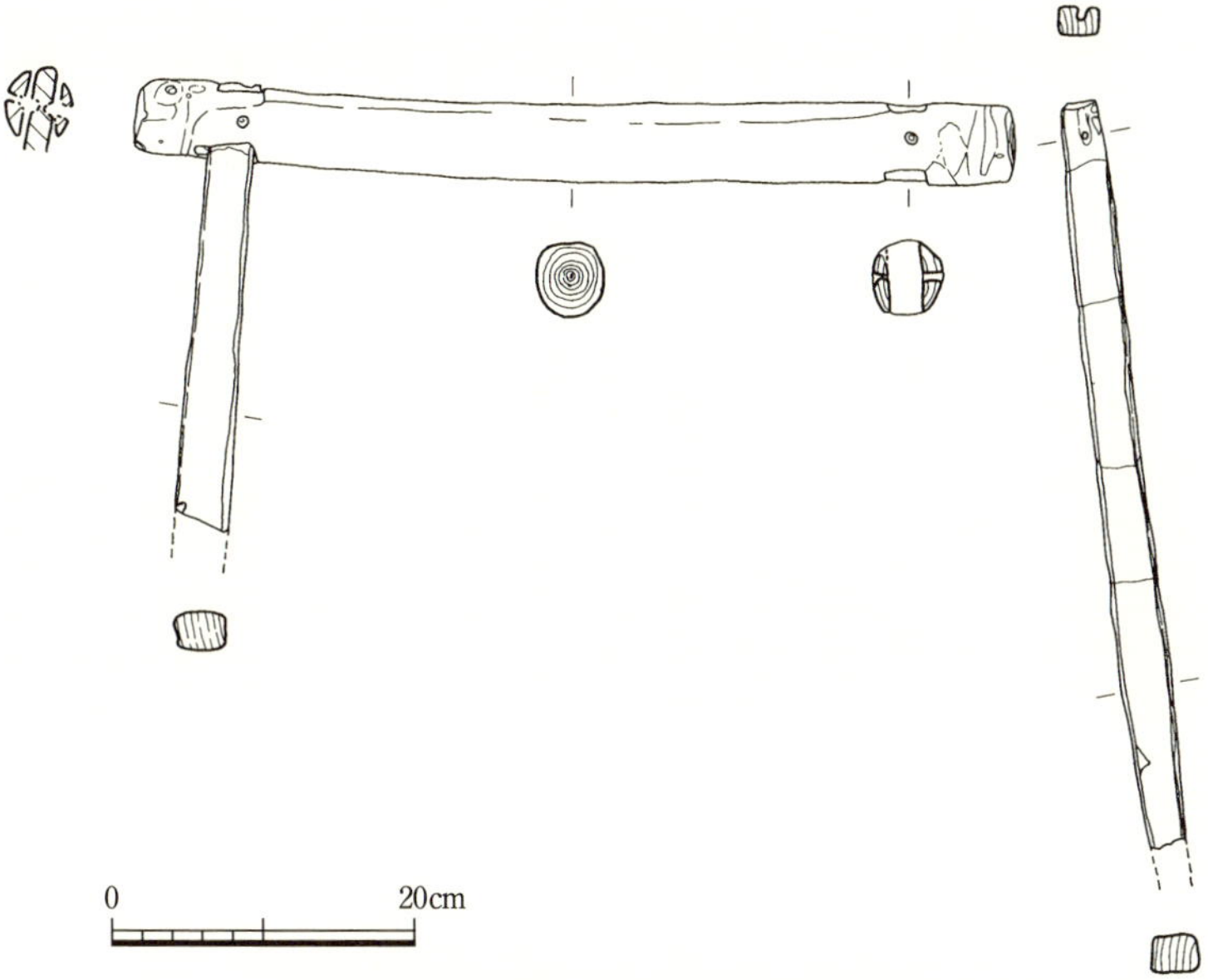

図 50　西川津遺跡出土馬杷把手・柄実測図

をなす例がほとんどであった。ただ一つ5山垣例のみは、台木と四八度角で装塡されており、この点でも異色といえる。

把手・柄の実例は、6上田部の一例と(g)西川津例（図50）である。上田部のそれがステッキ形を呈示することは先述したところである。西川津例は柄木（片方の残存長約四五センチメートル）断面が長方形で、これを把手の棒（長さ五六センチメートル）に柄孔を穿って挿入し、目釘で固定する。棒は丸太材を使用し、断面は円形である。鳥居形把手・柄は、平安時代以降に現われるとの見解がある（河野　一九九〇）。西川津例はそうした見方に修正を迫る事例である。少なくとも奈良時代以前にステッキ形と鳥居形は共存した可能性が高い。

これらの把手は、台木の上面に直立状か、やや作業者の側に傾けて装着する場合と側面に一輪運搬車の柄のような形（一輪車風と仮称する）に柄木を取り付ける場合のあることが知られる。台木に残る柄壺の角度からすると、後者のような装着が想定される例が圧倒的に多い。ただし、前者と後者が排他的ないしは時期を異にして存在したのかは明確ではないが、6上田部では直立状と一輪車風の両者があった。7堂田の四例でも両者が共存したと推定される。伊場遺跡をはじめとして東海・関東・東北例はいずれも後者を採用したかのようである。地域色とみてよいであろうか。

3　馬杷の年代と牽引動力

年代について

多くの馬杷は溝状遺構や旧河川のような湿気の多い箇所から時期・時代を異にする遺物と混在して検出される。したがって、所属時期に幅をもたせた位置づけのなされるケースが少なくない。そうした中で、比較的限定的な年代的位置を与えられているのが1カキ例（六世紀後半）、(g)西川津例（七世紀代）、2辻井例（七世紀初頭）、6上田部例（八世紀前半）、(h)今池例（六世紀末）、7堂田例（六世紀中葉・後半）、(i)石田例（四世紀前半）、(k)柿田例（六世紀代）、10伊場例（八世紀代）、11石川天野例（七世紀前半）、(s)江田条里例（九世紀代）、12大森A例（六世紀後半）、13上浅川例（八世紀中葉）の諸例である。

これをみるに、最古は石田例の四世紀前半で、これにつぐものとして堂田例などの六世紀代が続いている。七世紀から八世紀にわたる例は広く存在するが、関東・東北地方の例が比較的後出となっている。渡来人の遺跡が色濃くみられる滋賀県方面において各時期に複数例が存在するのは、馬杷の伝来と初期の普及状況を暗示して興味深い。

表 4　古代馬杷の出土地方ごとの年代

地方／西暦	九州	中・四国	近畿 兵庫	近畿 大阪	近畿 滋賀	中部 愛知	中部 静岡	中部 長野	関東	東北
			出会		石田 斗西A					
500 年										
	カキ				堂田 4 堂田 1,2,3					大森A
600 年				今池			神明原・元宮川			
		西川津	辻井		斗西B1～3		伊場 2　祝田		石川天野	
700 年			山垣			勝川		川田条里		
				上田部			伊場 3 伊場 1，4 伊場 5			上浅川
800 年			吉田南							
									宮久保	

牽引動力の問題

馬杷の存在は、その牽引力源として家畜を想定するのが一般的かと思われる。また、馬杷の名称からは牽引に馬を使用したと考えがちだが、そうともいえない。牛に挽かせる場合のほうがかえって多いとされる。また、泥田では馬より牛のほうが使いやすいことも事実である。遺跡出土例として、6上田部遺跡の牛らしき獣骨、大阪府長原遺跡の牛骨（八世紀代）など牛の存在を裏づける資料は少なくない。馬骨についても出土例は増えている。山梨県百々遺跡（南アルプス市）（山梨県埋蔵文化財センター 二〇〇二・二〇〇四a・b）では、平安時代の大規模集落址から一〇〇体にも及ぶ牛・馬骨が検出されている。出土遺物には、「甲斐」とある墨書土器や奈良三彩、皇朝十二銭などがある。地域の核となる大型拠点集落に牛馬が集中的に飼育されていたことを物語る例といえようか。

牛馬と農作業との関わりを直接示す事例は知られていないが、著名な『松崎天神絵巻』の田植え風景などは参考になろう。卑近の例ではあるが、島根県小野遺跡・荒神谷付近遺跡・山持遺跡（筆者実見）などでは平安時代の水田面から牛の足跡が多数検出されている。問題は四世紀から八・九世紀の中ごろまでに、もっぱら牛馬に馬杷を牽引させていたか否かであろう。

四 古代馬杷の意義

以上、諸項にわたり古代馬杷に関わる記載的事項と個別的な考察を試みた。冒頭で述べたように、馬杷の問題は、たんに畜力耕作の開始とその初期の展開状況にのみにとどめてはならない。労働編成のあり方と馬杷が使用される具体的な作業の場を追究することによって歴史的意義を解明することが肝要であろう。

すでに述べたように、馬杷が沖積低地に立地する拠点集落遺跡の一角から検出されていることが知られた。これら遺跡の大多数は、地方の官衙ないしは官衙的要素を有しており、ここに馬杷と地方官衙の結びつきを想定しうるところとなる。このことについて従来は、古代馬杷の所有層として「限られた上層の有力者」といった程度の理解が示されるにすぎなかった。しかし、右の想定に立てば、所有・管理者は律令制下で郡司や郷・里長を務める地域の共同体首長層であることが考えられる。おそらくは彼らが、共同体首長としての公権力を行使して配下の共同体成員（世帯共同体的結合の家族集団）を徴発し、拠点集落周辺に拓かれた広大な水田耕作に従事させる、その労働過程の一場面において馬杷が使用されたのではないだろうか。

ただし、古代水田として知られる諸例は大畦で囲まれた内部を、小畔によってせいぜい一坪前後の大きさに区分されるという特徴がある。ここでは12大森A遺跡の水田址などを示した。このような小水田内に馬杷の使用を想定することはきわめて困難、というよりも不可能といってもよい。馬杷の使用が播種もしくは苗植え作業に先行するとするならば、少なくとも、このような小区画を施す前段階において使われたと考えざるをえない。ここで想像を逞しくすれば、あらかじめ固定された大畦の内部を粗起こし・砕土・水貼りした後に行う水田面の攪拌と水平化の作業段階に至って初めて馬杷の登場ということになろう。懸念されることは、1カキ例などは別として、他の諸例のほとんどは歯長が大きく、台木下面を水田面に密着させれば相当の負荷がかかることが考えられる。果たしてこれら馬杷がそれに耐えて高い使用頻度を保つことができたかである。鉄製歯の登場と普及の問題とあわせて考える必要があろう。そして、7堂田遺跡や8斗西遺跡のように、水辺祭祀の場で祭儀的に使用された可能性もうかがえた。

結論を急ぐことになるが、筆者は、古代馬杷が大畦区画内を小区画に区分する直前に、ある種の儀礼に使用されたのではないかと考えている。台木の大きさや歯長のあり方に加えて、把手の角度なども問題になるし、出土数が他の耕作具にくらべて極端に少ないことも考慮すべきである。古代的共同体首長層が大畦水田の内部区画に際して馬杷で田面を儀礼的に攪えながら自らの管理権をこの作業に託す、といったことが考えられはしないだろうか。5山垣遺跡の特徴的な馬杷はそうした想定を裏づける貴重な事例とみた。このような考究に妥当性があるとすれば、少なくとも八世紀前後にも世帯共同体を大きく包む大共同体の存在が考えられるし、その農事慣行の一つとして馬杷使用が行われたのではないかと推測されるのである。

第10章 山陰地方における古代鉄生産の展開について

一　問題状況と課題認識

鉄生産史に関わる問題の状況

山陰地方では、近世に高殿たたら・永代たたらの鉄生産が活況を呈した。近年、環日本海域をめぐる国際交流の推進が現実の問題として取り上げられるようになり、また、地域活性化対策に関わって前近代の地域特性の一つとして鉄生産が話題を呼んでいる。とりわけ、出雲の鉄生産については、これを素材とした「鉄学の道」構想の具体化が進められ、奥出雲地域の諸自治体で近世鉄生産の復元活用が行われている。

このような地域活性化事業に、たたら鉄生産が選定されることの是非はともかく、活性材化の前提としての歴史的検証がどの程度なされたのかは疑問である。とくに近世鉄生産像を、そのまま古代・中世の鉄生産にまで遡上させ、高殿たたらが、あたかも千数百年間も営みつづけられたかのように描き出していることである。このような手法は、地域特性が歴史的発展の中で形成されたものであることや、地域創造を長年月にわたって推進してきた歴史的主体の営々とした諸活動を、正当に評価する視点を欠く点で問題視せざるをえない。

一方、環日本海域の国際交流会議では、古代の朝鮮半島と出雲の交流がテーマとなり、鉄生産をめぐる問題が大きく取り上げられてきた。しかし、設定された交流の歴史的事実と特性解明の課題に接近するにはかなりの距離がある。一つの要因として、出雲地域を含めた山陰地方一帯の古代・中世の鉄生産に関する考古学的な研究の立ち遅れがあることは誰しも認めざるをえない。一九八〇年代の後半から、にわかにクローズアップされてきた山陰地方の前近代鉄生産に実証的研究の光を当てる仕事は、地域史研究の重要な課題になってきたといってよい。とりわけ、古代・中世の鉄生産に関する調査研究の進展は右にみたような現況から、また、山陽地方その他で展開されている研究状況に照らしても強く待望されるところである。

課題の認識

一九八〇年代中葉にいたる当地方の古代・中世鉄生産研究の到達状況はどのように把握されるのであろうか。かつて、月の輪古墳出土の鉄器類の定量・定性分析を行い、中国山地帯の河谷平野に出現した初期の地域的専制権力の生産力的背景に迫ろうとした和島誠一は、全国的な古墳出土鉄器の分析結果をも踏まえながら、古代鉄生産についてつぎのような予察を示した。

「筆者は中国山脈の花崗岩地帯でおこなわれた砂鉄生産を、この櫛目文土器分布圏の人びとがつかみえたことがあると考えてきている。現在のところこの時代の確実な製鉄遺址がつかまれておらず紙幅もつきて論証することはできないが、問題として提起しておきたい」（和島 一九六六）と。この文言は、生産力発展の視座から弥生時代後期の地域統合のへゲモニーを、近畿中枢部に生起した政治的勢力が掌握していったことを展望したものである。和島は続けて、「漢代の南鮮に鉄をもとめた倭人は、ただ鉄器や鉄の素材を輸入するだけでなく、やがて何らかの形でその技術を導入する必要にせまられたであろうこと、そのさい南鮮と中国山脈は砂鉄を産する花崗岩地帯であり、またタタラの炉内温度を砂鉄精錬に必要な高さとすることは、当時の技術的条件で不可能でないと考えられるからである。そこで中国山脈の地帯でまず鉄生産がおこなわれ、おそらくしばらくはそれが鉄の需要に応じうる国内唯一の資源であったとおもわれる」と述べている。一九六六年のことである（和島 一九六六）。

右の発言で注目されることは、当時主張されていた弥生時代後期における日本列島内での鉄生産開始説に関し、生産地として、花崗岩地帯の中国山地を特定し、そこでの砂鉄によるたたら製鉄を想定して補強したことである。問題は、弥生時代後期に属する鉄生産遺跡が果たして中国山地帯で検出しうるか否かであり、また、仮に量・質ともに当該期の社会的生産力の中核部分を担いうる程度に発見されえたとしても、いうところの「櫛目文土器分布圏の人びと」の掌握を、どのようにして検証するかということにあろう。しかし、和島の問題提起は、諸般の事情もあって直ちに具体化をみたわけではない。中国山地帯で古代・中世の所産にかかる製鉄遺跡の調査が本格化するのは、一九七〇年代の後半以降であり、それも種々の開発事業にともなう調査によるものが大半を占めている。前近代鉄生産研究は別の角度からのアプローチで活況を呈するようになったといえる。

山陰地方における前近代製鉄遺跡研究は、一九八〇年代になってようやく展開を始める。開発事業にともなう調査が契機となってのことである。島根県では、一九七八年にかなやざこ炉跡（仁多郡横田町）の発掘調査が行われているが、これが製鉄炉跡調査の初例とされる（蓮岡 一九七九）。さらに、一九八一年には、朝日炉跡（簸川郡佐田町）の調査がある。これらについて、勝部昭は「県内に多数存在する炉跡については今後は十分注意する必要が痛感される」と発言している（勝部 一九八四）。同年調査された座王古墳（能義郡伯太町）では、横穴式石室の玄門部分で累積した鉄滓が検出され、古墳の年代比定に従って、六世紀後半代の鉄生産開始が主張された[(1)]（伯太町教育委員会 一九八一）。こうした散発的な調査から前近代鉄生産の全体像に焦点を合わせた調査研究へと進むのが一九八〇年代の前半期であった。契機となったのは、島根・鳥取両県で実施された生産遺跡の分布調査であったと考える。

島根県教育委員会は、一九八二〜八三年に、鳥取県教育委員会は、一九八一〜八三年にそれぞれ県下で鉄生産遺跡の分布調査を実施した。これによって島根県では約一〇〇〇カ所、鳥取県で約五〇〇カ所の製鉄遺跡の存在が明らかとなった（島根県教育委員会 一九八三〜八四、鳥取県教育委員会 一九八四）。調査を総括する形で蓮岡法暲は、たたら製鉄遺跡の概要をまとめた（蓮岡 一九八三）。鳥取県下の調査のまとめは清水真一が行っている。清水は近世の鉄生産について過去の研究をまとめるとともに、遺跡の立地に五類型があることを指摘した。その中で第一類型の「山の急斜面にへばりつくような形で、わずかな平面を作り、斜面側を製鉄滓のすて場にしている小規模なもの」には、奈良時代に遡るものがあるとの予測を立てている（清水 一九八四・八六）。

奥出雲を中心に、早くからたたら製鉄遺跡の調査に携わってきた杉原清一は、一九八五年にたたらの炉床構造からみたたたら製鉄遺跡の変遷と地域差について言及している。杉原は、炉床構造をA＝地下構造のほとんどないもの、B＝掘方はあるが明確な小舟構造のないもの、C＝本床釣りと床釣りの構造が明確なものに分類し、Aがいわゆる野だたらといわれてきたものに、Cは「近世高殿たたらに相当する」とし、様相として、AからCへの発展を想定しながら、BはAからCへの移行型式としている。同時に、近世の高殿たたらの操業期にも、A、Bタイプが併存したと説明している。杉原による右のたたら製鉄遺跡の概括的把握は、山陰地方における一九八〇年代中葉までの調査研究の到達点を示したものといえる（杉原　一九八五）。

一九八〇年代後半に、求められる山陰地方における前近代鉄生産研究の課題は、右記の基礎的調査研究を踏まえながら、他地方で積極的に推進されている鉄滓の科学的分析に代表される自然科学的な分析手法を取り入れ、生産址の全体像把握を軸に技術段階を解明することがまずあげられる。そして、地域史の展開の諸時代において鉄生産がどのような意義をもちえたかを、生産から消費の体系の追究を通じて明らかにすることであった。このような課題に応える調査研究は、現時点においてはまだ十分な展開をみせているとはいいがたい。しかし、意識的取り組みが強められていることは確かである。とくに古代・中世の鉄生産については、一九八九～九二年に島根県教育委員会が行った邑智郡瑞穂町市木周辺の製鉄遺跡の一連の調査、米子市教育委員会による新山山田遺跡の調査、玉湯町教育委員会による玉ノ宮地区D－I製鉄遺跡の調査などが注目すべき成果をあげている。これらの調査によって山陰地方における前近代鉄生産の調査研究は、新段階に入ったといえるのではなかろうか。

以下では、そうした最近の調査研究を踏まえ、また、筆者らが行った『古代金属生産の地域的特性に関する研究－山陰地方の銅・鉄を中心として－』でえられた成果（田中ほか　一九九二）にもよりながら、冒頭に示した問題状況との関わりで、山陰地方における古代鉄生産の展開について現段階での寸描を試みてみたい。

二　古代鉄生産関連遺跡の概要

往時の鉄生産の稼働を証明するには、生産遺跡そのものを捉えることがなによりも重要であり、問題解明への最も近道であることはいうまでもない。ところが、近世以前の製鉄遺跡は、求めてもこれを発見するには多くの困難がともなう。そして、目的意識的に調査研究された遺跡例は、はなはだ少ないのではあるが、拠るべき最良の資料として、A＝鉄生産遺跡をまず取り上げて概要をうかがうのが常套であろう。ただし、この種の遺跡では土器などの伴出のないケースが多く、考古資料による年代決定がなされた例は少ない。ここでは、次善の策として放射性炭素や熱残留磁気などによる年代測定を参考として、およそ一一～一二世紀までの遺跡とみなされた例を対象に検討を進めることにしたい。ついで、鉄生産の有力証人ともいうべき鉄滓を出土する遺跡を検証することで課題解明の手がかりをうることにする。鉄滓出土遺跡は、これをB＝集落遺跡、C＝埋葬関係遺跡に分けて概観する。

本来的にいえば、A、B、Cの三者を一体として把握できれば、前近代鉄生産の研究課題への接近はいっそう容易となろうが、現状では望むべくもない。ただ、A、Bが複合する遺跡は発見されているので、これから取り上げていくこととする。

1　A・BⅡ鉄生産址と集落が複合した遺跡

今佐屋山Ⅰ遺跡（島根県邑智郡瑞穂町大字市木）（図51）（角田　一九九二）

江川支流の狭長な谷平野の最奥部で、丘陵裾の小規模な浅い谷間に位置する遺跡である。谷底の細流をはさんで南側斜面からは製鉄遺構と三棟の竪穴住居址が発見された（今佐屋山Ⅰ遺跡）。そして、北側斜面からも製鉄遺構が検出されている（今佐屋山Ⅱ遺跡）。南側の製鉄関連遺構群は、北向きの緩斜面に住居群が、そこから数メートル離れた緩斜面と急斜面との傾斜変換線付近に製鉄址と鉄滓の廃棄場がある。

竪穴住居址

1号住居址は、平面が長方形（五・〇メートル×三・六メートル）で、短辺方向の北西—南東が主軸、北壁のほぼ中央に板石を芯にした粘土づくりの竈がつくりつけられている。柱穴は、長辺方向中軸線上に二カ所穿たれ、切妻式平入りタイプの上屋が想定される。遺物には、土師器の甕、須恵器の坏身（山本Ⅲ期）のほか、炉壁片や鉄滓がある。製鉄関連の遺物は住居廃棄後に近接の捨て場から流入したものと判断されている。

2号住居址は一号の東にあり、平面は方形（五・八メートル×五・四メートル）である。主軸は北東—南西にとり、北壁中央に竈が設えられたとみられる。柱穴は四カ所、南入口の入母屋造りが考えられる。床面中央に主軸方向に一条の溝が掘られて、その西側部分は屋内作業場として使用された可能性がある。

3号住居址は、平面形が長方形（五・四メートル×四・四メートル）で、2号住居址の東にある。いうなれば軒を並べている。1号住居址同様に短辺主軸の二本柱の切妻式平入りの上屋が考えられる。主軸の方向は、2号住居址とほぼ同様。遺物としては土師器の甕、坏と須恵器の坏（山本Ⅲ期）が発見されている。

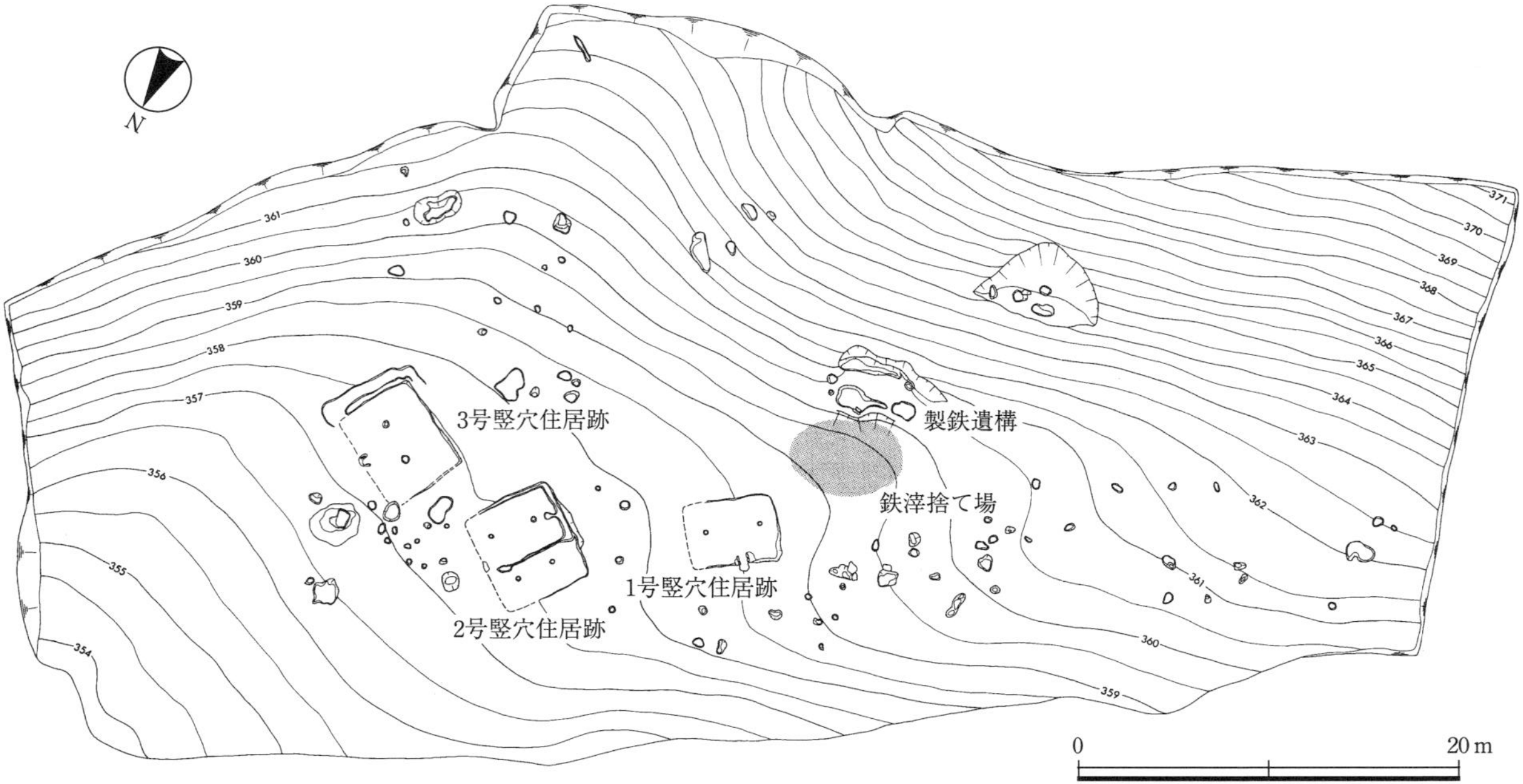

図51　今佐屋山Ⅰ遺跡の遺構配置

これら三棟の住居の同時存在を直接実証する手がかりはみあたらないが、2号住居址と3号住居址は、配置状況と主軸方向の一致からみて並存していた可能性が高いであろう。問題は1号住居址である。緩傾斜面の広がりからすると2号住居址の西側が住居建設の適地であることは容易にうなずける。主軸方向の違いが気になるが、差し当たりこの三棟は同時並存とみて、つぎのように集落復原を試みておきたい。

まず、集落址のタイプとしては短期廃絶型に属し、筆者が周辺集落として分類したものに当たり、かなり規模の小さい点に注目する必要があろう（田中 一九八四）。作業場をもつ入母屋造りの2号住居址を核に二棟の簡素な切妻式の住居が、それぞれ南面して建ち並んでいたと思われる。住居群の南側は庭として使用されていたであろう。同時に製鉄炉のある作業場との通路をなしていたようにみうけられる。居住人員は、おそらく十数人程度と推定されるが、その集団構成は通常の「親族体」とは異なる、いわば技術者の一時的な集合体と考えられようか。三棟構成という規模は、このような事情にも由来するのであろう。農閑期に母集団から暫時別れて、鉄生産に従事する小規模な職人集団を想定したらいかがであろうか。

製鉄址

急斜面をL字状に切り込んで平坦面を造成し、中央部に横置きの隅円長方形の箱形炉が設けられている。炉の大きさは、出土した炉内滓から内法で〇・四五メートル×〇・三八メートルと推定されている。炉の東側には、底に粘土を張った楕円状の浅い土坑があり、これに炉床に掘られた溝がつながる、という構造になっている。坑内からは流出滓が検出された。炉の西側にも楕円状の浅い土坑があり、小鉄塊が出土している。廃滓場からは総量コンテナ五箱分の鉄滓が採集された。滓の少なさは集落址の短期廃絶に照応する事実とみられようか。全体として、六世紀後半代の砂鉄系の製鉄遺跡と認定されている。

今佐屋山I遺跡の意義は、現状では山陰地方で最古の製鉄址が発見されたことにまず求められるが、同時に製鉄址と製鉄集団が居住した集落址が一体として見出されたことに認められるべきであろう。少なくとも、長辺約一メートル前後の製鉄炉を稼働させるのに十数人程度の集団(直接生産に従事した者と間接的に従事した者を含む)が必要であり、そのようなスタイルの操業が六世紀後半ごろから中国山地域に広がった鉄生産の一つの方式であったと考えられるのである。

2 A＝鉄生産遺跡

玉ノ宮地区製鉄遺跡群(島根県八束郡玉湯町大字玉造字玉ノ宮)

玉湯町内を流れる玉湯川の狭長な谷筋にはいくつかの製鉄遺跡の存在が確認されている。玉ノ宮地区の製鉄遺跡群はその一つで、玉湯川支流の湯田川両岸に分布している。これまで四カ所で鉄滓が採集され、内、三カ所が発掘調査された。湯田川は、全長一キロメートルの小流で、谷幅も一〇〇メートルに満たない。川底には黒い砂鉄の溜りが認められる。

玉ノ宮D―I製鉄遺跡(勝部 一九九三)

湯田川右岸の狭い低位段丘面に立地している。等高線に並行して南北主軸の製鉄遺構が検出されているが、平面形は瓢状ないしは鉄亜鈴形を呈する。炉床の溝は、長さ二・五～二・六メートル、幅〇・六～〇・七メートル、深さ〇・二五メートルで、内部には小鉄滓、炭化物を含む黒褐色土が均質に詰まっていた。廃滓場は、北坑の西側斜面にあり、径十数メートル程度の範囲に広がっているものと思われる。鉄滓の堆積は、一層で、短期間の操業が考えられる。このようにD―I製鉄遺跡では、やや長手の長方形箱形炉が想定される。放射性炭素による年代測定は八九〇ＢＰ±二〇〇年と出ている。

玉ノ宮D—II製鉄遺跡（島根県教育委員会 一九九二）

本遺跡はD—I遺跡の南約一〇〇メートルの谷の奥部に位置している。東向き傾斜面をL字状に切り込んで約二一メートル×一七メートルの平坦部をつくり、その中央やや南寄りの山側から南北主軸の長方形箱形炉の一部が発見された。検出遺構は、炉の下部で、長方形をなし、高さ約〇・二メートル、厚さ二〇センチ以上の炉壁を確認することができた。長辺の炉壁には上下二段に四〜六個の送風孔が穿たれている。孔間隔は一四センチ前後と測定された。炉の大きさは、推定で外方一・二五メートル×〇・七五メートル、内法で〇・八メートル×〇・四メートル程度と考えられる。炉底には黒褐色の土が充塡されていた。注意されたのは、炉長辺壁に沿って粘土などを積み固めた壁状の遺構がみられたことで、この遺構は、長辺壁の中央部が高く、周辺に緩いスロープをなして傾斜している。長辺の壁に直行する土層断面の観察では、炭化物・焼土・鉄滓を含む層と粘土層がたがいちがいに積まれていた。これを送風装置に関連する遺構とみるかどうかはにわかに判断はできないが、炉壁を支え、炉内を観察するための台のような施設があった可能性を考えたい。

D—II遺跡の炉址で注目されたことは、炉壁の胎土分析によって炉が三〇〇度以上には加熱されていないということが判明したことである。炉内温度が三〇〇度を超えたところで、何らかの不測の事態により炉が崩壊したのではないかと思われる。この問題は、上下二段の送風孔の存在ともあわせて、古代製鉄炉の構築技術の問題として解明される必要があると考えている。廃滓場は、平坦部前面に広がり、鉄滓の総量は約一〇トン以上と推定されている。比較的長期の操業が想定されると同時に、平坦部と廃滓場の広がり方からみて、検出炉址以外にも製鉄遺構が存在する可能性もある。熱残留磁気の測定は六九〇±四〇年を示している。

高畦谷製鉄遺跡（勝部 一九九三）

D—I製鉄遺跡の北約七〇メートル、互いに向き合う位置にある。本遺跡では、地表下一・三メートル（標高四四・五メートル）付近から炉の溝状下部遺構が検出されている。遺構は、主軸を北西―南東にとり、廃滓を行う側の短辺が湾曲する断面U字形の大型溝で、推定規模は、平面が溝の肩口の測定で、四・三メートル×一・三五メートルある。同じく深さは〇・七メートル程度になる。溝底には径一〇センチメートルほどの丸太炭などを含む炭層が認められている。上部には溝の長辺沿いに長い炉床ブロックが残されていた。このような状況からすると、この製鉄炉も操業中途で放棄された疑いがある。また、炉の長辺にほぼ並列して円礫と鉄滓を一列に並べた遺構が検出されたが、これは作業場の区画施設の一部と判断された。熱残留磁気による年代は一一七〇±二〇年と測定されている。大型の長方形箱形炉の存在が推定されよう。

以上、湯田川筋四遺跡の中の三遺跡の内容が判明したところで以下のことを指摘しておこう。まず、自然学的な年代測定に準拠していうならば、湯谷川の谷では、一時期に集中的に大規模な操業が展開された形跡は認められず、むしろ、かなりの年代間隔をおいて断続的に鉄生産が行われていたことが知られる。そして、当然ながら炉の規模が少なくとも奈良時代から平安時代にかけて大型化していったことを認める。このことが地域のどのような歴史的事情と関わるのかは今後の検討課題となる。

今佐屋山II遺跡（島根県邑智郡瑞穂町大字市木）（勝部　一九九三）

今佐屋山I遺跡と向き合う位置にあり、標高もほぼ同一の箇所で一基の製鉄炉址が発見されている。平面を弧状に、断面をL字形に掘り込んで、約一三メートル×六メートルの平坦部を造成して炉と関連施設を設けたものと思われる。検出されたのは、幅広く浅い溝状の炉の下部遺構で、平坦面の北西寄りにある。平面は長方形状を呈するが、北側は三角形状にすぼまる。大きさは四・八メートル×一・五メートル、深さ〇・一六メートル～〇・二九メートルと測定されている。溝底には粘土が敷かれ、その上に粉炭が敷き詰められ、さらに上部に薄い黒色土層があったという。溝の壁はよく焼け、一部は還元状態になっていることが認められている。製鉄炉の山側には吹子座とみられる方形の台状遺構がある。南側は砂鉄置場、北側は炭置場と認定されている。廃滓場は、谷側の斜面に形成され、その厚さは、測定箇所で二・六メートルを計測している。大型の長方形箱形炉による操業が考えられよう。熱残留磁気による年代は一一〇〇±五〇年、放射性炭素による年代は一一三〇ＢＰ±七五と測定されている。

中ノ原遺跡（島根県邑智郡瑞穂町市木字中ノ原）（図52）（島根県教育委員会 一九九三ａ）

江川支流の上流小谷に面した急斜面に立地する。斜面をＬ字状に切り込んで平坦部を造成し、そこに横置きに構築された長方形箱形炉の下部遺構が検出されている。形状が舟形を呈する長大な溝状遺構（四・五メートル×〇・九八メートル、深さ〇・三七メートル）で、長辺の壁には粘土が張りつけられ、溝底には粉炭が詰められていた。両端には廃滓用のピットがある。また、炉址の山側中央には方形台状の高まりと、それに接して壁面にコ字状に掘り込まれた竪坑状の遺構が検出され、いずれも送風装置に関連する遺構と考えられている。この台状遺構の一方の側に砂鉄置場が、もう一方の側に炭置場があったとされる。

廃滓場は、炉の短辺・小口側斜面を中心に形成され、反対小口の先端にも認められている。廃滓などの総量は四・三トンを超えると推定され、操業期間が比較的長かったことの証左とみられる。また、この炉は鉄滓の分析から銑鉄中心の生産を行っていたとされ、注目される。年代測定は各種の自然科学的手法で実施されているが、ばらつきがあっていずれとも決し難いという。公約数的な年代値と遺構の規模から古代末〜中世初のものと判断されている。

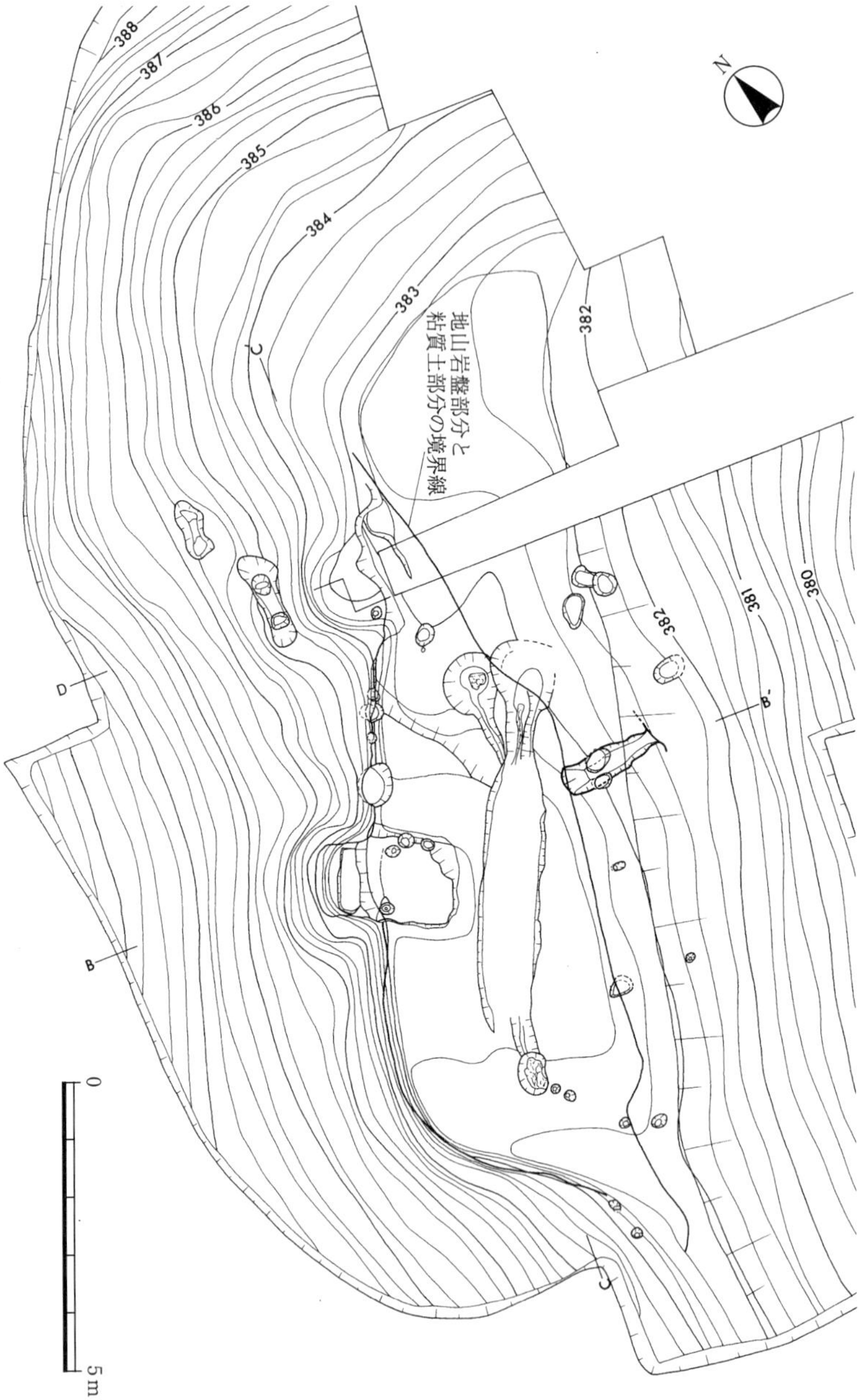

図52 中ノ原遺跡の遺構配置

新山山田遺跡（島根県米子市新山）（米子市教育委員会　一九九一）
加茂川上流、平野に面した丘陵裾に造成された狭い平坦面から精錬鍛冶場とみられる遺構が検出されている。炉床（約三・一メートル×一・〇メートル）中央に摺鉢状の凹み（径一・〇メートル）があり、中には厚く炭が残されていた。この遺構を囲んで、二間×一間（四・八メートル×三・六メートル）の掘立柱建物跡も検出され、覆屋のあったことが判明している。鉄滓は斜面側に捨てられているが、近くからは須恵器や鉄製鋤先などが出土している。七世紀後半のものと考えられている。

3　BⅡ集落遺跡

岩吉遺跡（鳥取市岩吉）（鳥取市教育委員会他　一九九一）
鳥取平野の中央部、千代川の微高地上に立地する弥生時代・古墳時代を中心とする広大な集落遺跡である。広さは、東西八〇〇メートル、南北一三〇〇メートルである。遺跡の北辺の調査で検出された古墳時代中期前半代の溝、土坑、井戸、包含層などから、鉱石系の精錬鍛冶滓・鍛錬鍛冶滓や羽口が出土している。沖積平野に陣取る拠点集落として、最も繁栄したと思われる時期に、一次原料の加工と製品化が行われた可能性があり、注目される。

島田南遺跡（島根県安来市島田町字雨谷）（島根県教育委員会他　一九九二）
丘陵頂部から斜面にかけて立地する遺跡。南面する急斜面から掘立柱建物跡六棟、土坑五カ所、溝状遺構一条と多数のピットが検出された。建物としては、斜面をL字状に掘り込んで平坦面をつくり出し、そこに二間×一間、あるいは二間×二間の家屋が建てられている。六棟中の三棟は相互に不連続的な重複関係にある。最後の建物のＳＢ―03から八世紀中葉～九世紀前半代の須恵器、土師器が出土している。詳細な集落構成を検討することは不可能である。しかし、墨書土器などの出土があり、通常の農民集落址とは異なる性格を有していた可能性が指摘されている。鉄生産関係の遺物としては、製錬滓、精錬鍛冶滓、小鉄塊、炉壁片、羽口先端付着スラッグなどがえられている。年代は、八世紀中葉以前に求められる。また製鉄関連遺物構成から精錬より鍛冶にいたる一貫工程が遂行されていたとみられる。

宮垣地区遺跡（島根県八束郡玉湯町大字玉造字宮垣）（玉湯町教育委員会　一九七二）

玉湯町右岸の段丘上にある史跡出雲玉作跡として著名な遺跡である。一九六九～七一年に発掘調査が行われ、竪穴住居址内の玉作の実態が捉えられている。その際に、多量の玉作関係遺物とともに鉄塊や鍛冶滓が検出された。鉄滓が出土したのは71―Ａ住居址と71―Ｂ住居址で、いずれも砂鉄系の椀形滓である。住居址は台形に似たプランを示している。長壁側にはいわゆる工作用ピットが施設され、周辺からおびただしい玉の原石、未成品、完成品が発見されている。伴出した須恵器は、山本編年Ⅱ期とされ、六世紀前半代の所産といえる。また、鉄塊は包含層中出土であるが、ほぼ同時期のものとみられる。おそらく、住居内工房単位で玉作用の小鉄器がしばし加工・修理されたのであろう。

門遺跡(2)**（飯石郡頓原町大字志津見）**

神戸川上流の段丘状にある。一九九二～九三年に段丘面全体が発掘調査され、弥生時代と七世紀後葉から八世紀末ごろの集落跡などが検出された。鉄生産関連の遺物が出土したのは奈良時代の集落址からである。この時代の竪穴住居址は、一八棟確認され、内、七棟で鉄塊や鍛造剝片が出土している。また、製塩土器を伴出した例もあり、この集落の性格を考えるうえで看過できない。集落構成についても今後の究明が期待されるが、掘立柱建物と竪穴住居がセットになる小集団が複数で集落全体を構成していた可能性もあろう。砂鉄系鉄生産拡大期の山間集落として、平野部の島田南遺跡などの対比に興味がもたれる。

右のほか鉄生産関連の集落遺跡として以下の諸例がある。まず、安来市大原遺跡では玉作工房とみられる竪穴住居址の柱穴内などから砂鉄系の精錬滓とみられる遺物が出土している。時期は、古墳時代中期前半代とされる（島根県教育委員会 一九九三b）。また、安来市岩屋口遺跡インター南部では、丘陵斜面を段状に切り込んだ平坦面で掘立柱建物跡などが発見されている。そこから大量の炭化物とともに、製錬滓、鍛冶滓、鍛造剝片が出土している。島田南遺跡と同類の集落跡の存在が推定される（島根県教育委員会 一九九三b）。さらに、石見町湯谷悪谷遺跡では、弥生時代終末期の竪穴住居址の埋土から砂鉄系の精錬滓約三〇個の出土があった。山間の小盆地を見下ろす位置にある高地性集落址ということともあわせて注目される。同じく埋土中からは庄内式系の甕型土器が一個体出土している。石見地方では初めての例である(3)。

4 C＝埋葬関係遺跡

高広遺跡群（安来市黒井田長廻）（島根県教育委員会 一九八四）

中海に注ぐ伯太川河口付近の東側に広がる低丘陵北斜面に立地する遺跡群で、製鉄関連遺物は横穴などから発見されている。横穴は、A群＝三基、B群＝四基、C群＝四基、D群＝二基の計一三基あり、鉄滓が出土したのはC群の四号穴、同五号穴である。そのほかに、A群が占地する低丘陵の頂部に掘られた浅い土坑＝SX

02（四・五メートル×四メートル、深さ〇・五メートルの不整楕円形）からも鉄滓が発見されている。やや詳しくいうと、四号穴では前庭部の羨門閉塞石に近接する位置で、床面より少し高位から鉄滓一五個（重量二・二一五キログラム）が、五号穴でも同じく前庭部から一六個（重量一・一〇六キログラム）が出土している。これらの鉄滓は破砕された須恵器や土師器などの土師片とともにばら撒かれたような状態で検出されており、送葬儀礼にともなうものであることが考えられる。また、SX02では意図的に埋められた炭化物などを含む層から鉄滓九個（重量〇・六五五キログラム）と須恵器の破片が検出されている。

横穴群は、A群→C群へと変遷、その上限は六世紀後半に、下限は七世紀末〜八世紀初頭に求められている。鉄生産との直接的な関わりが想定されるのはA群とC群である。すなわち、SX02は、A群全体の送葬祭祀に、四号穴と五号穴の場合はC群を構成する個別家族的な埋葬集団の墓前祭祀に属するものとしてよい。同時に四号、五号と並ぶ横穴に多量の鉄滓がともなう事実は、群全体が鉄生産に深く関わっていたことを示唆するものといえよう。高広横穴群には、B群一号穴のように、家形石棺を内蔵、副葬品に双龍環頭大刀を含む傑出した内容を示す例があり、鉄滓をともなう四号穴では銅製帯金具も出土している。鉄生産に携わる職人的集団の長の地位との関わりが問題になろう。

埋葬遺跡に製鉄関連遺物がともなう例は全国的にはかなり多数が知られているが、山陰地方ではまだ少ない。簸川郡佐田町の尾崎横穴群のII区一号穴（七世紀末）の玄室内から鉄滓の出土が報告され（佐田町教育委員会 一九八八）、また、安来市佐久保町の岩屋口遺跡インター北部（島根県教育委員会 一九九三b）の一横穴（七世紀前半）からも精錬滓の出土が伝えられている。今後類例が増えることが予想される。

三　古代鉄生産展開の諸段階

「古代金属生産研究グループ」を主導した穴沢義功は、山陰地方の古代・近世鉄生産の予察を試み、その展開状況をつぎのように素描している。すなわち、弥生時代中期・後期に鉄文化の波及があり、古墳時代前半期には岩吉遺跡の鉄滓が示すように精錬鍛造技術が拠点集落に導入されたとしている。そして、六世紀末以降に砂鉄製錬が登場し、鉄生産の大きな画期を迎える。七世紀後半には鉄生産ブームとして展開し、さらに、八世紀に引き継がれていく。この段階で鉄生産と精錬作業、そして製品化の一貫工程が地域内で確立したとする。『出雲国風土記』にある製鉄関連記事は、こうした動きの反映とみている。平安時代には、荘園の定立などを背景に鉄生産は盛行するが、一二世紀ごろには製鉄炉が大型化して一層の量産化が進む、としている（穴沢　一九九二）。

右記の穴沢の予察に導かれながら、調査研究の現状において当地方における古代鉄生産の展開を段階区分し、それぞれの段階を特徴づけるならば、おおよそつぎのようになるだろう。

第一段階は鉄生産の導入・昂揚期としてみよう。すでに早く、安来市宮山四号四隅突出形墳丘墓出土の大刀が砂鉄系の原料を用いた可能性のあることが指摘されていた（清水　一九八七）。近時調査された出雲の代表的な前期古墳として知られる安来市大成古墳の竪穴式石室から出土した鉄刀などが、同様に砂鉄系の原料鉄を加工したものであるといわれる（清水　一九九二）。こうした諸事実は穴沢も指摘するように、弥生時代後期末から古墳時代初頭ごろに、山陰地方の政治的地域諸集団が、少なくとも製鉄技術を含む鉄文化の優位性を認識し、その獲得を志向していたことを示すものと考えられる。そして、古墳時代中期前半までには拠点集落を中心にして搬入素材を精錬鍛造し、鉄器を製作する体制が集団内部に組織されていたと思われる。もちろん鉄器の導入そのものが、地域的に鉄生産より先行することは明らかである。横田町国竹遺跡では、弥生時代中期末のものと思われる板状鉄斧二個が出土し、それが鉱石系の鉄を用いている、とされたことなどは顕著な例である。(4)

ここで問題になるのは、第一段階に山陰地方において鉄製錬そのものが行われていたか否かということと、それが是認されるとすれば、生産が鉱石系か砂鉄系かということである。このことに関して注目されるのは、石見町湯谷悪谷遺跡で弥生時代後期末ごろの所産と判断される鉄滓数個が砂鉄系の精錬滓・精錬鍛冶滓と判定されたことである。もしこれが当をえているとするならば、宮山四号墓や大成古墳出土の鉄刀などが砂鉄系とされたことにも関連して、山陰地方の鉄生産開始期は弥生時代終末から古墳時代初めころにまで遡る可能性が出てくるし、それが砂鉄系の製・精錬ということになろう。興味を呼ぶ問題である。古墳時代中期前半代とみられる安来市大原遺跡出土の精錬滓が砂鉄系とみられ、古墳時代後期でも六世紀前半ごろに属する玉湯町史跡玉作遺跡出土の鍛冶滓が、同様に砂鉄系と判定されたことも関連する事項として大いに関心がもたれるところである。

やや踏み込んだ見方をすれば、山陰地方では遅くとも古墳時代前半期ごろまでに砂鉄系の精錬が、たんなる情報としてではなく実体性をもって現われたのではないか。そして、鉱石系素材の精錬鍛冶と鉄製品そのものの導入がセットになって鉄器生産体制の補足的な役割を担っていたのではないかと推定している。しかし、それも今後の検討課題に属することではある。

第二段階は拡大・発展期としよう。この段階はまさに『出雲国風土記』にいう「以上の諸郷より出す所の鉄、堅くして、尤も雑具を造るに堪ふ」とか「○○川。〜『鉄あり』」の記事に語られるごとくである。おそらく、日本海に流入する各河川の網のように広がる支流域に、砂鉄による製錬—精錬—小鍛冶の諸階梯が、小地域単位の集団内分業として確立されたものと考えられる。このような展開状況は、すでに、第一段階において素地が形成されていたとみられるのであるが、その自然成長的な結果としてのみ捉えることはできず、高広遺跡の横穴群などで知られたように、鉄生産集団の地域的編成と深く関わっていたことが予測される。そういう意味から今後、群集墳の展開と鉄生産の相関をさらに追究していく必要があろう。

七世紀代を中心とする拡大・発展期は、当然ながら、一段階の中をさらに細分して変遷過程を詳細に区分することが求められるし、また可能ではないかと思う。たとえば、今佐屋山Ⅰ遺跡のようなあり方と新山山田遺跡・門遺跡・島田南遺跡などのような七世紀後半から八世紀前半にわたる鉄生産関連遺跡のあり方には、いくつかの相違が認められる。それは地域差的なものを考慮する以前に、鉄生産の展開過程での変化として受け止めるべきであろう。

前者の場合は、地域内小規模集団による分散的な生産活動が想定され、調査者も指摘するように、多分に自給的な要素を帯びていたとみられよう（角田 一九八九・九二、島根県教育委員会 一九九二）。第二段階の初期はこうした小規模な鉄生産が増大することで特徴づけられるのではなかろうか。しかし、その普及によって導かれた農業生産の進展が新たな鉄生産の拡大に結びついたであろうことは容易に想像できる。

後者についていえば、まず、その立地の特異性に注目しておきたいと思う。おそらく、鉄生産への関わりが立地を規定する重要なファクターになっていたと推測するのであるが、そのことは半ば専業化への移行とみることもできよう。製錬—精錬—小鍛冶の各生産階梯に対応する鉄滓が、一集落内もしくは近接して発見されることや複数の住居址から製鉄関連の遺物が出土するケースがあることに、その思いを強くするのである。

第三段階は移行・転換期としたい。今佐屋山II遺跡・中ノ原遺跡・高畦谷遺跡で想定された大型の長方形箱形炉の存在は、穴沢・河瀬らが指摘するように、平安時代を通じて砂鉄による鉄生産が大きく前進したことをうかがわせている（穴沢 一九九二、河瀬 一九九一）。このことは、より直接的には送風装置の改良としてはまず現われたと考えられよう。背景に鉄の量産化を求める経済的社会的事情があったことはもちろんである。問題は、このような技術改良がどのような過程をへて進行したかである。しかし、いまはそれを明らかにする材料は当地方内ではほとんど見出せない。あえていえば、玉ノ宮D－I遺跡で、やや長手の長方形箱形炉が想定されていたあたりに転換期の崩芽が見出せないであろうかということである。

結びにかえて

以上、和島誠一の予測を起点にして、砂鉄系の鉄生産の推移をみながら、山陰地方における古代鉄生産関連遺跡を概観し、その展開状況を三段階に区分して追究してみた。考察の対象を山陰地方に限定し、その中での事象にのみ依存して考察したものであるだけに、列島全体の古代鉄生産の研究動向と十分な整合性をもちうるかは大いに危惧するところである。

それにしても関心がもたれる「出雲の鉄」生産の始源と盛期に関わる研究状況は、大方が求めるものとはまだまだ開きがあるとせざるをえない。今後の組織的研究の発展が期待されるところである。

註

（1）鉄滓が存在した座王古墳については、一九九一〜九二年に古代金属生産研究グループが再調査したところ、古墳に直接ともなうものではなく、後世の鉄滓が石室玄門付近に積まれたものと判明している。

（2）門遺跡現地説明会資料ならびに担当者の内田律雄（島根県埋蔵文化財センター係長）より教示を受けた。現地実見。

（3）石見町教育委員会中田健一教示。現地・遺物ともに実見。

（4）仁多郡横田町国竹遺跡出土の板状鉄斧については、横田町教育委員会の許諾をえて島根大学考古学研究室より大沢正己（新日鉄八幡製鉄所）に科学分析と金属的調査を依頼、その結果によっている。

付章

付章1

銅鐸・銅剣・銅矛と古代出雲

はじめに

一九八四年七月、島根県簸川郡斐川町の荒神谷遺跡から、銅剣三五八本出土というまことに破天荒な発見があった。さらに、翌年七月、銅剣出土地より一〇メートルも離れていない箇所から、今度は、銅鐸六個、銅矛一六本が一つの埋納坑から発見された。もはや形容の言葉もない発見物語が生まれたのである。

このように大量の青銅器が、三種類も揃って一括状態で出土した事例は、長い青銅器研究史上初めてのことである。それがまた、学術的な発掘調査によって検出されたという点でも希有の価値評価が与えられている。

荒神谷遺跡における青銅器の発見は、これを『記紀』神話にみられる古代出雲像と直に重ね合わせて、「古代出雲王権」の存否というような形の議論に発展してきている。解釈は自由であるし、地域住民が、この発見に大きな期待と関心を寄せ、「出雲のくにづくり」に想いを馳せることも当然である。けれども、欠落させてはならないことは、実証的な資料分析と科学的な歴史認識の方法による地域古代史像の組み立てという大原則である。科学性ということを忌避して、偏狭な郷土史の枠の中に問題を閉じ込めてしまうことは、地域史認識の発展と文化財の愛護という立場から認められない。

すべての立論の前提となる出土青銅器の資料的検討は、奈良国立文化財研究所などで進行中であるが、ここでは発見がもたらした青銅器研究上の問題点と古代出雲の形成に関わる問題について解説することにしたい。

一　荒神谷遺跡の構造と出土青銅器

荒神谷遺跡は正しくは、斐川町大字神庭字西谷八一二番地外にある。出土地の近くに荒神様が祀られていることから荒神谷の俗称で知られ、それが遺跡名として採用されたのである。発見地は、出雲平野南部の南北方向に延びる細長い谷の最奥部に当たり、谷頭の南向き急斜面の中ほどに段状の削り込みを行い、そこに浅い土坑を掘って青銅器を納め、上に薄く土を被せていた。さらに、その上には、数本の柱で支えられた覆屋のような構造物があったと推定されてもいる。

銅剣は山腹の傾斜に直交する方向に四列に並べられている（図53）。東側二列は切先を東に茎を西に向けている。西の二列は東向きと西向きを交互に置いている。いずれも刃を水平にして並べた様子がうかがわれた。

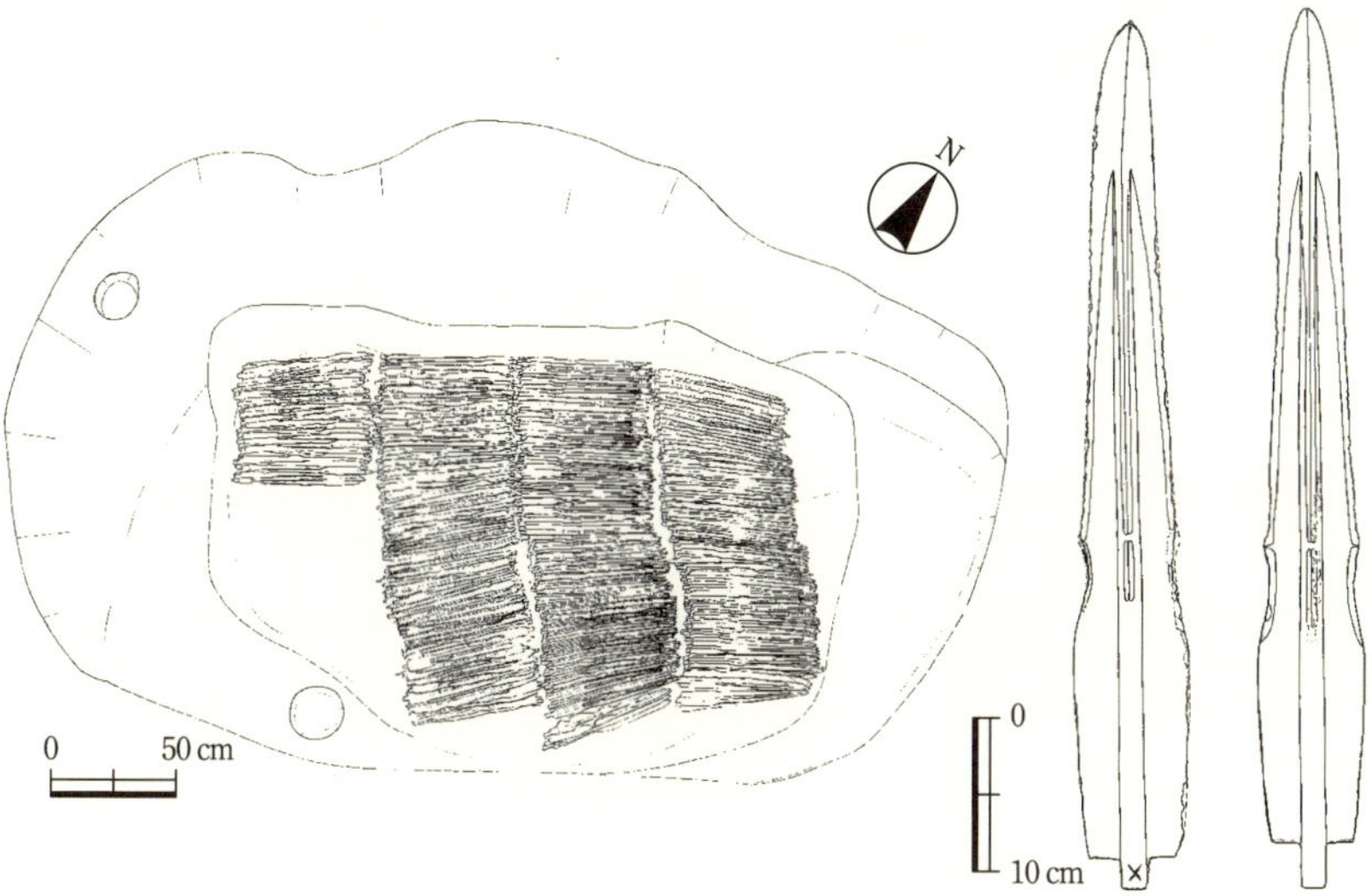

図53　荒神谷遺跡出土の銅剣と出土状態

銅鐸と銅矛は同一埋納坑内にあった。西側に六個の鐸が、山腹の傾斜方向に三個ずつの二列、鈕部分を突き合わせる形で置かれていた。鐸群の東側に銅剣と同じ方向に、矛一六本が切先と柄本を交互にして並べられていた。上部には、やはり、薄く土を被せ、その上に覆屋のようなものをつくっていたのではないかとも考えられている。

このような出土状態から判断されることは、人里離れた谷奥に、三種の青銅器が銅剣群、銅鐸・銅矛群としてまとめて埋められたものであること、埋蔵の仕方からは、その箇所は歴然としていたであろうこと、銅鐸と銅矛、銅剣は明らかに区別されて埋められていたことなどである。

つぎに、出土青銅器の形態上の特徴についてであるが、まず、銅剣は中細形C類一型式に限られる。全長は五〇～五三センチメートルで多少の違いが認められるが、これは、鋳型の寸法に差異があったたか、または研ぎ出しによって生じたものかのいずれかであろう。

銅鐸は、菱環鈕式が一個と外縁付鈕式五個となっている(図54)。菱環鈕式の模様は、横帯文、外縁付鈕式のそれは袈裟襷文とされるが、一号鐸は袈裟襷の空白部分に同心円

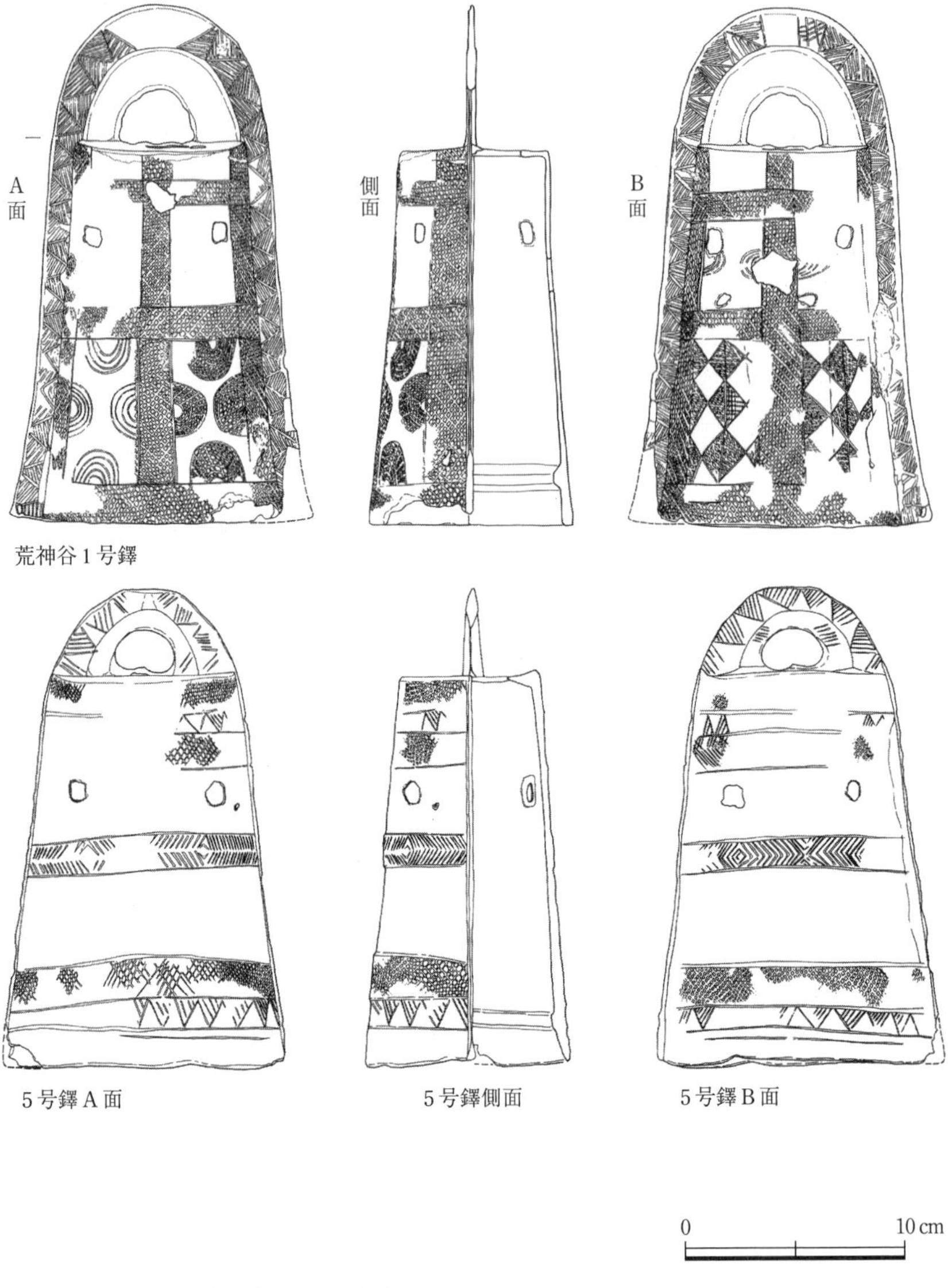

図54　荒神谷遺跡出土の銅鐸
（1号鐸・外縁付鈕式、高さ23.4cm／5号鐸・菱環鈕式、高さ21.7cm）

文や市松模様が配され、鈕も菱環部に外縁を付したものではなく、扁平な鈕部分に薄い外縁のついた、類例のない形状になっている。

銅矛は、中細形二本、中広形一四本で、中広形の四本の刃部には綾杉状の研ぎ分けが施されていた（図55）。

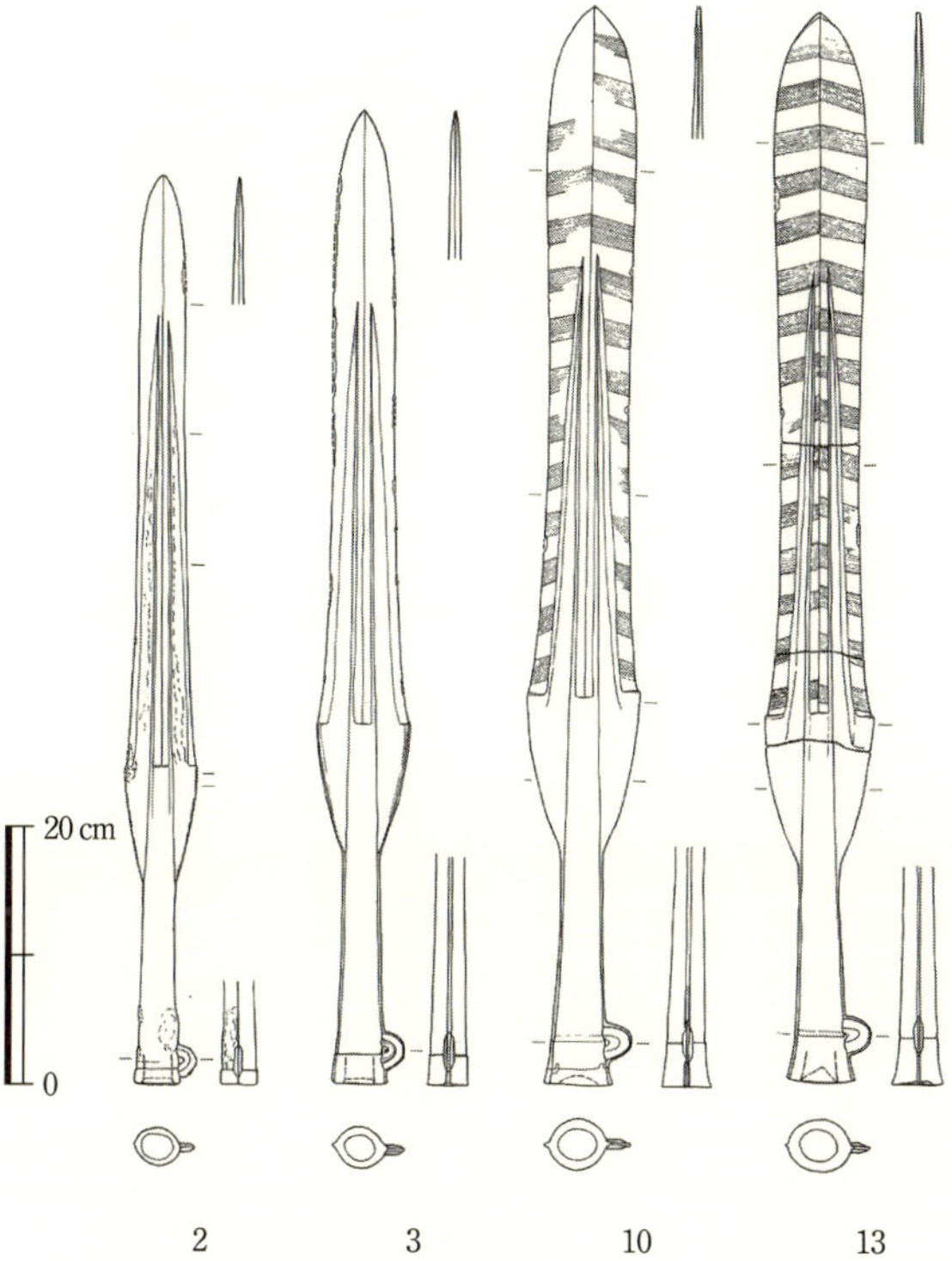

図 55　荒神谷遺跡出土の銅矛2、3、10、13号実測図

二　青銅器の変遷と分布圏

具体的な考察に入る前に、青銅器と青銅器文化について簡単に触れておこう。青銅は、銅と錫を主成分とする合金で、鉄・ニッケル・亜鉛なども含まれるが、それらは精錬の過程で除去できなかった不純物である。鋳造物の可塑性は、銅の粘性と展延性によって与えられている。錫は、銅の融点を下げ、溶銅の流れをスムーズにするために加えられる。中国・朝鮮・日本の青銅器には鉛が含まれているが、これは合金を軟らかくして細工をしやすくするための工夫だという。

鉱石から銅と錫を抽出し、溶液化して鋳型に流し込み、所定の器具を製作する技術＝冶金術は、紀元前四〇〇〇年紀末に東北イランからカスピ海南岸地帯で出現し、旧大陸の農耕・遊牧社会に波及していったようである。右のような青銅器生産は、一方には原料・燃料の存在、他方には冶金術を身につけた工人の存在をそれぞれ前提として成り立つ。工人集団を組織して生産を実現させているのは、文明の初期に現われる王朝の権力者たちで、彼らは、政治的支配の道具として武器・祭器・奢侈品を王宮に附属する官営工房で製作させた。このように、青銅器は非常に高度な冶金術によって生み出されるものであり、初期王朝の政治的支配とかたく結びついた器物であることに、その歴史的特性が認められよう。

東アジアにおける青銅製武器の淵源は二つの方面に求められる。その一つは、中国の黄河文明で、初期王朝の殷では、巨大な青銅器の生産工房がおかれ、豪華で神秘的な祭器が製造されていた。それらの祭器は、王の死に際して多数の奴隷とともに埋葬されたのであった。青銅器の武器としては、戈・矛・戟・鉞などがすでに使用されているが、剣はみあたらない。中国における青銅剣の発達は、三国式銅剣（桃氏剣）の名があるように、春秋戦国時代においてである。

いま一つの流れは、大陸の草原地帯に雄飛する遊牧民の社会に発している。紀元前一三〇〇年から紀元前七〇〇年ごろまで、南シベリアに栄えたカラスク文化の青銅短剣が、右の戦国式銅剣とともに朝鮮・日本の銅剣の源流をなしている。

二つの銅剣文化の流れは、中国東北部で合体して遼寧式銅剣と呼ばれる独特の形をした銅剣を生み出している。この地方に蟠踞していた東胡族が創り出したものである。それが朝鮮に伝えられて、剣身のすらりとした朝鮮式銅剣に改造され、さらに、日本列島の初期農耕社会では、剣の形をした武器形祭器につくり変えられる。

銅鐸の起源については、これを中国の編鐘に求める説もあるが、吊して鳴らす銅鐸と叩いて音を発する鐘の違いや伝播経路の不透明さに問題を残している。むしろ、銅鐸を遊牧世界の家畜につける鈴の文化の流れとみて、その系譜上にある朝鮮青銅器文化の馬鐸に祖形を求めることが、型式学的にも文化伝播のあり方からも合理性がある。

いずれにしても、未開から文明に移行する諸民族の政治的社会形成の動向と密接に関わって、青銅器文化の活発な交流が起こり、それぞれの民族に固有の青銅器が創造されていくことに注意を向ける必要があろう。

人を殺傷する道具として、あるいは、戦闘用の武器として発達した青銅製の剣・矛・戈が、朝鮮半島から日本に移入されるのは弥生時代Ⅰ（前）期末（紀元前三世紀〜二世紀初）のころである。これらの武器類は、まず、農耕社会の統括をゆだねられた首長と彼の一族が、その地位と権威の証しとして保有することになったらしい。最近発見された福岡県吉武高木遺跡では、甕棺・木棺群から多鈕細文鏡と細形型式の青銅製武器（移入品）、多量の玉類が発見された。とくに三号木棺墓からは、銅鏡と剣・矛が重なった状態で、また、別の箇所では剣と戈が並んだ状態で出土している。胎児のような形の変形勾玉も同一棺内から検出されている。

こうした厚葬の傾向は、弥生時代II〜III（中）期にはさらに強まってくる。福岡県須玖岡本遺跡や三雲遺跡では、多数の前漢鏡と細形ないし中細形の青銅製武器に、装身具を加えた甕棺墓の存在が知られている。これらは前漢の武帝による朝鮮の直接支配に対応し、楽浪郡を介して漢王朝の冊封体制に入った北部九州の「奴」、「伊都」の国の王墓と考えられる。

実用的な武器そのものであるこれら初期青銅製武器類は、朝鮮半島から移入されただけではなくて、北部九州でも生産されていたことが最近わかってきた。佐賀県姉遺跡からは、剣と矛の鋳型が発見されているが、前者は中細形a類、後者は細形タイプとされ、いずれも弥生時代中期前半のものとみられている。

さて、青銅製武器類は弥生時代III期以降には副葬品から埋納物に変化する。それと同時に、形も大きくなり、実用の武器としての機能を失っていく。中細形→中広形→広形という型式変遷は、そうした過程に対応している。そして銅矛と銅戈が北部九州、とりわけ福岡平野一帯で集中的に生産されるようになる。銅剣の発達型式である平形銅剣は、瀬戸内海方面で生産され、その一帯に分布圏を形成している。弥生時代IV期後半からV期のころのことであろうか。

銅鐸の変遷は、鈕の変化に端的に示される。菱環鈕式→外縁付鈕式→扁平鈕式→突線鈕式という型式組列が、それである。この組列は、銅鐸の大形化とも一致している。つまり、吊して鳴らす「カネ」から置物の「カネ」に改造されていった、と考えられている。

銅鐸の生産が近畿地方を中心に行われていたことは明白である。鋳型の発見が近畿中央部とその周辺に集中する事実、あるいは、同一の鋳型でつくられた兄弟鐸の一つが、この地域に存在することなどが、そのことを裏付けている。しかし、北部九州も銅鐸生産の有力地であったことが明らかとなっている。近畿中枢部が独占的に銅鐸生産を行うようになるのは扁平鈕式銅鐸以後ではなかろうか。

それにしても最大の銅鐸は高さが一・三五メートルもある。そしてゴテゴテと飾られてもいる。金属の発する神秘的な音色が魅きつけた時代は去って、形と大きさが印象づけられる時代になったのであろう。武器形青銅器の行きつくところも同様であるが、そうした変化の裏には、日本列島の初期農耕社会の特異な性格が隠されているのであろう。

銅鐸の分布圏は広い。銅矛の広がりも特徴的であって、対馬や四国西部にも濃い分布がみられるし、山陰の中央部もその圏内に入った。中細形式以降の銅剣は、中国・四国地方に大きな分布圏をもっている。だが、このような分布圏は数百年の青銅器の発達史から時間的要素を除去した大勢的な動きを示すにすぎず、各種の青銅器の型式変化に応じた分布ということが問題にされなければならない。荒神谷遺跡における青銅器群の発見は、そうした検討の必要性をあらためて提起したといえる。

いずれにしても、青銅器の生産と分配においては、近畿中央部と北部九州が主導的役割を果たしたことは疑いないが、その中間地帯にも、製作と保有の仕方において特徴的なあり方を示す地域が存在したのである。銅鐸文化圏対銅剣・銅矛文化圏という壮大な構想は完全に過去のものになったといえるのではないだろうか。

三　荒神谷遺跡と出雲地方の弥生文化

青銅器文化の特性と西日本における青銅器の変遷・分布を一瞥したうえで、荒神谷遺跡の青銅器群とそれが意味するところを、現状において整理すれば、およそつぎのようになる。

（a）銅鐸に関していえば、最古段階と古段階の製作品であるから、当地が弥生時代Ⅰ期末からⅡ期には、銅鐸分布圏の一角を形成していたことは明瞭である。しかも、銅鐸群中に、1号鐸のような前例のない銅鐸が含まれていることや、最古式の5号鐸が存在することからすれば、当地方が、たんに銅鐸分布圏の外域に位置していたというだけではなく、相対的に独自性をもった地域であったことが考えられよう。北部九州で生産されたことが確実な福田型邪視文鐸の存在も、こうした独自性と関連があるのではなかろうか。

（b）銅矛は北部九州からの移入品であろう。一部に中細形を含むことから、銅鐸同様に時期を追ってもち込まれたことが考えられる。すなわち、中細形の受け入れに続いて中広形が伝えられるというぐあいである。また中広形に認められた綾杉状の研ぎ分けは、佐賀県検見谷遺跡発見の中広形銅矛をはじめとして、二〇例近くが知られている。いずれも北部九州の地においてである。これらのことから、弥生時代Ⅲ〜Ⅳ期ごろには、出雲地方は北部九州とも交流していて銅矛圏の東限をなしていたといえる。

（c）三五八本の中細形C類銅剣をどのように解釈するかは、なかなか困難な問題である。同時に、荒神谷遺跡青銅器群の謎を解く重要な鍵がこの銅剣群にあることも確かである。現状では、いくつかの仮定のうえに推論を重ねることになるが、同一型式の一括大量埋納という事実からは製作工人が、近畿または北部九州より来て当地で製造したものとする考え方がまず出てくる。搬入された銅鐸・銅矛群とは、場所を異にして埋納されていたことも右のように解釈すれば説明がつくかもしれない。

出雲の地で仮に製作されたとしても、そのことが即「出雲型」銅剣の生産ということにはならないのではあるけれども、各地に分布する中細形C類銅剣は、それぞれの地の農耕社会に荒神谷遺跡の青銅器群を所有する集団から分配された品であった可能性も想定できよう。

写真7　宮山4号墓

当地製造か搬入かのいずれをとるにしても、各種青銅器を大量に所有することは、並みの農耕社会ではなしえないことである。このことは、北部九州の青銅器生産センターとして知られる福岡県春日市の春日丘陵の遺跡群や、銅鐸・銅戈を製作していた大阪府東奈良遺跡などの実態に照らして明らかであろう。問題は、そうした青銅器の大量所持を可能にした歴史的条件と集団の歴史的な性格である。

宍道湖・中海周辺には、そう広くない沖積平野が点在している。東部の安来平野・意宇平野・川津平野（仮称）、西部の出雲平野などのほか、「狭田の国」に当たる島根半島の鹿島町方面にもまとまった水田地帯があり、それぞれに弥生時代Ⅰ期の段階から農耕集落が成立し発達を遂げている。最近の発掘調査によれば、意宇平野・川津平野に有力な農耕集落の展開が認められている。古墳時代から奈良時代にかけて、地域古代史上に登場する東部出雲勢力は、これらの農耕集落の発展を歴史的前提として形成されたのであろう。

一方、西部の出雲平野にも弥生時代Ⅰ期ごろから農耕集落が顕著な発達状況を示している。出雲市矢野遺跡や大社町原山遺跡は、平野の微高地上において、弥生時代Ⅰ期から古墳時代にかけて継続的に営まれた規模の大きな中核的集落跡と考えられている。これらの大集落の周辺には中小集落址が存在している。おそらく、矢野・原山の大集落から分村していった子村であろう。こうした親村と数個の子村からなる農業集団が、八〜九体ぐらい集合して、出雲平野に根をはる大農耕社会が形成されていたものと思われる。注目されることは、矢野・原山の大集落が繁栄し、活発に村分けが行われたのは、弥生時代Ⅳ〜Ⅴ期（中期後葉〜後期）のことで、荒神谷遺跡の青銅器群の推定存続期・埋納期と時期的に重なることである。出雲平野を基盤にして発達した農耕社会の繁栄期に、大量の青銅器の受け入れ・製作が行われた可能性は十分あるとしてよい。

弥生時代Ⅴ（後）期は、出雲地方はもとより山陰の弥生社会が最も特色を発揮した時期である。特色の一つは、地域社会の首長墓の形態に示される。方形ないし長方形の墳丘の四隅に舌状の突出部を付けた四隅突出形墳丘墓がそれである。この独特の形態の起源が、朝鮮半島にあるかのように主張する人もあるが、それはたんなる憶説にすぎない。むしろ、突出部が未発達な古式の四隅突出形墳丘墓は、いまのところ中国山地の盆地で発見され、山陰地方に分布するものは大型の発達型式である。出雲地方では、東部の安来平野に集中的な分布がみられ、西部の出雲平野にも大型の四隅突出墓が数基存在している。

出雲市西谷丘陵遺跡は、出雲平野に面した丘陵の先端部にあって、現在四基の四隅突出墓が確認されている。3、4、9号墓は、一辺が約四〇メートルもある大墳丘墓で、墳丘の裾には列石をめぐらし、下端部に貼石をほどこす、堂々とした規模をもっている。3号墓の調査によると、墳頂部に長方形の墓壙を掘り、内部に板材で囲った槨をつくり、その中に、板材を組み合わせた長方形の木棺を安置していた。棺底に朱を敷き、遺体には大量の玉類が添えられていた。

このような木槨木棺構造は、著名な大墳丘墓である岡山県楯築遺跡などでも発見されており、広域の農業集団群を統括する大首長墓に共通する埋葬法であったことが知られる。また、埴輪の原型と考えられる特殊壺・特殊器台（弥生土器の壺とそれを載せる台が極端に大型化し、飾られて、儀式用の器と化したもの）は、吉備地方の弥生墳丘墓を特色づけているが、西谷3、4、9号墓からは吉備地方より搬入された、この種の特殊壺・特殊器台が出土し、出雲と吉備の大首長間に密接な交流関係の存在したことをうかがわせている。出雲平野の農耕集団群を統括する大首長は、四隅突出墓を造営することを通じて、日本海沿岸諸地方の大首長たちと連合しながら、他方では、吉備の大首長とも通交するという複合的な結合関係をもっていたことが知られるのである。

弥生時代V期後半ごろには、「倭国乱」と称された地域社会間の抗争状態に終止符が打たれ、一種の和平が実現した時期と考えられる。このことは広域にわたって地域社会間に相対的に安定した交流関係が成立したことを物語っているが、そのような状況が四隅突出墓の普及や特殊壺・特殊器台の分布に示されているのである。さらには、青銅器が祭器として機能し、一地域結合の証しであった段階から、当該地域社会を統括する首長の墓制に地域間の連合関係が表示される段階へと進んだ状況をみることもできよう。

右のような地域社会の発達段階は、大まかにいって原始社会の崩壊期に当たっている。エンゲルスの未開中段階に相当すると考えられる。そうした段階的表徴に出雲地方としての地域的個性を付与したのは、おそらく、日本海沿岸の交通の要衝地ということではなかったか、ひそかに考えるのである。

弥生時代は地方主体の時代である。近畿中央部と北部九州の二大先進地の中間に、個性豊かな地域社会が発展し、それぞれに自己を主張した時代ともいえる。青銅器分布圏の複雑な変動の中にも、そうした事情がうかがえるのではなかろうか。
荒神谷遺跡の青銅器は、まずこのように印象づけられたのである。

付章2

加茂岩倉遺跡の発見とその意義

はじめに

島根県大原郡加茂町岩倉字南ヶ廻八三七―一一。この地が昨年（一九九六年）の一〇月一四日以来全国の注目を受けている。大量の銅鐸が出土した加茂岩倉遺跡の所在地である。出土銅鐸は、最終的に三九個を数えた。これまでは、神戸市灘区桜ヶ丘町の六甲山山麓での一四個の銅鐸と七本の銅戈（大阪湾型）発見、滋賀県野洲郡野洲町小篠原の大岩山から一八八一年に一四個、一九六二年に一〇個の銅鐸がそれぞれ出土したのが、最大発見例として知られてきた。加茂岩倉遺跡の場合は、これらの出土数をはるかに凌駕していることに、まず驚きの声が発せられたのであった。

島根県では、一九八四年と八五年に、簸川郡斐川町神庭の荒神谷遺跡から銅剣三五八本、銅鐸六個、銅矛一六本が出土しており、それが提起するさまざまな問題について、なお論議が続けられている最中の出来事とあって、いっそうの関心が寄せられることとなったのである。

加えて、古代出雲は、完本『出雲国風土記』の存在をはじめとして、一地方としての史料が相対的に豊富である。考古資料にも、四隅突出形墳丘墓や石棺式石室など特色のあるものが少なくない。それらを手がかりに、多くの古代史・考古学研究者による地域研究が早くから進められ、現在も活況を呈している。銅鐸の一括大量出土は、そうした古代出雲研究に、またまた衝撃的ともいえる話題を提供したように思われる。

一　加茂岩倉遺跡の構造と銅鐸の諸相

遺跡の位置

加茂岩倉遺跡は地図上ではつぎのような位置にある。八岐大蛇伝説で知られる斐伊川、その一支流の赤川は加茂盆地を東から西に流れている。これに小河川の猪尾川が北方から流れ出て合流している。遺跡は、猪尾川の最上流部にある。周囲は、狭長な谷地形をなし、やや急峻な山腹の八合目あたり（標高一三八メートル、谷底からの比高約一八メートル）に平坦部を造成して、そこに埋納坑を設え三九個の銅鐸を納めていたと判断される。それにしても「どうしてこんなところに」と誰しも思う。荒神谷遺跡でも同様の感想をもったが、加茂岩倉はその感一入というところである。

埋納坑

今回の発見の重要なポイントは、かなり損傷を受けていたとはいえ、埋納坑が保存されており、埋納されていた銅鐸の内、数個が原位置を保ったまま検出されたことにある。近年、徳島市国府町矢野遺跡など二〇カ所以上の遺跡で銅鐸の埋納状態が捉えられているが、一括大量埋納に関する調査例はない。

埋納坑の形状と規模、銅鐸の納め方はつぎのように復元されている。坑は等高線に並列して掘られ、形はほぼ長方形である。大きさは、平面約二×一メートル、深さ五〇センチ程度とされる。坑の断面は、壁の上部が少し内側に張り出して台形状を呈していた。銅鐸の数の割には坑の規模が小さい。銅鐸を二個一対の入れ子にしていたことと関連する事実であろう（入れ子は一五組以上が確認され、推定ではすべて入れ子とされる）。

原位置にある銅鐸は、二組四個、銅鐸埋納圧痕の確認されたものが三個あり、それによって、配列状態の復元が試みられた。注意されるのは、壁を掘り窪めて、そこに鈕や裾を嵌め込み固定していることである。鰭を上下にする置き方は、多くの埋納例と共通している。一部多少斜めに傾けた鐸もあるが、これは並べた鐸の上部が同じレベルになるように工夫したためと考えられている。

いずれにしても、狭いスペースに鐸身を接して並べていたことは疑いない。にもかかわらず、壁際には鐸一個分の空間が残されているという不可解な点もある。人里を避け、限定された場所の小さい坑に入れ子にして、ある部分では壁を掘り込み、一部には空き部分を残すという埋納の仕方は、今後の重要検討課題の一つである。

銅鐸の型式と特徴

出土銅鐸の数が「三九」になることは事実である。だが、すべてが入れ子状態にあったとすれば一個あまりが出る。いまとなってはこれ以上の詮索はできない相談であるが、遺跡の発見日が、実際は、一〇月一四日ではなくて、それより三日前の一一日であったことに思いを馳せる向きもある。総数は、三九個＋αであった可能性は高いとすべきであろう。

銅鐸の型式

大量の銅鐸の歴史資料化は、個々の銅鐸の型式判定から始まる。判定には佐原真が提起した鈕による型式区分と変遷観が専ら用いられる。現在まで型式の未確定な銅鐸が数個はある。古段階の古（外縁付鈕式）＝II－1（一九個）、古段階の新（外縁付鈕式）＝II－2（九個）、中段階（扁平鈕式）＝III－2（九個）の三タイプが確認されている（そのほかII－1とIII－1の中間的要素をもつもの二個）。また、II－1鐸群は四区袈裟襷文（以下、四袈と記す）で占められ、II－2鐸群はほとんど流水文（以下、流水と記す）で、一部が四区袈裟襷文、III－2鐸群は四区と六区袈裟襷文（以下、六袈と記す）とされる。鐸の高さの点でもII－1鐸は三〇センチメートル程度で、II－2鐸とIII－2鐸が四五センチメートル前後に収まるのと区別される。入れ子関係は大型鐸に小型鐸を挿入する仕方を採っている。

同笵銅鐸・絵画銅鐸・「×」印

加茂岩倉の銅鐸群を際立たせる特徴として、多数の同笵銅鐸＝「兄弟銅鐸」と絵画銅鐸の存在があげられる。そして鈕部分に「×」印を刻んだ銅鐸が見出されたことも大いに注目すべきことであろう。

同笵銅鐸は一五組二六個判明している。注意されるのは、「兄弟同居」ともいうべき同笵鐸の共存例が認められることで、七組一八個がある。同居数が最も多いのは、II－1鐸群の4号・7号・19号・22号と太田黒田（和歌山市）組で、II－2鐸群31号・32号・34号と桜ヶ丘3号（神戸市）、および新井上屋敷（鳥取県岩美町）組がこれにつぐ。1号・26号はIII－2に属する同笵鐸である。兄弟鐸の「別居地」としては、山陰東部、近畿中枢地、紀伊、四国東部があげられる。こうした同笵鐸の共存・分散状態が何を物語るのか興味深いところであるが、現状では説得的な発言はない。

絵画を鋳出した銅鐸は六個ある。うち、II－2鐸二個からシカが検出されたほかは、III－2（IV－1の可能性あり）段階の袈裟襷文鐸群からで、題材としては、シカ、イノシシらしい四足獣、トンボ、ウミガメ、人の顔などがある。これらは従来知られている絵画銅鐸のものとは描き方が少し異なり、土製鋳型によるとみられるIII－2もしくはIV－1段階鐸を特色づける。そして、この鐸群を出雲産とみる有力な根拠とされている。「×」印は現在一四個の銅鐸で確認されている。このマークが注目されるのは、すでに明らかにされている荒神谷遺跡の銅剣（現在三四四本の銅剣から「×」印が検出されている）に同一印があるからにほかならない。加茂岩倉と荒神谷を直接結び付けうる手がかりとして大きな期待が寄せられるところだ。

以上のほかに、10号鐸に水銀朱の塗布されていることが判明したのも貴重であろう。荒神谷B－25号銅剣にも水銀朱が全面に塗布されていた事実が思い出される。銅鐸群の詳細な調査が進めば、さらに多くの知見がえられることは確実で、これら諸事実と荒神谷の青銅器群の実態・特徴とを対比する仕事は、弥生青銅器研究に一時期を画すものとなるに違いない。

二　山陰地方の弥生青銅器と地域性

加茂岩倉遺跡の発見によって、約五〇〇個弱とされる銅鐸総数の一割近くを出雲が保有することとなった。

また、荒神谷遺跡の出土の銅剣三五八本が、傑出した数字であることはしばしば指摘されるところで、律令制下の国単位でこれだけ大量の青銅器が集中的に分布する地域はほかにない。さらには、青銅器の器種の組み合せにおいても出雲域は特色を示している。いま、このことを山陰地方各地の弥生青銅器の分布から一瞥しておこう。

但馬国（兵庫県北部）

まず、東端に当たる但馬国では、円山川下流の気比遺跡（豊岡市気比）出土のII―2段階鐸群が取り上げられる。四個の銅鐸のうち、2号（流水）が加茂岩倉5号と、同じく4号（流水）が21号と同笵関係にある。3号（流水）は東奈良遺跡（大阪府茨木市）から鋳型が出土し、製作地が確定された数少ない銅鐸の一つである。つぎに、破砕状態で出土した久田谷銅鐸（日高町久田谷）があげられる。IV―5段階の大型品である。この特異な出土状態と関連して、女代神社遺跡（豊岡市九日市町）出土のIV―2段階に属する銅鐸片も気になるところだ。以上ように、山陰東端の但馬国では、個数は少ないが、古段階から新段階の銅鐸が分布することに地域としての特色が認められる。それらが瀬戸内・日本海沿岸ルートの円山川下流に集中的に見出されることも注目してよい。

因幡国（鳥取県東部）

因幡国出土の銅鐸としては以下の諸例が知られる。（a）破岩鐸（船岡町、IV・六袈）、（b）下坂鐸（郡家町、II―2・四袈）、（c）新井上屋敷鐸（岩美町、II―2・流水）、（d）越路鐸（鳥取市越路、II―2・流水）、高住鐸（鳥取市高住、III・流水）。（c）が加茂岩倉31号・32号・34号、桜ヶ丘3号と兄弟関係にあることは先述した。（d）も香川県観音寺市古川町出土鐸と同笵とされる。鳥取平野とその周辺に分布する銅鐸群は、現状ではII―2段階のものを中心とし、最新のIV段階鐸が含まれる点が注目されよう。最近、鳥取市西大路土居遺跡から中細形銅剣が一本発見されて、地域的な器種組み合せに新事実が提供されることとなった。

伯耆国東部（鳥取県中央部）

この地域では、天神川下流の沖積平野周縁に青銅器の分布がみられる。銅鐸は、（a）泊鐸（泊村小浜、II―1・流水）、（b）小田鐸（倉吉市小田、II―2・四袈、III・六袈の二個）、（c）米里鐸（北条町米里、III・四袈）、（d）八橋鐸（東伯郡八橋、III・四袈）がある。また、小銅鐸が長瀬高浜遺跡（羽合町）と東郷町北福から出土している。（a）は銅舌をともなったことで著名であり、桜ヶ丘1号鐸、新庄鐸（滋賀県守山市）と同氾関係にある。東伯郡八橋イズチ頭からは銅剣四本が発見されており、うち、二本（中細形c類）が現存する。よって、銅鐸・小銅鐸・銅剣の分布が重なり合う地域といえる。

伯耆国西部（鳥取県西部）

出土地が確かな青銅器は知られていないが、伝米子市とされる銅鐸が三個あり、そのうち、一個（四袈）はIII段階に属する。このほかに、伝伯耆国出土の邪視文銅鐸（II―1・二横帯文）が存在する。これが確かな伝承であれば、いわゆる福田型銅鐸（広島市東区安芸町の木の宗山出土の銅鐸をモデルとする）の分布圏に当地が収まることになる。

出雲国（島根県東部）

出雲国では加茂岩倉・荒神谷両遺跡のほかに以下の青銅器が存在している。まず、銅鐸は、（a）志谷奥鐸

（鹿島町志谷奥、Ⅱ―1・四袈、Ⅲ・四袈の二個。これに中細形c類の銅剣六本が共伴）、（b）伝熊野鐸（八雲村熊野、Ⅱ―1）、（c）伝木次鐸（木次町、Ⅱ―1・四袈）が知られる。これらに加えて、伝出雲国の邪視文鐸（Ⅱ―1・二横帯文）がある。青銅製武器類としては、大社町真名井遺跡からの銅戈（中細形）一本があり、ほかに銅矛（中細形か）二本と銅剣（中細形c類か）も同遺跡で出土したと伝えられている。さらに、斐伊川上流の横田町横田八幡宮境内出土銅剣（中細形c類）と松江市竹矢町出土の銅剣（細形）が現存している。なお、隠岐郡海士町竹田遺跡からも銅剣片（中細形c類）が発見されている。

当地域の弥生青銅器群が、加茂岩倉・荒神谷両遺跡の発見によって量においてひときわ抜き出たことは明白だが、銅鐸・銅剣・銅矛・銅戈と器種が揃っており、しかも、菱環鈕式銅鐸や細形銅剣といった初期もしくは古式の青銅器の存在が認められる一方、最新式のものが存在しない、といった山陰の他地域にはみられない特徴がある。また、これら青銅器が近畿、北部九州との交流の証しであることに加えて、自前の出雲型銅剣（中細形c類）をもち、周辺地域に提供していたとされることも顕著な地域性といって差し支えない。

石見国（島根県中西部）

石見国では江川中流域の中野仮屋鐸（石見町中野、Ⅲ・流水、Ⅳ―1・六袈の二個）と上府城山鐸（浜田市上府、Ⅲ・四袈の二個）が知られる。これら諸鐸は、銅鐸分布圏の西界を限る地位にある。中国山地の匹見町からは銅戈片（細形）が出土している。石見中西部は瀬戸内、九州地方との繋がりが強い地域で、弥生青銅器にもそうした特徴が表われている。

三　加茂岩倉・荒神谷両遺跡と古代出雲

加茂岩倉・荒神谷両遺跡の丹念な個別記載に目を通し、あれこれと関連史料を渉猟してみても、結局のところ「なぜ、かくも出雲に」という疑問に再度突き当たってしまう。大方の関心もまた、二つの遺跡が示した破天荒な様相以上にそのあたりに向けられているのではないだろうか。筆者は、この疑問を解く鍵が弥生時代後半の集落と墳墓に現われた地域動向、それと関連する列島全体の政治的情勢にあると考える。以下、この点に解明の照準を合わせてみよう。

出雲平野の弥生集落

加茂岩倉の銅鐸群を直接的に保持管理していた集団は、加茂盆地に蟠踞する農業集団であったとみられるが、現在のところ突き止めるための資料はない。しかし、荒神谷青銅器群の場合、保有に直接関わった農業集団として、出雲平野で検出が相次ぐ弥生集落群を想定することの蓋然性はきわめて高いとしてよい（図56）。

出雲平野の形成は縄文時代後期から始まっている。だが、集落が広汎に展開しうる条件（微高地と可耕地）が整うのは弥生時代中期ごろからと考えられる。農業開拓の起点は、原山遺跡（大社町）や矢野遺跡（出雲市）などにあり、両遺跡では、弥生時代前期から集落が営まれている。やがて、中期も後半を迎える時点から、斐伊川・神戸川の自然堤防上につぎつぎに集落が現われてくる。この現象は、一つには、前期以来の集落が核

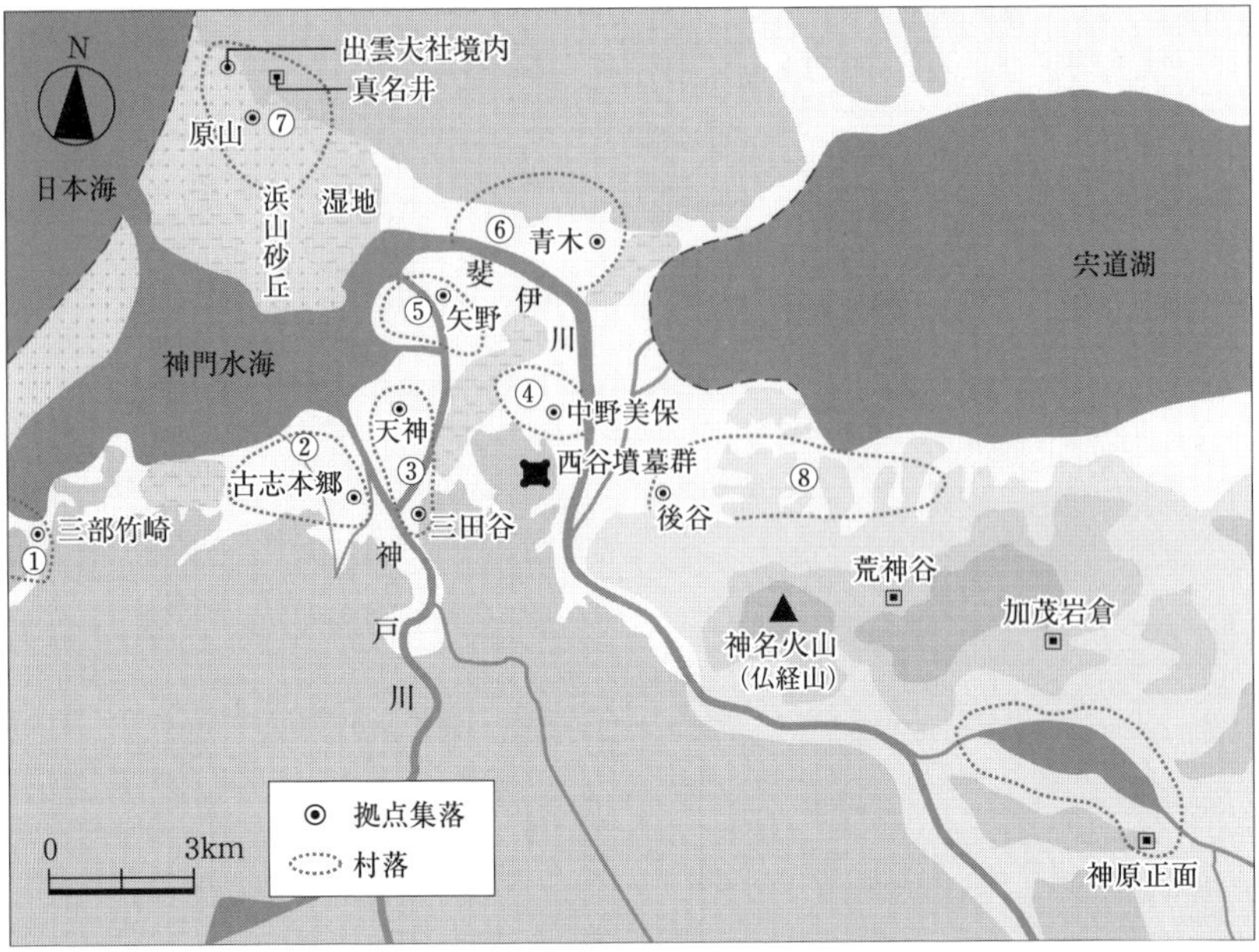

①神西湖南岸の一群、②神戸川左岸の一群、③神戸川右岸の一群、④斐伊川左岸の一群、⑤四絡遺跡群、⑥北山山麓（斐伊川右岸）の一群、⑦出雲大社周辺の一群、⑧仏経山北麓の一群。

図56　出雲西部の弥生時代遺跡

となって周辺に子村を創出する分村現象として理解できるが、他面では、平野南部の微高地上に環壕をともなう大規模な集落が短期間に並存するようになる状況からすれば、宍道湖沿岸の他地域からの移住も考慮する必要があるのかもしれない。結果として、弥生時代中期後葉ごろには、平野全体に八〜九ブロックの集落群が成立していたように見受けられる。そこで一ブロックの集落構成を、矢野遺跡を中核とする四絡《よつがね》遺跡群（東西一・一キロメートル、南北一・三キロメートル、面積約六〇ヘクタール）を例に説明すると以下のようになる。

矢野遺跡（東西三五〇メートル、南北約六〇〇メートル）自体は、六地点からなり、弥生時代全期間にわたる営村が認められる第一地点から微高地周辺部に集落が拡大している。第一地点に続く第三地点では、吉備地方から搬入された特殊土器が出土し、ここに平野を統轄する首長居宅がおかれていたことを推測させている。この点は四隅突出形墳丘墓の項で詳細に述べる。

矢野遺跡の隣接微高地上には、小山1～3、大塚、白枝荒神、姫原西、井原の七遺跡があり、いずれも中期後半から居住が開始された親縁集落とみられる。そして、これら七遺跡が微高地間の湿地を共同開発し、灌漑施設などの維持管理に連帯して当たっていたことは十分想定できよう。そうした意味から、このブロックは水稲農耕を契機として形成された一組の集合体として把握できるのではないかと考える。一九九七年初めには、姫原西遺跡で低湿地に架かる橋遺構が検出された。集落同士が架橋によって結ばれていたことを具体的に示す貴重な事実といえよう。

西谷墳墓群と四隅突出形墳丘墓

では、八～九ブロック相互の関係はどのように措定しうるか。少なくとも、交易など他地方との接触交流がブロック単位で行われたとは考え難い。証左となる確かな資料には恵まれないが、たとえば、白枝荒神遺跡や下古志遺跡（出雲市）などから出土した他方からの搬入土器や分銅形土製品は、北部九州・吉備地方との交流を物語る資料として注目される。だが、ブロック群を一つの統合体として理解するうえでの有効性は墳丘墓に勝るものではない。ここでは大型の四隅突出形墳丘墓が集中する出雲市の西谷丘陵遺跡を取り上げて設問に接近しよう。

出雲平野南東の丘陵に立地するこの遺跡は、四隅突出形墳丘墓七基を含む弥生時代後期後半から古墳時代にかけての墳墓からなる。うち、3号墓・4号墓・9号墓は、長方形の墳丘の四隅に太く長い突出部を付設し、墳丘斜面に石を敷き詰め、裾には回廊状に石列をめぐらす。墳丘の大きさは突出部を入れると約五〇メートル×四〇メートルになる。初期の大型方墳と遜色ない規模といえる。

発掘された3号墓では、二基の大型墓壙（第一主体と第四主体）が発見され、その中に、板材を長方形に組み合せた棺とまわりを四角に板囲いした槨のあったことが判明している。木槨木棺といわれる特殊な棺槨構造である。棺底に敷かれた厚い水銀朱に、大量のガラス製の玉（第一主体）や鉄剣（第四主体）などの副葬品があり、墓壙上には、膨大な量の土器が積み重ねられていた。そこには、山陰地方の土器に加えて吉備・丹後地方付近の土器があり、広い範囲から葬儀参列者のあったことを物語っている。また、第四主体の墓壙上には、巨大な柱の建物が建てられていたことも判明している。このような墳墓の造営に、どれだけの人員と物資が動員・微発されたのであろうか。

こうした当代最大規模の特徴的な墳丘を築造して、一流の埋葬施設と副葬品をセットし、盛大な葬祭を演出し、あるいは、葬祭主となった人物は棺内の埋葬者とともに、先の集落ブロック群全体の統率者として君臨する最高位の首長であったとみて誤りなかろう。ここでは、彼らを仮に「出雲王」と呼んでおこう。また、四隅突出形墳丘墓が、山陰地方から北陸地方にかけて分布する事実は、首長の送葬儀礼方式を共有・共催することによって成立する一種の連合関係の存在を暗示するが、出雲王はその総裁的地位にあったことを予測してもよい。

さらに、吉備地方で首長の埋葬儀式専用に製作された特殊土器の入手は、出雲王が吉備の大首長とも密接に交流していたことを物語っている。先の矢野遺跡を核としたブロック群との関連性は、相互の特殊土器の存在によって実証しうると考える。

西谷遺跡の大墳丘墓群の造営は、弥生時代後期後半のころである。中国史書によって「倭国乱」あり、と伝えられる紀元二世紀も後半ころとみて大過なかろう。山陰地方における四隅突出形墳丘墓の出現は後期前葉と考えられる。ちなみに、四隅突出形墳丘墓の発生地は中国山地の三次方面で、時期的には中期後葉のこととされ、そこから山陰各地に伝播したとの見方が大勢を占めている。だが、中国山地の四隅突出形墳丘墓は概して突出部の短小なものが多く、山陰各地の諸例が狭長な突出部を設けるのとはやや趣を異にしており、前者に山陰の四隅突出形の原形を求めることには問題があるように思われる。むしろ、同一祖形から分岐した二系統の墳丘墓として理解するほうが実態に合っているのではないだろうか。

高地性集落と環壕集落

最近、鳥取県大山町・淀江町にまたがる洞ヶ原遺跡で、一ヵ所に集中的に築造された一八基の小型四隅突出形墳丘墓群が発見され話題を呼んでいる。注目点の一つは各墳墓のサイズにある。一辺八メートルのものが最大クラスで、最小例はわずか一メートル程度のミニ四隅突出墓である。しかも七割がこのタイプで占められている。弥生時代中期末から後期中葉ごろの築造と推定されるが、どの四隅突出墓も細長い突出部を整然と付設しており、山陰地方におけるこの種の墳丘墓の出現の時期と様相、ならびに後期前半代の展開について重要な示唆を与えている。これを受けてあえていえば、西谷三号墓などの大型四隅突出墓が、その威容を誇るかのように立ち現われるのは、後期の墓制の漸進的な展開の結果としてではなく、緩急な事態の展開に対応してのことであったのではないか。

第二の注目点は、墳丘墓群とセットをなす環壕区が隣接地で発見されていることだ。立地場所は、日本海を見渡せる標高一〇〇メートルの丘陵上である。見張り処のような特別区かと考えられるが、詳らかではない。妻木晩田遺跡自体、いわゆる高地性集落に属している。弥生時代後期には、日本海沿岸にこうした高地性集落が多数造営されていたことが、近年各地の調査で判明してきた。米子市尾高浅山遺跡はその代表例であり、保存問題でクローズアップされた新潟県上越市裏山遺跡は同類の集落址と考えられる。他方、環壕をともなわない集落跡も相当数知られてきており、管見では、南大谷遺跡（鳥取県羽合町）、陽徳遺跡（島根県安来市）、鳥井南遺跡（同県大田市）、万葉公園内遺跡（同県益田市）などをあげることができる。

さらに、同時期には低地でも大壕を設けた集落が営まれている。出雲平野では、四絡遺跡群、天神遺跡、古志本郷遺跡、下古志遺跡で環壕が発見されており、古志本郷遺跡などには、多条の壕が存在する。注意されるのは、これらの壕が弥生時代後期末から古墳時代の初頭に人為的にいっせいに埋められていることで、弥生時代から古墳時代への転換と環壕集落の終焉が重なり合う可能性を示している。

おわりに――弥生時代後期の出雲

弥生時代後期、とりわけその後半期は、「出雲が最も出雲らしさを発揮しえた時期」とか、「栄光の出雲」時代と称されている。日本列島最大規模の四隅突出形墳丘墓の造営に関わって与えられた評価である。加茂岩倉・荒神谷両遺跡の発見は、「栄光」時代の前史もまた、並々ならぬ内容を有していたことを天下に知らしめることとなった。そのことを加茂岩倉銅鐸群、荒神谷青銅器群の量と中身から探り、他地域との比較を通じて、あるいは、青銅器保有集団の検討、とりわけ集落と墳墓の検討から解き及んでみた。

右に述べてきた加茂岩倉・荒神谷遺跡への青銅器の大量埋納、四隅突出形墳丘墓の急速な巨大化、大壕をともなう集落と高地性集落の広汎な成立は、二～三世紀の中国を中心とする東アジアの情勢、それに連動した弥生時代後期の列島全体の政治動向と密接に結びついて繰り広げられたことに違いない。出雲は、日本海交流の要衝地にあって、早くから地域的な実績を積み上げてきた。その上に立って、北部九州、近畿中央部との中間に位置した優勢な「駅商国家」として台頭し、同時に、このような情勢の展開の中で個性豊かな時代に終止符を打ったともいえる。

加茂岩倉遺跡の発見は、右のような古代出雲像を、より鮮明にする契機を与えてくれたのではないだろうか。今後、加茂岩倉・荒神谷遺跡の諸様相を弥生時代後期の地域史に的確に組み入れるために、両遺跡青銅器の埋納時期を特定する必要がある。しかし、名案はない。多くの研究者がその突破口を探し求めて苦闘している。

参考文献

青森県教育委員会編　一九八四　『垂柳遺跡発掘調査報告書』青森県教育委員会
赤坂遺跡調査団編　一九七七　『三浦市赤坂遺跡』三浦市教育委員会
赤沢秀則　一九八七　『佐太前遺跡』鹿島町教育委員会
赤沢秀則　一九八九　『講武地区県営圃場整備事業発掘調査報告書2　北講武氏元遺跡』鹿島町教育委員会
赤沢秀則　一九九二　『講武地区県営圃場整備事業発掘調査報告書5　南講武草田遺跡』鹿島町教育委員会
赤沢秀則他　一九八三　『古代の出雲を考える3　出雲平野の集落遺跡Ⅰ』出雲考古学研究会
吾郷和宏他　二〇〇二　『加茂岩倉遺跡』島根県教育委員会・加茂町教育委員会
足立克己　一九九九　『一般国道九号出雲バイパス建設予定地内埋蔵文化財発掘調査報告1　姫原西遺跡』島根県教育委員会
熱田貴保他　二〇〇〇　『斐伊川放水路建設予定地内埋蔵文化財発掘調査報告書Ⅷ　三田谷Ⅰ遺跡（Vol. 2）』島根県教育委員会
穴沢義功　一九九二　「山陰地方における古代鉄生産に関する予察」『古代金属生産の地域的特性に関する研究―山陰地方の銅・鉄を中心にして―』島根大学
甘粕健　一九六九　「横浜市稲荷前古墳群をめぐる諸問題」『考古学研究』一六―二、考古学研究会
甘粕健　一九八二　「市ケ尾横穴群の歴史的性格」『横浜市史　資料編』二一、横浜市
甘粕健・田中義昭　一九七四　「政治的社会の形成」『日本民衆の歴史1　民衆史の起点』新日本出版社
甘粕健・山口隆夫　一九八二　「横浜市稲荷前一六号墳の調査について」『第六回神奈川県遺跡調査・研究発表会要旨』第六回神奈川県遺跡調査・研究発表会準備委員会
安藤広道　一九九〇　「神奈川県下末吉台地における宮ノ台式土器の細分―遺跡群研究のためのタイムスケールの整理―」『古代文化』四二―六、七、古代学協会
安藤広道　一九九一　「弥生時代集落群の動態―横浜市鶴見川・早渕川流域の弥生時代中期集落遺跡群を対象に―」『調査研究集録』八、横浜市埋蔵文化財センター
安藤広道　一九九二　「弥生時代水田の立地と面積―横浜市鶴見川・早渕川流域の弥生時代中期集落群からの試算―」『史学』六二―一・二、三田史学会
生田滋　一九八六　「アジア史上の港市国家」『日本の古代3　海をこえての交流』中央公論出版社

池田満雄　一九五六a　「矢野貝塚」『出雲市の文化財』一、出雲市教育委員会
池田満雄　一九五六b　「四絡小学校付近出土土器」『出雲市の文化財』一、出雲市教育委員会
池田満雄　一九七九　『古代の出雲を考える1　天神遺跡の諸問題―七八年発掘調査報告―』出雲考古学研究会
池田満雄・足立克己　一九八七　「出雲市矢野遺跡出土の縄文土器」『島根考古学会誌』四、島根考古学会
池淵俊一　二〇〇一　「日本海沿岸地域における弥生時代鉄器の普及―山陰地方を中心に―」『日本海（東海）がつなぐ鉄文化』米子・今井書店
池淵俊一　二〇〇五　「安来市越峠遺跡出土鋳造鉄斧片をめぐる諸問題―山陰の鋳造鉄斧―」『季刊文化財』一一〇、島根県文化財愛護協会
池淵俊一　二〇〇七　『国道四三一号道路改築（東林木バイパス）に伴う埋蔵文化財発掘調査報告書Ⅳ　山持遺跡Ⅱ・Ⅲ区（Vol. 2）』島根県教育委員会
池淵俊一他　二〇〇八　『一般県道出雲インター線建設事業に伴う埋蔵文化財発掘調査報告書Ⅰ　九景川遺跡』島根県教育委員会
石井則孝　一九八二　『古代の集落』教育社歴史新書〈日本史〉三四、教育社
石井悠・村尾秀信　一九八二　『朝酌川河川改修工事に伴う西川津遺跡発掘調査報告書Ⅱ』島根県教育委員会
石野瑛　一九五二　『神奈川大観　2　横浜・川崎』武相出版社
石野博信　一九八一　「住居型の地域性」『三世紀の考古学』中、学生社
石原聡　二〇〇五　『大社町立大社小学校改築事業に伴う発掘調査報告書　鹿蔵山遺跡』大社町教育委員会
石原聡・松尾充晶他　二〇〇四　『出雲大社境内遺跡』大社町教育委員会
出雲考古学研究会編　一九八六　『古代の出雲を考える5　出雲平野の集落研究Ⅱ―矢野遺跡とその周辺―』出雲市教育委員会
出雲市教育委員会編　一九九一　『出雲市健康公園整備プロジェクト事業に伴う矢野遺跡第二地点発掘調査報告書』出雲市教育委員会
出雲市教育委員会編　一九九三　『出雲市遺跡地図』出雲市教育委員会
伊藤友久他　二〇〇〇　『上信越自動車道埋蔵文化財発掘調査報告書10　川田条里遺跡第一分冊（遺構編）』長野県埋蔵文化財センター
稲田孝司　一九七八　「古代水田遺構の発掘調査」『月刊文化財』一八一、第一法規
井上寛司　一九八七　「中世の朝酌川流域―西川津地域を中心として―」『朝酌川河川改修工事に伴う西川津遺跡発掘調査報告書Ⅲ（海崎地区二）』島根県教育委員会

今岡一三　一九九九『斐伊川放水路建設予定地内埋蔵文化財発掘調査報告書Ⅴ　三田谷Ⅰ遺跡（Vol. 1）』島根県教育員会
今岡一三　二〇〇五『国道四三一号道路改築（東林木バイパス）に伴う埋蔵文化財発掘調査報告書2　山持遺跡（Vol. 1）』島根県教育員会
今岡一三・松尾充晶　二〇〇六『国道四三一号道路改築事業（東林木バイパス）に伴う未曽有文化財発掘調査報告書Ⅲ　青木遺跡Ⅱ第一分冊（弥生時代）』島根県教育委員会
今岡一三他　二〇〇九『一般県道出雲インター線建設工事に伴う埋蔵文化財発掘調査報告書Ⅲ　御崎谷遺跡・間谷東遺跡・浅柄北古墳・間谷西Ⅱ遺跡・間谷西古墳群』島根県教育委員会
岩崎卓也　一九八五「鉄製鍬・鋤先の周辺」『日本史の黎明―八幡一郎先生頌寿記念考古学論集―』六興出版
岩崎卓也他　一九八〇『千葉県我孫子市日秀西遺跡発掘調査報告書　日秀西遺跡』千葉県文化財センター
岩橋孝典他　二〇〇一『朝酌川広域河川改修事業に伴う埋蔵文化財発掘調査報告書　西川津遺跡Ⅷ』島根県教育委員会
植田文雄他　一九九三『能登川町埋蔵文化財調査報告書27　斗西遺跡（第二次調査）』能登川町教育委員会
上の台遺跡調査団編　一九八一『鴨居上の台遺跡』上の台遺跡調査団
上原真人他　一九九三『木器集成図録　近畿原始編』奈良国立文化財研究所
宇垣匡雅　一九九二「特殊器台・特殊壺」『吉備の考古学的研究』上、山陽新聞社
内田律雄　一九八六「弥生前・中期の低湿地遺跡―松江市西川津遺跡―」『季刊考古学』一四、雄山閣出版
内田律雄　二〇〇〇『斐伊川放水路建設予定地内埋蔵文化財発掘調査報告書Ⅹ　三田谷Ⅲ遺跡』島根県教育委員会
内田律雄　二〇〇七『国道四三一号道路改築（東林木バイパス）に伴う埋蔵文化財発掘調査報告書Ⅴ　山持遺跡（Vol. 3）』島根県教育委員会
内田律雄他　一九八七『朝酌川河川改修工事に伴う西川津遺跡発掘調査報告書Ⅲ（海崎地区一）』島根県土木河川課・島根県教育委員会
内田律雄他　一九八八『朝酌川河川改修工事に伴う西川津遺跡発掘調査報告書Ⅳ（海崎地区二）』島根県土木河川課・島根県教育委員会
内田律雄他　一九八九『朝酌川河川改修工事に伴う西川津遺跡発掘調査報告書Ⅴ（海崎地区三）』島根県土木河川課・島根県教育委員会
雲南省博物館　一九五九『雲南晋寧石寨山古墓群発掘報告』文物出版社
遠藤正樹　一九九八『市道渡橋平野線道路改良工事に伴う小山遺跡第二地点発掘調査報告書』出雲市教育委員会

及川司・鈴木良孝　一九八八『静岡県埋蔵文化財調査研究所調査報告12　昭和六〇年度巴川（大谷川放水路工区）特定河川緊急整備事業埋蔵文化財発掘調査報告書（神明原・元宮川遺跡）大谷川（稲妻地区）』静岡県埋蔵文化財調査研究所
大井晴男　一九八七「学説史　日本考古学における方法・方法論」『論説・学説日本の考古学一総論』雄山閣出版
大阪市文化財協会編　一九八二・八三『大阪市平野区長原遺跡発掘調査報告』Ⅱ・Ⅲ、大阪市文化財協会
大阪府文化財センター編　一九七三『和泉の古代生活』大阪府文化財センター
大阪府文化財センター編　一九七八『池上遺跡・第四分冊の一　木器編』大阪府文化財センター
大阪府文化財センター編　一九八〇『池上・四ッ池遺跡・第六分冊　自然遺物編』大阪府文化財センター
大阪府文化財センター編　一九八二『寝屋川南部流域下水道事業長吉ポンプ場築造工事関連埋蔵文化財発掘調査報告書Ⅱ　亀井遺跡』大阪府文化財センター
大阪府文化財センター編　一九八三ａ『近畿自動車道天理～吹田線建設に伴う埋蔵文化財発掘調査概要報告書　亀井』大阪府文化財センター
大阪府文化財センター編　一九八三ｂ『近畿自動車道天理～吹田線建設に伴う埋蔵文化財発掘調査概要報告書　西岩田』大阪府文化財センター
大阪府文化財センター編　一九八四『近畿自動車道天理～吹田線建設に伴う埋蔵文化財発掘調査概要報告書　山賀（その三）』大阪府文化財センター
大沢正巳　二〇〇三「山陰地方における弥生・古墳時代の鉄―金属学的見地からのアプローチ―」『鉄の歴史―その技術と文化―山陰における鉄・鉄器生産の諸問題』日本鉄鋼協会・社会鉄鋼工学部会編
大塚初重　一九六三「島根県出雲市知井宮遺跡の調査」『考古学集刊』二―一、東京考古学会
大塚初重　一九七七「東国における発生期古墳の様相―とくに関東地方を中心として―」『駿台史学』四〇、駿台史学会
大塚初重・井上裕弘　一九六五「方形周溝墓の研究」『駿台史学』二四、駿台史学会
大坪宣雄他　一九八四「調査の成果と問題点」『町田市川島谷遺跡群Ⅰ』町田市小田急野津田・金井団地内遺跡調査会
大日方純夫　二〇〇二「家族論のゆくえ」『日本の科学者』三七―四、日本科学者会議
大村直　一九八三「弥生時代におけるムラとその基本的経営」『史館』一五、弘文社
岡崎雄二郎他　一九八三『友田遺跡松江圏都市計画事業乃木土地区画整理事業区内域埋蔵文化財包蔵地発掘調査報告書』松江市教育委員会
小笠原好彦　一九九六「古代の家族」『考古学による日本歴史15　家族と住まい』雄山閣出版

小方泰宏他　一九九二『北九州市埋蔵文化財調査報告書116　カキ遺跡（木製品編）』北九州市教育文化事業団・埋蔵文化財調査室
小方泰宏他　一九九三『北九州市埋蔵文化財調査報告書132　カキ遺跡（古墳時代編）』北九州市教育文化事業団・埋蔵文化財調査室
岡本勇　一九六二「主要出土遺物解説―弥生時代の遺物」『横浜市三殿台遺跡発掘経過概報』横浜市教育委員会
岡本勇　一九六八「朝光寺原A地区遺跡第一次発掘調査概報」『昭和四二年度　横浜市域北部埋蔵文化財調査報告』横浜市域北部埋蔵文化財調査委員会
岡本勇　一九七七「遺跡群研究の必要性」甘粕健編『地方史マニュアル5　考古学資料の見方《遺跡編》』柏書房
岡本勇　一九八一「原始編」『神奈川県史　通史編1　原始・古代・中世』神奈川県
岡本勇　一九九八『縄文と弥生―日本文化の土台にあるもの―』未來社
岡山県教育委員会編　一九七七『岡山県埋蔵文化財発掘調査報告16　川入・上東』岡山県教育委員会
岡山県教育委員会編　一九八一『岡山県埋蔵文化財発掘調査報告46　旭川放水路百間川　改修工事に伴う発掘調査II、百間川沢田遺跡一・百間川長谷遺跡・百間川岩間遺跡・百間川当麻遺跡一』岡山県教育委員会
岡山県教育委員会編　一九八二『岡山県埋蔵文化財発掘調査報告51　百間川兼基遺跡一・百間川今谷遺跡一』岡山県教育委員会
岡山県文化財保護協会　一九八五『岡山県埋蔵文化財発掘調査報告59　百間川沢田遺跡二・百間川長谷遺跡二』岡山県教育委員会
落合昭久他　二〇〇五『松江市文化財調査報告書第九九田和山遺跡』松江市教育委員会
小山田遺跡調査会編　一九八二『小山田遺跡群』小山田遺跡調査会
折原洋一他　一九九五『御殿・二之宮遺跡第六次発掘調査報告書』山武考古学研究所
角田徳幸　一九八六『建設省新庁舎建設に伴う天神遺跡発掘調査報告書IV』出雲市教育委員会
角田徳幸　一九八九「島根県今佐屋山遺跡の古墳時代製鉄遺構」『たたら研究』三〇、たたら研究会
角田徳幸　一九九二『中国横断自動車道広島浜田線建設予定地内埋蔵文化財発掘調査報告書IV　今佐屋山遺跡』島根県教育委員会
角田徳幸　二〇〇六『一般国道九号線出雲バイパス建設予定地内埋蔵文化財発掘調査報告書7　中野清水遺跡（3）白枝本郷遺跡』島根県教育委員会
角田徳幸・野坂俊之他　一九九四『神南地区県営圃場整備に伴う埋蔵文化財調査報告書（御領田遺跡・三部竹崎遺跡）』湖陵町教育委員会
角田徳幸・宮沢明久　二〇〇七『一般国道九号線出雲バイパス建設予定地内埋蔵文化財発掘調査書8　余小路遺跡・小畑遺跡』島根県教育委員会
陰山真樹他　二〇〇一『杉沢III遺跡』斐川町教育員会

加古千恵子・平田博幸　一九九〇　『兵庫県文化財調査報告書75　山垣遺跡―「里長」関連遺構の調査―』兵庫県教育委員会
橿原考古学研究所編　一九八一　『新沢千塚古墳群』奈良県教育委員会
片寄義春・黒谷達典他　一九八四　『鹿蔵山遺跡』大社町教育委員会
勝部昭　一九八四　「各都道府県における発掘調査の概要　島根県」『日本考古学年報』三四、日本考古学協会
勝部昭他　一九七二　『出雲市天神遺跡』出雲市教育委員会
勝部衛　一九九三　「玉湯町玉ノ宮地区製鉄遺跡の調査」『古代金属生産の地域特性に関する研究』島根大学
門脇俊彦他　一九七三　『波来浜遺跡発掘調査報告書』江津市教育委員会
金井塚良一　一九七五　「関東地方の方形周溝墓」『考古学研究』一八―四、考古学研究会
神奈川県教育委員会編　一九七五　『神奈川県埋蔵文化財調査報告書7　鳶尾遺跡』神奈川県立埋蔵文化財センター
神奈川県教育委員会編　一九八〇　『神奈川県埋蔵文化財調査報告書17　新羽大竹遺跡』神奈川県立埋蔵文化財センター
金関丈夫　一九六三　「島根県八束郡古浦遺跡」『日本考古学年報』一六、日本考古学協会
金築基・宍道年弘・池田敏雄他　一九九六　『斐川町文化財調査報告15　後谷V遺跡』斐川町教育委員会
兼康保明　一九八五　「田下駄」『弥生文化の研究5　道具と技術I』雄山閣出版
鎌木義昌・亀田修一　一九八六　「播磨出会遺跡について」『兵庫県の歴史』二二、兵庫県
釜口幸市・佐藤安平・井上義弘　一九七一　「横浜市港北区新吉田町中里遺跡第二次調査報告」『昭和四十五年度　横浜市埋蔵文化財調査報告書』横浜市埋蔵文化財調査委員会
神沢勇一　一九五九　「横浜市谷津田原出土の弥生式土器について」『貝塚』八七、平井尚志
神之木台遺跡調査グループ編　一九七七　「神之木台遺跡における弥生時代の遺構と遺物」『調査研究集録』三、港北ニュータウン埋蔵文化財調査団
神村透　一九六四　「飯田地方における弥生時代打製石器」『日本考古学の諸問題』考古学研究会
神村透　一九八五　「石製耕作具」『弥生文化の研究5　道具と技術I』雄山閣出版
亀田修一　一九九三　「考古学から見た渡来人」『古文化談叢』三〇（中）、九州古文化研究会
唐津湾周辺遺跡調査会編　一九八二　『末盧国』六興出版
川上稔　一九八二　『建設省教員宿舎新築に伴う天神遺跡発掘調査報告書』出雲市教育委員会
川上稔　一九八七　『塩冶地区遺跡分布調査（天神遺跡）II』出雲市教育委員会
川上稔　一九八八　『古志地区遺跡分布調査報告書』出雲市教育委員会

川上稔　一九八九『神門地区遺跡詳細分布調査報告書』出雲市教育委員会
川上稔　一九九四「古志本郷遺跡―古志公民館移転に伴う発掘調査―」『出雲市埋蔵文化財調査報告書4』出雲市教育委員会
川上稔・赤沢秀則　一九八一『島根県埋蔵文化財調査報告書Ⅷ　出雲・山持川川岸遺跡』島根県教育委員会
川上稔・西尾克己　一九八五『神門寺境内廃寺』出雲市教育委員会
川上稔・松山智弘　一九九一『出雲健康公園整備プロジェクト事業に伴う矢野遺跡第二地点発掘調査報告書』出雲市教育委員会
川上稔他　一九八九『神門地区遺跡詳細分布調査報告書』出雲市教育委員会
川上稔他　一九九六『山持川川岸遺跡』出雲市教育委員会
川越哲志　一九七五「金属器の製作と技術」『古代史発掘4　稲作のはじまり』講談社
川越哲志　一九八三「弥生時代の鉄刃農耕具」『日本製鉄史論集』たたら研究会
河瀬正利　一九九一「中国地方における砂鉄製錬法の成立とその展開―炉床構造を中心として―」『瀬戸内海地域史研究』三、瀬戸内海地域史研究会
河音能平　一九七一『中世封建制成立史論』東京大学出版会
川原和人　二〇〇五『山陰自動車道鳥取益田線（宍道～出雲間）建設に伴う埋蔵文化財発掘調査報告書2　保知石遺跡』島根県教育委員会
菊池義次　一九七四「弥生文化」『大田区史』資料編・考古Ⅰ、大田区
岸道三　一九九八『出雲市駅前白枝線街路事業地内　壱丁田遺跡発掘調査報告書』出雲市教育委員会
岸道三　一九九九『出雲市駅付近連続立体交差事業地内天神遺跡第九次発掘調査報告書』出雲市教育委員会
岸道三　二〇〇二『井原遺跡発掘調査報告書―新内藤川広域基幹河川改修事業地内―』出雲市教育委員会
岸道三　二〇〇六『鳶巣コミュニティセンター・幼稚園等複合施設建設事業に伴う門前遺跡発掘調査報告書』出雲市教育委員会
北浦弘人　二〇〇〇『一般国道九号青谷・羽合道路　改築工事に伴う埋蔵文化財発掘調査報告書Ⅵ　青谷上寺地遺跡2』鳥取県教育文化財団
北浦弘人　二〇〇一『一般国道九号青谷・羽合道路　改築工事に伴う埋蔵文化財発掘調査報告書Ⅶ　青谷上寺地遺跡3』鳥取県教育文化財団
北九州市教育委員会編　一九七八「貝島古墳群―北九州市小倉北区藍島所在の海人の古墳群―」『北九州市文化財調査報告書28』北九州市教育委員会
北九州市教育委員会編　一九八〇『北九州市文化財調査報告書　馬場山遺跡』三六、北九州市教育委員会

頭清明　一九九二「家族と共同体」歴史科学協会編『歴史における家族と共同体』青木書店
鬼頭清明　一九九三a『日本古代史研究と国家論—その批判と視座—』新日本出版社
鬼鬼頭清明　一九九三b「六世紀までの日本列島—倭国の成立—」『岩波講座日本通史　2　古代1』岩波書店
木下尚子　一九八〇「弥生時代における南海産貝輪の系譜」『国分直一博士古稀記念論文集　日本民族文化とその周辺　考古篇』新日本教育図書
木下尚子　一九八九「南海産貝輪交易考」『横山浩一先生退官記念論文集Ⅰ　生産と流通の考古学』横山浩一先生退官記念事業会
木下忠　一九八五『日本農耕技術の起源と伝統』雄山閣出版
木下忠　一九八六「民俗技術と技術史研究」『日本民俗文化体系一四　技術と民俗（下）』小学館
木原克司　一九八二「長原遺跡の水田跡をめぐる諸問題」『大阪市平野区長原遺跡発掘調査報告Ⅱ』大阪市文化財協会
岐阜県教育文化財団文化財保護センター編　二〇〇五『岐阜県教育文化財団文化財保護センター調査報告書　柿田遺跡第一分冊』岐阜県教育文化財団文化財保護センター
国平健三他　一九九〇『神奈川県立埋蔵文化財センター調査報告15　宮久保遺跡Ⅲ』神奈川県立埋蔵文化財センター
久保田一郎他　二〇〇一『中国横断自動道尾道松江線建設予定地内埋蔵文化財発掘調査報告書10　上野Ⅱ遺跡—弥生後期集落及び鍛冶関連遺跡の調査—』島根県教育委員会
工楽善通　一九八五「木製穂摘具」『弥生文化の研究5　道具と技術Ⅰ』雄山閣出版
工楽善通　一九八七「古代の水田跡とムラ」『稲のアジア史3　アジアの中の日本稲作文化』小学館
倉田芳郎・小長谷正治他　一九八六「東京・石川天野遺跡　第七次調査」『先史』二五、駒沢大学考古学研究会
黒崎直　一九七〇「木製農耕具の性格と弥生社会の動向」『考古学研究』一六—三、考古学研究会
黒崎直　一九八五「くわとすき」『弥生文化の研究5　道具と技術Ⅰ』雄山閣出版
黒田日出男　一九八四「中世の「畠」と「畑」—焼畑農業の位置を考えるために—」『日本中世開発史の研究』校倉書房
劒持輝久・西本豊弘　一九八六「狩猟・漁撈対象物」『季刊考古学』一四、雄山閣出版
小出輝雄　一九七九「武蔵野台地における弥生時代の地域的様相」『法政史学』三一、法政大学史学会
河野通明　一九九〇「馬鍬の伝来—古墳時代の日本と江南—」『列島の文化史』七、小学館
河野通明　一九九四「馬鍬の導入」『日本農耕具史の基礎的研究』和泉書院
後藤明　二〇〇二「多島海から太平洋へ—二〇〇〇年前の東アジア海域世界と日本の古代海人を巡る民族考古学的考察—」『二〇〇〇年前の東アジア—弥生文化の再検討—』大阪経済法科大学アジア研究所

小長谷正治　一九八六「馬杷について」『先史二五　東京・石川天野遺跡第七次調査』駒沢大学考古学研究室
小原貴樹　一九八六『加茂川改良工事に伴う埋蔵文化財発掘調査報告書　目久美遺跡Ⅰ』米子市教育委員会
小原貴樹他　一九八六『加茂川改良工事に伴う埋蔵文化財発掘調査報告書　池ノ内遺跡』米子市教育委員会
小原貴樹他　一九九〇『加茂川改良工事に伴う埋蔵文化財発掘調査報告書　長砂第一・二遺跡』米子市教育委員会
小林行雄・佐原真　一九六四『紫雲出』詫間町文化財保護委員会
小宮まゆみ　一九八二「成美学園遺跡と大岡川流域の古代集落」『神奈川県私立中学高等学校長協会昭和五五年度研究論文集』神奈川県私立中学高等学校長協会
近藤正　一九六六「島根県下の青銅器について」『島根県文化財調査報告』二（『山陰古代文化の研究』　一九七八　近藤正遺稿集刊行会に収録）
近藤義郎　一九五九「共同体と単位集団」『考古学研究』六―一、考古学研究会
近藤義郎　一九六二「弥生文化論」『岩波講座日本歴史１　原始および古代１』岩波書店
近藤義郎　一九六六「弥生文化の発達と社会関係の変化」『日本の考古学　Ⅲ　弥生時代』河出書房新社
近藤義郎　一九八三『前方後円墳の時代』岩波書店
齋木勝・深沢克友　一九七八「房総における弥生文化の摂取とその波及について」『千葉県文化財センター研究紀要』三、千葉県文化財センター
斉藤忠・向坂鋼二他　一九七七『伊場遺跡発掘調査報告書２　伊場遺跡遺構編』浜松市教育委員会
斉藤忠・向坂鋼二他　一九七八『伊場遺跡発掘調査報告書３　伊場遺跡遺構編Ⅰ』浜松市教育委員会
佐伯純也　一九九九『目久美遺跡Ⅶ』米子市教育文化事業団
佐伯純也　二〇〇〇『陰田宮の谷遺跡四区・五区』米子市教育文化事業団
佐伯純也　二〇〇二ａ『陰田第六遺跡Ⅱ』米子市教育文化事業団
佐伯純也　二〇〇二ｂ『米子城跡第三三次・三六次調査』米子市教育文化事業団
佐伯純也　二〇〇三『目久美遺跡Ⅷ』米子市教育文化事業団
佐伯純也・平木裕子　一九九八『長砂第三・四遺跡』米子市教育文化事業団
佐伯純也・平木裕子　二〇〇三『目久美遺跡Ⅸ・Ⅹ』米子市教育文化事業団
佐江戸遺跡調査会編　一九七一『清水場　横浜市緑区佐江戸町における弥生・土師集落址の調査（上）』佐江戸遺跡調査会
榊原松司・石川和明　一九七二「港北区森戸原遺跡調査概報」『昭和四十六年度　横浜市埋蔵文化財調査報告書』横浜市埋蔵文化財

調査委員会
坂詰秀一　一九五七「横浜市都田中学校校庭集落遺跡」『銅鐸』一一、立正大学考古学会
坂本彰・鈴木重信　一九八二「横浜市大原遺跡の調査」『第六回神奈川県遺跡調査・研究発表会要旨』第六回神奈川県遺跡調査・研究発表会準備委員会
坂本豊治　二〇〇二a『出雲市北部第二土地区画整理事業に伴う発掘調査報告書　中野西遺跡』出雲市教育委員会
坂本豊治　二〇〇二b『白枝地区ふるさと農道整備事業に伴う発掘調査報告書　白枝荒神遺跡・井原遺跡』出雲市教育委員会
佐田町教育委員会　一九八八『尾崎横穴群発掘調査報告書』
佐藤明人他　一九八四「有馬遺跡」『研究紀要Ⅰ』群馬県埋蔵文化財調査事業団
佐藤安平・井上義弘　一九七〇「横浜市港北区新吉田町中里遺跡調査報告」『昭和四十四年度　横浜市埋蔵文化財調査報告書』横浜市埋蔵文化財調査委員会
佐藤安平・井上義弘他　一九七〇「横浜市緑区上谷本遺跡群調査報告」『昭和四十五年度　横浜市埋蔵文化財調査報告書（Ⅱ）』横浜市埋蔵文化財調査委員会
佐藤由紀男　一九八〇「弥生時代後期の集団関係」『静岡県考古学研究』九、静岡県考古学会
佐原真　一九七五「農業の開始と階級社会の形成」『岩波講座日本歴史1　原始および古代1』岩波書店
山王遺跡調査会　一九八一『山王遺跡』大田区教育委員会
滋賀県教育委員会編　一九七四『服部遺跡発掘調査概報』滋賀県教育委員会
重田勉　一九九七『長浜新川中小河川改修に伴う発掘調査報告Ⅴ　大戌亥遺跡Ⅱ・鴨田遺跡Ⅴ』島根県教育委員会
島根県教育委員会編　一九八三〜八四『島根県生産遺跡分布調査報告書Ⅰ・Ⅱ』島根県教育委員会
島根県教育委員会編　一九八四『高広遺跡発掘調査報告―和田団地造成工事に伴う発掘調査―』島根県教育委員会
島根県教育委員会編　一九九一『主要地方道浜田八重可部線特殊改良工事に伴う埋蔵文化財発掘調査報告書―堀田上・今佐屋山・米屋山遺跡―』島根県教育委員会
島根県教育委員会編　一九九三a『一般県道市木井原線道路改良工事に伴う埋蔵文化財発掘調査報告書Ⅰ　父ヶ原遺跡・中ノ原遺跡・タタラ山第一・第二遺跡―製鉄遺跡の調査と記録―』島根県教育委員会
島根県教育委員会　一九九三b『埋蔵文化財調査センター年報Ⅰ　平成四年度』
島根県教育委員会編　一九八〇〜二〇〇八『西川津遺跡Ⅰ〜Ⅹ』島根県教育委員会
島根県教育委員会編　一九九六『出雲神庭荒神谷遺跡』島根県教育委員会

島根県教育委員会他　一九九二『一般国道九号安来道路建設予定地内埋蔵文化財発掘調査報告書Ⅲ　島田南遺跡』島根県教育委員会

清水真一　一九八四「まとめ」『鳥取県生産遺跡分布調査報告書』鳥取県教育委員会

清水真一　一九八六「鳥取県生産遺跡分布調査から―鳥取県のたたら―」『山陰考古学の諸問題』山本清先生喜寿記念論集刊行会

清永欣吾　一九八七「島根県の古墳より出土した鉄器の科学分析とその金属学的調査」『出雲岡田山古墳』島根県教育委員会

清永欣吾　一九九二「安来市荒島町大成古墳出土鉄器の調査」『既掘前期古墳資料の綜合的再検討』東京国立博物館

下城正他　一九八二「群馬県三ッ寺遺跡調査概要」『考古学雑誌』六四―四、日本考古学会

下條信行　一九八四「弥生・古墳時代の九州型石錘について―玄界灘海人の動向―」『九州文化史研究所紀要』二九、九州文化史研究所

下條信行　一九八九ａ「島根県西川津遺跡からみた弥生時代の山陰地方と北部九州」『西川津遺跡発掘調査報告書Ⅴ』島根県教育委員会

下條信行　一九八九ｂ「弥生時代の玄界灘海人の動向―漁村の出現と役割―」『横山浩一先生退官記念論文集Ⅰ　生産と流通の考古学』横山浩一先生退官記念事業会

下関市教育委員会編　一九八一『綾羅木郷遺跡Ⅰ』下関市教育委員会

下宅部遺跡調査団編　二〇〇六『下宅部遺跡Ⅰ』下宅部遺跡調査会

白井克也　二〇〇一「楽浪郡の硯―弥生人は文字を使っていたのか―」『国立博物館ニュース』一一・一二月号、東京国立博物館

白井克也　二〇〇四「朝鮮半島の文化と古代出雲」『田和山遺跡国指定三周年記念講演記録集』田和山サポートクラブ

宍道年弘　一九八八『斐川町文化財調査報告8　西谷遺跡緊急発掘調査報告書』斐川町教育委員会

宍道年弘他　一九九二ａ『斐川町文化財調査報告10　島根県斐川町遺跡分布調査報告書』斐川町教育委員会

宍道年弘他　一九九二ｂ『島根県斐川町史跡・埋蔵文化財所在地名一覧表』斐川町教育委員会

杉谷愛象　一九八四「陰田」『一般国道九号米子バイパス改良工事に伴う埋蔵文化財発掘調査報告書』米子市教育委員会

杉谷愛象　一九九五『米子城跡四』米子市教育文化事業団

杉原清一　一九八五「たたら製鉄の炉床構造について―中国地方における調査成果から―」『松江考古』六、松江考古学談話会

杉原清一　一九八六『庭反Ⅱ遺跡―昭和六〇年度緊急調査報告書』湖陵町教育委員会

杉原清一　一九八七『庭反Ⅱ遺跡・他―昭和六一年度調査報告書』湖陵町教育委員会

杉原荘介　一九四八「出雲原山遺跡調査概報」『考古学集刊』一、東京考古学会

杉原荘介他　一九六八「神奈川県二ツ池遺跡における弥生時代後期の集落」『考古学集刊』四―二、東京考古学会
逗子市教育委員会編　一九七五「持田遺跡調査報告」『逗子市文化財調査報告書』第六・七集、逗子市教育委員会
鈴木隆夫・磯部武男　一九八四「平安時代の水田に残された鋤先と足跡―藤枝市下藪田遺跡の発掘調査」『静岡県考古学研究』一五、静岡県考古学会
瀬古諒子他　二〇〇一『田和山遺跡発掘調査概報』松江市教育委員会
世田谷区教育委員会編　一九八一『堂ヶ谷戸遺跡・第一三・一四次調査概報』世田谷区教育委員会
園山薫　二〇〇〇『西出雲駅南土地区画整理事業に伴う埋蔵文化財発掘調査報告書　浅柄遺跡』出雲市教育委員会
園山薫　二〇〇二a『市道四絡三〇号外一線道路改良工事に伴う小山遺跡発掘調査報告書（第三次発掘調査）』出雲市教育委員会
園山薫　二〇〇二b『四絡幼稚園改築事業に伴う小山遺跡発掘調査報告書（第四次発掘調査）』出雲市教育委員会
園山薫　二〇〇八「矢野遺跡について」『コレージュド島根・講演会』出雲まほろばの会
大山スイス村埋蔵文化財調査団・鳥取県大山町教育委員会編　二〇〇〇『妻木晩田遺跡発掘調査報告』大山スイス村埋蔵文化財調査団・鳥取県大山町教育委員会
高倉洋彰　一九七五「右手の不使用―南海産貝製腕輪着装の意義―」『九州歴史資料館研究論集』一、九州歴史資料館
高倉洋彰　一九八四「初期鉄器の普及と画期」『九州歴史資料館研究論集』一〇、九州歴史資料館
高崎市教育委員会編　一九七九a『高崎市文化財調査報告書8　小八木遺跡調査報告書Ⅰ』高崎市教育委員会
高崎市教育委員会編　一九七九b『高崎市文化財調査報告書10　日高遺跡Ⅰ』高崎市教育委員会
高崎市教育委員会編　一九七九c『高崎市文化財調査報告書12　大八木水田遺跡』高崎市教育委員会
高崎市教育委員会編　一九八〇a『高崎市文化財調査報告書17　日高遺跡Ⅱ』高崎市教育委員会
高崎市教育委員会編　一九八〇b『高崎市文化財調査報告書18　御布呂遺跡』高崎市教育委員会
高崎市教育委員会編　一九八〇c『高崎市文化財調査報告書19　芦田貝戸遺跡Ⅱ』高崎市教育委員会
高島忠平　一九八三「わが国最古の水田跡―佐賀県菜畑遺跡―」『地理』二八―一〇、古今書院
高橋一夫　一九七六「製鉄遺跡と鉄製農具」『考古学研究』二二―四、考古学研究会
高橋智也　二〇〇二『市道山陰本線北沿線設置予定地内埋蔵文化財発掘調査報告書天神遺跡（第一〇次発掘調査）』・『同第一二次発掘調査報告書』出雲市教育委員会
高橋浩樹　一九九六a『米子城跡七遺跡』米子市教育文化事業団
高橋浩樹　一九九六b『米子城跡八遺跡』米子市教育文化事業団

高橋昌明　一九七七「日本中世農業生産力水準再評価の一視点」『新しい歴史学のために』一四八、民主主義科学者協会京都支部歴史部会
高橋浩樹・佐伯純也　二〇〇〇『米子城跡第二九次調査』米子市教育文化事業団
高橋浩樹　二〇〇〇『米子城跡第二七次調査』米子市教育文化事業団
高橋浩樹　一九九九『米子城跡第二五次調査』米子市教育文化事業団
高橋浩樹　一九九七b『米子城跡九遺跡』米子市教育文化事業団
高橋浩樹　一九九七a『宗像前田遺跡』米子市教育文化事業団
武井則道　一九七九「遺跡群研究序説（前）」『調査研究集録』第四冊、港北ニュータウン埋蔵文化財調査団
武井則道　一九八六「弥生時代の南関東」『岩波講座日本考古学5　文化と地域性』岩波書店
武井則道編　一九九一『大塚遺跡―弥生時代環濠集落址の発掘調査報告I　遺構編―港北ニュータウン埋蔵文化財調査発掘報告XII』横浜市埋蔵文化財センター
武井則道編　一九九四『大塚遺跡―弥生時代環濠集落址の発掘調査報告II　遺物編―港北ニュータウン埋蔵文化財調査報告XV』財団法人横浜市ふるさと歴史財団
竹田市教育委員会編　一九七七〜八四『菅生台地と周辺の遺跡』I―IX
田中洋介　一九七九「クリーク水田農業の展開過程」『農業技術研究所報告（H）』五二
田中義昭　一九六八「地域」『三殿台』横浜市教育委員会
田中義昭　一九七六「南関東における農耕社会の成立をめぐる若干の問題」『考古学研究』二二―三、考古学研究会
田中義昭　一九七九「南関東の弥生時代集落」『考古学研究』二五―四、考古学研究会
田中義昭　一九八二「南関東における初期農耕集落の展開過程」『島根大学法文学部紀要　文学科編』五―I、島根大学法文学部
田中義昭　一九八四「弥生時代集落研究の課題」『考古学研究』三一―三、考古学研究会
田中義昭　一九八六a「銅鐸・銅剣・銅矛と古代出雲」『三省堂高校社会科教育　ぶっくれっと』五、三省堂
田中義昭　一九八六b「弥生時代以降の食料生産」『岩波講座日本考古学3　生産と流通』岩波書店
田中義昭　一九八七「神門水海をめぐる弥生時代のムラとハカとクニ」『古代出雲・荒神谷の謎に挑む』角川書店
田中義昭　一九八八「島根県矢野遺跡の調査結果」『縄文時代の低湿地遺跡を対象とした古環境変遷の総合的研究』静岡大学
田中義昭　一九八九「出雲市矢野遺跡の発掘調査」『古代出雲文化の展開に関する総合的研究―斐伊川下流域を中心として―』島根大学

田中義昭　一九九一　「弥生時代集落と集落群」『明日への文化財』三〇、文化財保存全国協議会
田中義昭　一九九二a　「出雲市小山遺跡第一地点の調査」・「出雲市矢野遺跡第一地点の調査」『山陰地方における古代金属生産の研究』古代金属生産研究会
田中義昭　一九九二b　「出雲市矢野遺跡第一地点の調査」『古代金属生産の地域的特性に関する研究—山陰地方の銅・鉄を中心として—』島根大学
田中義昭　一九九三　「弥生時代拠点集落としての西川津遺跡」『山陰地域研究』二、島根大学
田中義昭　一九九四　「山陰地方における古代鉄生産の展開について」『道重哲男先生退官記念論集　歴史・地域・教育』島根大学教育学部社会科教育研究室
田中義昭　一九九六a　「山陰地方における弥生時代の海水準について—遺跡立地からの検討—」『島根大学地球資源環境学研究報告』一五、島根大学理学部
田中義昭　一九九六b　「中海・宍道湖岸西部域における農耕社会の展開」『出雲神庭荒神谷遺跡』島根県教育委員会
田中義昭　一九九六c　「弥生時代拠点集落としての西川津遺跡」『山陰地域研究』一二、島根大学
田中義昭　一九九六d　「弥生時代拠点集落の再検討」『甘粕健先生退官記念論集　考古学と遺跡の保護』甘粕健先生退官記念論集刊行会
田中義昭　一九九七a　「加茂岩倉遺跡の発見とその意義」『会誌歴史地名通信』二二、平凡社地方資料センター
田中義昭　一九九七b　「古代馬杷一試考」『島根考古学会誌』一四、島根考古学会
田中義昭　二〇〇〇　「地域の未来と文化財保護」『日本の科学者』三五、日本科学者会議
田中義昭　二〇〇一　「開拓と変革の時代・弥生時代」『新修米子市史　通史編1（原始・古代・中世）』米子市
田中義昭　二〇〇二　「農耕集落研究と文化財保存の一軌跡—古山学さんを想う—」『考古学研究』四九—一、考古学研究会
田中義昭　二〇〇四　「原史期集落の特性と類型—山陰地方の大規模集落遺跡を例として—」『島根考古学会誌』二〇、島根考古学会
田中義昭　二〇〇七a　「遺跡の保存と整備利活用における市民と考古学者の役割—松江市田和山遺跡の場合—」『日本考古学協会二〇〇六年度愛媛大会研究発表資料集』日本考古学協会愛媛大会実行委員会
田中義昭　二〇〇七b　「「家族」と「むら」の歴史を求めて—和島誠一の集落論から—」『時代を拓いた男と女—考古学者・和島誠一と高群逸枝・平塚らいてう・市川房枝—』板橋区立郷土資料館
田中義昭　二〇〇七c　「文化財を活かした地域づくりの現状と課題—民・官・学の『協働』のありようを探る—」保母武彦監修『どうする地域間「不平等」社会』しまね地域自治問題研究所

田中義昭　二〇〇八　『シリーズ「遺跡を学ぶ」053古代出雲の原像をさぐる・加茂岩倉遺跡』新泉社
田中義昭・西尾克己　一九八八　「出雲平野における原始・古代集落の分布について」『山陰地域研究（伝統文化編）』四、島根大学
田中義昭・三宅博士　一九九一　「島根県邑智郡石見町中野仮屋銅鐸出土地の調査」『山陰地域研究』七、島根大学
田中義昭・宮本正保　一九八九　「出雲市田畑遺跡出土の弥生土器について」『山陰地域研究』五、島根大学
田中義昭・西尾克己他　一九八九　『昭和六三年度科学研究費補助金一般研究A　研究成果報告書　出雲市矢野遺跡の発掘調査』島根大学
田中義昭・西尾克己・広江耕史・磯田由紀子他　一九八七　「出雲市矢野遺跡の地域研究（Ⅰ）」『山陰地域研究』三、島根大学
田中義昭編　一九八九　「出雲市矢野遺跡の発掘調査」『古代出雲文化の展開に総合的研究―斐伊川下流域を中心として―』島根大学
田中義昭編　一九九一　『山陰・山陽地方における弥生時代墳丘墓の比較研究』島根大学考古学研究室
田中義昭編　一九九二　『山陰地方における弥生墳丘墓の研究』島根大学考古学研究室
田中義昭他　一九六七　「横浜市長谷・鹿ヶ谷両遺跡の発掘調査について」『東横学園女子短期大学紀要』五、東横学園女子短期大学
田中義昭他　一九八九　「出雲市矢野遺跡の発掘調査」『古代出雲文化の展開に関する総合的研究―斐伊川下流域を中心として―』島根大学
田辺昭三　一九九二　「吉田南遺跡」『兵庫県史・考古資料編』兵庫県
田辺昭三・花田勝広　一九七九　「吉田南遺跡」『仏教芸術』一二四、毎日新聞社
玉口時雄編　一九七五　『千葉県館山市条里遺構調査報告書』館山市条里遺跡調査会
玉湯町教育委員会編　一九七二　『史跡出雲玉作跡発掘調査概報』
玉湯町教育委員会編　一九九〇　『出雲玉作跡保存管理計画策定報告書Ⅱ―玉ノ宮地区―』
千葉県都市公社編　一九七五　『八千代市村上遺跡群』千葉県都市公社
中央大学考古学研究会　一九七三　『小黒谷遺跡』小黒谷遺跡発掘調査団
中央大学考古学研究会編　一九七一　『上谷本第二遺跡A地区・B地区発掘調査概報』上谷本第二遺跡発掘調査団
中国史研究会編　一九八三　『中国史像の再構成　国家と農民』文理閣
張増祺　一九九七　『滇国与滇文化』雲南美術出版社
辻信広他　一九九九　『茶畑山道遺跡発掘調査報告書』名和町教育委員会
辻信広他　二〇〇三　『茶畑山道遺跡、押平天王屋敷遺跡、押平弘法堂遺跡』名和町教育委員会
都出比呂志　一九六七　「農具鉄器化の二つの画期」『考古学研究』一三―三、考古学研究会

都出比呂志　一九七〇「農業共同体と首長権」『講座日本史1　古代国家』東京大学出版会
都出比呂志　一九七四「古墳出現前夜の集団関係」『考古学研究』二〇―四、考古学研究会
都出比呂志　一九七九a「前方後円墳出現期の社会」『考古学研究』二六―三、考古学研究会
都出比呂志　一九七九b「農業共同体概念の歴史的位置」『新しい歴史学のために』一五四、民主主義科学者協会京都支部歴史部会
都出比呂志　一九八三「古代水田の二つの型」『展望アジアの考古学　樋口隆康教授退官記念論集』新潮社
都出比呂志　一九八四「農耕社会の形成」『講座日本歴史1　原始・古代1』東京大学出版会
都出比呂志　一九九六「国家形成の諸段階―首長制・初期国家・成熟国家」『歴史評論』五五一、歴史科学協議会
常松幹夫　一九九五『斐川町文化財調査報告13　町道杉沢線改良工事に伴う埋蔵文化財発掘調査概報（杉沢遺跡）』斐川町教育委員会
手塚孝他　一九八六『米沢市埋蔵文財調査報告書15　上浅川　第三次発掘調査報告書』米沢市教育委員会
寺沢薫・寺沢知子　一九八一「弥生時代植物質食料の基礎的研究―初期農耕社会研究の前提として―」『橿原考古学研究所紀要　考古学論攷』五、橿原考古学研究所
寺沢知子　一九八五「鉄製穂摘具」『弥生文化の研究5　道具と技術Ⅰ』雄山閣出版
土井義夫　一九七一「関東地方における住居址出土の鉄製農具について」『物質文化』一八、物質文化研究会
土井義夫　一九八一「鉄製農工具研究ノート―古代の竪穴住居址出土資料を中心に―」『どるめん』一〇、ＪＩＣＣ出版局
東京大学生産技術研究所「原研究室」編　一九七九『住居集合論5　西アフリカ地域集落の構造論的考察』
徳岡隆夫・大西郁夫他　一九九〇「中海・宍道湖の歴史と環境変化」『地質学論集』三六、島根大学理学部
徳岡隆夫・中村唯史他　一九九五「原の前遺跡と周辺の古環境」『朝酌川中小河川改修工事に伴う埋蔵文化財発掘調査報告書　原の前遺跡』島根県教育委員会
鳥取県教育委員会編　一九八四『鳥取県生産遺跡分布調査報告書』鳥取県教育委員会
鳥取市教育委員会他　一九九一『岩吉遺跡Ⅲ　中小河川改修事業大井手川改良工事に係る埋蔵文化財発掘調査報告』
鳥谷芳雄　二〇〇〇『斐伊川放水路建設予定地内埋蔵文化財発掘調査報告書Ⅸ　三田谷Ⅰ遺跡（Vol. 3）』島根県教育委員会
中川寧他　一九九九『朝酌川広域河川改修事業に伴う埋蔵文化財発掘調査報告書11　西川津遺跡Ⅵ』島根県教育委員会
中川寧他　二〇〇八『国道四三一号道路改築事業（東林木バイパス）に伴う埋蔵文化財発掘調査報告書6　里方本郷遺跡・山持遺跡4（五区・七区）』島根県教育委員会
中島直幸　一九八二「唐津市菜畑遺跡の水田跡・農工具」『歴史公論』七四、雄山閣出版

中島直幸他　一九八二『唐津市文化財調査報告5　菜畑遺跡』唐津市教育委員会
中田健一他　一九九一『島根県邑智郡石見町　町内遺跡詳細分布調査報告書I―石見町の遺跡第二集―』石見町教育委員会
中原斉他　一九八五『一般国道九号改築予定地内遺跡調査報告書　東宗像遺跡』鳥取県教育文化財団
中村唯史　一九九八「小山遺跡周辺の古地理に関するコメント」『小山遺跡第二地点発掘調査報告書』出雲市教育委員会
中村嘉男他　一九六八「朝光寺原遺跡C地区調査概報」『昭和四三年度横浜市埋蔵文化財調査報告書』横浜市域北部埋蔵文化財調査委員会
中山吉秀　一九七六「離れ国分考」『古代』六一、早稲田大学考古学会
奈良県教育委員会編　一九四九『奈良県史跡名勝天然記念物調査抄報4　宇和那辺陵墓参地陪塚・高塚大和六号墳』奈良県教育委員会
成増一丁目遺跡調査会編　一九八一『成増一丁目遺跡発掘調査報告』板橋区教育委員会
仁木聡　二〇〇四『一般国道九号線出雲バイパス建設予定地内埋蔵文化財発掘調査報告書4　中野美保遺跡』島根県教育委員会
西尾克己・野坂俊之　一九九五a「神西湖周辺の集落遺跡」『湖陵町研究』四、湖陵町教育委員会
西尾克己・野坂俊之　一九九五b『神南地区担い手育成基盤整備事業に伴う埋蔵文化財調査報告書（第五区）』湖陵町教育委員会
西尾克己他　一九八六『古代の出雲を考える5　出雲平野の集落遺跡II―矢野遺跡とその周辺―』出雲考古学研究会
西尾克己他　一九九五『朝酌川中小河川改修工事に伴う埋蔵文化財発掘調査報告書　原の前遺跡』島根県教育委員会
西尾克己他　二〇〇〇『朝酌川中小河川改修事業に伴う埋蔵文化財発掘調査報告書　西川津遺跡VII』島根県教育委員会
新田栄治　一九九五「ラオス・チャンパサック、サン島出土ヘーガーI式銅鼓とメコン水運」『鹿児島大学史学科報告』四二、鹿児島大学
新田栄治　二〇〇一「金属器の出現と首長制社会の成立」『岩波講座東南アジア史1　原史東南アジア世界』岩波書店
新田栄治他　一九九八「大陸部の考古学」『世界の考古学8　東南アジア考古学』同成社
日本考古学協会秋季大会資料　一九八一『関東における古墳出現期の諸問題』日本考古学協会
日本窯業史研究所編　一九七九『市ヶ尾・川和地区内遺跡群』日本窯業史研究所
韮崎市教育委員会編　一九〇二『山梨県韮崎市宮ノ前遺跡』韮崎市教育委員会
根木修　一九七六「木製農耕具の意義」『考古学研究』二二―四、考古学研究会
農業土木学会編　一九七〇『農業土木標準用語辞典』農業土木学会
野田芳正　一九九五『堺市文化財調査概要報告52　今池遺跡発掘調査概要報告―堺市新堀町1丁IMI6地点―』堺市教育委員会

能登川町埋蔵文化財センター編　二〇〇〇　「日本最古の馬鍬出土―定説を一〇〇年早める新発見資料―」『まいぶんひろば（一）』

能登健　一九八三ａ　「群馬県下における埋没田畠調査の現状と課題―火山災害史への考古学的アプローチ―」『群馬県史研究』一七、群馬県

能登健　一九八三ｂ　「小区画水田の調査とその意義―群馬県同道遺跡―」『地理』二八―一〇、古今書院

野々村安浩他　二〇〇六　『島根県古代出雲文化センター調査研究報告書34　出雲風土記の研究Ⅲ・神門水海北辺の研究（資料編）』島根県古代文化センター

伯太町教育委員会編　一九八一　『岩屋谷古墳群他発掘調査報告』伯太町教育委員会

橋口尚武他　一九八二　『東京都東久留米市下里本邑遺跡発掘調査報告　下里本邑遺跡』下里本邑遺跡調査会

蓮岡法暲　一九七九　「かなやざこ炉跡」『月刊文化財』一九四、第一法規

蓮岡法暲　一九八三　「『たたら』（鈩）について―その遺跡の概要―」『島根県生産遺跡分布調査報告書Ⅰ』島根県教育委員会

蓮岡法暲　一九八四　「加茂町の古代」『加茂町誌』加茂町

八王子市椚田遺跡調査会編　一九八一・八二　『神谷原』Ⅰ・Ⅲ、八王子市椚田遺跡調査会

八賀晋　一九八四ａ　「古代の水田遺構とその開発」『東アジア世界における日本古代史講座2　倭国の形成と古墳文化』学生社

八賀晋　一九八四ｂ　「条里と技術」『講座・日本技術の社会史六　土木』日本評論社

服部敬史　一九七九　「古代集落の形と特徴」『日本の考古学を学ぶ3　原始・古代の社会』有斐閣

濱田竜彦他　一九九七　『一般国道一八〇号線道路改良工事に伴う埋蔵文化財発掘調査報告書　陰田六遺跡・陰田宮の谷遺跡三区・四区』米子市教育文化事業団

濱田竜彦他　一九九八　『都市計画道路車尾目久美線道路改良工事に伴う埋蔵文化財発掘調査報告書　目久美遺跡Ⅴ・Ⅵ』米子市教育文化事業団

林正久　一九八三　「鉄穴流し」『現代地理学』朝倉書店

林正久　一九八九　「斐伊川流域における鉄穴流しと出雲平野の形成」『古代出雲文化の展開に関する総合的研究―斐伊川下流域を中心として―』島根大学

林正久　一九九六　「荒神谷遺跡周辺の地形環境」『古代文化研究』四、島根県古代文化センター

原口正三　一九七三　「上田部遺跡」『高槻市史6　考古資料編』高槻市

原田敏照　二〇〇九　『国道四三一号道路改築（東林木バイパス）に伴う埋蔵文化財発掘調査報告書7　山持遺跡　Vol.5（六区）』島根県教育委員会

東森市良　一九七三「破壊に瀕している低湿地遺跡」『季刊文化財』二〇、島根県文化財愛護協会
東森市良・西尾克己　一九八〇『出雲・上塩冶地区を中心とする埋蔵文化財調査報告　矢野遺跡』島根県教育委員会
東森晋　二〇〇四『古代出雲歴史博物館建設予定地内埋蔵文化財発掘調査報告書　五反配遺跡』島根県教育委員会
斐川町教育委員会編　一九九七『弥生時代のひかわ』斐川町教育委員会
樋口昇他　一九九二『愛知県埋蔵文化財センター調査報告書29　勝川遺跡IV』愛知県埋蔵文化財センター
氷見市立博物館編　二〇一〇「飛鳥時代の馬鍬」氷見市立博物館
兵庫県教育委員会編　一九八〇『淡路・志知川沖田南遺跡』兵庫県教育委員会
兵庫県教育委員会編　一九八二『淡路・志知川沖田南遺跡II』兵庫県教育委員会
兵庫県教育委員会編　一九八四『山垣遺跡―近畿自動車道関係埋蔵文化財発掘調査概報―』兵庫県教育委員会
平木裕子　一九九九『長砂第三遺跡』米子市教育文化事業団
平野進一　一九七八『関越自動車道新潟線　地域埋蔵文化財発掘調査概報　日高遺跡』群馬県教育委員会
平野進一　一九八〇「主な水田遺跡・日高遺跡」『発掘された古代の水田』群馬県立歴史博物館
平野進一　一九八二「北関東西部における水田遺構」『考古学研究』一一四、考古学研究会
広瀬和雄　一九八三「古代の開発」『考古学研究』二九―二、考古学研究会
広瀬直樹他　二〇〇九『氷見市埋蔵文化財調査報告書52　稲積川口遺跡・一般県道鹿西氷見千地方特定道路事業に伴う発掘調査報告』氷見市教育委員会
福岡市教育委員会編　一九八〇『福岡市埋蔵文化財調査報告書69　三筑遺跡・次郎丸高石遺跡』福岡市教育委員会
福岡市教育委員会編　一九八一『福岡市埋蔵文化財調査報告書72　那珂深ヲサI』福岡市教育委員会
福岡市教育委員会編　一九八二『福岡市埋蔵文化財調査報告書82　那珂深ヲサII』福岡市教育委員会
福岡市教育委員会編　一九八三『福岡市埋蔵文化財調査報告書92　拾六町ツイジ遺跡』福岡市教育委員会
福岡市教育委員会編　一九八五『福岡市埋蔵文化財調査報告書106　那珂君休遺跡』福岡市教育委員会
藤下典之　一九八三「若江北遺跡から出土した Cucumismelo（メロン仲間）と Lagenaria siceraria（ヒョウタン仲間）の遺体について」『若江北』大阪文化財センター
藤永照隆　一九九九『島根県立看護短期大学教員宿舎建設に伴う小山遺跡発掘調査報告書』出雲市教育委員会
藤永照隆　二〇〇二『出雲市民病院移転予定地内埋蔵文化財発掘調査報告書　海上遺跡』出雲市教育委員会
藤巻哲男他　一九九六『静岡県埋蔵文化財調査研究所調査報告76　池ヶ谷遺跡V』静岡県埋蔵文化財調査研究所

藤巻哲男他　一九九七『静岡県埋蔵文化財調査研究所調査報告92　曲金北遺跡（遺物・考察編）』静岡県埋蔵文化財調査研究所
藤原祐子　一九九五『目久美遺跡Ⅳ』米子市教育委員会
文化財保護対策協議会編　一九六八「宮ノ原遺跡群」『文対協資料』一、文化財保存対策協議会
保母武彦　二〇〇八「寧夏における開発と環境のために」『中国農村の貧困克服と環境再生』花伝社
埋蔵文化財研究会編　一九八三『木製農具について』埋蔵文化財研究会
埋蔵文化財研究会編　一九八六『海の生産用具―弥生時代から平安時代まで―　資料集3』埋蔵文化財研究会
前川和也　一九九三「家族と世帯、親族と家門―序にかえて―」『家族・世帯・家門―工業化以前の世界から―』ミネルヴァ書房
牧田公平他　二〇〇一『主要地方道川本波多線道路改良工事に伴う埋蔵文化財発掘調査報告書　沖丈遺跡』島根県邑智町教育委員会
町田章　一九七五「木工技術の展開」『古代史発掘4　稲作のはじまり』講談社
町田章　一九八〇「木製品」『平城宮跡発掘調査報告Ⅹ　古墳時代Ⅰ』奈良国立文化財研究所
町田章他　一九八五『木器集成図録・近畿古代編』奈良国立文化財研究所
町田市小田急野津田・金井団地内遺跡調査会編　一九八四『町田市川島谷遺跡群Ⅰ』
松井昭久編　二〇〇五『田和山遺跡群発掘調査報告』一・二、松江市教育委員会・松江市教育文化振興事業団
松井和幸　一九八五「鉄鎌」『弥生文化の研究5　道具と技術Ⅰ』雄山閣出版
松井和幸　二〇〇四「馬鍬の起源と変遷」『考古学研究』五一―一、考古学研究会
松下勝・高橋学　一九八三「洪水で埋もれた五つの水田跡―兵庫県淡路島志知川沖田南遺跡―」『地理』二八―一〇、古今書院
松本岩雄　一九九二a「出雲・隠岐地域」・「石見地域」『弥生土器の様式と編年―山陽・山陰編―』木耳社
松本岩雄　一九九二b「原始から古代へ」『大社町史』上、大社町
松本岩雄　二〇〇一「弥生青銅器の生産と流通―出雲地域出土青銅器を中心として―」『古代文化』五三―四、古代学協会
松本岩雄　二〇〇二「田和山遺跡の空間構造」『建築雑誌』一四八八、日本建築学会
松本岩雄他　二〇〇七『四隅突出型墳丘墓と弥生墓制の研究』島根県古代文化センター・島根県埋蔵文化財調査センター
松山智弘　一九九八『市道本郷新宮線道路改良に伴う古志本郷遺跡第六次発掘調査報告書』出雲市教育委員会
真野脩　一九八六「飯蛸壷漁の復元―明石川流域における弥生～古墳時代の飯蛸壷漁を中心に―」『海の生産用具―弥生時代から平安時代まで―　資料集3』埋蔵文化財研究会
間野大丞他　一九九九『島根県出雲市蔵小路西遺跡発掘調査報告書』島根県教育委員会

三浦弘万　一九八〇「ゲルマンの定在における分業の発達と階級関係の実態―二～四世紀の盛り土定在フェッダーゼン・ヴィールデの考察を中心に―」『静岡大学教養学部研究報告』一六―一、静岡大学
三原一将　一九九六『県立看護短大教員宿舎整備事業に伴う埋蔵文化財発掘調査報告書　小山遺跡』出雲市教育委員会
三原一将他　二〇〇一『一般県道多伎江南出雲改良工事に伴う埋蔵文化財発掘調査報告書　下古志遺跡』出雲市教育委員会
三原一将他　二〇〇五～二〇〇九『県道今市古志線改良事業に伴う埋蔵文化財発掘調査報告書　築山遺跡Ⅰ～Ⅳ』出雲市教育委員会
宮崎市定　一九八六「出雲政権の興亡」『日本の古代7』月報、中央公論社（『ちくま学芸文庫　古代大和朝廷』一九九五　筑摩書房に収録）
宮崎幹也・岡本武憲　一九八九『圃場整備関係遺跡調査報告書XVI―5　堂田・市子遺跡（2）』滋賀県教育委員会
宮本正保他　二〇〇三『朝酌川河川広域改修事業に伴う埋蔵文化財発掘調査報告書　西川津遺跡IX』島根県教育委員会
三好正喜　一九七七「過度期農業経営史の方法に関する一試論（上）」『歴史評論』三二五、校倉書房
村尾秀信　一九八〇『朝酌川河川改修工事に伴う西川津遺跡発掘調査報告書Ⅰ』島根県教育委員会
村尾秀信他　一九七五『朝酌川改修に伴う西川津遺跡発掘調査報告書Ⅰ』島根県教育委員会
村尾秀信他　一九八二『朝酌川改修に伴う西川津遺跡発掘調査報告書Ⅱ』島根県教育委員会
村上勇・川原和人　一九七九「出雲・原山遺跡の再検討―前期弥生土器を中心にして―」『島根県立博物館調査報告』二、島根県立博物館
村上勇他　一九八六『出雲・原山遺跡発掘調査概報』大社町教育委員会
村上恭通　一九九四「弥生時代中期以前の鋳造鉄斧」『先史学・考古学論究　熊本大学文学部考古学研究室創設二〇周年記念論文集』龍田考古学会
守岡梨栄他　二〇〇三『斐伊川放水路建設予定地内埋蔵文化財発掘調査報告書XVII　古志本郷遺跡VI』島根県教育委員会
森浩一・寺沢知子　一九七四「考古学からみた鉄」『日本古代文化の探求・鉄』社会思想社
焼津市教育委員会編　一九八四『焼津市埋蔵文化財発掘調査概報VI　道場田遺跡・小川城遺跡』
八尾南遺跡調査会編　一九八一『八尾南遺跡』
八木宏典　一九八三『水田農業の発展論理』日本経済評論社
安井良三編　一九六九『南紀串本笠嶋遺跡』笠嶋遺跡発掘調査報告書刊行会
柳田康雄　一九八〇「青銅製鋤先」『鏡山猛先生古稀記念古文化論攷』同記念論文集刊行会

八幡一郎　一九三〇「武蔵国太尾発見の遺物」『考古学』一―五・六、東京考古学会
八幡一郎　一九三一「石器出土の弥生式遺跡調査録」『考古学』二―三、東京考古学会
山口譲治　一九八三「北部九州の農具の変遷」『木製農具について』埋蔵文化財研究会第一四回研究集会
山口直樹　一九七九「関東地方土師時代後・晩I・晩II期における農具について」『駿台史学』四五、駿台史学会
山崎純男　一九八二「福岡市板付遺跡の成立と展開」『歴史公論』七四、雄山閣出版
山崎純男　一九八四「福岡県海の中道遺跡出土自然遺物の検討」『九州文化史研究所紀要』二九、九州文化史研究所
山崎純男他　一九七九『福岡市埋蔵文化財調査報告書49　板付遺跡調査概報』福岡市教育委員会
山田昌久　一九八九「日本における古墳時代牛馬耕開始説再論―東アジアにおける農耕技術の拡散と日本における古墳時代後期～律令国家成立期の技術革新の様相―」『歴史人類』一七、筑波大学歴史・人類学系
山田昌久　一九九一「農耕技術」『古墳時代の研究14』雄山閣出版
山中英彦　一九八〇「鉄製漁撈具出土の古墳について」『古代探叢―滝口宏先生古稀記念考古学論集―』滝口宏先生古稀記念考古学論集編集委員会
山梨県埋蔵文化財センター　二〇〇二『山梨県埋蔵文化財センター調査報告書201　百々遺跡1』山梨県教育委員会
山梨県埋蔵文化財センター　二〇〇四a『山梨県埋蔵文化財センター調査報告書212　百々遺跡2・4』山梨県教育委員会
山梨県埋蔵文化財センター　二〇〇四b『山梨県埋蔵文化財センター調査報告書213　百々遺跡3・5』山梨県教育委員会
山本清　一九四八「出雲市大塚町土器散布地」『島根考古学』二、島根考古学会
山本清　一九五七「島根県出雲市矢野町貝塚調査概要」（田中義昭他「出雲市矢野遺跡の研究（1）」『山陰地域研究』三　一九八七所収）、島根大学
山本清　一九七三「猪目洞窟遺物包含層について」『島根県文化財調査報告』八、島根県教育委員会
山本清　一九九二「かしまの歴史」『鹿島を掘る―よみがえる伝説の資料―』鹿島町立歴史民俗資料館
山本清　一九九五『遺跡と歩んだ七〇年　古代出雲の考古学』ハーベスト出版
山本博利・秋枝芳　一九八六「兵庫・辻井遺跡」『木簡研究』八、木簡研究会
山本真央　一九九六『静岡県埋蔵文化財調査研究所報告75　岳美遺跡II』静岡県埋蔵文化財調査研究所
湯村功　一九九六『三三七号米子駅境線道路改良工事に伴う埋蔵文化財発掘調査報告書　米子城跡六遺跡』鳥取県教育文化財団
湯村功　一九九八『三三七号米子駅境線道路改良工事に伴う埋蔵文化財発掘調査報告書　米子城跡二一遺跡』鳥取県教育文化財団
湯村功　二〇〇〇『一般県道青谷停車場井出線地方特定道路整備事業に係る埋蔵文化財発掘調査報告書I　青谷上寺地遺跡1』鳥

取県教育文化財団

湯村功　二〇〇二『一般県道青谷停車場井出線地方特定道路整備事業に係る埋蔵文化財発掘調査報告書Ⅱ　青谷上寺地遺跡4』鳥取県教育文化財団

湯村功　二〇〇三「ふたたび青谷上寺地遺跡の殺傷痕人骨をめぐって」『立命館大学考古学論集Ⅲ』立命館大学考古学論集刊行会

横倉雅幸　二〇〇一「東南アジアにおける稲作の始まり」『岩波講座東南アジア史1　原史東南アジア世界』岩波書店

横浜市域北部埋蔵文化財調査委員会編　一九六七『横浜市域北部埋蔵文化財調査報告書』横浜市域北部埋蔵文化財調査委員会

横浜市埋蔵文化財調査委員会編　一九七一『港北ニュータウン地域内埋蔵文化財調査報告Ⅰ・Ⅱ』横浜市埋蔵文化財調査委員会

横浜市埋蔵文化財調査委員会編　一九七五『歳勝土遺跡』横浜市埋蔵文化財調査委員会

横山邦継　一九八五「遺跡の立地と環境」福岡市教育委員会編『福岡市埋蔵文化財調査報告書106　那珂君休遺跡』二～四頁、福岡市教育委員会

横山純夫・卜部吉博・松本岩雄　一九七七『天神遺跡　国立島根医科大学教職員宿舎建設にかかる緊急発掘調査概報』出雲市教育委員会

吉田秀享　一九八八「本県における牛馬耕の開始―出土馬鍬にその起源を探る―」『文化福島』二〇一、福島県文化センター

吉田秀享他　一九九〇「大森A遺跡（第一次調査）」『福島県文化財調査報告書234　相馬関連遺跡調査報告Ⅱ』福島県教育委員会

米子市教育委員会・同教育文化事業団編　一九八六～二〇〇三『目久美遺跡』Ⅰ～Ⅹ、米子市教育委員会・同教育文化事業団

米子市教育委員会編　一九八三「陰田遺跡群Ⅲ」『一般国道九号米子バイパス改良工事に伴う埋蔵文化財発掘調査報告書Ⅲ』米子市教育委員会

米子市教育委員会編　一九九一『新山山田古墳群・山田遺跡・砥石山遺跡―調査概報―』米子市教育委員会

米子市教育文化事業団編　一九九二『下水道目久美町地内枝線その四工事に伴う埋蔵文化財発掘調査　目久美遺跡』米子市教育文化事業団

米子市教育文化事業団編　一九九三『米子城跡1』米子市教育文化事業団

米子市教育文化事業団編　一九九五『米子城跡5』米子市教育文化事業団

米田美江子　二〇〇〇『塩冶二八九号線道路新設工事に伴う埋蔵文化財発掘調査報告書　三田谷Ⅰ遺跡』出雲市教育委員会

米田美江子・三原一将　一九九七『市道松寄下小山線改良工事に伴う埋蔵文化財発掘調査報告書　白枝荒神遺跡』出雲市教育委員会

米田美江子他　二〇〇二『平成十一年度古志遺跡群範囲確認調査報告書　古志本郷遺跡・下古志遺跡』出雲市教育委員会

和島誠一　一九四八「原始聚落の構成」東大歴史学研究会編『日本歴史学講座』学生書房
和島誠一　一九五二「歴史学と考古学」『日本歴史講座　第一巻　歴史理論篇』河出書房
和島誠一　一九五五「集落址」『日本考古学講座　1　考古学研究法』河出書房
和島誠一　一九五六「市ヵ尾の発掘について」『全逓文化』二四、全逓信従業員組合中央本部
和島誠一　一九五八「第一篇　原始時代・古代篇」『横浜市史　第一巻』横浜市
和島誠一　一九六一「竪穴の火事」『古代史講座・月報　1』学生社
和島誠一　一九六二a「古墳文化の変質」『岩波講座日本歴史　2　古代2』岩波書店
和島誠一　一九六二b「東アジア農耕社会における二つの型」『古代史講座　2　原始社会の解体』学生社
和島誠一　一九六六「弥生時代社会の構造」『日本の考古学　III　弥生時代』河出書房新社
和島誠一　一九七一「あとがき」日本考古学協会編『埋蔵文化財白書』学生社
和島誠一　一九七四「農耕文化の開始と弥生時代」『図説　日本の歴史　1　日本のあけぼの』集英社
和島誠一・田中義昭　一九六六「住居と集落」『日本の考古学　III　弥生時代』河出書房新社
和島誠一他　一九六二『横浜市三殿台遺跡発掘経過概報』横浜市教育委員会
和島誠一編　一九六八『三殿台　横浜市磯子区三殿台遺跡集落址発掘調査報告』三殿台遺跡報告書刊行会
和田晴吾　一九八二「弥生・古墳時代の漁具」『考古学論考』小林行雄博士古稀記念論文集刊行委員会
和田晴吾　一九八五「土錘・石錘」『弥生文化の研究5　道具と技術I』雄山閣出版
渡辺貞幸　一九九五a「「出雲連合」の成立と再編」『古代王権と交流7　出雲世界と古代山陰』名著出版
渡辺貞幸　一九九五b「弥生・古墳時代の出雲―『風土記』と考古学の接点―」『風土記の考古学③　出雲風土記の巻』同成社
渡辺誠　一九八五「漁業の考古学」『講座・日本技術の社会史2　塩業・漁業』日本評論社

挿図等出典一覧（記載のない写真・挿図等の撮影、作成は著者または武井）

口絵写真提供（＊カバー・表紙写真）

三殿台遺跡全景：横浜市三殿台考古館
大塚遺跡の環壕集落全景：財団法人横浜市ふるさと歴史財団埋蔵文化財センター　＊
歳勝土遺跡の方形周溝墓からなる共同墓地：財団法人横浜市ふるさと歴史財団埋蔵文化財センター
西川津遺跡の木製品が出土した土坑：島根県教育庁埋蔵文化財調査センター
田和山遺跡の全景と山頂部：松江市教育委員会
荒神谷遺跡の銅剣、銅矛・銅鐸の出土状況：斐川町教育委員会
加茂岩倉遺跡出土の銅鐸：雲南市教育委員会

本文図版

写真6　岡本武憲提供
写真7　島根県教育委員会提供

図1　東京大学生産技術研究所「原研究室」編　一九七九
図11　横浜市埋蔵文化財調査委員会編　一九七五
図12　中央大学考古学研究会　一九七三
図13　日本窯業史研究所編　一九七九
図15　世田谷区教育委員会編　一九八一
図16　横浜市埋蔵文化財調査委員会編　一九七五　付図より、一部補足
図25　田中義昭他　一九八九
図26　足立克己　一九九九
図27　三原一将他　二〇〇一
図30　中村唯史作図

図31-① 内田律雄他 一九八八・八九
図31-② 内田律雄他 一九八八・八九
図32 内田律雄他 一九八九より、一部改変
図33 集落図 B. Cunliffe: The Oxford Illustrated Prehistory of Europe, London, 1994
図35 鳥取県教育文化事業団編 二〇〇〇～二〇〇二より、一部改変
図36 大阪市文化財協会 一九八三
図37 焼津市教育委員会編 一九八四
図38 町田章 一九八〇
図39 町田章他 一九八五
図40 北九州市教育委員会編 一九七八
図42 上原真人他 一九九三より、一部改変
図43 町田章他 一九八五より、一部改変
図44 田辺昭三 一九九二より、一部改変
図45 町田章他 一九八五より、一部改変
図46 樋口昇他 一九九二より、一部改変
図47 斉藤忠・向坂鋼二他 一九七七より、一部改変
図48 上原真人他 一九九三より、一部改変
図49 手塚孝他 一九八六より、一部改変
図50 中川寧他 一九九九
図51 角田徳幸 一九九二
図52 島根県教育委員会編 一九九三ａより一部改変
図53 島根県教育委員会編 一九九六
図54 島根県教育委員会編 一九九六
図55 島根県教育委員会編 一九九六

本書のなりたち

著者から弥生時代集落址研究のまとまった本を出したいという相談に与かったのは二〇〇五年のことであった。そこで著作目録を作成し、収める論文の選定作業に取り掛かった。そして和島誠一先生の方法論に鑑みて、生産の問題に関するもの、集落の問題にかかわるもの、社会関係のもの、の三本柱で一つの案を提示した。しかし、著者は弥生時代集落址研究を核とする本にしたいという考えであった。部立ては別にして、現在のものに近い論文を集めた形で落ち着いた。続いてテキストの入力と挿図の確認を行った。当初出版事情から自費出版を考えて、準備を進めていた。あらかた作業の見通しが着いたところまで来た時に新泉社が引き受けてくれることになった。

著者は南関東で居を構えていたが、一九八一年に島根大学の教員として赴任した。研究対象の地域がその時点で大きく変更された。それは研究方法にも影響したことは確かである。南関東を対象としていた時は弥生時代集落の集落構成にまで切り込んだ研究を展開していた。しかし「山陰地方」を研究地域とするようになると細かい住居その他の遺構から集落構成を検討することは難しい条件下に置かれ、遺跡の群としての在り方から研究する方法を取らざるを得ない状況になった。この点は本書を繙くさいに留意すべきである。

第Ⅰ部の「弥生時代集落址研究の目的と方法」は、著者が本書に集めた論文がいかなる時代・人・研究条件のもとで進められてきたのかを示す必要があることを進言した結果、新たに書かれたものである。

第Ⅱ部には著者が南関東を野外調査の対象とした論文を配置した。第2章「南関東における農耕社会の成立をめぐる若干の問題」は『考古学研究』二二―三、一九七六年に発表したものである。第3章の「南関東における初期農耕集落の展開過程」は『島根大学法文学部紀要　文学科編』五―Ⅰ、一九八二年が初出。これらの論文を本書に再録するに当たってはいくつかの補訂を加えた。

第Ⅲ部は出雲地方を研究の対象としたものである。第4章の「中海・宍道湖西部域における農耕社会の展開」は『出雲神庭荒神谷遺跡　第一冊　本文篇』の「特論　第3章　中海・宍道湖岸西部域における農耕社会の展開」島根県教育委員会、一九九六年である。本書に再録するに当たっては、報告書が刊行されてからだいぶ時間が経過したために多数の発掘調査が行われ、新しい資料が蓄積された。こうした状況から著者は新しい情報をもりこむために手を入れる作業に取りくむことになった。このために刊行が大幅に遅延する一因となった。第5章の「弥生時代拠点集落としての西川津遺跡」は『山陰地域研究』二、島根大学、一九九三年に発表したものである。

第Ⅳ部には南関東と出雲平野で行ってきた弥生時代集落址研究から著者が到達した成果と課題について論じたものを集めた。第6章の「弥生時代拠点集落の再検討」は『考古学と遺跡の保護』甘粕健先生退官記念論集刊行会、一九九六年。第7章の「原史期集落の特性と類型」は『島根考古学会誌』二〇、島根考古学会、二〇〇四年にのせられた。

第Ⅴ部には生産・葬制・祭祀に関するものをまとめて置いた。生産の問題は農業生産・鉄生産にかかわるものである。第8章の「弥生時代以降の食料生産」は『岩波講座日本考古学3　生産と流通』岩波書店、一九八六年。第9章「古代馬杷一試考」は『島根考古学会誌』一四、島根考古学会、一九九七年に「古代馬杷一試考(上)」として発表したものを基礎としている。本来ならば、(下)を同誌に書いた後に本書に入れるべきであるが、このような形にせざるをえなかった。二節の終わりに近い部分から後は新たに書き下ろしたものである。第10章の「山陰地方における古代鉄生産の展開について」は『道重哲男先生退官記念論集　歴史・地域・教育』島根大学教育学部社会科教育研究室、一九九四年に書かれたものである。荒神谷遺跡と加茂岩倉遺跡の発見に立ち合った著者はこれらについて小論を書いている。付章1の「銅鐸・銅剣・銅矛と古代出雲」は『三省堂高校社会科教育　ぶっくれっと』五、三省堂、一九八六年。付章2の「加茂岩倉遺跡の発見とその意義」は『会誌歴史地名通信』二二、平凡社地方資料センター、一九九七年。

序文は著者が考古学の道をあゆみはじめたときから先に道をすすんでいられたが時には兄のような、時には友のような関係でつきあいのあった甘粕健先生に書いていただいた。このことは本書の刊行を企画した際にすでに考えていた。ようやくここに実現したのである。

最後に、著者にかわり書いておきたいことがある。著者の御両親田中房義・満世《みつよ》さんのことである。著者が東京に出て、考古学の道をあゆむことになったことをあたたかい眼ざしで見つめながら、さまざまな力を差しのべてくれたのである。こうした支えが、この本の基盤になっていることは確かである。本来ならば物心両面で支援者であった故田中房義・満世さんに捧げられるべきものである。脇で見てきたものとして一言申し添えておく。

武井則道

著者紹介

田中義昭（たなか・よしあき）

1935年、島根県益田市に生まれる。早稲田大学第一文学部卒業。続いて東京大学教養学部研究生となる。

武蔵工業大学附属中学校・高等学校教諭、島根大学法文学部助教授を経て、1983年より島根大学法文学部教授。1999年、同定年退官。

現在、島根県文化財保護審議会委員。

主な著作　『大地に埋もれた歴史―日本の原始・古代社会と民衆―』（共著、新日本出版社、1974年）、「弥生時代以降の食料生産」『岩波講座日本考古学3　生産と流通』（岩波書店、1986年）、『古代出雲文化の展開に関する総合的研究』（編著、島根大学、1989年）、『古代金属生産の地域的特性に関する研究』（編著、島根大学、1992年）、『山陰地方における弥生墳丘墓の研究』（編著、島根大学、1992年）、『日本の古代遺跡を掘る3　荒神谷遺跡』（共著、読売新聞社、1995年）、『シリーズ「遺跡を学ぶ」053　古代出雲の原像をさぐる・加茂岩倉遺跡』（新泉社、2009年）

弥生時代集落址の研究

2011年6月1日　第1版第1刷発行

著　者＝田中義昭

発行者＝株式会社　新　泉　社

東京都文京区本郷2-5-12

振替・00170-4-160936番　TEL03(3815)1662　FAX03(3815)1422

印刷・製本／創栄図書印刷

ISBN978-4-7877-1004-8　C1021